制度学概论

彭和平 著

·北京·
国家行政学院出版社
NATIONAL ACADEMY OF GOVERNANCE PRESS

图书在版编目(CIP)数据

制度学概论 / 彭和平著 .—北京:国家行政学院出版社,2015.1(2025.8重印)
ISBN 978-7-5150-1401-2

Ⅰ.①制… Ⅱ.①彭… Ⅲ.①制度—理论研究 Ⅳ.①D033

中国版本图书馆 CIP 数据核字(2015)第 023620 号

书　　名	制度学概论 ZHIDUXUE GAILUN
作　　者	彭和平　著
责任编辑	陆　夏
责任校对	许海利
责任印刷	吴　霞
出版发行	国家行政学院出版社 (北京市海淀区长春桥路 6 号　100089)
综 合 办	(010)68928887
发 行 部	(010)68928866
经　　销	新华书店
印　　刷	中煤（北京）印务有限公司
版　　次	2015 年 1 月北京第 1 版
印　　次	2025 年 8 月北京第 8 次印刷
开　　本	185 毫米×260 毫米　16 开
印　　张	25.5
字　　数	375 千字
定　　价	58.00 元

本书如有印装质量问题,可随时调换。联系电话:(010)68929022

前言

我是20世纪50年代出生的人,生在红旗下,长在新社会,经历过"文革"的十年动乱,插过队,当过工人,以后又上了大学。80年代以后发生的一些事情,相信我们这个年龄的人,有几件事情是印象深刻的。一是1977年恢复高考制度,是老三届初中生、高中生人生经历的转折点;二是改革开放,实行计划经济体制向市场经济体制的转变;三是农村经济制度改革,用家庭联产承包责任制取代了人民公社制度;等等。一系列的变化改变了无数人及其家人的命运,也给整个民族、人民和国家带来了新的生机。细想一下,这一切变化都是制度的变化。制度对我们每一个人来说都是非常重要的。

从最基本的现象来看,制度是我们生存的社会环境。鸟儿在天空中自由地飞翔,鱼儿在海洋中尽情地嬉戏。它们都为自己特有的能力感到骄傲和自豪。但是它们没有想到,它们能飞能游,并不仅仅是因为它们有飞翔和游泳的能力,而是因为环境给了它们必要的条件。把鱼放到天空中,把鸟放到海洋里,它们不仅不能飞和游,连生存都变得不可能。鸟儿不断地练习飞翔的本领,鱼儿不断地提高游泳的技能。但是还有另外一种可能,即稍微增加一下空气和海水的浮力,它们会飞得更高,游得更好。我们每一个人也一样,我们都生活在一定的制度环境中,我们不断地勤奋学习,努力增长知识和能力。但是我们也和鸟儿鱼儿一样,我们能不能很好地发挥自己的能力,是以一定的制度环境为条件的。制度环境的变化,会引起很多人的兴衰、沉浮,这是不以个人意志为转移的。当然,鱼儿和鸟儿无法改变生存环境,但人却可以。我们经历过的制度变化已经说明,人们可以有意识地改变周边的制度环境,通过改变制度来改变国家及个人的命运。

  2011年,我前往校友唐睿在海口的一家公司参观。车间里悬挂着的一条大横幅十分醒目,上边写的是:"制度是运行的保证,执行是成败的关键。"当时我们议论了一下什么是制度,结果发现,原本觉得制度是很清楚的概念,但真要明确地说出来,感到又说不清楚。此后,关于这个问题又讨论过多次并和不少人交谈过这个话题,关于"什么是制度"的问题,几乎没有人能马上给出准确的回答。在认真思考一会儿后,较多的回答是"制度是一种规则"。但是,问题接着就来了:"定了规则是否就是制度。"似乎又觉得上述的回答并不准确。显然,如果只制定了规则而不去执行,再好的规则也只是一纸空文。规则不等于制度,制度是在执行了规则之后形成的,那么制度究竟是什么呢,这是一个看似简单实则很复杂的问题。我又找了一些有关的著作,发现对制度问题,不仅没有准确的定义,而且缺乏系统的研究。这种情况使我对制度研究产生了兴趣,因此下决心写一本研究制度的书。

  经过几年的努力,书是写出来了,书中的观点很粗浅,希望能得到有兴趣的同行们批评和指点。小时候读过一篇"盲人摸象"的成语故事。每一个盲人都认为自己摸到的部位是象的最真实的存在,如耳朵、腿、尾巴等,都声称自己的描述是最正确的,都坚信自己的理论是最权威的。但是,他们所摸到的、描述的、确认的、论证的都是一个真实客体的局部。可能有一个盲人,他没有亲自触摸到大象,但是他在聆听、学习、借鉴、整合所有摸象盲人的描述的基础上归纳、概括出象的整体形象。在这种基础上形成的理论,一定会比其他盲人更为全面,但也仍然是有局限性的。在理论研究领域有一个现象,理论的产生是有时空性的,理论的应用或适用性也是有时空性的。凡是固守于、局限于某种空洞理论或僵化结论的人,都将偏离或远离人类的社会实践过程。真正先进的、推动历史发展的理论都是在已有理论的基础上吸取精华、推陈出新、博采众家之长的结果。我现在就是这样一个研究制度的"盲人",我希望能引起更多"盲人"的参与,大家共同讨论研究,最终能够形成一个较为全面的认识。我觉得,每一本书都是一个含有金子的矿藏,它的含金量可能非常非常少,但是其中只要有一点点闪光的东西就是有价值的。如果能以它为线索,引导着我们找出更富有的金矿,那就更有意义了。

前 言

本书的研究重点是制度。制度作为一种组织构成形式和管理手段,是一种非常普遍的社会现象。在所有涉及领导、组织、管理的研究领域和实践活动中,都会遇到制度问题。但是,目前对制度的研究还比较少,现有的一些著作研究得也不够深入。本书力求对制度问题做一个较深入的、理论性的探讨。本书首先是一本研究性的著作,但同时又是按照教材的体系来写的。希望能在研究、探讨制度问题的同时,尝试确立制度学的研究内容。本书的基本观点是,制度是人们构成组织的基本形式,组织是制度的载体,制度是组织的形式;制度始于规定,成于执行,表现为制度场;人们所有的社会关系基本表现为制度关系和角色关系;角色认知、角色情感、角色定位、角色意识等,对人们的态度和行为有直接影响;人们不仅仅是"经济人"、"社会人",而且是现实世界中的制度人;制度效率、制度效果和制度场作用力是制度效力的主要内容,不同的制度形式有不同的制度效力;除了人生观、价值观、世界观外,人们还应树立正确的制度观;制度和文化存在着相互依存相互影响的关系,文化是制度的先导,制度是文化的基础;制度是可以选择和创新的,需要理论的指导,但其产生、发展的过程有历史的客观必然性;制度选择和制度创新可以作为一种管理方法和手段,有效增强个人、组织和国家实力;制度的先进性代表着一个组织或一个国家的先进性,预示着其无限发展的前景,等等。我们正经历着一个前所未有的、伟大的制度变革时代,谁占据了制度的制高点,谁就能够走在时代的前列。

本书的写作和出版得到了许多人的热情支持和帮助,特别是受益于许多人的交流和研讨,在此表示深深的感谢。首先要将这本书献给我亲爱的母亲梅光,她今年已经91岁高龄了,她经历了一个复杂的制度变迁过程。她在16岁的时候从国民党将军的家中偷跑出来,进入共产党创办的抗日军政大学学习。她是一个有自己的制度观、制度信念并作出制度选择的人,是我写作此书的永恒动力。其次要感谢我的爱人吕雁和孩子彭程、莫磊,她(他)们一直在默默地奉献。特别是彭程,每一章完稿后她都认真地阅读,分享书中的思想,交流自己的看法,使我有很多的启示和收益。莫磊在一起探讨的同时,教我使用了写作的先进工具,克服了我的棋瘾和惰性,大大提高了我的写作速度和质量。在此特别要感谢陈锡文、胡振民、颜晓峰、唐睿、李朝胜、王文松、刘新元、钟葱、左兴平、高峰等所有的校友、朋友和学生们，在和大家聚会时，我们一起热烈地讨论和探寻制度问题，不仅开阔了我的写作思路，而且帮我推敲写作的结构和论点，在欢乐的气氛中给我有益的启示，提供了很多的支持和帮助。本书的写作和出版，特别感谢国家行政学院出版社的陈炎兵，给予我热情的鼓励和有力的支持。同时特别感谢出版社的编辑吴蔚然、陆夏，在任务繁重的情况下，牺牲休息时间认真完成了本书的审校工作，付出了辛勤的劳动。在本书写作过程中，吕雁、彭程、莫磊、彭芃、田和璧、包晟、李菲、杨涛、孙敏、刘丽娅、段晖、彭小平、李飞、东磊、苏云成、杨小强、司若霞、王铁军、孟好、张森、郭瑞等参加了编写、绘图、资料收集和文字处理工作，在此一并表示衷心的感谢。由于本人水平所限，时间仓促，进行的又是探索式的研究，尽管做了努力，书中仍有不成熟、欠妥之处，敬请理论研究者、实际工作者和读者们批评指正。

彭和平

目　录

第一章　制度的作用和原理

第一节　制度与个人的关系 …………………………………………… 4
　　一、制度与每一个人的生活息息相关 / 4
　　二、制度对人们的思想和行为有重要影响 / 5
　　三、制度是发挥个人能力的重要条件 / 7
　　四、制度的稳定取决于多数人的认同 / 9

第二节　制度与组织的关系 …………………………………………… 11
　　一、制度是管理、领导、组织的第一要素 / 11
　　二、制度包含着组织生存和发展的基因 / 13
　　三、不同的制度有不同的制度效力 / 14
　　四、制度效力取决于制度执行的力度 / 15

第三节　制度与社会的关系 …………………………………………… 17
　　一、制度的本质是社会关系的构成 / 17
　　二、制度构成以权力结构为主体 / 18
　　三、制度的核心是法律 / 19
　　四、制度以制度场的形式存在 / 21

第二章　制度的概念

第一节　对制度的理解和分析 ………………………………………… 25
　　一、制度的词义 / 26
　　二、制度的相关定义 / 27
　　三、制度的定义 / 30

第二节　制度的构成 …………………………………………………… 32
　　一、制度的构成过程 / 33
　　二、制度构成三要素 / 35
　　三、制度三要素的互动关系 / 39
第三节　制度的特性 …………………………………………………… 42
　　一、制度的实体性 / 42
　　二、制度的时空性 / 43
　　三、制度的创新性 / 44
　　四、制度的博弈性 / 45
　　五、制度的导向性 / 46
第四节　制度的类型 …………………………………………………… 48
　　一、从组织的角度分类 / 48
　　二、从社会活动的角度分类 / 49
　　三、从制度规范作用的角度分类 / 50

第三章　制度的起源与发展

第一节　血缘关系及相关制度 ………………………………………… 55
　　一、血缘关系的概念 / 56
　　二、血缘关系的演变 / 57
　　三、家庭形式的发展过程 / 58
　　四、家庭制度的雏形 / 59
第二节　生产关系及相关制度 ………………………………………… 60
　　一、生产关系的概念 / 61
　　二、生产关系的特点 / 61
　　三、私有制的产生和发展 / 62
第三节　社群关系及相关制度 ………………………………………… 65
　　一、社群关系的概念 / 65
　　二、社群关系的内容 / 66
　　三、相关制度的发展 / 67
第四节　制度起源与发展的特点 ……………………………………… 68
　　一、制度形成以自然发展过程为基础 / 68
　　二、认知能力对制度形成有重要作用 / 69
　　三、制度形成是知行合一的结果 / 71

四、制度形成有内在的发展线条 / 73

第四章　制度规定

第一节　制度规定的类型 …………………………………………… 79
　　一、制度规范体系 / 80
　　二、制度执行规范体系 / 82
第二节　制度规定的内容 …………………………………………… 84
　　一、总体目标和基本原则 / 84
　　二、基本关系和制度形式 / 85
　　三、机构设置和组织结构 / 87
　　四、岗位设置和职权划分 / 89
　　五、人员规定和行为准则 / 91
　　六、工作标准与办事程序 / 92
第三节　制度规定的特性 …………………………………………… 95
　　一、制度规定的合法性 / 95
　　二、制度规定的合理性 / 97
　　三、制度规定的公开性 / 99
　　四、制度规定的代表性 / 101
　　五、制度规定的认同度 / 104
第四节　制度规制者的类型 ………………………………………… 106
　　一、制度规制机构 / 107
　　二、制度规制人员 / 109
　　三、制度规制机构的关系 / 113

第五章　制度执行

第一节　制度执行的概念 …………………………………………… 119
　　一、制度执行的相关问题 / 120
　　二、制度执行机构和人员 / 122
　　三、制度执行的作用 / 125
第二节　制度执行的特点 …………………………………………… 128
　　一、行政权力受到双重制约 / 128
　　二、依法行政照章办事 / 130

三、行政执行逐级贯彻实施 / 131
第三节　制度执行的执行力 ··· 134
　　　一、执行力的概念 / 135
　　　二、常规性的执行力 / 138
　　　三、强制性的执行力 / 143
第四节　制度执行的原则和偏差 ······································· 146
　　　一、制度执行的原则 / 147
　　　二、与制度规定有关的偏差 / 148
　　　三、与制度执行有关的偏差 / 151

第六章　制度角色和制度人

第一节　制度化的群体和组织 ··· 157
　　　一、制度化群体 / 157
　　　二、制度化组织 / 159
　　　三、制度化组织和基因突变 / 159
第二节　制度角色的概念 ··· 161
　　　一、角色和制度角色 / 161
　　　二、制度角色的作用 / 162
　　　三、自然属性和社会属性 / 164
第三节　制度角色的特点 ··· 164
　　　一、制度角色和制度背景 / 165
　　　二、制度角色和角色要求 / 166
　　　三、制度角色和角色情感 / 167
　　　四、制度角色和角色冲突 / 169
第四节　角色关系 ··· 171
　　　一、角色关系是制度化的产物 / 171
　　　二、角色关系的轴心 / 172
　　　三、角色关系的类型 / 175
　　　四、角色关系的多样性 / 177
第五节　制度角色的确认 ··· 179
　　　一、角色认知 / 179
　　　二、角色定位 / 180
　　　三、角色意识 / 182

第六节　经济人、社会人与制度人 …………………………… 183
　　一、制度人的概念 / 183
　　二、制度人的本性 / 184
　　三、制度人的类型和特点 / 185
　　四、制度人的态度和行为 / 186

第七章　制度场

第一节　制度场的概念 ………………………………………… 191
　　一、制度场的定义 / 192
　　二、制度场的现实存在 / 193
　　三、制度场的基本特征 / 195

第二节　制度场的要素 ………………………………………… 197
　　一、制度场的要素构成 / 197
　　二、实体场组织和虚拟场组织 / 199
　　三、组织管理和场式管理 / 202

第三节　制度场内的相互作用关系 …………………………… 206
　　一、管理关系 / 207
　　二、领导关系 / 208
　　三、监督关系 / 210

第四节　制度场的作用力 ……………………………………… 212
　　一、制度吸引力 / 213
　　二、制度控制力 / 217
　　三、制度场作用力的作用 / 219

第五节　作用力的表现形式和范围 …………………………… 222
　　一、作用力和权力 / 222
　　二、制度场内的权力关系 / 223
　　三、制度作用力的范围 / 224
　　四、场际关系 / 225

第八章　制度效力

第一节　制度效力的概念 ……………………………………… 231
　　一、效率、效果和作用力 / 232

二、制度效力的概念和内容 / 233
第二节　制度效力的比较 …………………………………………… 236
　　一、制度效力的故事 / 236
　　二、效力比较和制度安排 / 241
　　三、制度效力和制度工具箱 / 244
第三节　制度效力的测评 …………………………………………… 248
　　一、制度效力测评的概念 / 248
　　二、制度效力测评的内容 / 251
　　三、制度效力测评的方法 / 255
　　四、制度效力测评的标准 / 258
第四节　影响制度效力的因素 ……………………………………… 260
　　一、问题诊断的双环分析法 / 260
　　二、制度规定的因素 / 262
　　三、制度执行的因素 / 265
　　四、制度场的因素 / 267

第九章　制度观

第一节　制度观的概念 ……………………………………………… 275
　　一、制度观的含义 / 276
　　二、角色观 / 276
　　三、行为观 / 278
　　四、法治观 / 280
　　五、制度发展观 / 282
第二节　文化的定义和特点 ………………………………………… 284
　　一、文化的定义 / 285
　　二、文化的特点 / 288
第三节　文化对制度观的影响 ……………………………………… 293
　　一、主流思想的影响 / 294
　　二、传统观念的影响 / 298
　　三、社会思潮的影响 / 303
　　四、公众舆论的影响 / 305
第四节　制度对制度观的影响 ……………………………………… 308
　　一、制度环境的影响 / 309

二、制度化的教育和宣传 / 312
　　三、制度认同的概念和基础 / 316

第十章　制度构建、运行与创新

第一节　制度发展的规律 ·· 327
　　一、制度构型和文化理念的概念 / 328
　　二、制度构型与生产关系的辩证关系 / 330
　　三、制度构型与文化理念的辩证关系 / 333
第二节　制度构建 ·· 336
　　一、制度选择 / 336
　　二、制度设计 / 339
　　三、制度规定 / 343
　　四、制度执行 / 345
第三节　制度运行和制度调控 ·· 349
　　一、制度运行的稳定性 / 349
　　二、制度调控的相关问题 / 352
　　三、制度调控的基本内容 / 355
　　四、政府对市场的调控作用 / 359
第四节　制度创新 ·· 366
　　一、制度创新是发展的基本动力 / 366
　　二、制度创新是一种渐进过程 / 368
　　三、制度创新是抢占制高点 / 370
第五节　制度和制度创新的作用 ··· 376
　　一、实现目的的手段 / 376
　　二、解决问题的方法 / 378
　　三、增强实力的途径 / 380

参考文献 ·· 387

第一章
制度的作用和原理

- 制度与个人的关系
- 制度与组织的关系
- 制度与社会的关系

第一章

制度的作用和原理

在某种意义上说,制度是一个人们日常接触最多,但很少认真去探索的词汇。有人说它是规范体系,有人说它是行为准则,许多人甚至说不出它的基本含义。许多对我们的生活和生存至关重要的事物,由于它们的普遍存在,而没有引起我们的重视,就像空气、阳光、水一样,人类的生活离不开它们,但人类在漫长的岁月中并没有真正地研究和认识它们。对制度的认识也是如此。在漫长的历史发展过程中,人们崇拜和歌颂改朝换代的"圣君"、"伟人",却很少了解他们赖以建功立业的制度。人们如饥似渴地学习经济学、政治学、管理学、领导学等方面的知识,却很少想到,在实际的社会生活和经济活动中,无论是经济还是管理,离开了制度,一切都是空中楼阁;人们孜孜不倦地学习,希望不断提高自己的组织能力和领导才干,公司领导千方百计地提高企业的盈利,政府官员苦心竭虑地追求政府的治理效果,但是,他们是否意识到,只有借助和利用有效的制度,才能达到预期的目标,使自己成为成功的管理者和领导者。制度是发挥个人能力、提高组织活力、壮大国家实力的现实途径。

为了提高人们学习制度的兴趣,我们有必要首先探讨制度的作用,同时探讨有关制度的一些基本原理。只有当人们意识到制度的重要性时,才愿意花费时间和精力对它进行更深入的探讨和研究。

第一节 制度与个人的关系

每一个人都生活在一定的制度环境中,我们的衣食住行、人身安全等都离不开制度。制度不仅影响着我们每一个人的思想和行为,而且决定着我们每一个人的人生轨迹和命运。

❖ 一、制度与每一个人的生活息息相关

任何一个人,在其从生到死的人生经历中都离不开制度,受制度保护,同时受制度的影响和制约。

当随着"哇"的一声哭泣来到人世间的一瞬间,我们就已受到了制度的保护和约束。我们的身份、名分、角色、地位、扶养关系等已经被现实的家庭制度、户籍制度、国籍制度等所限定。不同国家的公民按照不同的教育制度、就业制度、婚姻制度、税收制度、退休制度等完成入托、入学、工作、结婚、升迁、退休等重要的人生历程。在某种意义上说,我们置身于其中的制度已经潜移默化地规定了我们未来发展的人生轨迹。

在我们的日常生活中,制度的作用无处不在。水龙头坏了,我们打个电话,维修工按照约定的时间上门服务;"红灯停,绿灯行",川流不息的车队和摩肩接踵的人流有序地按照我们幼时就熟悉的歌谣行进;我们放心地将自己的收入和积蓄存放在银行中,很少有人担心它们会突然丢失;我们日常用的、身上穿的、床上铺的、口中吃的等各种各样的用具、食品都有一定的质量保证,这一切的背后都是制度的力量在起作用。我们的生活离不开各种各样的服务,在每一种服务的背后一定有相应的制度起监督保

障作用。在日常生活中,人们最关心的往往是"服务"本身和"提供服务"的个人,而很少关心"保障服务"的制度。一般来说,市场上出现假冒伪劣的产品一定是在其生产、销售、监督、检查等某个环节上存在制度缺陷或制度执行漏洞。从制度入手,可以从源头上有效防止或纠正服务方面的偏差,减少许多因服务态度和服务质量引起的不必要的烦恼,我们的生活质量和生命安全离不开制度的保障作用。

作为公民,我们并不是纯粹的"自由人",我们的行为处在制度的引导、监督和约束作用之下,我们的行动只是在制度允许的范围内是自由的。上课铃就要响了,我们气喘吁吁地向教室飞奔,因为迟到了要受到老师的批评。我们坐在长椅上,耐心地等待医生叫号才能去就诊,所有病人都在遵守医院的规定。别人兜里的钱包,不会有哪个人随随便便伸手过去放到自己的兜里,这样做的后果是被扭送到公安局按偷窃行为处理。如果身上没有钱,即使在饥肠辘辘的时候,我们也不会想到去饭馆白吃白喝,同样有某种制度力量在约束着我们的行为。当一个社会的制度符合社会稳定发展的要求,并且所有的人都自觉地按照制度规定行事时,整个社会将呈现出和谐稳定的情景。在这个意义上说,和谐的社会取决于和谐的制度。制度不仅与我们的生活息息相关,而且决定着我们的生活质量、生存环境和人生命运。

❖ 二、制度对人们的思想和行为有重要影响

我们生活在各种各样的制度中,这些制度对置身于其中的人的思想、态度和行为有重要的影响。一般来说,社会存在决定人们的意识,人们的意识是对社会存在的反映。社会存在包括自然环境和社会环境两个方面,社会制度是社会环境的主要内容。在我们的一生中,我们的思想、态度和行为既不会自发地形成和产生,也不会自发地发生变化,它是自然环境、社会环境中的外在因素对我们施加影响的结果。眼、耳、鼻、舌等各种感觉器官为我们获取独立于我们之外的多种多样的信息,使我们在感知基础上通过思维来把握对周围世界的认知。无论哪一个国家,每一个人都会经历一个制度认知、制度适应、

制度学习、制度教育的过程。这一过程从婴幼儿时期就开始了，这是我们一生中永恒的课题。

制度对人们的思想、态度和行为的影响表现在两个方面。一种是制度外在化的影响。制度作为一种外在的力量引导或约束着我们的思想和行为。当我们知道某种行为受到制度的约束并将会受到制度的处罚时，会被动地自我约束。例如，当我们知道酒后驾车会被扣分、没收驾照、拘留甚至判刑时，会被动地或明智地告诫自己避免出现此种行为。在这种情况下，制度作为一种外在因素或外在力量对我们的思想、态度和行为发生着重要影响。另一种是制度内在化的影响。外在于我们的制度经过学习、教育的过程，成为一种个人自觉的认知，转化为思想认识的内容，不仅自觉接受和遵守，而且用来引导或约束个人的思想、态度和行为。一个刚入伍的新兵，一般都会对严格的出操制度、体能训练或军事纪律感到不适甚至抵触。但是，经过一定时间的学习训练，逐渐会适应制度要求，从不自觉的状态转变为自觉的状态，有些人还成长为优秀的军官或教官，专门训练新兵，对他们进行制度学习和制度教育。制度影响并且改变了他们的思想、态度和行为。

又如尊老爱幼、见义勇为等行为，人们通常会认为这只是个人的思想品德和素质问题，实际上其本身是制度认知、制度教育和制度正义问题。社会正气和社会正能量要以强大的主流思想和制度力量为后盾。良好的道德品质需要有良好的制度教育，更需要有良好的社会风气和制度背景。如果有一种强大的主流思想和制度力量支持尊老爱幼、见义勇为等行为，使之成为社会崇尚的楷模，这种思想和表现才能成为社会的主导思想和正能量。如果坏人坏事不受舆论谴责和制度打击、好人好事不受舆论支持和制度保护，就意味着伦理道德的制度导向性出现了偏差，将会严重挫伤人们的思想意识，造成无人救助、明哲保身的不良现象。佛山幼童小悦悦被汽车碾压两次，18个路人见死不救，表面上看是当事人的思想道德问题，其背后隐藏着的却是深层次的制度原因。目前社会上引起广泛关注的"老人倒地该不该扶"的问题同样涉及制度层面的问题而非仅仅是道德沦丧和道德教育问题。

❖ 三、制度是发挥个人能力的重要条件

在日常生活中，我们常会发现一种有意思的现象。我们眼中的一个普普通通的人升任领导岗位后，讲起话来头头是道，发号施令有板有眼，走到哪里都是人群中谈笑风生的中心人物，显示出非同一般的魅力和能力。但当他从领导岗位上退下来后，这一切都消失了，你会发现，他仍然是一个普普通通的人。除了少数杰出的人才外，人与人之间的智力和能力虽有不同，但一般不会有很大的差距。差距在于，个人能力有没有表现发挥、逐渐增长的机会。做同一种工作的两个人，一个人原地踏步不动，另一个人一级级往上提升，其经历和阅历将能使其能力比其他人有所提高。这种提高一方面是个人努力的结果，更多的是靠制度力量推动的结果。

在领导学的研究中，长期以来存在着一种争论，即一个人是因为有能力当了领导还是因为当了领导才有能力。有一种观点认为，一个领导人看问题比较全面，决策比较正确，不是他本人水平有多高，而是他在领导岗位上，能得到较全面的信息，听到较广泛的建议，并且有权力做最后的总结和决定，因此，显示出了不一般的能力。"兼听则明，偏信则暗"讲的正是这个道理。另外，更明显的是，同样是一个人，在领导岗位上时，说一句话，签一个字，立即上传下达，令行禁止。但一旦离开领导岗位，虽然个人水平、能力依旧，然而已不再具有以前一呼百应的影响力了。我们知道，领导岗位体现的是制度中的权力，领导者具有这种权力时，可以有效地、成倍地发挥自己的能力。

在制度化的环境中，一个人的能力能否得到有效的发挥，取决于其掌握权力的程度和力度。关于权力，一般有两种解释：一种是"能力说"，认为权力是一个人影响他人的态度和行为的能力。这种观点把权力直接与人的能力联系起来。另一种是"关系说"，认为权力是一个人使他人的行为发生改变的一种关系。这种观点把权力与人的影响力或作用力联系起来。严格地说，"能力说"所指的"能力"即个人对他人有支配性或控制

性的影响力或作用力，与人自身所具有的能力不同，它是由制度赋予的，一个人有了职权就具有这种能力，一旦被取消了职权就不再具有这种能力。"关系说"将权力与制度的本质联系起来，是对权力的来源而不是对权力本身下定义。因此，我们可以简单地说，"权力"是一个人使他人行为发生变化的一种潜在的影响力或作用力。在特定制度下，权力结构中的各种职位、机构或部门都被授予某种权力，它们只有"潜在的"、支配性的影响力或作用力。当某个人坐在这个职位上开始发号施令时，才能产生"现实的"、支配性的影响力或作用力。

在此意义上说，无论一个人的能力是强是弱，如果他不进入权力体系中，不拥有一定的权力，就不可能产生"现实的"、支配性的影响力或作用力。个人能力不等于影响力或作用力。在人们相互影响相互作用的过程中，个人能力的发挥必须借助制度的力量，制度是发挥个人能力的重要条件。制度可以使一个人的影响力或作用力远远超过个人能力的限度，也可以使其化为乌有，无法发挥。西汉时期刘邦手下的大将韩信，当他手握兵符，行使将军的权力时，可以指挥千军万马，击败无数精兵强将。然而，当他被夺去了兵权时，又成为一个弱者，死于手无缚鸡之力的吕后之手。吕后能杀韩信，主要靠的是权力而不是能力。

在一定的制度条件下，一个人将其能力和权力结合即可产生"现实的"、支配性的影响力或作用力。有能力无权力或有权力无能力都形不成影响、支配、控制他人行为的效果。在日常生活和工作中，人们往往只关注如何提高自身的素质和能力，认为这是做好管理、领导、组织工作的主要途径，许多管理学、领导学、组织学方面的教科书也是这样开导世人。实际上，是否具备一定能力是在组织中获得某种职位的条件之一，但其能力的发挥依赖于如何有效地根据制度规定运用手中的权力。对一个成功的管理者、领导者或组织者来说，最重要的、必不可少的能力应是制度构建与运用权力的能力。许多人身居领导岗位，只注意人际关系和工作任务两个方面（这正是一般的管理理论所强调的），但却缺乏对自己手中的权力及其运用方法的考虑，因此在工作中显得力不从心，软弱无能。人一旦位居某个管理或领导岗位上时,他已经从单纯的个人变为制度的代表和权力的运用者,他的能力主要表现在对制度和权力的理解与运用方面。制度和权力运用得好,可以有效发挥自己的能力,成倍地增强个人的支配性的影响力和作用力。

❖ 四、制度的稳定取决于多数人的认同

在现实社会中,我们每一个人虽然处于制度的影响下,但我们对制度的感受、认知和态度,对现实制度的稳定性具有非常重要的影响。我们对制度的看法和态度可称之为制度观。和每个人都有自己的人生观、世界观、价值观一样,每一个人也都有自己的制度观。制度观决定着我们对自己的角色、行为及现实制度的基本态度。文化因素和制度因素对人们制度观的形成及对现实制度的认同有非常重要的影响。制度观的形成是伴随着我们的人生历程循序渐进的过程,这一过程与年龄的增长和受教育的程度密切相关。婴幼儿的年龄段是制度观的启蒙阶段,生活在特定的文化氛围和特定的家庭制度和国家制度的环境中。中小学的年龄段是制度观的奠基阶段,这是一个对现实制度感情培养的阶段,也是制度观培养的最重要阶段。在这个时期如果感受到制度的温暖和关怀,将是感恩回报和终生难忘的。因此,在这个时期国家加大投资的力度是非常重要的。高中和大学的年龄段是制度观的形成阶段,对制度的感性认识开始上升为理性认识,并进行理论的探讨和思考。当一个人进入到工作年龄并融入社会之中时,他的制度观已经较为成熟、稳定和定型了。

我们每一个人一出生就处于一种特殊的制度关系中。我们既是一个特定国家的公民,同时又是一个特定家庭的成员,这样我们至少有三种特殊的制度关系:"人"与"家"的关系、"人"与"国"的关系及"家"与"国"的关系。如何认识、看待、处理这三种关系是制度观的基本内容。我们每一个人都是制度的维护者、执行者和互动者。显然,如果置身于制度中的大多数人认同、赞成、支持该制度,这个制度体系一定是稳定运行

和良性发展的,置身于其中的人也会感到满意与和谐。反之,当大多数人对现实制度存在质疑和不满时,不仅制度的稳定性受到破坏,整个组织和社会也将陷入剧烈的动荡之中。显而易见,无论是企业还是国家,制度的生命力与稳定性与其成员的认同程度和认同比例成正比。当大多数人对某项制度持认同态度时,该项制度就会具有旺盛的生命力和持久的稳定性。反之,该制度的出台、执行、维持等将会遇到重重困难。关注制度效果和民众或组织成员的认同态度及其变化是领导者和管理者取得成功的重要方面。

　　人们对现实制度是否认同是其制度观的真实表现。人们对制度的判断首先看制度规定的内容是否符合自己的观念、利益及利害关系,其次看制度执行的实际过程是否和自己的预期相一致,最后还要看制度的具体效果和总体效果究竟怎样。人们对现实制度的看法是多种多样的,主要分为认同、存疑两个方面,认同包括认可、赞同、支持、拥护、捍卫等,存疑包括疑惑、质疑、责问、反对、反叛等。人们对制度的认同感或认同度与对制度的依赖感或从制度的所得成正比。对制度的依赖感越强,从制度的所得越多,对制度的认同就越大。一般来说,人们对家庭的认同感最强,因为在一个人的一生中,特别是在其婴幼儿和中小学的年龄段,对家庭的依赖性最大,家庭给予其最基本也是最重要的生活条件和成长条件。在这个年龄段,如果国家在制度方面加大关注和投资,将会普遍提高国民的认同感和认同度。在个人对国家制度的认同方面,各个国家因其制度设计不同而有所不同。一个国家的民众对国家的依赖性表现在政治稳定、经济发展、社会治安、生活水平、社会福利、就业状况、人身安全等各个方面,相比之下,在这些方面表现出制度优越性的国家,其国民的认同感和认同度则会较高。在发展国民经济的同时努力提高人民的生活水平,改进和完善社会福利制度,妥善解决民生问题,是提高国民的认同感和认同度、保证制度稳定、社会和谐的重要途径。从国家战略发展的角度考虑,如何提高国民的制度认同,应该纳入基本的国策内容之中。

第一章
制度的作用和原理

第二节 制度与组织的关系

人类社会是一个高度组织化的社会，而每个组织都是高度制度化的实体。制度很重要，制度对我们每一个人的生活和行为、对各种组织的运行和管理、对整个社会的政治活动和经济活动等都有非常重要的影响。但是，什么是制度，制度的具体作用是什么，对于这样的问题，却很少有人去研究。制度和组织的关系很密切，制度是组织的形式，组织是制度的载体。深刻了解制度和组织的关系，有助于加深对制度的理解，也有助于加强组织的管理和活力。

❖ 一、制度是管理、领导、组织的第一要素

在现代社会中，"管理"、"领导"、"组织"已经成为最流行的专业词汇，"管理者"、"领导者"、"组织者"也已经成为最普遍的角色。但是，现在有一个问题是，"管理者/领导者/组织者"靠什么进行"管理/领导/组织"的？或者说，他们为什么能够进行管理/领导/组织？答案是多种多样的。有人说是"能力"，有人说是"权力"，有人说是文化，有人说是"个人魅力"，等等。实际上，他们靠的是制度。制度是管理、领导、组织的第一要素。在人们的一般理解中，制度是一种规则，但是，细想一下，在很多情况下，当我们制定出一个规则时，它并不一定就是制度。没有得到执行的规则只是一纸空文。制度包含着规则，但规则不是制度，单有规则，形不成制度。任何制度都是由制度规定和制度执行两部分组成的。规则属于规定的范围，规则必须在执行过程中才能形成制度。制度规定限定了制度的内容和形

式，制度执行则使之付诸实现。在这个意义上说，制度始于规定，成于执行。简言之，制度是人们结成组织的构成方式。在一个制度化的组织中，制度体系的构成由制度规定者、制度执行者和制度互动者三部分人组成，制度是他们相互依存相互影响相互作用的结果。

显而易见，如果没有制度，在一个组织中，将不能确定谁是管理者，谁是被管理者。既不能确定管理者有什么职责和权力，也不能确定被管理者有什么工作和任务。南美洲有一种蚂蚁叫切叶蚁，在它们内部有一种自然的分工，有的蚂蚁专门从遥远的地方往自己的巢穴搬运大过自己几倍的树叶，有的蚂蚁守在巢穴旁，专门咀嚼树叶吐出一种灰白色的咀嚼物。还有一些蚂蚁专门用这些咀嚼物为它们的巢穴"增砖加瓦"。切叶蚁间的分工协作完全出自一种本能，它们之中既没有管理者也没有被管理者。在人类社会中，生产活动和社会活动中的分工协作不是靠本能而是靠制度进行的。在某种意义上说，因为有了制度，才产生出具有管理关系和权责关系的管理者和被管理者。制度的出现，产生了管理者与被管理者等新的角色，使生产活动和社会活动中的分工协作能够有序进行。

管理、领导、组织过程是有意识地利用制度进行生产活动和社会活动的过程。领导、管理、组织的过程，实际上就是制度规定和制度执行的过程。人们为了实现某种目标，首先要结成一个群体或组织，制度就是人们结成群体或组织的具体形式。我们看到，国家、军队、公司、学校等组织，各有不同的构成形式，也就是说各有不同的制度。在现代社会中，国家诞生的必备条件是至少要有一部宪法、一支军队、一个政府，公司产生的必备条件是至少要有一个章程、一个董事会、一个管理层等，这些都是制度的构成条件。具备了这些条件，就可以制定规定和贯彻执行。依靠制度把这些因素有机地结合起来才能形成真正的、可实际运行的国家或公司。人们通过制度确定组织内部的机构、岗位及权力结构和工作流程，通过制度确定每个成员的角色及其相关的责任和权力，并且通过制度调节组织内部的领导关系、管理关系、权责关系及组织活动的协调运行。制度是实施管理、领导、组织的前提条件或必要条件，有之未必然，无之则必不然。有了制度，不一定能实施有效的管理、领导或组织，但是，仍然存在一定的管理、领导或组织形式和工作程序。如果没有制度，则不能形成正式的或正规的管理、领导和组织过程，也就根本不可能进行有效的管理、领导或组织。即使是一个伟人，如果没有有效的制度，单凭个人能力或魅力也不可能使一群乌合之众变为令行禁止、行动一致的整体。有没有严格的制度是一支形成铁拳的军队与一群不堪一击的散兵游勇的根本区别。制度是所有组织中领导、管理、组织工作的第一要素和必备条件。

❖ 二、制度包含着组织生存和发展的基因

人类社会是一个组织化的社会，它不是由单一的个人而是由一个一个的组织构成的。如果说组织是活动于社会中的生物体，人则是构成组织的细胞。人构成的是组织，组织构成的是社会。一般认为，组织是为了实现某种特定目标有意识地建立起来的集合体。组织的形式和规模多种多样，最简单的组织形式是两个人组成的"二分体"，如小组或家庭，一般的组织形式是由几十人或上千人组成的，如学校、企业、社团等，复杂的组织形式规模庞大，如跨国公司、军队甚至国家等。每一个组织都是一个活生生的社会有机体。它们以广阔的社会为活动舞台，按照各自的目标和方式独立地、有计划地活动着，有其产生、发展、消亡的生命周期。

组织的构成离不开制度的作用。每一个组织都有自己的制度，制度决定着组织特殊的构成方式和运行方式。现代医学证明，动物的体型、习性乃至寿命等，是由其各自的基因决定的。每一个鸡蛋都包括蛋黄、蛋白和蛋壳，经过若干天的时间孵化出小鸡，其形体结构、性别、羽毛、颜色、生活习性甚至寿命都是在基因控制下自然成长的。人类社会的组织则不同。组织是社会的产物而不是自然的产物，组织的内部构造和运行程序没有受到储存遗传信息的基因的控制。组织是人为设计而非自然生成的，是人们通过制度设计有意识地建立起来的。制度包含着决定组织未来发展变化的基因，在组织产生、发展、消亡的过程中起着潜在的、规定性的作

用。制度设计的完善程度决定着组织未来发展的方向、规模、特点、结构和运行。就像一个生命体的基因一样,制度规定、控制着组织中每一个细胞即每一个人的活动及其相互之间的分工协作,控制着组织产生、发展直至消亡的各个环节和整个过程。如果制度设计得好,组织就能顺利产生,健康发展,始终保持旺盛的生命力。反之,如果制度设计有缺陷,就会使组织某一个方面、某一个部位、某一个环节或某一个阶段发生病变,最后使整个组织腐烂瘫痪。

制度始于规定,成于执行。可以说,决定组织未来发展的基因信息全部包含在制度规定的内容和条款中,制度执行只是这些信息的指引、传导、释放和作用过程。生物体的遗传信息是很难改变的。组织的基因是人们在制度设计和制度构建过程中通过制度规定人为设定的,因而是可以通过修改制度规定加以改变的。这一过程是制度改进的过程,指的是在现有制度体系不变的情况下,对某些制度规定或制度措施进行修改而引起的制度方面的变化。在自然界生物体的进化过程中,基因方面的微小变化有可能经过一连串的连锁反应引起生物体的整体变化。组织的发展也是一样,微小的制度改进有可能演变为涉及面更大的制度改革,并进而演变为规模更大、内容更深入的制度创新。无论是一个公司还是一个国家,制度改进、制度改革、制度创新是其不断获得持续发展动力、保持制度优势和制度领先的重要途径。

❖ 三、不同的制度有不同的制度效力

在管理、领导、组织的实际过程中,达到预定工作目标的工作绩效和组织绩效取决于个人和组织两个方面。在个人方面,对管理者而言,存在着三种因素,一是管理者所处的制度体系和制度环境,二是管理者个人的能力,三是管理者可运用的权力,三者的结合使管理者具有现实的、支配性的影响力或作用力。在组织方面,也存在着三种因素,一是组织中管理者与被管理者之间存在的各种关系,二是组织中对二者关系所做出的明确的规定,三是组织中制度执行的状况和力度。显然,管理者的权力、职责、个人能力发挥的程度以及管理者与被管理者之间分工协作的现实关系

和方式都是由组织中的制度所决定的。如上所述，组织的制度形式对个人能力的发挥和组织活力的强弱有非常重要的影响。在同等条件下，不同的制度有不同的效力。

制度效力包括制度效率、制度效果、制度作用力三个方面，制度效力是这三者的统称。在自然界中，金刚石和石墨具有相同的分子式，由于分子结构不同而具有不同的硬度。同样的一个球队，排列出不同的足球阵型可具有不同的攻守效果。制度也一样，它虽然是人们结成特定群体或组织的构成方式，但不同的构成方式会有不同的效果，亦即不同的制度有不同的效力。用和尚分粥的故事来说，让分粥的和尚选第一碗粥还是最后一碗粥留给他，这是两种不同的分粥方法，也是两种不同的分配制度。前一种分粥方法或制度，不仅很难保证公平分粥的目标，说不定还要增加许多考核、奖惩、选举和监督方面的事情。后一种方法或制度，不仅简单易行，而且有非常稳定的效果。在管理和组织过程中，注意制度问题会收到事半功倍的效果。制度设计得合理，会减少许多人际关系的矛盾和工作中的偏差。制度设计有缺陷，会严重影响工作绩效和制度效力。在完善的制度条件下，管理者会感到得心应手，各类人员和各项工作容易形成一个整体。否则，会感到处处掣肘，矛盾重重，力不从心。在此意义上说，"制度第一，总裁第二"的说法是有一定道理的。

❖ 四、制度效力取决于制度执行的力度

在现实社会中，制度效力必然通过制度执行过程显现出来。如上所述，按照最简单、最直观的分析，制度本身包括制度规定和制度执行两个方面，二者缺一不可，离开任何一个方面都不可能形成制度。制度规定是制度执行的依据，制度执行是制度规定的实施。显而易见，没有制度规定就谈不上什么制度执行，而如果没有制度执行，制度规定只能是一纸空文。在自然界的生命体中，基因的作用是通过细胞新陈代谢的活动实现的，细胞活动成为实施基因规定的执行过程，细胞活动停止了，生命体死去了，基因的作用也就终止了，生命体的基因通过组织细胞的活动而发挥作用。组织作为人类社会中的有机体，制度规定相当于组织中的基因，它

规定了组织形式、权力结构、机构和岗位设置、工作流程以及人们相互之间的隶属关系和分工协作关系。人是组织中的细胞，人们的活动相当于生命体中细胞的活动，任何管理、领导、组织工作都可以看作是类似于组织细胞新陈代谢的制度执行过程。制度规定和制度执行通过组织成员的活动构成有效的制度体系。

就具有同一个制度规定的制度体系而言，制度效力取决于制度执行的力度。具体来说，取决于制度执行者的执行力度和工作绩效以及制度规定的完善程度。执行力度指制度规定颁布后，执行者忠实履行制度规定、行动及时果断、准确无误、照章办事的程度。制度执行者的权力地位、权责关系、行权范围、所拥有的执行权力及其个人素质、能力水平、权限大小、威望高低、努力程度等是影响制度执行力度的重要因素。制度执行过程是制度执行者将个人能力与组织权力有机结合、综合运用的过程。制度效率的高低、制度效果的好坏、制度作用力的强弱必然与制度执行者的执行活动和执行行为密切相关。除此之外，制度效力与制度规定的完善程度也有密切关系，制度规定的内容完善与否涉及制度规定的合法性、合理性、公开性、代表性四个方面，制度规定的完善程度直接影响到制度执行者的执行活动，从而对制度效力也有直接的影响。

制度执行的力度有三种情况：①不执行，或者阳奉阴违；②有条件地、一定程度地执行；③不折不扣地执行。显然，在三种不同的情况下，由于制度执行的力度不同，制度的效力也是不同的。春秋战国时期，军事家孙武向吴王表示可以将其宫女训练成能作战的军队。在训练开始前，孙武宣布了军事纪律和训练要求，并宣布了违反军令者斩的制度规定。在训练过程中，宫女们最初只认为是场游戏，嘻嘻哈哈地不当回事。于是孙武果断执行军纪，将因受吴王宠爱蔑视军纪的两个妃子推出斩首，即使吴王前往求情也定斩不饶，不折不扣地执行制度规定。由于制度执行力度大，宫女们再无人敢违抗军纪，令行禁止，进退有序，俨然像一支久经沙场的军队，收到了明显的制度效果。

第三节 制度与社会的关系

一、制度的本质是社会关系的构成

在人类社会中，人与人之间形成各种各样的社会关系是最普遍的社会现象。管理、领导、组织过程即人们结成一定的社会关系相互影响相互作用的过程。首先，与人类生命延续相联系的血缘关系是人类社会中最早形成的、最原始的社会关系，如父子关系、母女关系、夫妻关系等。其次，是人们在劳动过程或生产过程中形成的劳动关系或生产关系，如雇佣关系、劳资关系、产权关系、管理关系、工作关系等。最后一类可归结为人们在日常生活或社会活动中形成的各种各样的社群关系，如朋友关系、邻居关系、校友关系、战友关系、同乡关系等。

在自然界的动物种群中，与生命延续相联系的血缘关系是自然形成、客观存在的，公兽觅食、母兽哺乳幼兽、群体活动等体现血缘关系的行为完全出自于动物的本能，既没有自觉的意识，也没有"外在化"的规定，这是一种靠本能而不是靠制度维系的种群关系。人类社会则不同。在人类社会几百万年的早期进化过程中，和动物一样，存在着靠本能维系和自然形成的、潜在的血缘关系和种群关系。在漫长的历史进化过程中，随着劳动和生产过程的出现，在血缘关系的基础上，又逐步分化出生产关系和社群关系。人类社会从动物种群中演化出来的过程是一个制度逐渐形成的过程。在某种意义上说，这一过程是一个人类对原始的、自然形成的关系逐渐认识并加以规定的制度化的过程。认识到人们之间相互存在的关系并对这些关系加以规定，是制度产生的标志，也是人类与动物的根本区别。马克思曾经说过:"人的本质是社会关系的总和。"我们每一个人都处在各种各样的社会关系中,这些关系决定了我们的角色、身份、地位并制约着我们的意识和行为。如我们在家庭关系、工作关系中各有不同的角色和行为要求。在现实社会中,人们是通过某种制度形式结成社会关系的,制度是人们的社会关系的外在表现形式。在此意义上说,制度的本质是社会关系的构成。如果从历史发展的过程来考察,我们可以看到人类的血缘关系如何以不同的制度形式从原始人的群婚制演化为现在以一夫一妻制为特征的家庭关系。我们也可以看到,在从原始的石器时代发展到现代化的社会大生产的历史过程中,清晰地呈现出人们的劳动关系、生产关系和与之紧密联系的社群关系逐渐制度化的发展过程。制度使人类最重要的社会关系转化为制度关系,使人们结成的群体转化为制度化的组织,使我们每一个人转化为与特定的家庭、组织、国家相联系的制度角色并具有相应的角色意识和角色行为。我们每一个人不仅是生物人、经济人、社会人,而且是制度人。在某种意义上说,人类社会的成熟程度和先进程度与制度化的程度成正比,制度的先进性决定着社会的先进性,人们的认识水平的先进性和整个民族、整个国家的生产方式及生活方式的先进性。

❖ 二、制度构成以权力结构为主体

人类在对自身客观存在的各种关系进行制度化的过程中,必然会强化人们相互之间的影响力或作用力。当人们以某种制度形式结成一定的社会关系时,意味着他们彼此之间存在着相互依存、相互影响、相互作用、相互制约的状态,其中有一方或一些人处于主导的、主动的地位,另一方或一些人则处于从属的、被动的地位,两者在制度作用下形成特殊的权力关系。一般来说,权力是权力主体(起影响、制约作用的一方)影响、控制、支配处于依赖关系中的权力客体(受到影响和制约的一方)的能力。

在原始的、自然形成的人与人之间的关系中,人们彼此之间存在着相互影响相互作用的依赖关系,但并不构成真正意义上的权力关系。例如,在我国北京人甚或山顶洞人时期,老中青三代猿人之间存在着严重的依赖关系,但处于主导的一方与受影响和制约的一方彼此还不能称之为权力关系，和母兽哺育幼兽的行为一样，有影响力的一方表现出的是能力而不是权力。在一个非正式的群体中，可能会有某些人由于具有强壮的身体或聪明智慧而成为群体的领袖，我们一般称为自显的领导人。在动物界中，这种现象最常见，如猴王、狮王等，但是它们不是权力的化身，它们只具有能力而不具有权力。

权力是制度的产物，制度是产生权力的基础。在现实社会中，我们所看到的有权力的人都是指定的而非自显的领导人，他们是按照某种制度规定被任命或被选举产生的，例如部长、局长、主席、董事长、总经理等。在人类长期的进化过程中，原始的、纯自然的人与人之间的关系在制度化的过程中逐渐演化为特定的社会关系、制度关系并形成与之相关联的权力关系。以血缘关系为例，日常生活中最常见的父子关系、夫妻关系只有在特定的社会制度中演变为以父权、夫权为代表的权力关系。人与人之间的关系本身是人们之间相互影响、相互作用、相互制约的关系，当人们用制度将这种关系加以规定、固定并通过强制力的制度执行不断强化时，其结果必然是使复杂的社会关系表现为复杂的权力关系，使权力结构成为制度构成的主体。权力结构是由许许多多纵横交错、层级分明的职位、机构、部门组成的权力体系，每一个职位、机构及部门都被赋予相应的权力。无论是什么人，无论他具有什么能力，只要他被指定占据某一职位，进入某一机构或部门，就拥有了相应的权力，处于影响、控制、支配他人的权力宝座上。在此意义上说，一个人是否具有权力主要不取决于他的能力而取决于他的职位，取决于他是否处于权力体系中。无论你的能力有多强，你没有一定的职位，就没有一定的权力。无论你的能力有多弱，你坐在某个职位上，就可以对那些能力比你强的下属发号施令。笑傲天下、运筹帷幄、决胜千里之外的诸葛亮听命于昏庸无能的阿斗，是因为他受制于封建社会的王权之下。

❖ 三、制度的核心是法律

制度有多种多样的形式，如在组织制度方面，有企业制度、学校制度、政党制度、国家制度等；在管理制度方面，有生产制度、税收制度、监察制度、人事制度等。这些制度或者涉及某一个具体组织，或者涉及某一个具体领域或过程。它们都只是涉及局部的制度规定和制度执行。但是，有一种制度形式不仅涉及整个社会和国家的各种领域和各个方面，而且涉及社会上所有组织和所有个人的利益和行为，这就是宪法和法律制度。宪法和法律制度有以下几个明显的特点：①在制度规定方面，以宪法形式规定了整个国家和社会的最重要、最基本的社会关系、权力结构和指导准则，以基本法律和其他各种法律形式规定了所有组织所授予的权力和所有个人所享有的权利、义务及必须遵守的行为准则；②在制度执行方面，对国家秩序、社会治理、执行机构的职权范围和管理权限以及国民必须遵守的行为准则做出了明确的规定，并对所有违法行为规定了明确的、可量化的行为标准和处罚措施；③在制度规定和制度执行的监督方面，明确规定了透明的、公开的监督机制及履行监督职责的司法机构。健全的宪法和法律制度是规定和理顺各种社会关系、构建强有力的制度规定和执行机构、有效提高制度效力的基础和保证。

正因为具备上述特点，在现代社会中，宪法和法律制度是整个社会制度的主体和核心。制度的核心是法律，法律的核心是宪法。根据宪法和法律制度，政党、议会、政府、军队、银行、企业、学校等各种各样的组织各有自己的结构、权力、职责和运行方式，自成体系又相互作用，构成一个庞大、复杂、有序运行的社会有机体。各种各样的组织虽然都有自己的组织制度，但是，它们的组织制度都要服从于宪法和法律制度的规定和制约，接受宪法和法律制度的裁决和执行。同时，具有各种组织身份的个人既有不同的权利、义务、待遇和职责，又有共同的、必须遵守的行为准则。他们构成了在各种复杂的社会关系之中相对独立的制度化群体和制度化组织。人们的行为除了要遵守所在组织的制度规定外，还要遵守宪法和法律制度的规定。在组织的制度规定与宪法和法律制度的规定有冲突时，则必须遵守宪法和法律制度的规定。在现实生活中，各种组织中的行为规定都是在宪法和法律制度的框架中所做出的具体规定，一旦某个人的行为触犯了法律规定时（如贪污受贿行为），则交由组织之外的法律部门处理。也就是说，在某一组织中，组织成员的行为既受所在组织的制度约束，同时也受到宪法和法律制度的约束。宪法和法律制度的完善程度是依法治国的法制化社会的重要标志。

❖ 四、制度以制度场的形式存在

在制度化的组织中，无论是依赖关系、权力关系还是分工合作关系，都是一种人们之间相互影响、相互作用的关系。在制度环境中，人们相互之间存在着一种作用力，这种作用力局限在特定组织或特定活动场所的范围内。我们可以将这个范围称为"场"。在自然界中，"场"是一种不同物体间发生相互作用的非常普遍的现象，每个场都有一个核心作为作用力的主要来源，如以太阳或地球为中心的引力场或磁场、电磁场等。在蜂群、蚁群等动物的群体活动中，我们也可以发现存在着"生物场"的现象。与人们之间的相互作用相联系，"场"是制度存在的形式，我们称为制度场。制度始于规定，成于执行，表现为制度场。

人们以某种制度形式结成的组织本身是一种制度场，人们活动于其中产生相互之间的作用和作用力。和自然界中的"场"一样，制度场也存在着制度主体和制度客体相互作用的两个方面，其中制度主体起着核心的、主导的作用。组织中的制度规制机构和制度执行机构构成制度主体，包括所有组织成员在内的制度互动者构成制度客体。制度场中的所有活动都是制度主体与人数众多的制度客体相互影响、相互作用、相互制约的过程。公司、学校、军队、国家等所有的组织实体都可以被看作是一个制度场。组织中的所有成员之间存在着错综复杂的相互作用关系，如管理关系、领导关系、监督关系、工作关系等，这种相互作用形成了一种合力，推动组织各项活动的开展和各项工作的运行，最终以制度效力的结果表现出来。

在以组织实体形式存在的制度场中，由制度规制机构和制度执行机构构成的制度主体是整个场的核心，对场内的所有人员具有强大的作用力。制度的吸引力和制度的强制力是制度场作用力的两个基本来源。首先，对于一个成功的组织来说，组织的目标、制度规定的内容、制度执行的效力对所有组织成员具有一定的吸引力，能够使较多的组织成员主动地聚合在组织中，结合成一个协调一致、共同努力的群体。与组织的吸引力相联系，群体成员之间的相互作用会产生不同类型的作用力，如集体聚合力、群体内聚力、组织整合力等。这是一种对所有组织成员的意识、行为有正面作用的制度力量。其次，制度主体的强制力或执行力也是制度作用力的主要来源。组织中的成员并不完全是对组织有认同态度的，即使是认同并自愿加入组织的成员也并非完全遵守制度规定或在行为方面与组织的目标和要求保持一致。在组织成员的相互作用中始终会存在一种与组织目标不同的反作用力，这种反作用力需要通过制度的强制力抑制和消除。制度强制力以制度执行机构和组织成员的执行行为和执行力度为主要来源，其主要作用在于维持制度形式和制度场的稳定性、维护组织的整体行动和正常秩序、防止和处罚违法违规行为等。

制度场和自然界中的引力场、电磁场、生物场一样，也有自己的作用力范围，如大学的校区、农贸市场的场地、政府的管辖区域等。由于现代科学技术的发展，有些制度场的作用力范围已超出传统意义上的场地概念，如网络组织或者电子商务组织等，但是它们仍然具有制度场的性质和特征。市场也是属于这种类型的更为复杂的制度场，制度场的概念可以为研究政府与市场的关系提供一种新的视角。

第二章
制度的概念

- 对"制度"的理解和分析
- 制度的构成
- 制度的特性
- 制度的类型

第二章
制度的概念

什么是制度，这是一个看似简单实则很复杂的问题。钱钟书曾有一句戏言："文化这个东西，你不问嘛，我倒还清楚，你这一问，我倒糊涂起来了。"[①] 对制度的理解也同样存在这种情况。我们每一个人对制度都有某种似乎很清楚的感觉，但让你明确地给制度下个定义时，多数人一定会觉得很难表述。正如一首诗所说："不识庐山真面目，只缘身在此山中。"我们每一个人都生活在制度之中，我们的行为无不受到制度的引导和约束，我们个人、家庭乃至整个民族和国家的命运都与制度息息相关。制度有什么作用，制度怎么才能发挥应有的效力，制度如何能使一个企业、一个政府、一个国家变得有序和强大，只有了解了"什么是制度"这一问题，才能找到正确的答案。

第一节 对制度的理解和分析

制度是个古老的词汇。随着制度化组织和制度化社会的发展，制度逐

---

① 庞朴：《文化结构与近代中国》，载《东西文化与中国现代化讲演集》，浙江人民出版社1986年版，第9页。

渐发展为一个使用广泛、有丰富含义的学术用语。

一、制度的词义

我们可以先简要了解制度一词的中英文词义，有助于研究制度学的基本概念和理论基础。

1. 中文词义

制度是一个很古老的词汇，查阅《辞海》可知，《汉书·元帝纪》中已有明确的表述："汉家自有制度，本以霸、王道杂之。"《后汉书·光武帝纪上》也有制度一词："制书者，帝者制度之命。"构成制度的两个字"制"字和"度"字则出现得更早。如《淮南子·主术训》："犹巧工之制木也。"《淮南子·修务训》："跳跃扬蹄，翘尾而走，人不能制。"《淮南子·汜论训》："此皆因时变而制礼乐者"，"先王之制，不易则废之"等。在这些语句中，"制"已分别含有制作、制订、规定、制止、控制、制度等多种词义。有趣的是，与此同时，"度"也有了比较明确的词义。《书·舜典》："同律度量衡。"《国语·周语下》："用物过度，妨于财。"《淮南子·时则训》："贡岁之数，以远近土地所宜为度。"《左传·昭公三年》："公室无度。"《汉书·高帝纪上》："常有大度，不事家人生产作业。"在这些语句中，"度"已分别含有"尺度"、"程度"、"限度"、"法度"、"度量"、"气量"等词义。在《辞海》中，制度有三种词义，现抄录如下：①要求成员共同遵守的、按一定程序办事的规程；②在一定的历史条件下形成的政治、经济、文化等各方面的体系；③旧指政治上的规模法度。这是对制度含义的最基本的诠释。

2. 英文词义

制度的英文单词有两个：①system，主要的词义为系统、体系、制度、体制、方法、方式、秩序、规律等；②institution，主要的词义为建立、设立、制定、制度、惯例、风俗、公共机构、协会、学校等。一般来说，这两个英文词汇各有侧重，它们所包含的词义比中文制度的词义要宽泛。这两个单词虽然在词义上有一定区别，但是，有一点较为相同的是，它们本身都有制度的词义，其他方面的词义也和制度的内容或特点有关。

第二章 制度的概念

如果展开来分析，则可有以下几方面的理解，如制度是一种系统、体系、体制或一种方法、方式、秩序、规律等；制度与建立、设立、制定或惯例、风俗、公共机构、协会、学校等有关，在其后各章的论述中，我们将会涉及这些内容和特点。

❖ 二、制度的相关定义

制度不是一个普通的词汇，作为一个专门的学术术语，特别是作为制度学的基本范畴，有必要对其内涵作更深入的探讨。概念和范畴是人类认识世界的网上之结，它们使我们对大千世界的各种事物和种种现象有指向性、确定性、抽象性的认识，它们是构建一切理论体系和科学殿堂的砖石木料。制度一词是构建制度学的奠基石，对其词义的规定决定着制度学的整体框架和基本结构。

到目前为止，制度学还没有成为一个独立的学科，甚至还缺少直接把制度作为特定对象而进行的深入系统的研究。关于制度的一些较为经典的定义，多是从社会学或是经济学的角度论述的。我国学者陈朝宗在《制度学理论与我国制度创新实践》一书中对有代表性的制度定义曾作过简要概述，现摘录如下。

美国政治学家亨廷顿教授认为，所谓的制度是指稳定的、受到尊重的和不断重现的行为模式。日本经济学家横山宁夫教授认为，社会规范和制度对人们的行为指出一定的方向，形成一定的样式。我国社会学家孙本文认为，制度是社会公认的比较复杂的而有系统的行为规则。台湾大学前社会学系主任龙冠海教授认为，社会制度可说是维系团体生活与人类关系的法则；它是人类在团体生活中为了满足或适应某种基本需要所建立的有系统的有组织的并为大众所公认的社会行为模式。郑杭生教授认为，社会制度指的是在特定的社会活动领域中围绕着一定的目标形成的具有普遍意义的、比较稳定和正式的社会规范体系。陈颐教授认为，制度是人们在社会生活中自然形成和创造出来的决定人们社会关系、安排社会生活秩序、整合社会结构、规范人们行为的文化现象。刘李胜教授把制度概念界定为，人们社会关系和社会行为的规范体系。

以上列举的制度定义只是一些代表性的论述，它们从不同的侧面探讨制度的内容和本质。除此之外，许多社会学家、经济学家、管理学家都对制度作过经典的论述，我们可以在对这些论述简单分类的基础上稍作简要分析，以便对制度有更深刻的认识。对制度的定义涉及两个主要问题：一是制度是什么或什么是制度；二是制度起什么作用。在上述定义中，可归纳出四种表述。

1. 制度是一种行为模式

美国政治学家亨廷顿教授、日本经济学家横山宁夫教授等早期的论述都持有这种观点。一般来说，制度最容易使人联想到其与行为的关系。无论是一个国家、一家企业或一所学校，所有的制度规定和制度执行都与人们的行为有关。它们规定着人们应该或可以做什么及不应该或不可以做什么。在形形色色的制度规定中，对行为的规定是最常见的内容，如工作规范、行为准则等，与此相关，还有许多奖惩方面的制度规定和标准。但是，制度不仅仅只规定着人们的行为，对行为方面的规定只是制度中的一部分内容。在上述引用的定义中，我们可以看到，制度规定的内容还包括人们的社会关系、社会生活秩序等许多方面。对制度的定义应从更广泛的内容方面去考虑。

2. 制度是一种文化现象

持这种观点的人是从文化的最广泛的含义对制度做出的定义。在《辞海》中，对文化的解释是非常有代表性的："从广义来说，指人类社会历史实践过程中所创造的物质财富和精神财富的总和。从狭义来说，指社会的意识形态，以及与其相适应的制度和组织机构。"[①] 即使是狭义的理解也把制度包括在文化的范畴内。在文化和制度的关系方面，一直存在着两种不同的认识。以英国文化人类学家马林诺夫斯基所代表的观点认为，制度是文化的组成部分，文化既包括隐性式样也包括显性式样，既包括习俗也包括器物，既包括观念也包括体制。马林诺夫斯基认为，社会制度是构成文化的真正要素。按照这种观点，制度是一种文化现象。另一种观点则

---

① 《辞海》，上海辞书出版社1979年版，第1533页。

认为，显性和隐性、习俗和器物、观念和体制是不同的应加以区别的概念。如果把文化归结为观念，把制度归结为体制，二者的区别是非常明确的。人类的认识过程是一个借助概念或范畴将对客观世界的认知不断深化或细化的过程。我们只有将制度和文化区分开才能对二者有更深刻的认识。本书将在其他章节专门论述这个问题。

3. 制度是一套规则或规范体系

将制度定义为一套规则或规范体系的观点目前已得到较广泛的认同，较易被人理解和接受。制度一般被认为是由若干个或若干组规则或规定组成的系统。美国经济学家道格拉斯·G·诺斯认为："制度是一个社会的博弈规则，或者更规范地说，它们是一些人为设计的、形塑人们互动关系的约束。"[①] 但是，若要认真思考的话，会遇到一个问题，当我们制定或颁布一项规则或规定时，是否就形成了制度，答案显然是否定的。有了制度规定，不一定就有了制度。我们常常看到，许多组织中的规定形同虚设、流于形式，其原因在于，制度是在执行中而不是在规定中形成的。简单地说，制度的形成因素包括规定和执行两个方面。制度始于规定，成于执行，执行的效力决定着制度的成败。有人认为，规范体系不只是包括规则，它同时也包括执行的内容。在此首先涉及一个侧重点问题，顾名思义，规范的词义主要是标准、典范，规范体系的研究仍然侧重于制度规定。其次，更重要的是，制度是在制度规定和制度执行相互作用的基础上形成的，而不是二者简单相加的结果。从制度定义的角度来看，文化现象的提法略显宽泛，规范体系的提法又有些偏窄。对制度的定义应做更进一步的探讨。

4. 制度是一种活动体系或社会结构

我国社会学家吴文藻把制度定义为："是由于人类团体活动而引起的某种社会关系，是有组织的人类关系形式或说是有组织的人类活动的体系。"[②] 这一定义将制度与人类的活动结合起来更能体现制度的特性。对

---

① [美]道格拉斯·G·诺斯：《制度、制度变迁与经济绩效》，格致出版社、上海三联书店、上海人民出版社2014年版，第3页。

② 贺培育：《制度学：走向文明与理性的必然审视》，湖南人民出版社2004年版，第15页。

这一定义可以从两种完全不同的角度来理解。其一是把制度理解为对人类活动加以规范的体系，与刚分析过的第三种定义是类似的。另外一种理解是把制度看作为人类团体活动而引起的某种社会关系。按照这种理解，制度不是一种体系，而是与现行的人类活动结合在一起的特定方式。从第一章所讲的南美洲切叶蚁的例子中，我们可以看到，蚁群的觅食、搬运、筑巢等有一种特定的活动方式。这种方式是一种存在、一种力量，支配着、主导着蚁群的内部分工和全部活动。人类的现实活动也存在着这种方式，区别在于，蚁群的活动方式是自然产生的，靠蚂蚁的本能维系的，而人类的活动方式是通过人为的形式产生的，靠人类的理性维系的。一般来说，制度是在一定的规范体系作用下产生和形成的，但制度并不等同于规范体系。比如说，生产资料的公有制和私有制，都是具体的、现实的社会制度，它们是一种社会生产方式，与之相关的规范体系只是它们的构成要素，而不是它们的全部。美国社会学家戴维·波普诺在《社会学》一书中把制度理解为："为了满足社会基本需要而组织起来的一组稳定的社会结构。"[①] 他和吴文藻一样，也是从制度本身而不是从它的规范体系来下定义的，在下面的章节中将逐步展开这方面的论述。

❖ 三、制度的定义

综上所述，制度的定义可以概括为："制度是规定、构成、调整人们的关系、角色及其行为的有明文规定和强制力的社会组织的构成形式。"这一定义包括制度的实质、内容、特点和作用四个方面。

1. 制度的实质

制度的实质是人类在社会活动过程中结成的社会关系的构成形式。人类的社会活动包括物质生产和社会生活两个方面。关于物质生产活动，马克思认为："在人们的生产力发展到一定状况下，就会有一定的交换和消费形式。在生产交换和消费发展到一定阶段上，就会有一定的社会制

---

① 高和荣：《现代西方经济社会学理论述评》，社会科学文献出版社 2006 年版，第 107 页。

度。"① 与人们的物质生产活动和一定的交换、消费形式相联系，人们会产生家庭、婚姻、教育、文化等各种各样的社会关系和社会生活制度。制度表明一定时期内人们在物质生产和社会生活过程中以何种方式结合在一起。人类在社会物质生产和社会生活过程中结成一定的组织，制度就是这种组织的构成形式。

2. 制度的内容

制度的内容涉及人们在社会生产和社会生活过程中形成何种关系、扮演何种角色以及具有何种行为。在不同的社会制度中，人们结成的关系、扮演的角色及其相应的行为是不同的，如奴隶制度中的奴隶和奴隶主、封建制度中的地主和农民等，他们二者之间明显存在着不同的社会关系、角色关系和行为样式。在同一历史阶段的不同的国家或不同的组织中，人们的社会关系、角色关系、行为样式也有所不同。随着制度的变迁，人们的关系、角色、行为也会发生相应的变化。这种变化是有规律的和可认识的，这也是制度学所要研究的内容之一。

3. 制度的特点

如上所述，制度是在制度规定和制度执行相互作用的基础上形成的。与此相联系，制度有三个明显特点。①制度是以规则的形式明文规定的。制度虽然不等同于规则，但制度的形成离不开规则。制度规定指的是按照严格的法定程序，采用表述严谨、措辞明确的文字形式规定各种规则和标准。这一特点使制度与没有法定程序及明文规定的习俗、习惯、群体约定或潜规则明确区分开。②制度是在强制执行的条件下形成的。制度始于规定，成于执行。制度执行是指利用法律的、行政的或奖惩的手段将明文规定的规则和标准强制性地转变为现实制度的过程。规则和标准规定了人们应有的制度关系、制度角色和制度行为，经过一定的程序制定出来后，必然要求人们能够遵守和贯彻落实。在现实社会中，某种制度规定的出台，不可能得到所有人的认同和支持，强制性的执行至少保证人们在行为上的一致性，以维护制度规定所要求的制度形式。③制度是组织构成的固化形

---

① 马克思、恩格斯：《马克思恩格斯选集》（第27卷），人民出版社1972年版，第320—321页。

式。在制度化的组织中，明确的规定和严格的执行使其形成一种较稳定的、常态的制度形式。组织成员的隶属关系、管理关系、权责关系、工作关系等以及相应的工作流程、办事程序十分清晰，每个人也有较为固定的职权、职责、薪酬等，整个组织处于较为稳定的运行过程中。

4. 制度的作用

制度的作用在于以某种形式将松散的、互不相关的人员整合为严密的、协调一致的组织，以利于实现既定的目标。首先，制度使相关人员按照明确的规定和组织形式构成新的工作关系和人际关系。其次，使相关人员认清自己的角色关系和角色定位并认真履行相应的职责。最后，运用奖励、惩罚等制度引导相关人员的正确行为并纠正其违背制度规定的不当行为。在某种意义上说，制度是保证组织正常运行、员工密切合作、个人尽职尽责的基础和条件。

第二节　制度的构成

一般来说，许多领导者非常注重管理，但却并没有有意识地运用制度进行管理。许多管理学的教科书把提高领导者的个人能力作为加强管理、提高领导力的重要途径。实际上，对许多领导者来说，制度管理是一个盲区。他们虽然也讲制度的重要性，但却不清楚制度是什么，制度的作用是什么，制度的效力是什么，不知道怎样才能通过制度改进和制度安排增强个人的领导力，提高整个组织中的个人绩效和整体绩效。通过对制度本身的分析，有利于每一个领导者和管理者在实际工作中提高构成和运用制度的能力。

第二章 制度的概念

❖ 一、制度的构成过程

根据制度的定义，制度是人们以某种规定强制性地结成组织的固化形式。任何制度都是从制定具体的规定开始入手的，并且最终通过带有强制力的执行措施成为一种常态的、固化的形式。制度规定和制度执行是制度形成过程中的基础工作，也是我们深刻认识制度的两个最重要的方面。

1. 制度规定的重要性

制度规定是构建、确定国家或组织的基本关系、内部结构、行为准则及活动程序的文字性规定的统称。无论是企业、学校或国家机关，对于任何一个制度化的组织来说，制定相关规定是制度形成的最重要的一步。在准备成立一个公司时，一个不可缺少的工作是要制定一个公司章程。章程的主要内容一般包括公司的名称、性质、宗旨、业务范围、组织机构、职权划分、工作任务等。与章程相联系，还有一些具体的规定，如人事管理、财务管理、生产管理、销售管理等方面的规定等。这些都是制度规定的基本内容，它们共同构成了一个制度规范体系。不同的制度化组织有不同的制度规范体系，制度规定按其规制机构可以划分为宪法和法律、行政法规、政策性规定和实体性规定四种主要的类型；按其作用可以划分为关系性规定、行为性规定和程序性规定三种类型。当组织想理顺领导关系、权责关系、提高员工的工作积极性或人均效率时，修改制定规定中的相关内容会收到很好的效果。制度规定不是一种口头约定。在制度化的组织中，制度规定工作有专门的机构和程序。制度规定一般要经过激烈的讨论、反复的论证、严格的审批程序，最后以盖有组织大章的文件形式在组织内部公布执行。我们可以看到，每一个公司、学校或国家机关都有一大本或一整套厚厚的制度汇编。组织规模越庞大，业务越复杂，文件汇编的厚度和规定内容的复杂性也越大。如上所述，当我们把制度比喻为一座建筑物时，制度规定就好比是建筑设计图，它规定着未来制度大厦的样式、风格、结构、用途等。制度规定的内容是否合理，审批的程序是否合法，是否代表大多数组织成员的利益并得到他们的认同，决定着所要形成的制度形式的完善程度及组织未来发展的成败。

2. 制度执行的重要性

制度执行是指运用强制性的力量贯彻落实制度规定并使之成为现实制度及每一个组织成员具体行为的过程。从严格的意义上说,制度执行指的是制度规定的执行,而不是制度的执行。制度规定不是制度,制度规定是对所要构建的制度的文字性规定,需要通过制度执行的环节才能够转化为现实的制度。有一点需要明确的是,我们平时所说的"按制度办事",实际上是"按制度规定办事",所谓制度执行就是"按制度规定办事"。"依法行政"是按照宪法和法律制度进行社会公共事务管理,是一种最典型的制度执行过程。制度执行是制度形成的第二步,也是非常重要的、不可缺少的一步。在人类社会中,制度不是像血缘关系的产生那样自然发生的过程,而是一个通过制定具体规定、认真贯彻落实使之成为现实的制度形式的过程。正是在此意义上说,制度是在制度规定和制度执行相互作用的基础上形成的。制度执行过程不是一个孤立的进程,它要求制定具体的规定在先,执行该规定的具体行动在后。特别是在法治社会或制度化的组织中,必然是先有制度规定后有制度执行。法治社会的实质是依法治国,法治以法制为基础。制定宪法和相关法律或制定公司章程和相关规定是制度规定的过程,执行宪法和法律或执行公司章程和规定是制度执行的过程。如果说,制度规定是建筑制度大厦的建筑设计工作,制度执行则是制度大厦的建筑施工工作。一座建筑物的质量,不仅取决于设计的质量,而且取决于施工的质量。无论建筑设计多么科学,如果在建筑施工过程中偷工减料,盖成的建筑物也将是一个豆腐渣工程。制度大厦的构建也存在着同样的道理。

3. 制度场的重要性

制度场是在制度规定和制度执行相互作用的基础上形成的现实的制度形式。制度场的重要性就是制度的重要性。人们一般在制度的认识上容易有两个误区:一是把规则、标准或制度规定等同于制度;二是把制度规定和制度执行的运行体系等同于制度。制度规定和制度执行是制度形成的必要阶段和重要手段,但不是制度本身。制度是制度规定和制度执行相互作用的结果,而不是它们二者的简单相加。制度是人们在某种强制力的作用下结成组织的构成形式。让我们以人们的婚姻关系为例。在历史的发展过程中，人类的婚姻关系最早出现的是群婚或杂婚的形式，虽然后人将其称为群婚制，但它还不是一种有文字规定的并有一定强制力的制度形式。人类婚姻关系的真正的制度形式是一夫一妻制，它是由司法机关按照婚姻法强制执行形成的。一夫一妻制既不是婚姻法（制度规定）本身也不是司法机关（制度执行机构）本身，它体现为男女之间的一种现实的婚姻关系的固化形式。这种制度形式存在于一对一对在婚姻机关登记的夫妻身上。所有这些夫妻与制度规定机构和制度执行机构共同构成了一个庞大的制度场。一夫一妻制的制度形式就是在它们三者之间的相互作用的基础上形成的。一对年轻人如果不去婚姻机关登记，他们之间就没有合法的婚姻关系。一对夫妻即使长期分居在异国他乡，他们如果不去婚姻机关登记离婚，也仍然是夫妻关系，受到婚姻法的约束。以制度场形式存在的制度就是制度规定所设计、制度执行所施工最后建成的现实存在的制度大厦。制度场的作用范围由制度规定的内容和制度执行的作用力以及相关人群的分布范围所决定。按照这种理解，制度场是立体的和有时空性的。下一节在分析制度的特性时，我们还会论述这一问题。制度场是组织的内部关系、权力结构、业务流程及组织成员工作行为及各类人员相互作用的现实表现。每一个人在制度场中，或者按照或者不按照制度规定相互作用。制度执行的作用力是对那些不按照制度规定行事者的行为进行约束，支持鼓励那些按照制度规定行事的行为。某些地区群体性事件的出现，是制度场内不同人员的作用力发生了冲突，这是局部地区制度执行出了问题导致制度场平衡态的动荡。社会风气、文化氛围等的形成都和制度场的表现形式有关。制度场的作用力状况对组织的运行发展有非常重要的影响，20世纪30年代美国哈佛大学教授梅奥等人实验证明的"霍桑效应"实际上可以被看作是一种制度场作用力的效应。

二、制度构成三要素

在制度化组织和制度形成的过程中，人是最基本的因素，与制度规定、制度执行和制度场作用力相联系，组织成员可以分为制度规制者、制度执行者和制度互动者三种类型。他们统称为制度构成和制度运行的三要素。

1. 制度规制者

制度规制者，泛指经过合法程序用文字形式明确表述并正式颁布制度规定的机构或人员，准确的称谓是制度规定的制定者，简称为制度规制者。"规制"包含两层意思：一是制度规定的制定；二是拟定制度或规定制度。建筑设计师在图纸上画出的样式就是未来要建起来的建筑物。同样的道理，制度规制者在制定制度规定的同时就是在制定将要构建的制度。与上述四种制度规定类型相联系，存在着四种制度规制机构。它们分别是国家和地方立法机关、国家和地方行政机关、执政党的政策制定机关和企事业单位的领导和决策机关。作为制度规制者，他们以法律、法规、条例、决议、章程、命令、决定、办法等纸质文件的形式正式颁布各种制度规定，不仅为构建或形成相应的制度形式提供规则和标准，而且在组织内部的成员关系、工作关系、权责关系、机构设置、岗位设置、任职条件、办事程序等方面做出了具体的规定。

制度规定阶段的工作主要有两项内容。一是按照制度设计方案正式成立制度规制机构；二是由制度规制机构在自己的权限范围内，按照法定程序审议、颁布法律、法规、公共政策或组织规范等各项制度规定。制度规定者的任务和作用是将组织的战略目标或基本构想以文字形式细化为法律性、法规性、政策性、实体性的各种制度规定，并通过法定程序下达给制度执行者和制度互动者。制度规制者不仅是制度的设计师，而且是与具体的制度形式相联系的文化观念和制度理念的倡导者。在规模较大、层级较多的组织中，制度规定的工作实际上是由各个层级的制度规制机构通过将宏观的制度规定逐步分拆、分解、细化的过程完成的。

2. 制度执行者

顾名思义，制度执行者是根据制度规定者的授权，专门负责执行制度规定的机构和人员。制度规制者只负责制度规定的制定，而不负责制度规定的执行。制度规定要有专门的机构和人员负责贯彻落实。将这两类机构和人员明确区分也是一种经过深思熟虑的制度形式。这种制度设计的好处

第二章 制度的概念

在于,一方面可以进行权力制衡,防止权力滥用和腐化;另一方面可以提高专业化水平,有利于提高制度规定的质量和制度执行的效率。与上述四种制度规定类型和四种制度规制者类型相联系,制度执行者也可划分为四种主要的类型,即国家和地方执行机构、国家和地方行政机关中的执行机构、执政党中的政策执行机构和企事业单位中的执行机构。

制度执行阶段的工作主要有三项内容。一是按照制度设计方案正式成立制度执行机构;二是由制度执行机构在制度规制机构限定的职权范围内按照法定程序严格执行法律、法规、公共政策、组织规范等各项制度规定;三是制度执行者不仅自己执行各项制度规定,而且要推动并监督组织中的所有成员认真执行制度规定。我们不能简单地把规则和制度规定等同于制度。制度规制者只是对拟定的制度作了文字性的规定,画出了未来的制度大厦的设计图,就像设计图纸不能自动成为真正的建筑物一样,制度规定也不能自动成为真正的制度。有了规定还必须有执行,在制度规定和制度执行相互作用的基础上才能形成制度,这一过程是真正意义上的制度构成的过程。管理制度是在管理规定和管理执行的基础上形成的。财务制度是在财务制度规定和财务部门工作的基础上形成的。制度规制者用了大量时间和精力制定了制度大厦的建筑图,制度执行者是施工队,制度执行是将图纸和文字规定变为现实制度的过程。无论是在政府还是企事业单位中,制度执行机构和人员能不能认真地、不折不扣地按制度规定办事、能不能推动并监督组织中的所有成员认真执行制度规定是一个令人十分关注的问题。

在制度化的社会中,管理是社会生产和社会活动过程中最普遍的活动,任何管理工作的实质都是制度执行过程,没有执行就没有管理。准确地说,管理重在执行,管理就是照章办事,就是严格执行制度规定,在制度执行的过程中实现组织的目标。制度能否构建起来,关键在于各项制度规定能否通过制度执行工作落在实处。制度执行过程本身是运用制度的强制力推进各项工作的过程。制度执行的强制力是制度场作用力的主要来源,这种强制力的作用范围同时也构成了制度场的作用范围。每一个制度化组织都是一个在制度执行过程中形成的制度场。在某种意义上说，制度执行落实到哪里，制度就在哪里形成或构建。

3. 制度互动者

制度互动者有两种含义。从狭义上说，制度互动者指制度化组织中除制度规制者和制度执行者之外的所有组织成员，他们既是制度规定和制度执行的对象，又对制度规定和制度执行过程有着重要的影响；从广义上说，制度互动者指制度化组织中包括制度规制者和制度执行者在内的所有组织成员，因为制度规制者和制度执行者作为制度化组织的成员，同样要受到制度规定和制度执行的约束，同样处于制度场的作用力之中。一般来说，小到公司大到国家，任何制度化组织都是一个下大上小的金字塔形的组织实体。在组织中的上中下三个层次的分布中，制度规制者和制度执行者一般集中在中上层，组织中的大多数成员作为制度互动者普遍集中在下层或基层。同时，组织中的大多数活动也是在下层或基层由制度互动者具体进行的。

制度互动者在组织中的地位和作用有以下几个方面的特点。①组织的主要成员。制度互动者的人数众多，在组织成员中占据大多数，他们是在组织中从事各项具体工作的人员，是完成工作的主体和组织绩效的主要创造者。②制度规定和制度执行的作用对象。组织中的制度规定适用于所有制度互动者。制度执行者的主要工作也是推动和监督所有制度互动者认真执行各项制度规定。③制度关系和制度形式的体现者。在严格执行制度规定的情况下，制度互动者与制度规制者、制度执行者的关系以及制度互动者相互之间的关系，如领导关系、管理关系、权责关系、工作关系、合作关系、分工关系等，都是按照制度规定的要求形成的。制度互动者所在的机构、岗位以及他们的工作流程和办事程序等，也同样是按照制度规定的要求确定的。这些现实的关系和工作方式是制度规定和制度执行所确定的并通过制度互动者的行为表现出来的制度形式。④制度互动者的态度和行为对制度规制者和制度执行者及制度规定和制度执行过程有巨大的反作用力，正是在这个意义上说，他们是制度的相互作用者。制度规制者在制定制度规定的过程中，必须要考虑到制度规定的代表性，分析判断该项规定能否得到大多数制度互动者的认同和支持。制度互动者的态度和行为对制度执行的效率、效果也有重要的影响。⑤制度场作用力的重要来源。每一个制度互动者的态度和行为都会对周围的人形成一定的影响力和作用力。当他们的态度和行为与制度规定和制度执行的要求相一致时，将会在制度场中产生一种强大的合力，形成良好的文化氛围和工作氛围。当他们的态度和行为与制度规定和制度执行的要求或者当他们相互之间的态度和行为发生矛盾和冲突时，将会产生多种方向不同的影响力和作用力，造成制度场的内耗和震荡，影响制度运行的稳定性和组织的持续发展。

三、制度三要素的互动关系

制度规制者、制度执行者和制度互动者是组织构成和制度构成的基本要素。它们三者的关系包括以下几个方面：制度规制者与制度执行者之间的互动关系；制度规制者与制度互动者之间的互动关系；制度执行者与制度互动者之间的互动关系；它们三者之间的互动关系等。这些关系构成了制度构成、制度运行和制度调控过程中的基本关系，对组织中其他各种各样的关系起着主导的、制约性的作用。根据定义，制度是将人们结成制度化组织的构成形式，这种制度形式主要体现在制度三要素之间的相互关系和共同活动中。它们三者之间的关系决定了组织构成的具体形式，如家长制、独裁制、民主制、参与制等。从一般的程序来说，制度规制者确定了组织的目标并通过法定程序制定了法律、法规、政策、组织章程等各种规定，制度执行者负责各项规定的落实，制度互动者则是制度规定和制度执行的最终体现者和落实者。制度目标的实现程度和组织绩效最终通过制度互动者的个体行为的个体绩效表现出来。在这一过程中，制度规制者和制度执行者既有领导和执行的关系，又有相互制衡、相互监督的关系。制度规制者的思想倾向、目标设定和相应的制度规定对制度执行者、制度互动者的认同态度和执行行为有重要的影响。制度执行者对制度互动者的行为和绩效有直接的组织、指挥、管理、监督和控制作用，负有维护制度运行的制度调控的主要职责。制动互动者并非只是受制度约束的、被动的执行者,他们对制度规制者、制度执行者有检查监督的权利,对他们的决策和行政行为有巨大的影响力。显然,如果它们三者之间协调一致,组织活动和制度运行则处于和谐状态,如果相互之间发生了矛盾和冲突,将会直接影响到组织活动和制度运行的稳定性及和谐性。制度三要素的互动关系如图2-1所示。

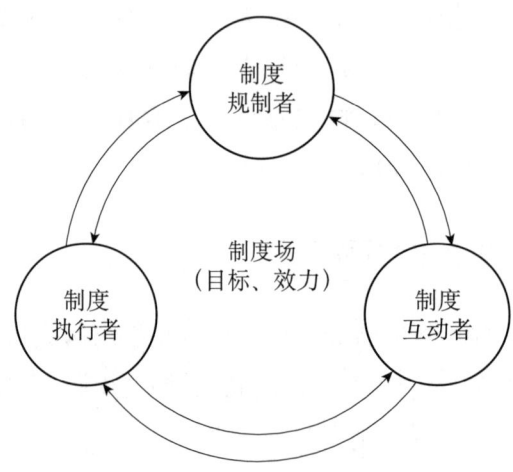

图2-1 制度构成三要素互动关系图

综上所述,大到国家小到企业,每一个组织都是一个由制度主体和制度客体所组成的制度场。制度规制者和制度执行者共同构成制度场中的制度主体,广大的制度互动者是制度场中的制度客体。无论是国家制度还是企业制度,其制度的形成首先要取决于制度规制者和制度执行者的相互配合、相互作用,其次取决于全体制度互动者的执行意愿和执行行为。根据政治学、行政学、管理学等领域的专家学者们的论述,可将制度主体和制度客体的互动关系归纳为以下四种模式。①大众精英模式。这种模式将少数居于领导地位的制度规制者和制度执行者看作是代表一定阶级和一定阶层的社会精英。由他们制定法律、法规、政策等各种制度规定,然后通过一定的制度执行程序由制度互动者贯彻落实。如图2-2所示。②利益集团模式。这种模式侧重于描述制度客体对制度主体的作用力和影响。在这种模式中,制度互动者可以划分为许许多多有不同政治利益、经济利益的阶级和阶层,他们形成不同的利益集团,通过各种方式对制度主体施加压力和作用力,力图对制度规定和制度执行施加各自的影响。如图2-3所示。③专制模式。专制模式和下面要讲的民主模式一样,是论述较多也较为普遍的政府治理或制度模式。最典型的专制模式是将制度规制机构和制度执行机构合为一体并集中于个人或极少数人控制,制度规定的内容代表的是少数人的利益,如君主制、独裁制等。在专制模式条件下,社会互动者完全处于被强制或强迫执行的状态中,与制度主体的互动作用非常小。如图2-4所示。④民主模式。与专制模式完全相反,由社会大众所组成的制度互动者被认为是权力的主体。制度规制者和制度执行者必须通过一定的民主程序和法律程序产生。制度规定的内容受到制度互动者的制约,代表大多数人的利益。制度互动者具有受到法律保障的话语权、知情权、监督权等,对制度规定和制度执行过程有明显的互动作用。如图2-5所示。

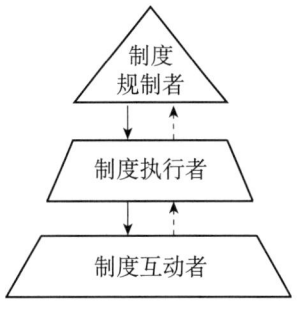

图 2-2 制度构成三要素大众精英模式

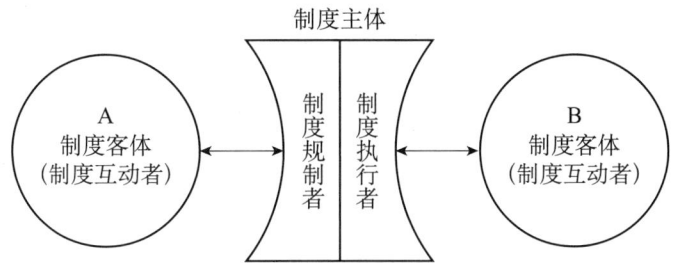

图 2-3 制度构成三要素利益集团模式

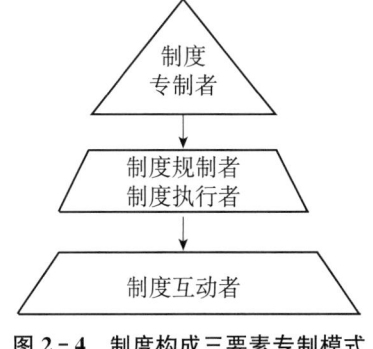

图 2-4 制度构成三要素专制模式

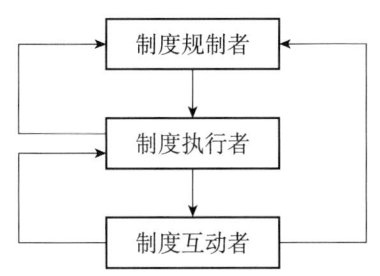

图 2-5 制度构成三要素民主模式

第三节 制度的特性

探讨制度的特性，有助于我们对制度有更深刻的认识。专家学者们关于制度的特性列举了很多，如阶级性、权威性、强制性、普遍性、系统性、稳定性、主体性、规范性等，这些都是制度的一般特性。下面着重探讨一些有助于对制度有更深刻认识的特性。

◆ 一、制度的实体性

现代社会是一个由无数组织构成的高度组织化的社会，小到公司、学校，大到国家等，制度作为社会组织的构成形式，不是抽象的、孤立地存在着，它必定和某种组织实体合为一体。制度的实体性指的是和特定的组织实体的关联性。每一个组织都是为了实现某种目标由不同的人员所构成的活动着、运动着的实体，人与人的关系、人与事的关系、人与物的关系构成组织内部的实体性的内容。人们结合成组织的特定形式是一种制度形式，组织中的各种关系都是通过一定的制度关系构成和表现出来的。组织是制度的内容，制度是组织的形式，二者相互依存，缺一不可。如每一个学校、公司、国家都有自己的制度，有自己的制度规定和制度执行过程。制度不是某种单纯的用文字表达的规则或标准，也不是画在纸上的几何图形和数学公式，制度是一种现实的社会存在，它体现的是不同的人们结成群体或组织的具体形式以及推进社会生活和社会生产的活动方式。组织的产生和制度的构成是同时发生的。没有制度，就没有组织，同样，没有组织，也不可能存在制度。组织消亡了，与其相联系的制度形式也就不存在了。

制度的实体性还与制度场的存在形式有关。每一个组织都是一个制度场，其作用力的范围无疑具有实体性。制度不仅与单个的组织实体相联系，而且与由无数相关联的组织实体构成的组织系统相联系。与这种组织系统相联系的制度是一种规模庞大、结构复杂的制度体系，是一个更大规模的制度场。如教育制度是包括所有大中小学校和负责制度规定、制度执行的教育机构在内的具有实体性的教育系统的组织形式。每一个小学、中学本身是一个制度场。每一个县教育局与其所管辖的中小学又共同构成了一个全县范围内的制度场。以此类推，省市教育局和其所属学校在其管辖范围内形成了范围更大的地区性的制度场，而教育部和全国的所有院校则形成了全国范围内的整个教育系统的制度场。从更大的范围讲，社会制度则是人类社会发展到一定历史阶段的整个社会系统的制度场，如奴隶制度、封建制度等，制度的实体性是和组织实体及其制度场的存在形式密切相关的。

❖ 二、制度的时空性

与制度的实体性相联系，制度的另一个特性是时空性，即制度有时间上的顺序性和持续性，有空间上的伸展性和广延性。每一个组织都是具有时间性和空间性的实体。组织的时间性表现为其产生、发展、变化、消亡的过程，空间性表现为其活动场所和影响范围。制度是组织赖以存在的形式，制度和组织一样具有时空性，同样有产生、发展、变化、消亡的过程及其适用范围和影响范围。从我国历史上看，从尧舜禹到宋元明清，每一个朝代都有特定的制度形式，随着其继任者的更新换代不断延续。随着其疆土的扩大，每一个王朝都有一个由小变大、由弱到强，再由盛而衰，最后被一个新的王朝取代的过程。历代王朝的制度无不重复着这一历史过程。

具体来说，在每一个组织中，具体的制度规定和制度执行过程都有一定的时间性和空间性。如每一个制度规定都有它的生效时间和废止时间，也有它的上传下达范围和作用场所。制度执行的时空性明显受到与其相关的制度规定时空性的制约和限制，但同时对该规定的时空性也有重要的影响。如果一项规定没有得到执行，它既没有开始的时间，也没有存在影响的空间。制度始于规定，成于执行。制度规定和制度执行的时空性决定了制度的时空性。当一条旧的法令宣布废止、相关人员不再继续执行时，与其相应的制度关系及其制度形式也就随之消失了。制度的时空性是以场的形式存在的。制度主体的具有强制性的作用力通过不同人员之间的相互作用依次传递到组织的各个层级、各个部门、各个领域和各个场所，每种特定的制度场都有特定的时间和空间。每一个制度场作用力都有一定的持续性和伸展性，每一个制度场都是以时间的一维性和空间的三维性表现出来的。

三、制度的创新性

制度的创新性是一种非常重要的特性，意指制度的创立或构建不是纯自然的历史过程，它是人们有意识构建的、人工的或人为的产物，或者说，制度是一种人类创新的产物。在人类社会的早期阶段，曾经有一个漫长的历史时期，人们相互之间的关系是一代一代自然形成的，不存在任何真正意义上的制度形式。制度形式的出现是人类对自然形成的关系认识和限定的结果。制度的产生、发展是一个从无到有、从简到繁、从少到多的创新过程。制度从诞生的第一天起，就具有明显的创新性。

制度创新有下列几种情况。①新的社会关系的产生。人类社会有三种基本的社会关系，即血缘关系、生产关系和社群关系。血缘关系是自古就有的，后两种社会关系则是随着生产力的发展逐步出现的。适应新的社会关系发展的要求是制度创新的永恒动力。②确定新的目标和组织。在人类社会中，人们为了实现某种目标而结成各种各样的组织。如人们为了加强对后代的教育发展出了各种各样的学校，为了生产某种产品成立了专门的公司，与之相联系，构建相应的制度形式的过程是一种制度创新过程。③选择和确定新的方法。制度对人们的态度和行为有重要影响，因此可以作为提高工作效率和组织绩效的有效手段。当对现有的、已知的制度方法感到都不满意时，组织的领导者们通常会尝试根据实际情况创建一种以前未采用过的、新的制度方法，这也是常见的制度创新情况。

我们看到，当人们为了实现某种目标需要成立一个组织时，必须借助于某种制度形式构成特定的制度关系，例如领导者与被领导者之间的关系、权责关系、分配关系、分工协作关系等都是靠一定的制度形式确定的。制度规定是制度构建的第一步，也是制度创新的第一步。制定新的或修改旧的规定都是一种制度创新的基本程序。在实际过程中，制度的构建与制度规定者的个人理念密切相关，是制度创新的突出现象。与此相联系，制度的创新性必然导致制度的差异性。我们不难看到，由于人们特别是制度规制者或领导者的环境、习俗、文化、理念、认识、偏好等方面的差异，导致制度设计和制度创新方面的差异，最终使形形色色的公司制度、国家制度千差万别。制度的创新性使制度的产生、创立、构建具有后天的、人工的、人为的或个人的色彩。但是，并不能由此认为，制度创新可以不顾现实，为所欲为。实际上，任何制度的创新都是有客观依据和客观规律的。有意思的是，尽管存在着许多不同和差异，但是各种公司制度和国家制度在最基本、最重要的制度要求和标准方面都是趋同的，这是制度的创新性建立在客观基础上的最好说明。

◆ 四、制度的博弈性

制度的另一个特性是博弈性，意指制度规定和制度执行过程是在不同人员、群体的矛盾冲突中进行的，制度是不同阶层、不同阶级、不同利益集团相互博弈、斗争的产物。由于不同人员、群体甚或集团之间存在着认识差异和利益冲突，在制度规定和制度执行过程中，不可避免地会出现认同与质疑、支持与反对、服从与抗拒、自律与强制的矛盾冲突现象。①在制度规定方面，世界上的每一个人都处于各种各样的社会关系之中，兼有各种各样的不同的角色。人们在社会关系中的位置不同、角色不同，导致他们的视角不同、认识不同、利益不同，这种差异必定会在制定制度规定的过程中表现出来，造成人们之间的认识冲突和利益冲突。制度规定的内容和条款一般都会对某类人或某类群体有利，而对某类人或某类群体不利，必然会引起不同人们或不同群体之间的利益之争。制度规定方面的博弈在立法机关等制度规制者的争斗中表现得特别明显，在实行议会制的国家中，某项提案的提出、某项规定的修改及围绕其进行的辩论和表决，实际上是不同利益集团博弈、斗争的过程。最后通过的法律、法规、政策等是争斗各方相互博弈的结果。②在制度执行方面，制度的博弈性在制度执行过程中表现得也非常明显。制度规定本身所包含的矛盾和冲突往往会在制度执行的过程中表现出来。当某项制度规定遇到很多人的不满、质疑和反对时，在执行过程中会遇到强烈的抵制和对抗，在我国某些地区发生的民事纠纷或群体性事件是最直接的例证。制度执行过程中的矛盾冲突和制度规定过程中的矛盾冲突有直接的联系。在许多国家中频繁爆发的群众集会、示威游行甚至具有暴力倾向的"街头政治"都是与制度规定过程相互呼应的博弈行为，其最终目的是在制度规定方面取得己方的有利条件，确立有利于己方或代表己方利益的制度形式。

制度的构建和确定离不开斗争和妥协，是矛盾各方相互博弈的结果。法国思想家卢梭在其名著《社会契约论》中对此做了经典论述。他认为，一个理想的社会是在人们通过某种约定的基础上建立起来的。实际上，人们所形成的这种契约关系是一种制度关系。每一个人都同意放弃自己的某些"天然权利"，使人们从自然状态进入社会状态。按照卢梭的理论，矛盾各方是用一种建立契约的妥协方式解决利益之争的。在阶级社会中，制度的博弈性表现为阶级性，取得统治地位的阶级利用政权的力量确立符合自身利益的制度体系。在阶级矛盾尖锐时，敌对各方的制度博弈可能采用暴力统治、武装冲突甚至战争的形式，这是制度博弈性的最激烈表现。

❖ 五、制度的导向性

制度的导向性指的是制度对其组织内部所有人员的角色意识及行为倾向有引导或约束的重要作用。制度规定和制度执行首先确定组织成员以何种关系构成组织，如在组织结构方面采用直线式或是参谋式，在生产资料所有制方面采用公有制还是私有制等，其次确定组织成员应有何种态度和工作行为，最后在前两项工作基础上进一步确定组织中人与事和人与物的关系，通过对组织成员行为导向的作用调节、控制组织内部人力、财力、物力、信息的运行和流向，取得预定的工作效率和组织绩效。在不同的组织结构和制度形式中，人们之间的关系和地位是不同的，其角色意识、行为倾向、工作绩效也是不同的。在第一章，我们曾从外在化、内在化两个方面简要论述过制度的导向性问题，其主要原因在于制度有一种力量引导着人们的行为倾向和行为表现，因此很多专家学者多从行为规范和行为模式的角度给制度下定义。

制度的导向性可从以下几个方面进行分析。

1. 制度规定的导向性

为了有利于实现组织目标，领导者或管理者们普遍的做法是在制度规定中明确提出对组织成员工作行为的要求和标准。制度规定对组织成员工作行为的导向作用以正面的引导为主，在制度规定中除正式的工作要求和标准外，经常包含物质性、激励性的内容和条款，如基本工资、岗位津贴、单位福利、股权期权等，这些规定对员工的态度和行为倾向有明显的导向性和吸引力。同时，在制度规定中，关于防范、禁止某些行为及相应的惩罚性的内容和条款也是必不可少的。对于任何组织来说，制定或修改制度规定是调整、引导其员工行为的普遍使用的方法。

2. 制度执行的导向性

制度规定的导向作用必须通过制度执行过程才能表现出来。制度执行是采用具体措施按照相关规定引导、控制、约束组织成员的实际过程。制度执行者严格按制度规定办事，才能使组织成员亲身感受到制度的吸引力、控制力和约束力。当制度执行不力或出现偏差时，制度规定的内容再好，也只是一纸空文，起不到任何导向作用。制度执行是现实的行动中的过程，它的主要作用是积极鼓励、表彰先进成员的正面行为，刻意抑制、打击落后成员的负面行为，以"抓两头，带中间"的方法，有效推动、引导大多数组织成员按照制度规定履行职责，保证组织的正常秩序和稳定运行。

3. 制度和制度场的导向性

如上所述，制度是在制度规定和制度执行的基础上以制度场的形式形成的。制度规制者画好了图纸，制度执行者认真施工，制度则从图纸形态具有了现实形态。制度场一旦形成，就会形成某种作用力，对场内的所有人员的意识和行为有重要的导向作用。例如，我们在购物或乘车时，如果发现所有人员都是井然有序地排成一行，我们也会站到队尾自觉排队。反之，如果所有人都不排队，人们十有八九会加入拥挤的人群。制度场中有种种力量对场内人员的意识和行为倾向施加影响，如人们相互之间的作用力、合力及制度的吸引力、强制力、控制力、凝聚力、整合力等。一般来说，在组织成员的行为表现中肯定存在着制度导向的潜在影响，特别是当较大比例的组织成员表现出较为一致的行为倾向时，其背后一定存在着制度导向的原因。

第四节　制度的类型

对制度的分类是一个看似简单实则却非常复杂的问题。根据定义，制度与人类的社会活动及组织实体密切相关，社会活动和组织的多样性决定了制度的多样性。可以说，有多少种活动和组织就有多少种制度。分析制度的类型有助于我们加深对制度的整体认识。

❖ 一、从组织的角度分类

根据制度制定及适应范围，可以分为组织内部制度和组织外部制度两种类型。①组织内部制度。如上所述，组织是社会活动的主体，制度是构成组织的形式，每一个独立的组织都有与其结为一体的制度。组织内部制度是组织自身制定的制度。组织的类型有多少，制度的类型就有多少，如国家制度、企业制度、学校制度等。组织内部制度是具体的、现实的，世界上有多少国家，就有多少国家制度；有多少公司，就有多少公司制度。组织内部的机构划分、权责关系、工作程序、组织成员之间的关系等都有相应的制度，如组织制度、人事制度、财务制度、生产制度、销售制度等，各个制度又可细分为若干个制度，如人事制度一般包含招聘制度、考核制度、培训制度、晋升制度、工资制度、奖惩制度等，它们共同整合为一个统一的制度体系。②组织外部制度。不是由组织制定，而是由组织之外的某种制度规制机构制定的对组织及其成员有约束力的制度，如法律制度、行政制度、婚姻制度、国际贸易制度等。组织外部制度不仅涉及对组织自身活动的影响，而且涉及对组织之间各类活动的影响。

❖ 二、从社会活动的角度分类

社会活动是人类最基本的活动，主要包括物质生产活动和社会生活活动两个方面，按照社会活动形式划分应是对制度的最常见的分类方法。

1. 与物质生产活动有关的制度

与物质生产活动有关的制度包括以下内容。①与生产资料占有方式有关的制度。生产资料占有方式是物质生产活动的前提和条件，与之相联系的制度主要有生产资料私有制和生产资料公有制两种类型。按照马克思主义的观点，生产资料所有制的性质和形式决定着社会生产制度甚至整个社会制度的性质和形式。②与生产过程有关的制度。物质生产活动是人类社会最基本的实践活动，马克思把它看作是人类为了生存、为了取得衣、食、住等必不可少的物质生活条件所进行的"第一个历史活动"。这类制度包括生产制度、销售制度、成本核算制度等。③与劳动方式有关的制度。包括劳动者与劳动资料特别是生产工具的结合方式和劳动者之间在劳动过程中的结合方式等，如集体生产制度、个体生产制度等。④与调节物质生产活动有关的制度。随着国家规模的扩大和政府调控能力的增强，此类制度的社会作用越来越明显，主要包括经济制度、税收制度、金融制度、财政制度等。⑤与劳动产品交换方式有关的制度。与两种生产资料所有制相联系，主要有商品交换和产品交换两种方式，相应存在市场经济和计划经济两种制度类型。⑥与个人消费品分配方式有关的制度。与生产资料所有制的不同形式相联系，主要有供给制、薪酬制、奖金制、分红制等多种制度。

2. 与社会生活活动有关的制度

社会生活是词义广泛的范畴，泛指除物质生产活动外的所有人类活动。如果将物质生产活动看作是经济领域，社会生活活动可粗略地划分为政治、文化、生活三个领域，与此相联系，有三种不同的制度类型。①政治制度，指与政治领域有关的制度。政治领域是和人类社会的社会治理、国家政权、政党活动、阶级统治、行政管理等方面的政治活动相关联的领域，对社会稳定、经济发展、民族和睦等具有举足轻重的影响。政治和经济的关系十分密切，经济是基础，政治则是经济集中的表现。政治制度是建立在一定的社会经济基础之上的上层建筑的一部分。从广义上说，政治制度是政治领域中所有制度的总称，国家制度、政党制度、行政制度、司法制度、军事制度、议会制度等都属于广义的政治制度的范围。在阶级社会中，政治制度带有明显的阶级性。②文化制度，指与文化领域有关的制度。文化领域是和人类发展到一定历史时期的思想认识、意识形态、知识运用、技术传承等方面的文化活动相关联的领域。文化的概念有广义和狭义之分。狭义的文化概念与"意识形态"概念是相近的，它们和政治制度一样也是建立在一定的社会经济基础之上的。文化制度是文化领域中所有制度的总称，与之相关的制度包括宣传制度、教育制度、科研制度、卫生制度、文化管理制度等。③生活制度，指与生活领域有关的制度。生活领域是与社会中每一个人的个人生活、家庭生活等密切相关的领域，与人们日常生活中的成长历程、社会交往、生老病死甚至衣食住行等个人的社会活动密切相关。生活制度是生活领域中所有制度的统称，与之相关的制度包括户籍制度、身份证制度、婚姻制度、赡养制度、丧葬制度等。

❖ 三、从制度规范作用的角度分类

以上两种制度的分类方法分别从制度的载体和制度的对象进行分类。制度的一个主要特点在于它的规范作用，制度可以从这个角度划分为两种类型。

1. 与规定形式有关的制度

制度始于规定，成于执行。制度的类型与不同的规定形式相联系，规定形式不同，制度类型也不同。制度规定有四种不同的规制主体，因而有四种不同的规定形式，相应有四种不同的制度类型。①与法律体系有关的制度。这类制度由国家和地方各级立法机关制定并由国家和地方各级执行（行政）机关执行，如宪法制度以及司法制度、审判制度、检查制度等。②与行政法规体系有关的制度。这类制度由国家和地方各级行政机关制定并由各级有隶属关系的执行机关执行，主要有财政制度、税收制度、金融制度、交通运输制度、邮电制度、教育制度等。③与政策体系有关的制度。这类制度主要由执政党制定并由执政党的相应机构执行，主要有组织和党员发展制度、考核制度、财务制度、纪律检查制度等。执政党的许多政策可以通过法律化、法规化的途径转变为法律或行政法规从而形成相应的制度，如我国的计划生育制度等。④与组织规定体系有关的制度。这类制度由公司、学校、研究所等企事业单位制定并在其内部执行。无论规模大小，任何一个独立运行的组织都是一个制度化的组织，都有一个复杂的制度体系，由人事制度、生产制度、会计制度等许许多多的具体制度所构成。

2. 与规定内容有关的制度

制度规定一般涉及三方面的内容，即人们的社会关系、社会角色和社会行为，制度因此可划分为三种不同的类型。虽然在很多情况下，某些制度规定同时包含这三种规定内容，为便于分析起见，在此指的是在单一规定内容基础上形成的专项制度。①与关系规范有关的制度。人们在社会中会结成各种各样的关系，这些关系无不带有制度的烙印，我们可以统一称之为制度关系。如国家与公民的关系、组织关系、工作关系、财产关系等，即使是父子关系、兄弟关系等纯粹的血缘关系也都有制度关系的特点，受到制度的规定和限制。与关系规范有关的制度很多，如宪法制度、产权制度、婚姻制度等。②与角色规范有关的制度。在某种意义上说，所有的社会关系、制度关系最终都可以归结为一种角色关系，如领导关系是领导者与被领导者两种角色之间的关系等。在我们的一生中，我们会有多种多样的角色，有多少种角色就会有多少种角色关系。与角色规范有关的制度很多，以规定成员资格的政党制度、会员制度、俱乐部制度等最为典型。③与行为规范有关的制度。与所有的社会关系、制度关系都可以归结为角色关系相联系，所有的个人行为都是角色行为，都可进行规定和约束。与角色规范有关的制度很多，如廉政制度、纪检制度、监察制度、奖惩制度等。

第三章
制度的起源与发展

⊙ 血缘关系及相关制度
⊙ 生产关系及相关制度
⊙ 社群关系及相关制度
⊙ 制度起源与发展的特点

第三章 制度的起源与发展

制度的起源与发展经历了一个漫长的、复杂的、从无到有、从简到繁、从低级到高级的社会历史过程。制度源于人类社会关系的发展及其对现有关系的认知。制度的本质是社会关系的构成。如上所述，人类社会的多种多样的社会关系最终可以归结为血缘关系、生产关系、社群关系三大类型，考察这三种关系及其相关制度产生、发展的历史有助于加深我们对制度的了解和认知。

第一节 血缘关系及相关制度

恩格斯在《家庭、私有制和国家的起源》（以下简称《起源》）一书序言中有一段非常经典的论述："依据唯物主义的理解，历史上的决定要素，归根结底，乃是直接生活的生产与再生产。不过，生产本身又是两重性的：一方面是生活资料食、衣、住及为此所必需的工具的生产；另一方面是人类自身的生产，即种的繁衍。"① 顾名思义，血缘关系（在《起源》一书中类似的词是"血统纽结"）是人类自身的生产或种的繁衍过程中自

---

① ［德］恩格斯：《家庭、私有制和国家的起源》人民出版社1954年版，第6页。

然形成的、靠血统区分的社会关系。原始人类和动物一样，这种关系的形成是无意识的和靠本能维系的。在人类社会的早期阶段，血缘关系作为构成人类社会最重要的基础对人类活动及社会制度的产生和发展起着支配性的影响，这种影响贯穿于原始社会的至少几百万年的漫长的历史过程中。随着人类征服自然的能力和生产力的不断提高，人们的劳动关系或生产关系逐步发展成为构成人类社会的最重要的因素，血缘关系的历史作用才发生了根本变化。

◈ 一、血缘关系的概念

人类社会从动物种群中分离出来不断演化的过程同时也是社会关系和社会制度逐渐形成的过程，这种过程最早体现在血缘关系及其相关制度（在此可统称为血缘制度）的形成过程中。血缘制度的产生和发展的过程是人类对自身的、原始的、自然发生的血缘关系逐渐认识并加以限定的制度化的过程。一般来说，有血缘关系的人可称为"血亲"，分为两种类型，一种是直系血亲，如父母和其子女的关系，表明的是纵向关系。一种是旁系血亲，如兄弟姐妹之间的关系，表明的是横向关系。有血亲关系的人可以统称为"族"，这是一个与血缘关系有密切联系、范围十分广泛的概念，如家族、宗族、民族、种族等。如果各个种族有共同的祖先的话，整个地球人可统称为一个大族。除血亲关系外，婚姻关系是与血缘关系密切相关的社会关系。没有血亲关系的人（在血亲关系超过若干代的意义上说）通过婚姻形式融入特定族群，成为人类代代相传、不断繁衍的一环。

在某种意义上说，血缘关系是所有动物的普遍特征。从最低级的腔肠动物到高级的哺乳动物，血缘关系不仅体现在单一物种的繁衍上，而且贯穿于门、纲、目、科、属、种所有动物种群的关系方面。对于哺乳动物来说，血缘关系一般是通过雌雄间的交配、生产及对幼兽的哺养体现出来的。每一种动物的血缘关系、交配关系及哺养关系都是在一种本能的、自然的过程中发生和完成的。处于这种关系中的动物所具有的行为纯粹只是一种本能的、自然的、发自内心冲动的行为。它们对自己的行为和现有的关系没有有意识的认知。认识到这些关系并对相应行为做出限定反应的只有人类自身。

❖ 二、血缘关系的演变

对人类史前史、家庭史、婚姻史的研究表明，人类对血缘关系、交配关系、哺养关系的认知经历了一个漫长的历史过程，这一过程即人类从动物界分离出来、逐渐构建人类社会的过程。

恩格斯在《起源》一书中依据人类学家摩尔根四十年的研究结果指出，古人类从原始的、杂乱的群婚状态中依次逐渐发展出了血缘家庭、普那路亚家庭、对偶家庭、一夫一妻制家庭几种家庭形式，每一种家庭形式的产生和发展都经历了一个漫长的历史时期。恩格斯指出，每一种家庭形式的产生都是人类婚姻关系的一种进步，血缘家庭"从相互的性交关系中排斥了父母和子女"，普那路亚家庭的进步"在于从这一关系中排斥了姊妹和兄弟"，对偶家庭则是"一个男性在许多妻中间有一个正妻，而他对于她也是其他许多丈夫中间的一个主夫"，一夫一妻制家庭的发展被认为是文明时代开始的标志之一，我们其后将会看到，这种家庭形式不仅在血缘关系、婚姻关系、家庭关系方面，而且在劳动关系、生产关系、生产资料的占有关系方面都存在深刻的变化。在对偶家庭中，正妻和主夫的地位是不巩固的，而一夫一妻制家庭的不同之处"就在于婚姻关系更来的坚固持久"。

家庭形式和婚姻关系的演变具有"两性婚姻的范围不断缩小"、逐渐由母权制过渡为父权制、由共产制家庭经济演变成私有制家庭经济的特点。关于家庭形式和婚姻关系的演变的历史阶段和类型划分等可能存在着许多不同的理论和观点，这不是本书关注的重点。我们在这里关心的是这一演变过程是怎么发生的，从而对探讨制度的起因提供有益的启示。

摩尔根将家庭形式演变的原因归结为自然选择的作用。但是，自然选择是自然界一切生物发展变化的法则，人类社会的发展除了自然选择法则的作用外，必然还有其他的因素在起作用。人类的两性关系和家庭形式的演变不完全是自然选择的结果，到目前为止，哪怕是大猩猩等最高级的哺乳动物也还没有发展出最低级的人类的家庭形式。

三、家庭形式的发展过程

人类的两性关系和家庭形式的演变过程,是人类对自身的血缘关系逐渐认识并加以限定的过程。一般来说,血缘家庭的形成是人们对同一血统的代际关系有所认识的结果,这种认识排除了同一血统的代与代之间的性交关系。普那路亚家庭的形成是在对血缘关系的更进一步的认识的基础上形成的,这种认识排除了同一血统内的兄弟姐妹之间的性交关系。对偶家庭和一夫一妻制家庭的形成则以更深刻的认识为基础。以血统为纽带的血缘关系在自然界多种多样的动物种类中是普遍存在的,但是对血缘关系的认识只有人类才具有。依靠这种认识,原始人首先有了血亲关系的认识。正如恩格斯所说,在血缘家庭、普那路亚家庭及对偶家庭的情况下,婚姻关系以杂婚或群婚为特征,谁是某一个孩子的父亲是不能确定的,但谁是他的母亲却是知道的。"当同母所生的子女之间不许有性交关系的观念一经发生,这一定要影响于旧家庭公社的分裂与新家庭公社的成立"。①

关于以血缘关系为纽带的家庭形式的认知一般包括三方面的内容:①确认家庭成员相互间的血缘关系,如母子关系、母女关系、兄弟姐妹关系、男女间的辈分关系等;②对家庭成员间婚姻关系的认识,如哪种关系相互之间可以性交,哪些关系相互之间不可性交等;③对家庭成员间婚姻关系做出限定,如禁止同一血统或相近血统的上一代与下一代间的性交关系,禁止同一血统或相近血统的兄弟姐妹之间的性交关系等。显然,在这三种认知中,第一种认知是最基本的认识,第二种认知是以第一种认知为基础的,第三种认知则是以前两种认知为基础的。在这三种认知当中,第三种认知具有根本的、特殊的、历史性的意义。如果说前两种认知还仅仅停留在对血缘关系的限定方面,第三种认知则是将血缘关系的限定从认识方面发展到了行为方面。从此,人类的血缘关系的形成已不再是一个完全出自本能的、自然发生的、单纯靠自然选择法则支配的过程。各种家庭形式和婚姻关系的形成和发展是人类对血缘关系的认识并加以限定的结果。

---

① 恩格斯:《家庭、私有制和国家的起源》,人民出版社1954年版,第38页。

这是人类多种多样、异常复杂的社会关系和社会制度产生和发展的源头。第三种认知潜在地包含了本书所要探讨的制度规定和制度执行的内容，各种家庭形式已经具有了社会制度的雏形。

❖ 四、家庭制度的雏形

在人类历史上，不同的家庭形式与这三种认知的发展相联系，经过了一个漫长的历史过程。在普那路亚家庭甚或对偶家庭的家庭形式下，由于存在着群婚性质的婚姻关系，那么家庭成员的血统就只有从母亲方面来确定，这是形成母系氏族的社会基础。女性在氏族中的支配地位并非完全由她的劳动作用所决定，而是由其在血缘关系的链条中的特殊地位决定的。历史表明，血缘关系对人类社会关系和社会制度形成发展的支配作用在父系氏族逐渐取代母系氏族的过程中发生了变化。随着人类征服自然的能力和社会生产力的发展，一种新型的社会关系——生产关系开始成为社会关系和社会制度发展的支配性的力量。

史前史、家庭史、婚姻史的研究表明，与血缘关系密切相关的家庭制度、婚姻制度等是在人类进化的漫长的历史过程中逐渐形成和发展起来的，这一过程可以简单地分为三个阶段。

1. **本能的生存阶段**

此阶段相当于历史学研究的旧石器时代。为了便于探讨制度的起源，在此没有采用历史学的传统方法。在原始人从动物界分离出来的早期阶段，他们和动物一样，觅食、捕猎、采摘、哺育等都是出于本能的行为。在猎食能力低下、生存条件恶劣的情况下，原始人的寿命很短，人群的数量很少，他们对彼此之间的血缘关系毫无认识，群居、杂婚是一种普遍形式。

2. **认知的生存阶段**

此阶段相当于历史学研究的新石器时代。在这一阶段，原始人猎食能力增强了，食物来源丰富了，寿命提高了，群体的数量增大了，他们对彼此之间的血缘关系逐步有了认识。这种认识的结果是对彼此之间的血缘关系进行区分并对以往杂乱的性交关系逐步加以限定和禁止，血缘家庭、普那路亚家庭、对偶家庭、一夫一妻制家庭等家庭形式和婚姻形式都是在这一过程中产生和发展起来的。在这一阶段,还没有现代意义的制度出现,早期形成的原始的家庭形式只是制度的雏形。

3. 制度化的生存阶段

此阶段相当于古代社会奴隶制度的初始阶段。我们看到,在认知的生存阶段,原始人对血缘关系的认识和对婚姻关系的限定产生了血缘家庭等一系列的家庭形式。而在这一阶段,原始人对血缘关系和婚姻关系的认识逐渐演变成了家规、族规、法规等制度规定,与之有关的限定行为演变成了制度执行,原始的家庭形式也就随之演变成了现代的家庭制度。虽然世界上的各个民族进入这三个阶段的历史时期有先有后,但是它们应是各个民族普遍经历过的历史进程。

第二节 生产关系及相关制度

正如恩格斯在《起源》一书中所说,人类的社会活动及生活于其中的社会制度是由两种生产所制约的,一种是解决衣食住行的生活资料及为此所必需的生产工具的生产,一种是人类自身的生产。在人类发展的不同的历史阶段,这两种生产所起的作用有所不同。一般来说,生活资料或物质资料的生产是人类最基本的实践活动。它决定着人类征服自然、获取资源的能力,也决定着人类维持生存、自身繁衍的能力。在这个意义上说,生活资料、物质资料的生产及再生产,归根到底,是人类社会活动及社会制度的决定因素。但是,如上所述,对人类史前史、家庭史、婚姻史的研究表明,在人类社会发展的早期阶段,在生产力水平很低、生产产品及生活用品数量极其有限的情况下,人类自身的生产在血缘关系和原始的家庭形式的发展过程中曾经产生过支配性的影响。

一、生产关系的概念

基于以上认识，人类活动和社会发展是在两种生产的基础上进行的。与之相联系形成了两种既相互区别又相互影响的社会关系和相关制度。与人类自身生产过程直接相关的是血缘关系和家庭制度，而与人类物质生产直接相关的是生产关系和经济制度。按照马克思主义的理论，人们在生产中不仅同自然界发生关系，而且人们自身特别是在劳动和生产过程中也要发生一定的联系和关系。简言之，生产关系就是人们在物质生产过程中所结成的关系。生产关系包括三个方面：一是生产资料的占有关系；二是人们在生产中的地位和交换关系；三是产品分配关系以及由它所直接决定的消费关系。在某种意义上说，"关系"和制度是两个不同的概念，既相互区别又相互联系。无论是血缘关系还是生产关系，任何现实存在的社会关系都有具体的、多种多样的表现形式，制度则是社会关系发展到成熟阶段的最正规的表现形式。

二、生产关系的特点

生产关系和血缘关系有三个共同的特点。①它们的产生和发展有其不可分离的自然条件和客观基础。血缘关系是在人类自身生产的过程中自然形成和发展的，而生产关系从源头上说是在人类觅食、采摘、捕猎等具有劳动生产性质的过程中自然形成和发展的，它们既不能凭空产生，同时也不能任意消除。②它们的产生和发展有其客观的、不以人的意志为转移的客观规律和历史趋势。纵观整个人类社会的发展史，分布在亚洲、欧洲、非洲、美洲等不同地区的各个民族，尽管它们在漫长的历史时期中由于地域、交通、通信等各方面的限制彼此相互割绝，但是它们的血缘关系和生产关系发展的主线和趋势却是基本相同的。③与其有关的形式或制度是在人们认知和限定的过程中形成和发展的。以血缘关系为例，血缘家庭等家庭形式的产生和发展变化不是纯自然的过程，而是人们对其自身血统、辈分、血亲身份进行区分、确认并加以限定的结果。在现代社会中，家庭制度、婚姻制度的确立更是如此。生产关系的相关形式或制度的产生和发展也体现出这一特点。

与血缘关系相比，生产关系存在着以下两个不同的特点：从内容和种类方面看，生产关系的内容和种类比血缘关系复杂得多。同时，血缘关系的分类较为简单，而生产关系的分类复杂多样，这是由劳动过程和生产过程的复杂性所决定的。从形式和制度方面看，与血缘关系相联系的原始的家庭形式变化较多，一旦确立一夫一妻制的家庭制度后则呈现出持久稳定的形态。而生产关系的发展则不同，与其相联系的原始共产主义或原始公有经济的形式持续了一个非常长的历史时期，而在确立了生产资料私人占有的制度后，与之相联系的所有制形式则发生了许多的变化，这是由生产力发展水平和速度所决定的。

三、私有制的产生和发展

和对血缘关系及其相关制度的考察一样，对生产关系及其相关制度的考察也应从人类脱离动物界的时期和其后发展的三个阶段开始。

1. 本能的生存阶段

在这一阶段，人类觅食、捕猎、采摘等本能的行为逐渐具有有意识的劳动的性质。人们的本能的行为演变成了有一定目的、一定意识和一定创造性的劳动行为，劳动创造了人，创造了特有的生产关系，创造了与特定关系相适应的组织形式或制度，也创造了人类社会。在这一阶段，木棒、石器、骨器等可就地取材的自然物是简单的工具，猎食能力低下，条件恶劣，人们群居而生，仅够维持较少人群生存的有限食品由群内人员共同享用，没有剩余，这一阶段形成的生产关系体现为小型的、共同占有、平均分配、地位平等的群体形式。

2. 认知的生存阶段

如上所述，在这一阶段，原始人猎食能力增强了，食物来源丰富了，群体数量增大了，人们的认识能力提高了，这一切受益于人们生产工具的进步和生产能力的提高。人们不是简单地利用自然物而是加工改造自然物,甚至创造出自然界所没有的人工产品来增强捕猎的能力,例如用动物骨头或石材打造出刀枪、弓箭等。这是人们认识能力提高的表现。在这一阶段,人们不仅对彼此之间的血缘关系有了认识,对彼此之间的生产关系也有了粗浅的认识。这种认识源于对现时生活、劳动和生存条件的反映。首先,劳动分工增加了劳动过程和劳动关系的复杂性。例如,捕猎群体的规模大了,自然而然地要求有一个协调整体活动的人;捕猎、采摘、种植、养殖,甚至火的使用和保管等可能导致男女、老幼、强弱之间的分工,使人们在劳动乃至群体中的地位和作用发生了变化,出现了差异。其次,出现了分配关系的形式。食物的种类多了,群体的人员多了,对血缘关系和辈分有认识了,吃食的过程不会像动物那样一拥而上、各取所需了,发展的趋势应是产生一个有威信的人进行食物的分配,人们之间的分配关系开始发生潜移默化的变化。最后,开始出现私人占有的条件和欲望。更重要的是,随着人们觅食能力的增强和生产工具的改进,最终会出现一种新的现象,人们不再是两手空空、除自己的身体外一无所有,他们发现群体中有了独立于个人之外的物品,如储存的食物、各种劳动工具、陶器、酒具等生活用品等,对这些物品的个人占有意识和占有关系开始处于萌芽状态。人们的认知内容和认知能力随着生产力的提高、劳动和生活条件的改善不断发展,语言的产生无疑加速了这一过程。在这一阶段,生产关系的表现形式仍是公有的或共有的社会组织形式,人们相互之间地位平等、财产公有、平均分配是主要特征。由于血缘关系在这一时期仍有支配性的影响,生产关系及其表现形式的变化是与原始的家庭形式的演变同步进行的。

3. 制度化的生存阶段

无论是对于血缘关系还是生产关系的发展来说,这一阶段都是人类历史上最重要的一个阶段。它在血缘关系方面确立了一夫一妻制的家庭制度,在生产关系方面确立了以生产资料私有制为基础的社会制度。关于这段历史进程的研究,历史学家、社会学家、经济学家、政治学家们已有了浩如烟海的论述,我们在这里着重探讨的仍是制度的起源问题,原始的生产资料公有形式如何演变为私人占有制度可以提供有益的线索。如上所述，在认知的生存阶段，随着生产力的提高出现了某些新的现象，例如，出现了独立于个人之外的劳动资料和生活用品，出现了个人作用和地位的差异，出现了对身外之物的占有意识和占有关系，公有制意义上的"原始公社"内部已经逐渐出现了分裂的痕迹。到了这一阶段的晚期，这些现象愈演愈烈。随着血缘关系及其家庭形式的演变，出现了"族内婚"和"族外婚"现象，由此产生了氏族、部落等更大的社会群体，引起了以下一些新的变化。

（1）氏族内部的变化。在氏族内部，物质资料的丰富和认知能力的提高，加大了氏族成员的分工和地位差异，出现了首领、祭司、武士、侍卫一类处于劳动生产过程之外的新的角色，它们逐渐成为氏族内劳动剩余产品的控制者和私人占有者。劳动资料、生产资料的占有形式逐步由共有、公有变为了私有，氏族成员的平等关系和平均分配关系也相应发生了变化。

（2）氏族外部的变化。首先，商品交换形式的出现。氏族内部的分工扩大到氏族外部，并逐渐出现了专业化的趋势，有的氏族以狩猎为主，有的氏族以种植为主，这为氏族间彼此交换剩余的劳动产品创造了条件。其次，武力占有形式的出现。在动物界，许多动物为了保证食物来源而具有"领地"意识和"领地"行为，它们往往用特定方法圈定自己的领地并随时准备用武力驱逐任何入侵者。原始人不仅延袭而且发展了这种特性。氏族间入侵和反入侵的行为、事件的日益增多，使氏族内部产生出进行征战的人员，对俘虏和战利品的分配成为新的占有形式。

（3）私人占有形式的出现。氏族内部和外部变化的一个共同特点是公有或共同占有形式的破坏和私人占有形式的出现和发展，这是一个渐进的、不以人的意志为转移的过程。伴随着以男性为主体的一夫一妻甚至一夫多妻的家庭形式的出现，开始出现了以私人占有形式为特征的家庭财产和私人财产继承形式，对剩余产品、生活用品、战利品甚至女性俘虏的私人占有形式逐步瓦解并取代了原始的氏族财产共有或公有的形式。与上述变化相联系，原始的交换关系和分配关系也随之发生了变化，出现了商品交换、分配不均的新的形式，人们之间的平等关系及相应的民主形式也逐步向相反的方向变化。

（4）私人占有形式的制度化。上述各种新关系和新形式的出现最初具有自然的、客观发生的特点。随着客观进程的发展，我们可以推论出，原始人会形成两种不同的认知，一种认知主张坚持旧有的平均分配及共同占有的形式，另一种认知则截然相反。历史的发展表明，后一种相反的认知不仅逐渐占据了上风，而且对原始公社公有形式的瓦解和私有形式的发展起了积极的推动作用。最重要的一点是，随着语言和文字的发展，这种认知可以通过语言和文字明确地表述出来，其最终结果是以文字形式对生活资料和生产资料的私人占有形式做出明确的规定，同时有武装起来的人员强制执行、维护此类规定。在这种情况下，生活资料和生产资料的私人占有形式才真正历史性地转变为制度。无论是在血缘关系方面，还是在生产关系的诸方面，与血缘关系相联系的家庭形式和与生产关系相联系的生产资料占有形式转化为制度，是制度化的生存阶段的主要内容和重要特征。

第三节　社群关系及相关制度

血缘关系和生产关系是与人类社会两种生产密切相关的两种社会关系。除此之外，还有另外一种社会关系——社群关系及其相关制度，需要在此作深入论述。

一、社群关系的概念

社群关系是一个词义非常广泛的概念，它泛指人们在政治、经济、科学、文化、社交等各种社会活动和管理过程中形成的多种多样的关系，涉及除血缘关系和生产关系之外的所有社会关系。它与人的本性及社会关系的本质密切相关。人的本性是个体性和群体性的统一。就每一个人而言，都是有独立意志、自我需求、自由行动的生命体，因而具有强烈的个体性。同时，每一个人都是人类种群延续的中间环节，又是劳动群体的一分子，人类种群的发展离不开个人的环节，个人的生存也离不开群体的支撑，因而每一个人同时具有群体性和个体性。社会关系是一个个相对独立的个人之间形成的关系，它的本质是私人性和社会性的统一。人的本性是先天形成的，人的社会关系则是后天形成的，社群关系的形成和发展过程充分体现出人的本性和社会关系的本质。一般来说，在血缘关系方面，个体性、私人性的特点较明显，而在生产关系方面，群体性、社会性的特点则较为明显。对于社群关系来说，社群关系是在个人结成群体或相互之间处于某种关系状态时形成的，这两种特点表现得都较为明显。

❖ 二、社群关系的内容

社群关系的研究涉及两方面内容。①社群关系与人类的两种基本生产过程及其相应的两种社会关系密切相关。社群关系主要表现为一种事务性或群体性的关系，指的是特定人员结成某一群体或某一组织时所形成的关系。社群关系往往和血缘关系、生产关系交织在一起，它们分别表现为同一群体的不同的侧面。例如，一个由一二十人组成的原始人的家庭是一个小小的生活群体，家庭成员彼此之间存在着血缘关系，同时，这个家庭又是一个小小的劳动群体或生产群体，各个成员彼此之间又存在着特定的生产关系。这个家庭每天都要有生活和生产中的事务要处理，例如劳动任务和食物的分配、丧葬处理、排解纠纷、祭拜神灵、协调外部关系等，在这些事务性活动中，孕育着未来的政治、经济、教育、文化等各种社会活动及相关关系的萌芽。这种事务性的活动又可称为"政"务性的活动。在"辞海"里，"政"本身的一个含义是"指集体生活中的事务"。家庭的事务是家政，国家的事务就是国政。顾名思义，"政治"一词最通俗的说法是"集体事务的治理"。在处理家政和国政过程中所形成的关系就是社群关系，它包括政治关系、经济关系、军事关系、管理关系、文化关系、外交关系等各个方面。②社群关系与社会生活和社会活动过程的各个方面密切相关。社群关系最主要的是一种群体关系，不仅包括人们结成某种群体、组织、社会所形成的各种各样的关系，而且包括人们在松散的、非正式的甚至短暂的接触中所形成的关系，如邻居关系、朋友关系、校友关系、仇人关系、乘客关系等。这些关系有的会被相应的制度所制约，但大多数靠人们的认知或文化理念来调整。

❖ 三、相关制度的发展

社群关系及其相关制度的发展和血缘关系、生产关系一样，也经历了三个不同的阶段。①本能的生存阶段。在这一阶段，由于群体规模很小，和外部群体接触的也不多，社群关系和生产关系一样，在原始的、低级的家庭形式中表现得并不明显，特别是在以群居、杂婚形式组成的群体中，血缘关系在所有成员之间的关系中起着支配性的影响。②认知的生存阶段。当人类进化到认知的生存阶段时，随着家庭形式、婚姻形式的演变，出现了以男性为主的一夫一妻或一夫多妻的家庭形式。由于婚姻关系的限制和群体规模的扩大，开始出现了由许多不同家庭组成的氏族、胞族、部落等组织形式。不同的家庭之间、氏族之间的联系也逐步增多。在由多个家庭组成的群体中，不同家庭成员之间的关系已不完全是血缘关系了，自然而然地开始出现邻居关系、朋友关系等新的关系。③制度化的生存阶段。随着生产力的提高，劳动分工的复杂化，氏族、部落的出现以及首领、祭司、武士、剩余产品保管人的产生等，集体的、事务性的事情越来越多，越来越稳定，政治的、经济的、文化的各种各样的社群关系也以萌芽的状态出现了，并且变得越来越清晰。人们逐渐认识到这些关系并通过某些限定性的举措使这些关系以某种较为稳定的形式固定下来，如集体议事的形式、祭拜神灵的仪式、向年轻人传授狩猎、采集知识、技能的形式、排解氏族内部或外部纠纷的形式等。在制度化的生存阶段，与血缘关系、生产关系的制度化相类似，几乎在同一个时期，社群关系也进入了制度化的过程。

在生产力发展和社会活动拓展的基础上，氏族成员的社会交往关系及其相应形式的发展是社群关系制度化的内在条件，语言、文字的发展和武装力量的出现是社群关系制度化的外在条件。在这些内外条件的综合作用下，社群关系所特有的各种形式最终转化为制度。血缘关系、生产关系、社群关系的制度化最初好像是三条各自流淌的小溪，它们分别有自己的源头和无数潺潺细流，在发展奔流的过程中最终汇合成一条波涛汹涌的制度长河。在人类发展的历史过程中，无数个小型氏族发展成较大规模的部落，再发展成为更大规模的部落联盟，最后发展成占地辽阔、人口众多、关系庞杂的国家。在这个过程中，家庭和氏族形式演变为部落制度，部落制度演变为国家制度，国家制度演变为社会制度。原始社会只有一种社会形式，还没有出现正式意义上的社会制度。众所周知，人类社会最早的社会制度是奴隶制度，其后依次发展出封建制度、资本主义制度和社会主义制度。人类社会的每一步发展都是制度化的一个环节。每一个环节既是制度化进程的结果，又是制度化进程的新的起点和新的发展。

第四节　制度起源与发展的特点

在探讨以上三种关系及其三种制度的起源和发展的过程中，我们可以看到，制度的形成一般具有以下四个方面的特点。

❖ 一、制度形成以自然发展过程为基础

追根溯源，无论是血缘关系、生产关系还是社群关系，都是在物质资料生产、人类自身生产及各种社会生活和社会活动的过程中以一种原始的形态自然产生的。人类早期的原始活动和原始关系是制度形成的基础。原

始人类的活动过程构成了人类从动物界演变而来的客观进程,是与物种的生存和繁衍紧密相连、贯穿始终的进程。这些活动和过程不是也不能是由一个孤立的、单独的个体进行和完成的。当两个以上的个体进行这些活动和过程的时候,必然会在彼此之间形成某种关系,这些活动及相应的关系在动物界就已经明显地存在了,我们可以称为动物的生存活动和生存关系。例如,小到由公狮、母狮及其幼仔组成的狮群,几十头公象、母象、小象组成的象群,大到几千头甚至上万头公牛、母牛、大牛、小牛组成的牛群等,从它们的觅食、交配、哺育、御敌、群集、迁移等各种活动中,不难分辨出存在于其间的多种多样的关系。即使是在蚁群、蜂群等低级的昆虫类的生物中,我们也能看到它们之间存在着多种多样的关系。尤其令人感兴趣的是,蚁群、蜂群之中甚至还有觅食、搬运、筑巢、生殖、养育、御敌等明显的分工关系。人类在自身进化的过程中,从动物的本能的生存活动和生存关系中逐渐产生、分化并形成了三种社会活动及其相应的三种社会关系。在这三种活动和三种关系产生的初始阶段,它们不可避免地带有原始的、自然发生的、靠本能维系的特征。

无论是动物还是人类,当两个以上的个体构成某种关系时,一定会形成或具有某种构成形式。换句话说,每一种关系都是客观存在的,都必然以某种构成方式表现出来,这种构成方式即是该种关系的存在方式。例如,任何一个狮群或象群都有它的存在方式,这种存在方式也就是它们彼此关系的构成方式。毫无疑问,动物种群中的关系和形式都是自然生成的,靠动物的本能维系和延续。在人类从动物界进化而来的原始过程中,人们彼此之间的关系及其相应的构成形式也是自然生成并靠本能维系和延续的,在此可称为原始的关系和构成形式。

❖ 二、认知能力对制度形成有重要作用

人类和动物之间存在的一个本质区别是,人类具有意识和思维,人类可以对自身的活动和行为进行认识和反思。人类的认知能力大致经历了一个由直观到抽象、由感性到理性、由模仿到创造、由感知到观念的过程。这个过程经过一个漫长的历史时期,"观念"的产生是认知能力提高的一

个最重要的结果。"观念"是在群体、氏族甚至部落的成员中形成的关于某种事物、关系及其构成形式的普遍持有的看法或思想。"观念"可将个体成员所感知的直接经验演变为可在人与人之间、代与代之间靠表情、动作或言语信息传递的间接经验。认知能力的提高对人类的生产活动和社会发展有十分重要的作用。

1. 认知能力在劳动和生产过程中的重要作用

由于历史间隔的太久远,虽然无法准确判定人类认知能力产生和发展的具体年代,但是考古证据已可大致推断出与其相关的具体过程,木器、石器、骨器、玉器、陶器、青铜器等生活用品和劳动工具的出现是这方面的最好证明。例如,当原始人拿起一块石头敲击硬壳果或击毙野兽时,他们对石头及其作用已经有了直观的感觉。当他们为了某种目的打制或磨制简单的石器时,开始有了某种抽象的知觉。最后,当他们挑选适当的石料打造自然界从未有过的箭头或石斧时,他们已经具有了创造性的意识。人类的认知能力本身具有一种能动性和创造性,在生产工具的制造、生产力的提高方面起着巨大的作用。

2. 认知能力在制度形成过程中的重要作用

原始人对其血缘关系、生产关系、社群关系及其构成形式也应经历这样一种由不知到知、由简到繁、由浅入深的过程。在这一过程中,人类不仅对三种关系的内容和要素而且对与三种关系相联系的构成形式有了越来越明确的认识。在人类社会早期,原始人赖以为生的生活群体的构成形式是在血缘关系的基础上自然形成的,他们对生活和劳动过程本身及相互之间的关系缺少认知,群体的结合形式纯粹出于本能的需要和行为。如上所述,由于原始人对血缘关系的认知能力的提高,先后出现了血缘家庭、普那路亚家庭、对偶家庭或一夫一妻制等多种家庭形式,这些家庭形式的出现不是原始人本能的、自然发生的结果,而是他们对血缘关系、两性关系、家庭关系、婚姻关系等有所认识并加以限定的结果。历史研究表明,在生产力发展的基础上,人们的生产关系、社群关系及其构成形式的产生和发展也与人们认知能力的提高有密不可分的关系。

三、制度形成是知行合一的结果

对原始关系及其构成形式的认知最早是在个人认识的基础上形成的，然后逐渐发展为群体的认知和观念。个人认知转变为群体观念的过程属于"知"的过程，与此相联系的是"行"的过程，即对原始关系及其构成形式的限定和构成过程。制度形成的过程是原始人在社会生活和生产活动中将"知"和"行"结为一体的结果。在原始社会中，原始人还不可能进入现代意义上的制度规定和制度执行过程。原始的社会关系及其构成形式的产生和发展是在原始人知行互动、知行合一的过程中完成的。在这一过程中，"行"靠"知"引导，"知"靠"行"修正。"知"是"行"的指南，在"知"的基础上才能形成原始的规则和制度规定，"行"是"知"的实施，是原始规则和制度规定的执行。

1. 劳动过程中的知行合一

历史表明，原始人的劳动发展过程可分为只能使用自然物和创造人工产品两个阶段。这两个阶段是边行边知、边知边行、以行促知、知行统一的过程。石制或木制的刀枪、弓箭、斧头等人工产品是原始人知行统一的产物。这些劳动工具在自然界是不存在的，它们是原始人劳动的创造物。原始人依靠知觉的整合作用，将感觉到的、现实中的、简陋的劳动工具的个别的特性汇合成头脑中的器物形状，然后再利用现有的工具把这件器物制作出来。例如，他们用柔韧性很强的草将打制好的石片和削好的木棒捆绑在一起制成了斧子。原始人在头脑中绘制器物形状的过程属于"知"的过程，在这个过程中，在原始人的脑海中形成了关于"斧子"的观念。而打制石器的过程则属于"行"的过程，在这个过程中，原始人按照观念中的器物形状制作斧子，他要改变草、石片、木棒的原有状态并把它们按头脑中的器物形状要求组合在一起。我们可以说，"行"的过程即是一个"限定"和"构成"的过程。打制石器观念的形成是制作斧子的或然条件，有之未必然，打制石器的行动则是制作斧子的必然条件，无之必不然，二者相辅相成，缺一不可。

2. 制度形成过程中的知行合一

随着原始人认知能力的提高，知行合一的能动性、创造性不仅在劳动过程和劳动工具制造方面而且在社会活动和社会关系构成形式方面表现出来。在关于血缘关系、生产关系、社群关系及其制度的论述中，我们可以看到，原始人的"知"表现在对相互关系及身份的区别和辨识方面，而"行"表现在对人们之间的关系及行为的"限定"方面。这里所讲的"限定"不属于"知"的范围而属于"行"的范围。"限定"一词表示的是"限制""禁止""选定""确定"等意思，它们是和某些相应的行为联系在一起的，因此属于"行"的范畴。在实践过程中，人的认识总是要由"知"向"行"发展的。原始人生产工具的改进和劳动技能的提高增加了其劳动关系以及在此基础上所形成的各种社会关系的多样性和复杂性。但是，在这一过程中，出现了一种新的情况，原始人由于认知能力的增强，他们不仅逐渐认识到彼此间的血缘关系、生产关系和社群关系，而且认识到这些关系的构成形式及相关行为，也就是说，在这方面，在他们的脑海中形成了某种较为稳定的，可以用表情、动作或言语信息传递的观念。于是，对人类社会发展的最重要的事情发生了：原始人开始对血缘关系等各种社会关系及其构成形式和相关行为进行了限定和选择。血缘家庭、普那路亚家庭等血缘关系的构成形式、生产资料私人占有形式、商品交换形式等生产关系的构成形式都是在这种限定和选择过程中形成和发展起来的。这种限定和选择过程意味着原始人根据自己的观念一方面利用处罚、放逐、杀戮等行为方式有意识地限制、禁止、排除某些关系及其构成形式，另一方面利用赞同、认可、示好、模仿等行为方式有意识地确定、维持、强化某些关系及其构成形式。血缘家庭、普那路亚家庭、对偶家庭、一夫一妻制家庭等婚姻形式和家庭形式的出现与更迭就是原始关系及其构成形式被人为限定的最好例证。特别是由于限定过程的作用，原始人的社会关系及其构成形式已逐渐脱离了本能的、自然生成的特性，越来越具有人为的、人创的特色。"知"对"行"的指导或引导作用在这一阶段已越来越明显地表现出来。我们看到，社会历史条件和认知能力的差异性导致了不同民族、不同国家"知"的差异性，从而导致了"行"的差异性，使分布于各大洲的人类祖先走上了不同的发展道路。

❖ 四、制度形成有内在的发展线条

考古学、历史学、人类学、社会学等领域的大量文献表明，人类古代社会形成了一条从原始的家庭形式到氏族、胞族、部落、部落联盟，最后到国家的制度化的发展主线，无论是四大文明古国、古希腊、古罗马还是北美的印第安人，其社会组织形式基本上都是按照自然形态、制度化和制度社会这条主线发展起来的。制度是一种与特定的社会关系相联系的、有明文规定和强制力的社会的或组织的构成形式。血缘关系、生产关系、社群关系等社会关系的产生是一种自然的、客观的过程，它往往通过某种特定的形式表现出来。原始的家庭形式时期属于自然形态的阶段，原始人的家庭形式是其各种社会关系的最早的、最直接的、自然生成的构成形式，这种形式还不能称为真正意义上的制度。国家的出现标志着人类社会已经开始进入制度社会阶段，人们之间的各种关系主要是在有意识制定的制度的框架中生成、维持和发展的，人类社会无论是在本质上还是在形态上都是制度的社会，人们所结成的关系是制度关系，所具有的角色是制度角色，所表现出来的行为是制度行为，所形成的观念是制度观念等，本书将在以后各章中展开论述。

如上所述，现代制度是从氏族、胞族、部落、部落联盟等特定形式发展而来的。这一发展阶段可称为制度化或制度生成阶段，它是在人们对原始关系及其原始形式的认知和限定过程中逐步完成的。显然，这一阶段是真正了解制度及其形成过程的重要阶段。这一阶段存在着的以下一些环节构成了一条制度形成的主线。

1. 个人感知的形成

在原始关系及其相关形式的认知方面，最初应是某些个人形成了个体的较为模糊的"感觉"和"知觉"，如男女老少的区别，子女、父母、兄弟姐妹的感知，对彼此间关系和行为的感知等。在这一阶段，个人感知的内容一般以区别和辨识为主，如"这是什么"或"这不是什么"等，个人感知是潜在的、以感性为主的个体认识。

2. "共识"的形成

"共识"是在个人感知具有较多的共同性基础上形成的。当某些个人形成了较为明确的共同看法时，彼此之间则形成了某种"共识"。如 A 认为 B 是自己的孩子，B 也认为自己是 A 的孩子，A 和 B 之间则形成了一种"共识"。"共识"的产生对制度形成有很重要的意义。A 和 B 实际上是对二者之间的血缘关系形成了共识，这种共识确定了他们之间特殊的身份和情感交流，将对他们的意识和行为产生深刻的影响。"共识"的形成已具有较多的理性成分。

3. "约定"的形成

原始人关于自身和彼此关系的认识在形成"共识"后，一个必然的结果是产生"应当怎样"或"不应当怎样"的个人看法或观念。他们已经开始考虑如何处理彼此的关系并形成了某种认同或默契。"共识"的形成一般还停留在纯粹认知的层面，我们可以称之为"没有行动意向的观念"。而"约定"已有选择性的行为倾向，我们可以称之为"有行动意向的观念"。在"约定"环节，原始人已有由"知"向"行"转化的趋势。

4. "集体共识"和"集体约定"的形成

当"共识"和"约定"从两个人的认知扩大到多数人的认知时，则在群体内形成了"集体共识"和"集体约定"。在这一环节，AB、AC、BC 等不仅对彼此间的关系、身份和行为倾向有共同认知，而且对 ABCDE 等所有人相互间的关系、身份、行为倾向等有了共同认知。

5. "规则"的形成

"规则"的形成是"集体共识"和"集体约定"发展的必然趋势。在集体行动意向的选择性越来越明确并有较强烈的表达意向时，较多人的"共识"将会用言语信息表达出来某种"约定"，这种"约定"一般带有某种潜在的压力或约束力，我们可以称之为"规则"。从理论上来分析，"约定"和"集体约定"仍然停留在原始关系及其形式的认知过程，还属于"知"的方面。而"规则"的出现则开始发生质的变化。"规则"的行为取向比"约定"更强烈。在"约定"的情况下，原始人相互之间表示的是"我们应该怎么样"，有行动意向但没有对人们的行为进行约束。"规则"

的出现意味着"我们必须怎么样"或"不能怎么样",开始对原始关系及其形式具有构成作用和约束力。

6. 习俗或风俗的形成

当原始家庭、氏族或部落成员认可、遵守某一"规则"并普遍表现出行为的整体性时,我们将这种现象称之为"习俗"或"风俗"。这是一种由人们普遍认可、遵守、形成习惯并有一定约束力的社会关系的构成形式和行为样式。习俗或风俗以家庭、宗族承袭的方式代代相传。一般认为,在原始的氏族或部落中已经形成了不少规则,如"氏族成员之中任何人不得在氏族内娶妻"、"酋长或首领由氏族推选或更换"、"氏族大事由议事会决定"、"死者财产归其余氏族人所有"、"同族人必须相互保护,共同对外"、"按期参加祭拜仪式"等。① 即使在现代社会,在地区性或民族性的习俗或风俗中也不难发现"规则"的影子。"规则"形成的差异性最终导致了不同地区或民族的习俗、风俗的差异性。在社会生产力和人们的认知能力发展的基础上,原始人相互之间存在的及其认识到的关系类型越来越多,不同氏族或部落按照各自不同的"规则"发展,形成了不同的习俗、风俗,也就是说,形成了不同的社会关系的构成形式和行为样式。从此,人们的社会关系已经不再是自然生成的构成形式,取而代之的是以"习俗"或"风俗"表现出来的有一定选择性的、社会化的构成形式。"习俗"或"风俗"的差异性充分说明人们的社会关系构成形式是可以选择的,不是千篇一律的。"习俗"或"风俗"的内容非常广泛,包括了血缘关系、生产关系、社群关系的各个方面。

7. 制度的形成

制度的形成是"规则"成为法令并被武力支持的结果。"习俗"或"风俗"的产生是一个非常重要的现象。由于"习俗"或"风俗"是某一地区或某一部族的人们普遍认可、遵守、形成习惯并有一定约束力的社会关系构成形式和行为样式,它已具有制度的某些特性,但还不能称为制度,我们可称之为"潜在的制度形式"。历史研究表明,人与人之间的关

---

① 恩格斯:《家庭、私有制和国家的起源》,人民出版社1954年版,第82页。

系是最基本、最主要的关系，这种关系的性质及其构成形式归根结底由生产资料的占有形式所决定。在原始社会漫长的发展过程中，由于生产力低下，生活和生产资料短缺，生产资料的公有或共有形式是主要特征。与此相联系，人与人之间是平等的关系，它体现在血缘关系、劳动关系、分配关系、社群关系等各个方面。在这种情况下，人们的地位是平等的，利益是共同的，所形成的共识、约定、规则、习俗或风俗是得到普遍认可和自觉遵守的。在没有利益冲突的情况下，无论是约定还是规则，在执行过程中，虽有约束力，但没有强制性。到了原始社会末期，生产资料私人占有形式逐步取代了原始的群体公有或共有形式，人与人之间的平等地位、平等关系受到了破坏，而维持种种不平等关系的规则一旦产生，其执行必然是以强制性和强制力为前提条件的。例如，在原始社会后期，在一些不平等的现象的背后，存在着私人财产不受侵犯、强迫俘虏劳动的规则等，它们都具有强制执行的性质。

在原始社会后期，随着历史的发展，出现了两种孕育并生成制度的结果：一种是潜在的或口头的"集体共识"和"集体约定"变成了用文字表达的明确"规则"，亦即以政令和法律形式表现出来的制度规定；另一种是出现了专门执行各种"规则"的武装人员和机构，亦即以军队和政府形式表现出来的制度执行。公元前18世纪古巴比伦的《汉谟拉比法典》（图3-1）被认为是世界上发现最早的成文法律。它被刻在一根黑色石柱上，总共有282个条文，涉及私有财产保护、婚姻、家庭、劳动、报酬、租赁、奴隶等方方面面。该法典的制定和执行构成古巴比伦阿莫里特王朝的社会制度。制度始于规定，成于执行。在出现这两种结果的情况下，制度成为人与人之间各种社会关系的构成形式，人类社会从此进入制度社会，延续至今。

图3-1 汉谟拉比法典

第四章
制度规定

- 制度规定的类型
- 制度规定的内容
- 制度规定的特性
- 制度规制者的类型

第四章 制度规定

　　制度始于规定，成于执行。有了规定，不一定形成制度，但是，没有规定必然不能形成制度。制度规定是法律、法规、政策等文字性规定的统称。制度规定具有一定的强制力，以共识为基础，以规则为核心。制度规定可分为四种基本类型和六项主要内容，制度规定的制定是构建包括国家在内的所有社会组织的基础工作。制度规定的合法性、合理性、公开性、代表性对社会成员和组织成员的制度认同度及制度稳定性有重要影响。制度规制者是专门负责制定制度规定的机构和人员，由于制度规定的特殊作用，制度规制者同时也是未来所要设立的制度体系的构建者。

第一节　制度规定的类型

　　如上所述，当我们把制度比喻为一座建筑物时，制度规定就好比是建筑设计图，它规定着未来制度大厦的样式、风格、结构等。制度规制者是制度规定的主体，是制度大厦的设计师，制度执行者是制度大厦的建设者或施工队。对制度起源的探讨表明，在人类社会的制度生成阶段，制度不是自然发生的，是在人们认知、共识、约定、限定甚至博弈、斗争的基础上有意识地用文字形式明确规定并强制执行的结果。

❖ 一、制度规范体系

制度规定是构建、确定国家或组织的基本关系、结构、行为准则及活动程序的文字性规定的统称。在一个规模庞大的组织中，有各种各样的规定，它们是一个有机整体，统一构成组织的制度规范体系。制度规定是制度的设计图，它规定了制度可能有的内容和形态，使人们对制度有一种直观的认识。但正如房屋设计图不等于现实存在的房屋一样，制度规定并不是现实存在的制度。制度规定是构建国家制度或组织制度的第一步，制度规定不同，所形成的现实制度也不同。在第二章关于制度构成这一节中，曾经提到在任何国家中，都存在着以下四种制度规范类型。

1. 宪法和法律

宪法和法律主要包括由国家和地方立法机关制定的宪法、法律、地方性法规、自治条例和单行条例等，是以法律形式正式颁布并以国家暴力机关强制执行的制度规定。宪法是国家的根本大法，是所有法律、法规、条例的依据。它规定了一个国家中，各个政党、各级立法机关、各级行政机关、各级司法机关相互之间的基本关系，规定了国家政权组织形式和国家结构形式，规定了国家的治理准则和基本国策，规定了国家的政治制度、经济制度、军事制度、教育制度等各种制度的基本形式，规定了每一个国民的地位、权利、义务、道德规范、行为准则等社会关系的基本方面。由国家和地方立法机关制定的基本法律、地方性法规、条例等可以看作是宪法原则的延伸和具体化，同时对专项的或区域性的制度问题做出具体的规定。

2. 行政法规

行政法规主要包括由国家和各级地方行政机关制定的条例、规定、办法、命令、章程、细则、方案、通告、意见、措施等，是涉及国家和地方行政管理、社会治理及各种民生问题的制度规定。行政法规的制定以宪法和法律规定为依据，主要是在各级政府的活动范围内进行的。行政法规的内容包括两个方面，一是国家行政机关以授权立法（又称委任立法）或职权立法形式制定的制度规定，具有一定的法律效力；一是由国家和地方各级行政机关在其管辖权限内制定的制度规定，只适用于本部门或本地区的范围内。它可分为中央政府法规（又称政令性法规）、主管部门规章（又称部令性法规）、地方政府规章三种类型，后两种类型一般不具有法律效力。

3. 政策性规定

政策性规定主要是执政党制定的决议、决定、准则、办法、方案、措施等。政策性规定最主要的内容是涉及国家和政党性质、政权结构、基本关系、制度形式及行为准则的指导思想、大政方针、公共政策或决策，因而往往是宪法、基本法律和行政法规的基本方针和指导准则。政策性规定在执政党内部由各级组织传达宣传并严格执行，在社会范围内则往往以法律化、法规化、制度化的形式成为宪法、法律、法规、条例、规章、细则以及企事业单位规定的重要内容，并以社会化的形式对整个社会的思想文化、伦理道德等发生重要影响。

4. 实体性规定

实体性规定主要包括政府机关、企业、学校、研究机构、社会团体等企事业单位或基层组织为加强内部管理或业务管理所做出的章程、规范、决定、通知、细则、办法、方案、措施等制度规定。这些单位或组织，数量庞大，遍布各个地区和各个领域。麻雀虽小，五脏俱全，无论它们规模大小，都是一个独立行动、有法人资格的组织，因而都有一个确定其内部关系、结构、流程、秩序等的完整的制度系统。许多企事业单位的"制度汇编"是实体性规定的最主要表现。

在这四种制度规定类型中，宪法和法律规定的内容涉及整个国家、所有组织和个人最重要的各个方面，其他三种类型都只是涉及局部性、区域性、某一方面的或某个组织实体的制度规定。宪法和法律明确规定了整个国家和社会的最重要、最基本的社会关系、权力结构和基本国策以及所有组织和所有个人所享有的权利、义务和必须遵守的行为准则。从这个意义上说，制度的核心和主体是法律，而法律的核心和主体是宪法。宪法是一个国家的根本大法，是保证社会稳定的基石。

二、制度执行规范体系

制度执行规范体系也是一种制度规定。但它不是对制度本身进行规定而是对制度执行的过程、程序、标准、要求等进行规定。借助上述的比喻来说，制度执行规范体系属于施工监理的性质，它的直接任务不是筑建整个制度大厦，而是为了保证施工质量对整个施工过程进行管理。制度执行规范体系具有两重性，既是制度规范体系的组成部分，又是制度执行体系的组成部分。与制度规范的四种类型相联系，制度执行规范体系也可以划分为四种类型：宪法和法律的实施规定、行政法规的实施规定、政策性规定的实施规定和实体性规定的实施规定，制度执行规范体系的制定有以下几种形式：①专门制定正式的法律或法规，以规范制度执行的过程和行为。例如，"为了规范立法活动，健全国家立法制度，建立和完善有中国特色社会主义法律体系，保障和发展社会主义民主，推进依法治国，建设社会主义法治国家"，2000年7月第九届全国人民代表大会第三次会议通过了《中华人民共和国立法法》，对法律、行政法规、地方性法规、自治条例和单行条例以及国务院部门规章和地方政府规章的制定、修改和废止，做了具体规定。对全国人民代表大会和全国人民代表大会常务委员会的立法权限、立法程序、法律解释权以及有关法律制定的其他方面也做了具体规定。②以具体条文或条款的形式包含在法律或法规的文件中。例如，2003年5月13日国务院令（第378号）《企业国有资产监督管理暂行条例》第七条对国有资产监督管理的执行问题做了专门规定："各级人民政府应当严格执行国有资产管理法律、法规，坚持政府的社会公共管理职能与国有资产出资人职能分开，坚持政企分开，实行所有权与经营权分离。国有资产监督管理机构不行使政府的社会公共管理职能，政府其他机构、部门不履行企业国有资产出资人职责。"第八条规定："国有资产监督管理机构应当依照本条例和其他有关法律、行政法规的规定建立健全内部监督制度，严格执行法律、行政法规。"第三十八条规定："国有资产监督管理机构不按规定任免或者建议任免所出资企业的企业负责人，或者违法干预所出资企业的生产经营活动，侵犯其合法权益，造成企业国有资产损

第四章 制度规定

失或者其他严重后果的，对直接负责的主管人员和其他直接责任人员依法给予行政处分；构成犯罪的，依法追究刑事责任。"③以法律或法规形式规定制度执行的具体时间和工作程序。制度规范执行体系不仅明确规定制度执行机构的设立、主要职责、主要义务、管理内容和法律责任等，而且通常会同时明确规定制度执行的时间、标准、程序、方法和要求。例如，1997年1月2日国务院令（第210号）发布《出版管理条例》的第十三条规定："国务院出版行政部门应当自收到设立出版单位的申请书之日起180日内，作出批准或者不批准的规定，并由省、自治区、直辖市人民政府出版行政部门书面通知主办单位，不批准的应当说明理由"。2005年公安部令（第79号）《公安机关信访工作规定》第二十二条规定："各级公安机关信访工作机构接到信访事项后，应当做好登记，并区分情况，在十五日内按下列方式处理。……地级以上公安机关信访工作机构应当定期向下一级公安机关信访工作机构通报转送信访事项情况，下级公安机关信访工作机构应当定期向上一级公安机关信访工作机构报告转送信访事项的办理情况。"④用规范、禁令等形式，对制度执行行为做出明确规定。2014年1月，中共中央正式公布《关于改进工作作风、密切联系群众的八项规定》和"六条禁令"，在"改进调查研究、精简会议活动、精简文件简报、规范出访活动、改进警卫工作、改进新闻报道、严格文稿发表、厉行勤俭节约"等八个方面对全体党员干部提出了明确要求，并明令禁止公款吃喝、请客送礼、滥发钱物、超标准接待、组织和参与赌博活动等违纪违法行为，对整顿党风、反腐倡廉、打击腐化贪污行为、加强干部队伍建设起到了重要作用。2003年国家工商行政管理总局党组决定，在全国工商行政管理系统施行《国家工商行政管理总局依法行政、文明执法六项禁令》，严禁工商行政管理人员无法定依据处罚、收费、严禁野蛮执法、严禁酒后执法等。该禁令适用于工商行政管理机关全体工作人员。各省市工商行政管理局在转发总局六项禁令的同时，制定了更为具体的执行规定和处罚措施。

第二节 制度规定的内容

制度是将松散的、互不相关的人员整合为一个严密组织的必不可少的条件和手段。大到国家，小到公司，任何组织都是一个独立存在、有特定目标、特定任务的实体，制度规定要想保证组织目标和组织任务的实现，必须有一整套完整的内容和标准。正如建筑物的质量首先取决于设计是否完美一样，制度规定的完整性、严密性和科学性决定着组织未来的存在和发展。一般来说，制度规定的特点是先定目标后定任务；先定国体后定政体；先定内容后定形式；先定整体后定局部；先定框架后定材料；先定规则后定行为。制度规定包括以下六方面内容。

一、总体目标和基本原则

无论创建任何组织，如成立一个国家或创办一个公司，首先要明确规定它的总体目标和基本原则。总体目标和基本原则是制度规定的核心和出发点，决定了制度规定的基本内容和整体框架。总体目标可分为战略目标与操作目标两个部分。战略目标对整个制度规定的制定具有指导意义。制度规定最重要的内容是，围绕战略目标，制定未来能够将人力、物力、财力整合为一体的制度体系的框架结构，强化组织核心竞争力的主攻方向。只有操作目标而没有战略目标的组织是一个缺乏生命力的组织。总体目标和基本原则通常是国家宪法和组织章程中的序言、总纲或总则中的基本内容。在宪法中明确规定建国的总体目标和基本原则是世界上各个国家的普遍做法，它不仅反映出各个国家的建国者的价值观和制度观，而且反映出各个国家大多数国民的或代表主流思想的价值观和制度观。1954年我国

第四章 制度规定

通过第一部宪法，1982年根据历史经验和形势变化又做了补充和修改，在宪法的序言和总纲中对建国的总体目标、根本任务和基本原则做了明确规定；"今后国家的根本任务是集中力量进行社会主义现代化建设"；"把我国建设成为高度文明、高度民主的社会主义国家"；"中华人民共和国的国家机构实行民主集中制的原则"等。美国宪法是历史上资本主义国家的第一部宪法，对许多国家的宪法制定具有一定的示范作用。1777年新罕布什尔州等十三州的代表在1776年《独立宣言》的基础上一起签署了成立"美利坚合众国"的《美国邦联条款》，1787年在费城会议上经过激烈争论，通过了《美利坚合众国宪法》，该宪法序言中关于总体目标的规定是："为了组织一个更完善的联邦，树立正义，保障国内的安宁，建立共同的国防，增进全民福利和确保我们自己及我们后代能安享自由带来的幸福。"其政体形式坚持的是立法机关、行政机关、司法机关"三权分立"的原则。

在许多国家的宪法中，国家主权、统一、平等、自由、安宁、幸福、民主、财产、安全、权利等是常见的关键词，它们反映出一个民族或一个国家大众化的制度观的基本内容，也是一个民族或一个国家大众化的普世价值的具体体现。由于社会发展和历史文化的差异，在各个民族或各个国家之间并没有形成统一的制度观和统一的普世价值观念。这种制度观和普世价值观念的差异性导致了世界各国国体、政体等制度形式的差异性。对于任何独立的、具体的组织来说，如公司、基金会、研究所、机关、学校等，一般都会在章程的总则或上级单位批准成立的文件中对其总体目标和基本原则进行明确规定。

❖ 二、基本关系和制度形式

制度规定最主要的内容是确定各种各样的人员及群体以何种关系构成组织实体。无论是成立一个国家还是一个公司，制度规定的主要内容是确定与组织性质、结构、运行方式等密切相关的基本关系及其构成形式。所有的制度规定都包含大量的管理内容，基本上可以分为三类，即对人的管理、对事的管理和对物的管理，与此相联系，可以划分为三种关系，即人与人之间的关系、人与事之间的关系和人与物之间的关系。在这三种关系中，最主要的是人与人之间的关系，人与事之间的关系、人与物之间的关系都是在人与人之间的关系的基础上形成的，实质上也是人与人之间的关系的一种特殊表现形式。对任何一个国家或一个组织来说，人与人之间的关系是最基本的关系，其中还包含着人与组织之间的关系、公民与国家之间的关系、员工与公司之间的关系等。制度规定就是用一些明文规定的法律、法规等具体的条款来限定或构成人与人之间的关系。在各国的宪法规定的总体目标中，我们可以看到有许多重要的概念，如平等、自由、民主、正义等，其实质都涉及人与人之间的关系问题。在构建任何组织时，必然会遇到如何具体规定这些基本关系的问题。以文字形式形成的制度规定勾画出的不是现实的制度，而是用于构成各种关系的制度形式，就像房屋设计图一样，它所设计出来的是未来房屋的式样，还不是真正的房屋本身。制度规定关于基本关系的具体规定不同，未来将形成的制度形式也不同，如国家的制度形式有资本主义制度、社会主义制度等，国家的领导体制有"三权分立"、"议行合一"等，公司的权力结构有董事会制、家长制等。由于社会历史条件、文化观念、经济因素、政治因素等方面的差异，不同的国家或公司对其关系架构及制度形式有不同的选择。

　　人与人之间的关系是一个非常复杂的现象，存在着多种多样、复杂多变的类型，与血缘关系相联系的有父母关系、父子关系、家庭关系、婚姻关系、抚养关系等；与生产关系相联系的有劳动关系、产权关系、分配关系、阶级关系、领导关系，管理关系、工作关系等；与社群关系相联系的有政治关系、党团关系、同事关系、组织关系、群体关系、国家关系等，这些关系都需要利用一定的制度规定加以确定和固化。例如，领导关系、权力关系在任何组织中都是普遍存在的，它关系到谁是组织中的领导者、管理者、组织者，谁是被领导者、被管理者、被组织者，关系到与组织系统内领导权限、领导活动方式密切相关的领导体制或领导制度。各国宪法中最基本的内容是明确规定各级立法机关、行政机关、司法机关相互之间的领导关系和权力关系问题。公司章程中的最基本的内容是明确规定董事会、管理层、监事会、股东代表大会相互之间的领导关系和权力关系问题。只有通过制度规定明确规定并理顺组织中最基本的关系，才能保证制度的稳定性和组织的正常运行。

各个国家、各个组织中的所有最重要的关系，在制度规定中都会有所体现。在此有一点需要说明的是，有些关系在制度规定中是明确规定的，如领导关系、产权关系、权力关系、分配关系等，可以称为制度规定中的显性关系；有些关系在制度规定的文字内容中并没有直接规定，是通过制度规定的内容体现出来的，如阶级关系、统治关系、集团利益关系等，可以称之为制度规定中的隐性关系。在许多国家的宪法中，"平等"是一个基本概念，通常被用来表明法律面前人人平等的显性关系。但是，自从人类进入阶级社会以来，统治与被统治的关系一直是人们之间最基本的关系之一，这是一种往往在制度规定中没有用文字明确表述出来的隐性关系，其具体体现在民主与专政的关系方面。民主与专政实际上是统治与被统治的关系，是任何国家的宪法中所包含的最基本关系。在我国宪法中，明确地提到了这一点，可以说是使这种关系成为一种显性关系。但在西方国家和世界上大多数国家的宪法中，都没有明确提出民主和专政的问题，民主和专政的关系或者说统治与被统治的关系实际上成为一种制度规定中的隐性关系。其基本特点是，在宪法中一律讲民主、平等、自由、正义，凡是属于专政的问题都在具体的法律规定中体现。一些商家在给顾客单方面提供的合同中利用模糊条款加重消费者责任、逃避经营者应尽的义务、损害消费者的权利，将不平等的消费条款强加给消费者，被人们称为"霸王条款"，合同中体现出的经营者和顾客之间的不平等关系也是制度规定中的隐性关系。了解或确定一个国家或一个组织的性质，不仅仅要看它的制度规定中显性的文字内容，还要分析制度规定中隐性的内容，才能得出较为客观的、符合现实的结论。

❖ 三、机构设置和组织结构

机构设置和组织结构是根据国家或组织的总体目标、基本关系、制度形式等要求在其内部按部门进行工作分工和权力分配的结果。在不同的国家或组织中，机构的名称五花八门、种类繁多，但按其职能划分基本可以分为以下五种类型。①领导决策机构。位于国家或组织系统最高层的核心机构,是整个组织的首脑机关或统帅部,具有最高决策权、指挥权和监督权。它往往以一种领导班子的形式出现,由一个领导群体执掌整个组织的权力和职责。在我国,这样的领导决策机构有中共中央政治局、全国人大常委会、国务院等。在实行"三权分立"体制的国家中,国家立法机关、国家行政机关和国家司法机关都是这样的最高决策领导机构。企事业单位中的董事会、理事会、监事会、校长办公会等,都是这种类型的机构。②直线管理机构。负责贯彻执行最高领导决策和指令的办事机构。它们的作用是把总体目标和最高决策分解为各种具体目标和行动方案,并层层落实到具体工作中。它们是直接管理和处理各种具体事务的执行机构,如各级地方政府和企事业单位中的业务管理部门等。直线管理机构是各种组织中规模最大、分支机构和人员最多的机构。③参谋服务机构。为领导决策机构提供决策和计划方案、协调帮助各级直线机构进行日常管理的职能机构或参谋机构。它们一般不参与直接的直线管理工作,有专门的职能和分工,计划、财务、人事管理等部门以及政策研究室、办公室、秘书处等都属于这种类型。④监督机构。根据领导决策机构的决定及各种制度规定对各种组织、机构及其活动进行监督检查的执法性机构。政府部门中的监察机构、审计机构等都属于这种类型。监督机构是在各种组织内部建立制衡机制的重要组成部分,是促使各类机构遵守制度规定、努力实现组织目标的重要保证。⑤信息反馈机构。负责了解组织运行状况、搜集、整理、分析与组织活动及效果有关的各种信息的服务机构,主要有资料室、档案室、情报室、信息中心、统计部门等。信息反馈机构处于组织系统内部各种信息传递、沟通的中心位置,其作用是采用先进手段对各种信息进行筛选、整理、分类、汇编并进行统计分析,及时将信息反馈到领导决策机构和有关机构,为最高决策和各种计划方案提供可靠数据。这五类机构之间的相互关系和制度形式决定了国家或组织内部的领导体制和权力结构。

  机构设置和组织结构方面的制度规定包括下列几方面内容:首先,考虑上述五类机构的具体设置、职能定位和权责关系,主要的可供选择的制度形式有"直线结构形式"、"参谋(职能)形式"、"直线—参谋(职能)

形式"、"矩阵结构形式"等。其次，考虑组织中的管理层次和控制幅度问题，亦即决定在组织内部划分多少管理层级的纵向结构以及各个部门下辖多少机构和人员的横向结构。再次，考虑各类机构相互之间的隶属关系及权力分配问题。1982年，第五届全国人民代表大会第五次会议通过《中华人民共和国国务院组织法》，明确规定国务院实行总理负责制，行使宪法第八十九条规定的职权，对国务院各部、各委员会的设立、撤销或者合并、国务院直属机构的设立及负责人的委任等做出了具体规定。最后，考虑基层组织的机构设置和组织结构，奠定整个国家或整个组织稳定运行的基础。1998年全国人民代表大会常务委员会第五次会议通过《中华人民共和国村民委员会组织法》，对我国农村村民自治形式、农村基层民主建设、村民委员会的职责、组成和职数、任期、选举程序、选举办法等都做了具体规定。

❖ 四、岗位设置和职权划分

在制度规定中，岗位设置是在机构设置的基础上将机构承担的任务和职责进一步分解为一个工作岗位应承担的任务和职责。岗位设置和机构设置一样，处理的是组织中的人与事的关系问题，机构设置表明的是一种工作或一项任务由多少个人共同完成，岗位设置则进一步表明一种工作或一项任务确定给某一个人独立完成。岗位设置是单纯从工作任务分配和个人分工方面考虑的结果，是为个人规定的工作位置。机构设置的规定好比是在房屋设计图中将所要建造的房屋划分成许许多多的房间。岗位设置的规定则是在画好的房间中又画出了若干个椅子，每个椅子是一个人的工作位置。与岗位设置有联系的一个重要概念是职位设置，它们有时在一个意义上使用，但是还是有一定的区别。按照美国人事管理局1979年关于职位分类用语的解释，职位是"由主管当局指派一个人应完成的任务和责任的集合体"，日本的《职阶法》中规定："职位是分派于一职员之任务与职责"。职位设置是在岗位设置的基础上进一步考虑任职者个人因素的结果。职位设置在明确个人任务和个人职责的同时，进一步明确了任职者个人所具有的头衔、职务、职称及相应的待遇和职权。岗位设置和机构设置一样，一般是行政法规和实体性规定中的重要内容。岗位设置方面的制度规定通过专门的岗位职责规范或岗位说明书对每一个岗位所要完成的工作任务、工作内容以及应当承担的责任范围做出明确的规定。有些组织采用职位规范或职位说明书的方式，其内容则更广泛一些，除了岗位说明书所规定的内容外，通常还包括任职者的工资等级、薪酬类型、职务等级、工作权限、工作关系等内容。岗位说明书一般多用于企事业单位的基层或操作岗位，职位说明书一般多用于政府部门的职位设置或企事业单位的领导岗位设置。政府部门的职位设置通常采用职位分类的方法进行，这种方法是"利用科学分类法按各种职位的工作性质、工作内容、难易程度、责任大小等建立一套系统的职位体系，作为考试、录用、考核、培训、晋升、工资等各项人事行政管理制度的基础和依据"。①

职权规定是职位说明书的重要内容。顾名思义，职权是与具体的职位相联系的权力，泛指某一管理职位所具有的特定权力，如部长的权力、局长的权力、董事长的权力、总经理的权力、部门经理的权力、会计的权力等。职权划分是将组织的权力层层分解为各个机构的权力，再进一步在各个机构中各个职位之间具体分解的过程。按照宪法与法律规定，中央政府获得与立法权、司法权相区别的行政权。在机构设置过程中，中央政府、地方政府按照不同的管辖范围获得一定的行政权力。在职位设置过程中，政府各级部门的权力进而具体划分为与各个职位相联系的职权。一般来说，权力的概念较为抽象，没有具体的内容和范围，职权主要是对权力的具体限定，它不仅有与具体职责相联系的内容和范围，而且有正式的授权依据或法律基础。机构设置和岗位（职位）设置方面的规定是将国家或组织中的领导关系、权力关系具体化、制度化的重要手段。

2005年第十届全国人民代表大会常务委员会第十五次会议通过《中华人民共和国公务员法》，第十四条明确规定在我国实行公务员职位分类制度。一是确定公务员职务类别。将国家公务员的职务分为领导职务和非领导职务两类。二是确定公务员职务层次。1993年制定的《国家公务员

---

① 彭和平编著：《公共行政学》（第四版），中国人民大学出版社2012年版，第195页。

暂行条例》曾将国家公务员的级别从国务院总理、副总理、国务委员到科员、办事员划分为十五个级别,《国家公务员法》则将国家公务员的领导职务划分为国家级正、副职,省部级正、副职,厅局级正、副职,县处级正、副职,乡科级正、副职十个层次。岗位设置或职位设置与组织的工作效率密切相关。在工作总量不变的情况下,使用的人力越少,效率越高,亦即岗位设置的数量越少,效率越高。传统的岗位设置理念是人有其位,人适其位。现在有的专家学者提出,从提高制度效率的角度来看,所设置的每个岗位都应要求能够创造价值,组织中的每个人都应在可创造价值的岗位上工作。

❖ 五、人员规定和行为准则

人是社会、国家和组织的生命和灵魂。人们通过一定的制度形式构成国家或组织。制度所确定的各种关系,如领导关系、权力关系、工作关系、阶级关系等,都是人们之间相互关系的具体表现。机构设置和岗位设置方面的规定,表面上是机构与机构、职位与职位、岗位与岗位之间的关系,其实质最终都是领导者(管理者、组织者)与被领导者(被管理者、被组织者)、上下级之间、协作者之间等的关系。机构设置和岗位设置关系到一个机构管多少事或一个人干多少事的重要问题,直接影响到组织的工作效率和绩效。在机构设置和岗位或职位设置确定之后,最重要的问题是确定任职者的条件及对任职者的工作表现和行为要求。人员规定和行为准则一般涉及四方面内容。①人员资格与基本条件。其内容主要包括相关人员具备什么样的资格或条件才能成为国家工作人员或组织成员,如出生地、年龄、性别、文化程度、学历、工作经历、职称、专长或技能等。②人员权利与基本待遇。其内容主要包括国家和组织将给予其成员什么样的权利、待遇和福利,如政治和法律权利、选举和被选举权、信仰自由、人身自由、个人隐私权、个人财产保护、劳动权利、休息的权利、男女平等权利、薪酬待遇、退休生活保障等。③人员义务与职责要求。其内容主要包括国家或组织要求其成员应当承担的事项规定、工作任务或工作责任,如遵守法律和劳动纪律的义务、劳动和工作的义务、维护国家安全或组织利益的义务、依法纳税的义务、履行工作职责或完成本职工作的义务等。④人员观念与行为准则。其内容主要包括国家或组织要求其成员所应具有的伦理道德观念、法律意识及相应的态度和行为，如遵纪守法观念、责任感、爱护公物、遵守规章制度、按时上下班的行为等。

人员规定和行为准则涉及的是公民与国家、成员与组织相互之间的关系问题，以上所说的阶级关系、领导关系、权力关系、工作关系等，都通过人员规定和行为准则的具体内容表现出来。为了树立良好的社会风气，除了要求国家公民自觉遵守法律法纪、具有良好的道德观念外，各个国家都以法律形式明确规定将受到严惩的犯罪行为，成为约束每个国家公民的最重要的行为准则。2009年，第十一届全国人民代表大会常务委员会第七次会议修改通过的《中华人民共和国刑法》共列举了危害国家安全罪、危害公共安全罪、破坏社会主义市场经济秩序罪、生产销售伪劣商品罪、走私罪、妨害对公司企业的管理秩序罪、破坏金融管理秩序罪、金融诈骗罪、危害税收征管罪、侵犯知识产权罪、扰乱市场秩序罪、侵犯公民人身权利民主权利罪、侵犯财产罪、妨害社会管理秩序罪、扰乱公共秩序罪、妨害司法罪、妨害国（边）境管理罪、妨害文物管理罪、危害公共卫生罪、破坏环境资源保护罪、走私贩卖运输制造毒品罪、组织强迫引诱容留介绍卖淫罪、制作贩卖传播淫秽物品罪、危害国防利益罪、贪污贿赂罪、渎职罪、军人违反职责罪27种罪行，每一个罪行下面还列举了大量具体的犯罪行为和适用刑罚。《中华人民共和国公务员法》对公务员模范遵守宪法和法律、忠于职守、清正廉洁等10种行为给予奖励；对公务员散布有损国家声誉的言论、组织或者参加非法组织、玩忽职守贻误工作等16种违法违纪行为明令禁止，并给予纪律处罚或追究刑事责任。政府机关以及企事业单位也经常用条例、守则、准则、禁令等形式对组织成员的行为做出明确要求和严格规定。

六、工作标准与办事程序

任何制度化的组织都有自己的目标及为了实现这些目标所要完成的事情或工作。除了规定、调整人与人之间的相互关系及其相应行为外，为了

第四章
制度规定

保证实现组织目标，加强绩效管理，提高制度效力，制定工作标准是制度规定的一项重要内容。工作标准是对某个组织、某个机构、某个岗位或某个人所要完成的工作数量和质量的基本要求和具体规定。工作标准的制定实际上是目标、原则或规则制定的深化。对于任何一项制度规定来说，目标、原则、规则的制定一般较为原则、抽象，具有目的性和导向性，而工作标准的制定是具体的、量化的、可操作的和可测量的。任何组织目标或绩效指标都应制定相应的工作标准，它可以用文字或数字进行说明，也可以用多种层次或多种等级的图表形式表现出来。工作标准使用范围非常广泛，可以划分为多种多样的类型，按测评目的划分，可分为数量标准、质量标准、比率标准、价值标准、公众满意度标准等；按作用范围划分，可分为国际标准、国家标准、部颁标准和企业标准；按行业划分，可分为农业标准、工业标准、服务业标准、医药标准、食品卫生标准等；按主管部门划分，可分为国家标准、行业标准、地方标准和企业标准等。组织的整体性、工作或任务的整体性、绩效的整体性必然要求工作标准的整体性。在制度规定中，只有单一的或零散的工作标准不可能保证组织的整体运行和整体绩效。因此，组织特别是规模较大的组织系统，如大中型企业、地方或中央政府，若要真实了解、监督、调控自身的运行状况，需要制定系统的标准体系或指标体系并在此基础上推行标准化的制度体系。标准化是推行一整套工作标准的制度化的活动。在国家质量监督检验检疫总局管理下，我国标准化工作由国家标准化管理委员会统一管理，其主要职能是参与起草、修订国家标准化法律、法规的工作，拟定全国标准化管理规章，组织实施标准化法律、法规和规章制度。各省市标准化行政主管部门，统一管理本行政区域的标准化工作。各省市政府的有关行政主管部门分工管理本行政区域内本部门、本行业的标准化工作。标准化对行业管理、企业管理有非常重要的意义。一方面作为一种外部标准，政府有关部门制定的各种标准对企业内部管理具有严格的督促、检查作用。如近几年来国家安全监管总局先后颁布了《企业安全生产标准化基本规范》（2010年）、《烟草企业安全生产标准化规范》（2010年）、《水泥企业安全生产标准化评定标准》（2011年）、《氧化铝企业安全生产标准化评定标准》（2011年）、

《电解铝企业安全生产标准化评定标准》（2011年）等，极大地强化了企业的安全生产意识和安全生产措施。另一方面作为一种内部标准，企业从加强内部管理的角度制定了许多结合实际情况的细化标准和检查措施，对提高员工安全生产意识、减少安全事故隐患、保证企业安全生产有重要的作用和影响。

在组织内部，机构设置和岗位设置实际上是按工作量和工作要求对内部事务和层层分解的过程，以事定岗，以岗定人。岗位与岗位、机构与机构之间的工作流程和程序反映了整体工作或整件事情的内在联系。因此，制定严格的工作流程和办事程序也是制度规定的重要内容，对工作效率或组织效率有举足轻重的影响。办事程序和工作流程是由国家机关或组织内部部门之间、机构之间、岗位之间、工序之间的内在联系所决定的。例如一个小化肥厂，从原料到成品的生产过程完全是在一个由锅炉、压缩机、合成机、碳化塔、离心机组成的封闭的管道中经过一系列的化学反应完成的。与每一道重要的工序相联系，分别成立了锅炉车间、造气车间、压缩车间、合成车间和碳化车间，每个车间都配有管理、监测生产过程的操作岗位和化验岗位。这些车间和岗位之间构成了一个严格的操作程序和工作流程，它们之间的内在联系是由整个生产工艺过程所决定的，它们的位置按照流程顺序沿着封闭管道依次排列，构成一个紧密联系的生产系统和组织系统。化肥厂按照工艺流程制定严格的生产程序和管理程序，是保证整个生产过程稳定运行的重要条件。办事程序和工作流程可以用图表的形式标示出来，如组织图、部门结构图、信息流程图、工作或工艺流程图等。在国家治理和企事业单位的管理过程中，办事程序和工作流程都是制度规定的重要内容。例如，2003年第十届全国人民代表大会常务委员会第四次会议通过了《中华人民共和国行政许可法》，其中第四章专门规定了"行政许可的实施程序"，公民、法人或者其他组织从提交申请书到行政机关受理、审查、决定、检测、办证以及受理期限、听证、变更行政许可事项、延续有效期限等各方面都有严格的程序性的规定。工作标准、工作流程和办事程序与人员规定和行为准则密切相关，二者常常结合起来共同构成制度规定的主要内容。

第四章 制度规定

第三节 制度规定的特性

无论是国家制度还是公司制度，任何一项规定做出之后都会遇到这样几个问题：它是否对社会公众或组织成员有吸引力或约束力；它是否会得到认真的执行；它是否会受到认同或被自觉地遵守等，这些问题的回答都与制度规定所具有的特性密切相关。

❖ 一、制度规定的合法性

在制度化社会和制度化组织中，任何制度规定都是经过一定的法定程序产生的。制度规定的合法性主要指制度规制机构必须具有制定制度规定的合法权力、制度规制人员必须具有制定制度规定的合法身份、制度规定的制定过程必须符合法定的制度程序要求、制度规定的内容必须有合法依据等。这是制度规定机构及制度规制人员不能忽视的重要问题。制度规定的合法性具有以下一些特点。

1. 制度规制机构要求具有合法地位和法定权限

如上所述，与四种制度规定类型相联系，国家和地方立法机关、国家和地方行政机关、执政党的政策制定机关和企事业单位的领导机关是四种制度规制机构。这些机构各有其不同的制度规定权限，它们不能超出自己的权限范围去制定规定。例如，按我国宪法规定，全国人民代表大会是最高国家权力机关，只有全国人民代表大会和全国人民代表大会常务委员会才能行使国家立法权。全国人民代表大会行使修改宪法，监督宪法的实施、制定和修改刑事、民事、国家机构的和其他的基本法律等15项职权；全国人民代表大会常务委员会行使解释宪法，监督宪法的实施、制定和修改除应当由全国人民代表大会制定的法律以外的其他法律等21项职权；国务院，即中央人民政府，是最高国家权力机关的执行机关，是最高国家行政机关。国务院行使的职权有18项，其中包括根据宪法和法律，规定行政措施，制定行政法规，发布决定和命令；向全国人民代表大会或者全国人民代表大会常务委员会提出议案；规定各部和各委员会的任务和职责，统一领导各部和各委员会的工作，并且领导不属于各部和各委员会的全国性的行政工作等。按照宪法规定，地方各级人民代表大会和地方各级人民政府各有不同的职权规定和职权范围。所有制度规制机构必须在法定的职权范围内制定相应的制度规定，越权制定的制度规定是无效的规定。

2. 制度规制人员要求具有合法身份和法定资格

除了制度规制机构外，对制度规制人员也有严格的合法性要求。根据我国宪法规定，全国人民代表大会代表、全国人民代表大会常务委员会委员、国务院的组成人员以及地方各级人民代表大会和地方各级人民政府的组成人员，其产生都有严格的选举和任免程序。同样，在党的政策制定机关和企事业单位的领导机关中，制度规制人员的产生也有严格的任免和审批程序，切实保证他们具有参与制度规定的合法身份和法定资格。

3. 制度规定过程要求符合正式程序

一般来说，法律、法规、政策以及企事业单位的制度规定在提出、审议、表决、通过、公布等方面都有严格的程序性规定，制度规定的制定过程是一个按照法定程序严肃进行的过程，没有经过正式程序产生的制度规定被认为不具备合法性。

4. 制度规定过程要求符合法律规定

所有制度规制机构和制度规制人员都必须严格遵守并执行宪法和法律的规定，一切制度规定活动都必须以宪法和法律为依据。任何机构和人员没有也不能享有法外特权。制度规制机构和制度规制人员的权限和范围决定着其制度规定的效力和适用范围。国家立法机关制定的宪法和基本法律具有最高权威、最具强制力和适用范围最广的法律效力，其他类型的制度规制机构所制定的制度规定，要从属于宪法和基本法律的约束，不能与宪法和基本法律相抵触。同时，各种制度规制机构制定的制度规定各有其不

第四章 制度规定

同程度、不同层次、不同范围的约束效力,下级制度规制机构制定的规定要受上一级制度规定的约束,不能与之相抵触。当一项制度规定没有经过法定的制定程序、缺乏正当依据或与上一级规定相违背时,都不具有合法性。

制度规定的合法性是个硬性指标,它是关系到一项制度规定能否成立以及与其相关的制度能否形成的关键问题。制度规定的背后一般都隐藏着各种社会集团、社会阶层的利益冲突问题,一项制度规定的提出、讨论、表决常常引起激烈的政治斗争。争斗双方本来是利益之争,但其斗争的焦点却首先集中在制度规定的合法性问题上,反对的一方会千方百计地从制度规定的制定权限、法定程序、正当依据等方面寻找合法性的破绽达到否定或否决该项制度规定的目的。如2014年5月7日泰国宪法法院认定泰国看守政府总理英拉2011年调动前国家安全委员会秘书长他汶违宪,作出判决剥夺英拉看守政府总理一职,因而导致英拉政府被迫下台。为了保证政治制度、法律制度的完整性、严肃性,对于一个国家或一个组织实体来说,通常的做法是设立或授权一个相对独立的、权威性的仲裁机构专门处理制度规定的合法性问题,如宪法法院、宪法委员会、专门的法律机构或仲裁机构等。

❖ 二、制度规定的合理性

制度规定不仅要求合法而且要求合理,制度规定具有合法性不一定意味着它必然具有合理性。制度规定的合法性主要涉及的是制度规定的制定过程符合不符合法律要求,制度规定有没有法律依据,而制度规定的合理性主要涉及的是制度规定的内容、准则、规则、标准等是否正确,是否符合组织的发展目标,是否符合客观实际和客观要求。在制度规定中,组织中的领导关系、管理关系、工作关系等各种关系没有理顺、管理层次过多、机构设置和岗位设置不当、岗位责任和岗位权限、行为准则和任职条件规定不明确、制度规定的内容偏离或违背客观实际等都是缺乏合理性的事例。当某项制度规定符合法定程序、具有法律效力和法律依据、其制定者也具有法定资格和法定权限时,并不意味着它就是合理的。某项制度规定在其制定的程序或形式方面可能是合法的，但是其目标、内容或规则却有可能是错误的、欠妥的或不适当的，因而是错误的。由于看问题的角度不同、所持的观点不同、论据不同等，在具体的制度规定的合理性方面，常常会存在两种截然不同的意见。例如，1992年4月3日，全国人大七届五次会议通过了《长江三峡工程决议案》。表决结果是1 767票赞同、171票反对、664票弃权、25人未按表决器，有将近1/3的人反对或者弃权。从表决过程来看，《长江三峡工程决议案》虽然有近1/3的反对票，但其制度规制机构的合法性、制度规制人员的合法性、表决程序的合法性以及表决结果的合法性等都是没有疑问的。但是，多年以来，《长江三峡工程决议案》的合理性却一直受到质疑。三峡大坝于1994年正式动工兴建，1997年实现大江截流，2003年开始蓄水发电，2009年全部完工。在这期间，甚至直至现在，关于三峡大坝建筑的合理性问题一直存在着激烈的争论。支持该议案的一方认为，三峡工程主要有防洪、发电和航运三大效益，对地方经济发展、环境改善、南水北调、水产养殖等多方面也有很大益处。反对一方的人认为，三峡工程弊大于利，主要是破坏文物古迹、影响生态环境、移民安置问题、清污成本巨大、存在溃坝危险等。面临三峡工程完工后新出现的经济发展状况和环境变化状况，双方的争论似乎有愈演愈烈的趋势。制度规定的合理性最终将在制度执行的过程中，通过社会实践活动来检验。

和制度规定的合法性一样，制度规定的合理性也常成为政治斗争借题发挥的焦点。2013年6月21日，为加强海峡两岸经贸关系，促进服务贸易自由化，大陆海协会会长陈德铭与台湾海基会董事长林中森在上海签署了《海峡两岸服务贸易协议》。其后，台湾数百名学生和民众以反对"服贸协议"的名义，闯入台湾行政院。其反对的理由，一是质疑该协议的合法性问题，认为程序上有不当之处。二是质疑该协议的合理性问题，认为大陆台湾开放不对等、挤压台湾人工作机会、增加大陆居民移民台湾等。在支持与反对"服贸协议"的争斗过程中，台湾地区的各种政治派别以及国际上的各种政治势力以公开的或隐蔽的形式纷纷卷入这一过程中。在制度规定的合理性的背后，经常可以看到各种政治势力和经济利益集团相互

第四章 制度规定

斗争的现象。一项制度规定是正确的还是错误的，取决于其内容的合理性。由于制度规定的内容具有规定性、权威性、导向性等性质和作用，并且每一项制度规定都会公布生效，以制度执行为推动力，因此，当其合理性出现偏差时，将会对组织目标的实现、人们的行为表现、制度效率的高低和制度效果的好坏带来十分有害的影响。当一项错误规定的合法性的制定层次越高、制度执行越严并且制度场作用力越强时，其有害的影响就越大。所以，制度规制机构和制度规制人员不仅要注意制度规定的合法性，而且要对其合理性进行认真的分析和论证。制度规定过程的科学性是制度规定合理性的重要保证。

为了保证制度规定的合理性，在制定制度规定的过程中必须要有一整套科学的方法和程序。制度规定的制定过程一般包括确定问题、目标、方案、标准、效果、模型六个步骤或阶段，采用政策分析、决策理论的技术和方法有助于提高制度规定的合理性。

三、制度规定的公开性

如上所述，制度规定的形成是以人们的共识和约定为基础的，同时，制度规定一旦形成，必然要求组织中的所有成员认真遵守和执行。显然，如果没有制度规定的公开性和透明度很难做到这一点。制度规定的公开性主要指制度规定形成后，以某种公示或公开形式使社会或组织成员了解、关注的程度。制度规定公开性的最根本的要求是让组织中的所有成员，特别是制度互动者全面了解和认识制度规定的目标、规则、标准等基本规定和重要内容。一般来说，任何制度必然涉及制度规制者、制度执行者和制度互动者三部分人之间的关系问题。无论是一个国家还是一个组织，这三类人共同构成制度的金字塔。制度规制者处于金字塔的顶部，在人群中占有的比例很小。制度执行者处于金字塔的中上部，在人群中所占的比例也很小。制度互动者处于金字塔的底部或基座，在人群中占有非常大的比例。有一点需要说明的是，制度互动者的概念只是相对于制度制定过程中制度规制者和制度执行者的不同地位而言的。在最严格的法制意义上说，制度规制者和制度执行者不能超脱或凌驾于制度之上，也要受到制度规定的约束，因此也属于制度互动者的范围。为了有助于分析三者之间的互动关系，在此从概念上对他们做了明确的区分和界定。

从直观上说，制度规定的公开性是一个自上而下依次传递的过程。从制度规定形成的过程来看，制度规制者是制度规定的制定者，他们本身对制度规定的目标和内容有系统的了解。制度执行者因其特殊的地位和作用，往往是制度规定制定过程的直接参与者，对制度规定也有较为全面的了解。制度规定公开性的关键是对制度互动者而言的。它涉及四个最基本的问题。一是与制度互动者的话语权有关。在制度规定制定前，是否以某种公开的形式让利益相关的制度互动者了解制度规定的意图和目的，征求他们对制定此项规定的想法和意见。二是与制度互动者的参与权有关。在制定制度规定的过程中，是否以某种公开的形式让制度互动者了解制度规定方案的有关内容，听取他们的想法和意见。三是与制度互动者的知情权有关。在制度规定通过后，是否以某种公开的形式予以公布或公示，在多大范围内或在多大程度上让制度互动者了解制度规定的详细内容。四是与制度互动者的监督权有关。在制度规定的执行过程中，是否以某种公开的形式听取制度互动者对制度规定的评价和反馈意见，接受他们对制度执行的监督，并听取、征求他们对完善制度规定的想法和意见。这四个问题的提出与解决构成了制度规制者、制度执行者与制度互动者在制度规定和制度执行方面相互作用的整体过程。

制度规定的公开性与制度规制者、制度执行者和制度互动者的沟通过程和沟通状况密切相关。制度规定的沟通过程涉及教育和宣传两个最重要的渠道。特别是对一个国家而言，仅仅以立法机关的法律公布、总统令或者政府令、政策文件传达等形式还不能完全达到制度规定高度公开、透明的要求。如何让所有民众普遍了解宪法、法律、法规等制度规定，教育和宣传是关系到制度规定公开性的两个最重要的、最基本的沟通方式，也是每一个国家公民全面了解国家制度规定的两个最重要的途径。教育是从幼年开始以课堂讲授的形式系统传授自然科学和社会科学的专门知识的活动，其中，政治、法律等制度规定的学习是社会科学知识的重要内容。一个人从小学入学到大学毕业一般要用16年的时间，对制度规定的认识和

第四章
制度规定

制度观的形成有非常重要的影响。宣传是利用报纸、杂志、广播、电视等传媒工具传播主流思想，引导人们的思想和行为的活动，其中，宪法和法律、法规、政策等制度规定是构成主流思想的重要内容。教育和宣传因其具有公开讲授、公开传播及覆盖各个领域、各个行业乃至全体公众的特性，是实现制度规定公开性和透明度的最重要手段。在我国，制度规定的公开性除了利用教育和宣传的普遍形式外，还有一种利用文件形式在党内、政府内、企事业单位内传达学习的特殊形式，并结合报纸、广播、电视、网络等各种沟通渠道和方式对制度互动者进行传达、介绍、解读和宣传，让制度互动者广泛的、深入地了解制度规定的目标和内容，便于其遵守和执行。在制度规定制定前及制定过程中利用座谈会、听证会、报告会、调查研究、民意测验、全民公决等形式征求、了解制度互动者对所要讨论决定的法律、法规、政策、条例等规定的想法、愿望、意见、建议等，不仅体现了制度互动者对制度规定的话语权、知情权，而且可以使他们在某种程度上积极参与制度规定的制定过程。毫无疑问，制度互动者的参与程度越高，制度规定的公开性则越高。法治国家的一个基本特点是，从政府官员到普通民众，人人都知法懂法守法，知宪懂宪守宪。制度规定公开性的一个必然结果是法律知识的普及。对宪法和法律的规定熟悉，才能具有宪法和法律意识，对刑法内容有系统了解，才能自觉地约束自己的行为不去碰法律的红线，法盲的比例越低，法治的程度就越高。在此意义上说，光有法制是不够的，真正的关键是法治。法制只是指建立了一种宪法和法律体系，法治则指利用宪法和法律规定进行治理。制度规定的公开性和透明度是使法制转为法治的桥梁和基础。

❖ 四、制度规定的代表性

　　除了制度制定的合法性、合理性和公开性之外，制度规定的代表性也是一个非常重要的特性。我们在第二章曾论述过制度的博弈性。制度规定和制度执行过程是在不同人员、不同群体、不同阶层、不同利益集团，甚至不同阶级的矛盾冲突中进行的，制度是矛盾各方博弈、斗争的产物。制度规定的代表性是制度规制者在制度规制过程中经常要考虑的问题，如某项制度规定是否会引起各方利益的矛盾冲突；是代表少数人的利益还是代表大多数人的利益；是会受多数人的支持还是只有少数人的支持等。制度规定的代表性泛指制度规定的内容必然体现出或反映出相关方中某一方的利益。制度规定的代表性主要是通过其内容体现出来的，而制度规定的内容又是被制度的本质所决定的。制度是将不同的人结成某种组织的构成形式，人们在制度化的过程中会形成各种各样的关系，如政治关系、经济关系、劳动关系、分配关系、财产关系等。人们在这些关系中的地位及其利益是在制度规定的具体内容中体现出来的。例如，经济合同是一种最简单的，也是一种最普遍的制度规定形式；合同的谈判过程是一种讨价还价、利益相争的过程。合同的签订是谈判双方在谈判过程中博弈的结果。谈判双方的利益得失最终会在合同内容中体现出来。强势的一方在谈判中会处于有利的地位，在签订的合同中也会得到更多的利益。谈判双方的地位关系和利益关系最终体现在合同文本中。对于一份经济合同的结果，人们通常会从利益的角度进行评价，如该合同对我有利还是不利，或该合同对甲方有利还是对乙方有利。在各个国家中，由于存在着利益之争，立法机关出台的任何法律、法规等制度规定，都会受到某些公众和团体的支持，同时也会受到某些公众和团体的反对，这都是制度规定的代表性的最好说明。

　　就制度规定的代表性而言，存在着两个重要问题。一是制度规定的出发点。制度规制者在提出或制定某项制度规定时，是从哪一部分人或哪一个集团的利益来考虑的，是从少数人的利益出发的还是从多数人的利益出发的。二是制度规定的实际结果。一项制度规定公布生效后，实际上对哪一部分人或哪一个集团有利，是对少数人有利还是对多数人有利。这两个问题实际上可以归结为一个问题，即一项制度规定是代表少数人的利益还是代表多数人的利益。与上述两个问题相联系，制度规定的代表性实际上是由制度规制者的代表性所决定的。在西方实行议会制度的发达国家中，来自不同党派的议员们具有明显的政治倾向性和经济利益的代表性，有的是代表不同的大的经济利益集团的利益，有的是代表中下阶层的利益，有的是代表妇女或弱势群体的利益，议会因此成为不同阶层、不同集团利益

第四章
制度规定

争斗的场所,任何法律、法规的出台都有明显的利益倾向和代表性。总体上说,由于受议会竞选支持率的影响,议员们对某项议案的提出或表态也要考虑到大多数选民的利益和态度。在我国实行的是人民代表大会制度和中国共产党领导的多党合作和政治协商制度。从制度设计上说,在我国的政治制度下,法律、法规、政策等制度规定能够代表和反映广大人民群众的利益,关键是如何采取有效措施永远保证党的先进性和代表性,保证人民代表大会制度和政治协商制度的稳定运行。

一般来说,只有全体国民在制度关系完全平等的条件下,制度规制者才有可能成为国家或组织中大多数人利益的代表,而不是某个集团、某个阶层的代表,制度规定才不是制度各方斗争、妥协的产物而成为全民或全体成员利益的体现。在以私有制为基础的阶级社会中,由于生产资料占有形式的不平等,社会成员的地位和社会关系是不平等的,制度规定的合法性、合理性和公开性都不能从根本上解决制度规定代表多数成员利益的代表性问题,即使是精英式、集团式或代议制的民主形式也不可能完全做到这一点。只有在生产资料公有制的基础上,实行全民平等的社会制度,才有可能从根本上解决制度规定的代表性问题。相比而言,在制度规定的四个特性中,代表性有非常重要的作用。一方面,它对国民对法律、法规、政策等制度规定的态度和认同有直接的影响;另一方面,它对制度规定的执行效力有直接的影响。特别是在关系国家政权性质、政党性质等一些最重大的制度规定方面,它对制度的本质、对社会的安定、对制度规制者的人心向背都有巨大的影响。制度效力不完全取决于制度规定的合法性、合理性和公开性,而更多地取决于制度规定的代表性。有些社会问题,特别是关系到国家统一、国防建设、经济发展、教育卫生、社会治安、社会保障等大多数人们普遍关心的问题是制度规定代表性的刚性问题。凡是有利于解决、改善这些问题的制度规定必然会代表大多数人民的利益并且会受到社会上大多数人的支持和拥护。例如,政府投资改善贫困地区中小学落后的教育环境和教育条件、提高和保证中小学教师的工资待遇,既关系到贫困地区人们的生活改善问题,又关系到提高民族整体素质、维护社会稳定问题。解决这方面问题的制度规定不需要经过选举投票、民意调查等形式了解民意、寻求支持,这类规定关心和改善的是基层人们的生活,其出台和落实一般都会有比较好的制度效果,可以有效提高制度规定的代表性,得到社会上大多数人的支持。

五、制度规定的认同度

对于任何制度规制机构和制度规制人员来说,他们的一个共同愿望是,制度规定能够得到制度执行者和制度互动者的积极支持和自觉遵守,要做到这一点取决于制度规定的认同度。制度规定的认同度指的是制度规定的条款、内容使制度执行者和制度互动者接受、支持并形成某种认知倾向和行为倾向的程度。某项制度规定的认同度高意味着它在执行中阻力较小,将会有较好的执行效果和制度效力。制度规定的认同度与制度规定的合法性、合理性、公开性、代表性密切相关。它们之间的关系可用公式表示为:$I=LR_1PR_2$,其中 I 代表制度规定的认同度(Identity),它等于合法性、合理性、公开性、代表性四项特性强弱程度的乘积;L 表示制度规定的合法性(Legality);R_1 表示制度规定的合理性(Reasoneableness);P 表示制度规定的公开性(Publicity);R_2 表示制度规定的代表性(Representativeness),它们均可按强弱程度划分出十个等级。在该等式中,认同度最高值为 10 000,即所有四项特性指标均为最强度 10 的乘积,认同度最低值为 1,即四项特性指标均为最弱度 1 的乘积。认同度的中间值为 5 000,有意思的是,当四项特性指标的强弱程度各为中间值 5 时,其相乘之积只是 625,远远低于认同度的中间值。当四项特性指标的强弱程度均为较高的 8 时,其相乘之积为 4 096,还未达到认同度的中间值。当四项特性指标中的三项的强弱程度均为 10 而另一项特性指标的强弱程度为 5 时,其相乘之积为 5 000,正好等于认同度的中间值。该等式表明,制度规定的认同度存在着一种乘数效应,只有当四项特性指标的强弱程度均达到 8 以上的高值时,其总体认同度才能达到较高值。制度规定认同度的指标乘积反映出在现实中存在着一种认知上的下拉作用,当人们对某一项特性指标存有质疑、认同程度不高时,会影响并降低其对其他特性指标的认同。因此,任何制度规定的制定都是一项非常严肃的事情,必须认真对

第四章
制度规定

待，不能掉以轻心，更不能草率地、盲目地做出决定。制度规制机构及制度规制人员在讨论制定某项规定时，应有意识地认真考虑该规定在合法性、合理性、公开性、代表性等方面能不能取得较高值。为了保证制度规定在内容和形式上有较高的认同度，应在制度设计方面有所考虑，这一点在以后的章节中将会加以论述。

在该等式中，从法律层面讲，制度规定的合法性首先是需要认真考虑的一个重要指标。当制度规定被裁定为不合法时，该等式中的L值等于零，四项特性指标的乘积为零，该项制度规定的认同度也等于零。即该规定的合法性在现实中被否决，在同一制度系统中将不会有任何制度执行机构和制度执行人员去执行。另外三项特性指标则不同，任何一项制度规定的合理性、公开性、代表性一般都不可能是零。即使有再多的人否定它，也仍然会有人肯定它，哪怕处于绝对的少数。无论它们的强度有多低，哪怕是1时，四项特性指标的乘积也不会是零，即该项制度规定也具有一定的认同度。换句话说，只要某项制度规定是合法的，它都可以付诸执行，虽然它不会有很好的执行效果和制度效力。从另一方面说，当某项制度规定被认为是不合理或公开性、代表性非常低时，即使合法性较高，从四项特性指标的乘积来看，认同度也必然较低。如果认真分析的话，制度规定的合理性、公开性、代表性三个指标之间也有一些不同。一般来说，当一项制度规定颁布后，如果其内容不作较大修改，它所代表的利益关系即其代表性的强度基本上是不会发生变化的。但是，合理性、公开性指标的强度通过适当的工作却可以发生某些变化，有时甚至是较大的变化。例如，当政府决定把征税起点上调时，其受益人群及人口比例是较固定的，也就是说，如果起征点不变，该项规定的代表性的强度是不会发生变化的。比如说，该规定出台后，有80%的人受益，代表性的强度是8，规定内容不变，代表性的强度也不会变。但是，其合理性、公开性的指标强度却有可能发生变化。如果该项规定最初只是在国家机关、企事业单位的会计部门内部传达执行，沟通范围很小，社会关注度低，该项规定的公开性的强度可能只能达到2。如果该项规定通过广播、电视、报纸、网络等各种新闻媒体广泛宣传，极大地扩大了沟通范围，增强了社会关注度，则有可能使公开性的强度提高到6甚至更高。同样道理，该项规定刚出台时，一般都会有各种各样的看法和争论，有的人可能会反对，有的人可能会觉得起征点还应再高点，总之，会有不少人认为它不合理，这样该项规定的合理性指标只能达到4。如果政府针对各种疑问做了大量宣传解释工作，则会使很多人取得理解和共识，其必然结果是使该项规定合理性的强度上升。因此，在一项制度规定出台前，在通盘考虑如何提高四项指标强度的基础上应侧重关注其合法性、合理性、代表性的强度问题。在它出台后，应重点考虑如何提高其公开性的强度问题。为了客观评估制度规定的社会影响、舆情动向，准确确定四项特性指标的强度，各级制度规制机构和制度规制人员应设立或借助舆情调查机构定期进行社会调查，以便提高制度规定的认同度和执行效力。

第四节　制度规制者的类型

在任何组织中，制度规定都不是自然生成的，它需要有研究、讨论、制定的过程，需要有专门的机构和人员负责此项工作，此类机构和人员统一称为制度规制者。制度规制者泛指在法定权限内用文字形式明确表述并正式颁布制度规定的机构或人员。"规制"的意思是指规定的制定，制度规制者准确的称谓是制度规定的制定者，简称为制度规制者。但是，制度规制者并不是简单地制定制度规定，他们在制定制度规定的同时，实际上是在设计并准备构建未来将要实行的制度体系。因此，更准确地说，他们实际上是未来制度体系的设计师，也是未来制度体系的构建者。从这个意义上说，他们也是制度的规制者。制度规制者主要包括制度规制机构和制度规制人员两个组成部分。制度规制机构是固定的，而制度规制人员则是

第四章 制度规定

流动的。

❖ 一、制度规制机构

与上述四种制度规定类型相联系,存在着四种制度规制机构,即国家和地方立法机关、国家和地方行政机关、执政党的政策制定机关和其他组织实体的决策机构、企事业单位的领导机关。在现代社会中,无论是发达国家还是不发达国家,制度规制机构基本都可以划分为这四种类型,只是它们之间的相互关系可能会有所不同。

1. 国家和地方立法机关

国家和地方立法机关又可称为立法性的规制机构。在现代社会中,无论是西方发达国家还是亚非拉美地区的发展中国家,国家政权组织一般都分为立法机关、行政机关、司法机关三个组成部分,它们分别拥有并行使立法权、行政权和司法权。在不同的国家中,国家和地方立法机关拥有不同程度的立法权,特别是国家立法机关,负责制定宪法和民法、刑法等基本法律,是一个国家中最重要的制度规制机构。我国宪法第五十八条明确规定:"全国人民代表大会和全国人民代表大会常务委员会行使国家立法权"。宪法规定的主要职权包括:修改宪法;监督宪法的实施;制定和修改刑事、民事、国家机构的和其他的基本法律等。美国宪法第一条第一款规定:"本宪法所规定的立法权,全属合众国的国会,国会由一个参议院和一个众议院组成。"法国宪法第三十四条规定:"法律应由议会投票通过。"该条款还规定了法律的基本内容和准则。日本国宪法第四十一条规定:"国会是最高国家权力机关,是国家唯一立法机关。"国家和地方立法机关是构建及维系一个国家的宪法和法律制度的制度主体。

2. 国家和地方行政机关

国家和地方行政机关又可称为执行性的规制机构。在不同的国家中,国家和地方行政机关拥有不同程度的行政权,其主要职责是执行宪法和基本法律,但其在执行过程中,根据职权立法和授权立法,具有制定行政法规等制度规定的权力,因而也是非常重要的制度规制机构。例如,我国宪法第八十五条规定:"中华人民共和国国务院,即中央人民政府,是最高国家权力机关的执行机关，是最高国家行政机关。"国务院的主要职权包括：根据宪法和法律，规定行政措施；制定行政法规；发布决定和命令。美国宪法第二条第一款规定："行政权力赋予美利坚合众国总统。"宪法规定总统在就职之前有一句非常重要的誓词是："尽我最大的能力，维持、保护和捍卫合众国宪法。"法国宪法（1958年）规定"共和国总统主持内阁会议"。总统通过主持内阁会议来行使行政权。宪法第十三条规定："共和国总统签署经内阁会议审议的法令和命令。""共和国总统是军队的统帅。总统主持最高国防会议和国防委员会。"宪法第二十一条规定："总理领导政府的活动，总理对国家防务负有责任，总理保证法律的执行，除第十三条的规定外，总理行使规章制定权。"日本国宪法第六十六条规定："内阁按照法律规定由其首长内阁总理大臣（俗称日本首相）及其他国务大臣组织之。内阁行使行政权，对国会负连带责任"；并在第七十三条中规定："内阁为实施本宪法及法律的规定而制定政令。"在不同的国家中，国家行政机关制定的行政法规、规章、政令等虽然具有不同程度的法律效力，但对整个国家的制度构建和形成来说，都是非常重要的制度规定。国家和地方行政机关与国家和地方立法机关一起共同构成整个国家的制度主体。

3. 政党及执政党的领导机关

政党及执政党的领导机关又可称为政策性的规制机构。在现代国家中，政党和政党制度是一种普遍的社会现象。政党是代表社会中某一阶级、某一阶层或某一集团的政治利益和经济利益的政治组织。从制度学的角度来看，政党制度是由国家法律所确定的各种政党及政治团体政治活动与各种政治关系的构成形式。政党制度的具体形式多种多样，主要有一党制、两党制、多党制等。例如，在我国，中国共产党是中国特色社会主义事业的领导核心。党的路线、方针、政策直接体现在宪法、法律、行政法规等制度规定的基本内容中，对我国社会经济发展和制度建设起着重要的指导作用。《中国共产党章程》规定："党的最高领导机关，是党的全国代表大会和它所产生的中央委员会。党的地方各级领导机关，是党的地方各级代表大会和它们所产生的委员会"；"党必须实行民主的科学的决策，制定和执行正确的路线、方针、政策"。在各个国家中，政党和政党制度是一种普遍的政治现象，政党的组织形式和活动方式多种多样。在美国主要的政党是共和党和民主党。法国的主要政党有社会党、法国共产党、保卫共和联盟、法国民主联盟、国民阵线、绿党等。在日本，主要的政党有自由民主党、日本社会党、日本共产党、日本公明党、日本民社党、新党等。在西方国家，各种政党的活动舞台主要集中在议会，它们积极参与国家和地方立法机关的激烈竞争，谋求经过选举成为执政党，至少争取在国家和地方立法机关中取得更多的席位。各国政党通过竞选纲领积极宣扬自己的政策主张，利用在议会中的席位和影响，尽量扩大话语权，将自己的政策主张用法律法规等制度规定的形式体现出来。政党特别是执政党的领导机关也是制度主体的重要组成部分。

4. 其他组织实体的规制机构

其他组织实体的规制机构也可称为实体性的规制机构。国家和地方立法机关、国家和地方行政机关以及各种政党和政治团体都是一个国家中最重要的组织实体，除此之外，在任何一个国家中，还存在着许多其他类型的组织实体，如企业、学校、科研机构及民间团体等。在现代国家中，每一个组织实体都以法人形式独立存在，在它们各自的组织系统中，也有独立的规制机构、执行机构和由众多组织成员组成的制度互动者。这些组织实体中的规制机构在组织中处于领导地位，如董事会、理事会、监事会、校长办公会等，它们一方面遵守和执行国家法律、法规、政策等制度规定，一方面负责制定本组织的章程及决议、决定、规定、细则、通知等各种制度规定。这类组织种类繁多、数量庞大，在国家层面上，它们共同构成一个国家中受制度主体约束的制度客体，同时也是对社会运行和制度稳定有重大影响的制度互动者。

❖ 二、制度规制人员

各种制度规制机构以法律规定的机构设置形式存在，其主要职能要由具体的人员来履行。过去人们形容军队是"铁打的营盘，流水的兵"，制度规制机构的运行也是如此。机构是固定不变的，而其人员则处于流动和变化之中。严格地说，制度规制机构中的领导者是制度规制人员，其他人员则是制度规制机构的工作人员，而不是制度规制人员，他们参与制度规定工作，但没有权力作出制度规定。制度规制人员指组织中具有履行职权的法定资格、参与并有权作出制度规定的人员。由于各个国家的制度规制机构和制度规范体系不同，制度规制人员的称呼多种多样，如国家层面的制度规制者有参议员、众议员、国会议员、总统、首相、总理、委员长等多种称呼。从企业、学校等组织层面上说，制度规制者有主席、董事长、理事长、总经理、校长、院长、所长等多种称呼。作为制度规制者，它们以法律、法规、条例、决议、章程、命令、决定、办法等纸质文件的形式正式颁布各种制度规定，构建或形成相应的制度体系。

制度规制人员因为负有重大的国家责任和组织责任，其产生有严格的法律或法定程序。

1. 国家和地方立法机关规制人员

各国的通行做法是，通过一定的民选形式产生国家和地方立法机关的规制人员，并且有一定的任期。例如，我国宪法规定："全国人民代表大会由省、自治区、直辖市和军队选出的代表组成。全国人民代表大会每届任期五年"。美国宪法规定："众议院应由各州人民每两年选举一次之议员组成"，"合众国的参议院由每州的州议会选举两名参议员组成之，参议员的任期为六年"。法国宪法规定"议会由国民议会和参议院组成。国民议会议员依直接选举选出。参议院依间接选举选出"。日本国会由众议院和参议院构成。两议院议员由选举产生，众议院议员任期为四年，参议院议员任期为六年。制度规制人员由民选形式产生，有助于形成制度规制者与制度互动者之间的互动关系，有助于公众意志的表达，有助于体现制度规定的代表性。

2. 国家和地方行政机关规制人员

关于国家和地方行政机关规制人员的产生，各个国家的法律规定差别较大，有的国家是由选民直接选举产生的，有的国家是按间接选举的程序产生的，有的国家则是由国家立法机关决定的。例如，按照我国宪法规定，全国人民代表大会"根据中华人民共和国主席的提名，决定国务院总理的人选，根据国务院总理的提名，决定国务院副总理、国务委员、各部部长、各委员会主任、审计长、秘书长的人选"。根据美国宪法规定，美国总统选举实行"选举人团"的间接选举制度，每四年举行一次。各党召开全国代表大会确定总统候选人并进入竞选程序，各州的选举人票实行全州统选制，总统候选人获得全国超过半数的选举人票即可当选为总统。美国总统在经参议院认可的条件下，有权选任联邦政府部门首脑以及其他联邦政府高级官员。根据法国宪法（1958年）规定："法国总统由直接的、普遍的选举产生，任期七年。"根据宪法规定，法国总统具有较大的行政任免权力："共和国总统任命总理"，"根据总理的建议任免政府的其他成员"，"共和国总统任命国家的文职人员和军职人员"。日本国家行政机关的首脑内阁总理大臣或日本首相按宪法规定由政党和国会提名产生，不是直选产生的，但和选举有直接关系。在国会中占多数议席的政党首脑或总裁一般会出任日本首相。在宪法中，日本首相没有明确任期，其任期由各党党章对其总裁的任期所限定。在内阁成员的任免方面，日本国宪法规定："内阁总理大臣任命国务大臣，但其中半数以上人员必须由国会议员中选任，内阁总理大臣可任意罢免国务大臣"。从各国的情况来看，国家和地方行政机关规制人员的产生虽然在程序上有较大的差异，但其本质上体现出国家立法机关和国家行政机关之间的制衡关系，这种关系有利于形成国家宪法和法律制度的整体性，从而有利于稳定社会秩序和制度运行。

3. 政党及执政党的领导机关规制人员

从各国的实际情况看，政党的类型、纲领、政治倾向、组织结构、领导机关的构成、组织的严密程度、活动方式等千差万别。但它们有一个共同特点，即每个组织实体都有自己的章程或制度规定，对制度规制者的任职资格、产生程序、权力、职责、任期等都有严格的规定。制度规制人员作为各国政党领导机关的领袖或主要负责人，都是经过党内严格的选举程序产生的。例如，《中国共产党章程》规定："党的各级领导机关，除它们派出的代表机关和非党组织中的党组外，都由选举产生"；"党的各级代表大会的代表和委员会的产生，要体现选举人的意志，选举采用无记名投票的方式"。美国的主要政党为共和党和民主党，它们均无党章和固定的政治纲领，也没有数量庞大的固定党员，它们每四年举行一次全国代表大会，推选该党总统、副总统候选人，通过党的竞选纲领，选举党的主席，其常设最高机构是全国委员会，各州有党的州委员会，县、市和基层选区均设地方委员会和选举委员会。法国社会党是主要的执政党和议会第一大党，其组织结构分为地方支部、省级联合会、大区联盟和全国理事会四个层级，所有领导层级都有严格的选举程序。法国社会党章程规定："联合会第一书记在全国代表大会结束之后第二天在各支部全体会议上由联合会全体党员秘密投票选举产生"；"大区委员会同样在其内部以两轮多数的秘密投票方式选举大区书记"；"全国代表大会的代表由各联合会代表大会选举产生"；"全国理事会的构成为：204名成员由全国代表大会选举产生，各联合会第一书记为全国理事会的正式成员"；"共和国总统候选人由各支部大会的全体党员秘密投票确定"。日本自由民主党（简称自民党）是在日本长期处于执政地位的政党。自民党本部组织严密，地方组织则较为松散。该党有党纲、党章、党的代表大会、参众两院议员总会、总务会、高干会议等组织机构。两院议员及地方议员总会代行党代表大会职权。按照党章规定，总裁由自民党国会议员选举产生。长期以来，自民党内部派系林立，围绕总裁选举一直存在激烈竞争。从各国政党组织程序的总体情况看，通过党章规定的程序选举产生党的主要领导人是较为普遍的做法。因为许多政党的基本目标是在议会中取得多数席位和成为执政党，党的领导人的政策主张通过其竞选纲领和竞选策略表现出来。作为党内的制度规制者，他们与大多数党员之间存在着较为紧密的互动关系。当他们取得执政地位时，作为国家立法机关或国家行政机关的制度规制者，他们的政策主张也可以通过政党活动在社会中奠定坚实的基础。

4. 其他组织实体的制度规制人员

上述三种类型的制度规制人员所在的组织都是全国性的组织，其组织系统规模庞大，人员众多，无论是制度规制机构还是制度规制人员的活动都有很高的公开性和透明度，制度规制人员的选举和产生过程受到全社会的关注。与之相比，其他组织实体的制度规制人员所在的组织主要是行业性的和地区性的，组织规模和人员数量差别很大。尽管如此，"麻雀虽小，

第四章
制度规定

五脏俱全"。在公司、学校、社会团体、会计师事务所等任何一个组织中，都存在着制度规制者、制度执行者与制度互动者之间的互动关系。和上述三类制度规制机构一样，每个组织实体都有自己的章程或制度规定，对制度规制者的任职资格、产生程序、权力、职责等同样都有严格的规定。由于组织的性质、类型、隶属关系、组织结构、制度形式等千差万别，其对制度规制人员的任职资格、产生程序、权责关系也是千差万别的，如有的组织对制度规制人员实行委任制，有的实行选任制，有的则是根据投资金额决定的。具体情况多种多样，在此不再一一赘述。

❖ 三、制度规制机构的关系

以上四类制度规制机构可以划分为高、中、低三个不同的层次。最高层次的制度规制者可称为国家制度规制者，即处在执政地位上负责制定国家制度的机构和人员。它们有的是国家立法机关，有的是国家行政机关，有的是执政党或在国家立法机关中拥有一定席位的政党，甚至在某些国家还有的是军事集团等。在不同的国家中或在同一国家的不同时期，它们的权力、地位及相互之间的关系有所不同。在某种意义上说，国家制度正是这些国家规制者之间相互关系的具体体现。中间层次的制度规制者可称为行业或地区制度规制者。即在行业或地区中，负责制定相关制度规定的机构和人员。它们一般包括各级地方立法机关和地方行政机关、政党或政治团体的各级地方组织的领导机关和大型组织的领导机关等。它们有权在授权或规定的权限范围内制定、发布行业或地区内的决议、决定、办法、细则等制度规定，成立受其领导和管辖的、相对独立的组织实体。最低层次的制度规制者可称为单位规制者。它们是相对独立的组织实体的领导和决策机关，有权在自己的组织内部制定、发布决议、决定、办法、细则等制度规定并贯彻执行。从全国范围来说，高中低三种制度规制机构相互之间存在着一定程度的隶属关系，整个制度规定的过程，是各级制度规制者相互作用相互制约的过程。

在人类社会漫长的历史发展过程中，国家规制者的构成类型存在着两种不同的情况。以我国历代的封建王朝和亚洲的一些规模庞大的封建帝国为代表，东方国家中的国家规制者的构成类型较为简单，主要由国家行政机关和军事集团所组成。在新旧王朝的更替时期，军事集团往往成为最主要的国家制度规制者。即使在现代社会中，这种情况在亚洲、非洲、拉丁美洲等发展中国家也经常出现。而在以古希腊、罗马为代表的西方国家中，除了国家行政机关和军事集团外，以元老院形式出现的立法机关是一个重要的国家制度规制者。古希腊思想家亚里士多德在对古希腊的150多个城市制度进行研究后认为存在着君主政体（一人掌权）、贵族政体（少数人掌权）和共和政体（多数人掌权）三种政体形式，而共和政体则是以元老院为中心的政体形式。17世纪英国的政治思想家洛克的分权理论和法国启蒙思想家孟德斯鸠的三权分立学说最终奠定了国家立法机关在国家制度规制者中的最高地位和核心地位，它的主要职能是立法，即在国家层面制定法律等制度规定。而国家行政机关的主要职能是执法，即执行法律及其他制度规定。军事集团不是国家制度规制者，它的主要职能是保卫国家主权和维护政权稳定。在现代社会中，国家立法机关、行政机关、司法机关"三权分立"是资本主义国家的主要的国家政权形式，也是调整政党、国家立法机关、国家行政机关、军事集团等国家制度规制者相互之间关系的主要方式。许多东方国家在从封建国家转型到资本主义国家的过程中也采用了三权分立的形式。新中国成立后，我国实行的"议行合一"的人民代表大会制度是不同于"三权分立"的另外一种类型，也可以说是社会主义国家的一种新型的国家政权形式。

在各个国家中，即使是实行"三权分立"的国家，国家立法机关和国家行政机关的关系也有很大的区别。这种关系和区别主要体现在以下几个方面。①政府组成人员的任免。存在着由最高行政长官（如总统、首相等）直接任命、由国家立法机关（国会、议会、众议院、参议院等）直接任命或由最高行政长官提名后需报国家立法机关通过三种形式。②行政机构的设置或废除。同样存在着由最高行政长官直接决定、由国家立法机关直接决定或由最高行政长官决定后需报国家立法机关通过三种形式。③财政预算、税收等。同样存在着由最高行政长官直接决定、由国家立法机关直接决定或由最高行政长官决定后需报国家立法机关通过三种形式。④弹

第四章 制度规定

劾权。国家立法机关是否有权弹劾最高行政长官。⑤否决权。最高行政长官是否有权否决国家立法机关议案，或国家立法机关通过的所有方案是否都要经最高行政长官总统批准之后才能生效。⑥其他权力。最高行政长官或国家立法机关是否拥有提交公民投票权，最高行政长官是否享有一定的委托立法权，最高行政长官是否有解散议会的权力等。毋庸置疑，国家立法机关与国家行政机关以及上述四种制度规制机构之间必然存在着某种关系，这种关系必然通过某种制度形式表现出来，而这种制度形式必然也是某个或某些国家制度规制者的产物。

第五章
制度执行

- 制度执行的概念
- 制度执行的特点
- 制度执行的执行力
- 制度执行的原则和偏差

第五章 制度执行

制度始于规定，成于执行。制度规定是制度的设计过程，制度执行则是制度的构建过程。制度执行就是制度规定的执行，其目的和作用是通过执行确定相应的制度关系和角色关系，引导和制约人们的角色意识和角色行为，更好地实现制度目标和制度效力。制度执行分为自愿执行和强制执行两种情况，前者是制度执行的基础，后者是制度执行的必要手段。制度执行有专门的机构和人员，各有其不同的分工和职能，共同形成制度执行的整体。制度规定的实现程度取决于制度执行的力度、效率和效果。制度规制机构对制度执行机构的约束力决定着制度执行的方向性和制度的稳定性。制度执行过程中容易产生多种偏差，需要从制度规定和制度执行两个方面采取相应措施予以克服。制度执行是把制度规定转变为千百万人实践活动的基本途径和重要保证。

第一节 制度执行的概念

正如有了房屋设计图并不等于有了相应的房屋一样，有了制度规定并不等于形成了制度，有人建筑才能修起房屋，有人执行才能形成制度。在对制度的认识方面容易产生一个误区,即把法律、法规、政策、规则、准则等制度规定等同于制度。人们在做出一项制度规定并予以公布后就认为这项制度已经形成了,殊不知这才是刚刚完成了一张设计图,艰巨的任务还在后面。美国著名公共行政学家威尔逊曾经说过:"执行一部宪法变得比制定一部宪法更要困难得多。"[①] 威尔逊曾担任过美国第 28 届总统,深知从宪法的制定到宪法制度的形成要有一个漫长的、艰巨的过程。

一、制度执行的相关问题

一般来说,制度执行涉及的问题是执行什么、谁来执行和如何执行。制度本身关系到人们社会关系的构成形式、活动程序和行为样式。制度始于规定,成于执行。制度不是自然形成的,制度要有一个设计和构建过程,设计属于制度规定的过程,构建属于制度执行的过程。一项制度规定的正式颁布意味着制度规定的基本过程已告一段落,制度执行的过程开启并成为重点。制度规定所设计的社会关系形式、活动程序和行为样式能否付诸实现,制度规定的设想会不会流于形式,会不会走样,完全取决于制度执行的力度、效率和效果。

制度执行遇到的首要问题是执行内容问题,即执行什么的问题,涉及制度执行的内容和要求。制度执行指的是制度规定的执行,任何制度规定都需要当事人按照规定的要求行事。制度执行就是按照制度规定行事的过程,就是"按制度规定办"或者"按制度规定执行"。中国古代有一个常用术语,叫作"告示"或"安民告示",指在遇到重大事情时,如新官上任、率兵入城、实行宵禁、缉捕人犯等,官府为安定民心或动员百姓常发布文告贴在城门口或闹市区。告示贴出后,官府士兵、捕快、衙役成为执行方,城中百姓成为被执行方,双方所要执行的就是告示中规定的几条内容。无论是官府士兵还是捕快、衙役,作为执行方,他们没有发布告示、自制规定的权力,他们只能按照告示的内容行动,并且要求所有百姓遵守

[①] 彭和平、竹立家等编译:《国外公共行政理论精选》,中共中央党校出版社 1997 年版,第 4 页。

第五章
制度执行

告示规定，否则将用武力强制执行。

制度执行的第二个问题是执行主体问题，即谁来执行的问题。涉及制度执行机构的设立和分工。制度规定颁布后要有专门的机构和人员负责执行。安民告示贴出后，老百姓围观、议论一番，然后就四处散去。如果没有官府士兵等执行力量，城门楼贴的告示只是一纸空文。制度规定是制度的设计图，制度执行机构和人员是制度执行的强制性力量。在制度构成三要素中，制度执行机构和人员是负责制度执行工作的专门机构和人员，享有推进制度执行工作的各种权力，因此，它们是制度执行力的主要力量。他们执行制度规定的过程同时是构建制度、巩固制度、强化制度的过程。有一点需要说明的是，制度执行是一种手段而不是目的。制度执行本身是为了让制度规定能够得到遵守，从而实现制度目标和制度效力。对制度执行机构和人员来说，遵守规定有两层意思，一是其本身要遵守并且要带头遵守制度规定，二是要让组织中的所有成员都要遵守制度规定。在制度构成三要素中，除了制度执行者需要负责制度执行的具体工作外，所有三类人员都是制度互动者，都需要遵守制度规定。遵守即执行，在这个意义上说，组织中的所有成员都是制度执行主体。制度互动者是制度构成三要素中人数最多的要素，他们的执行行为主要是遵守制度规定，通过个人执行力和团体执行力的方式表现出来。在下一节我们还会继续展开论述。

制度执行的第三个问题是执行方式问题，即如何执行的问题，涉及制度执行的具体程序和方式。制度执行过程一般涉及三种关系的调整问题：制度规制机构与制度执行机构之间的关系问题；制度规制机构与制度互动者之间的关系问题；制度执行机构与制度互动者之间的关系问题。理顺这三种关系是保证制度执行顺利进行的基础和条件。一般来说，在法律、法规、政策等制度规定中，对制度执行的基本程序和方式会有原则性的规定，但在制度执行的具体过程中，制度执行机构和人员会有较大的灵活性，需要根据实际情况做出相应的执行措施，以便取得更好的效果。

❖ 二、制度执行机构和人员

除了制度规制机构和人员之外，任何制度化组织都需要设立专门执行制度规定的机构和人员，我们称之为制度执行机构和制度执行人员。制度执行机构是制度大厦的建筑者或施工队，制度大厦的整体结构、质量和施工进度完全取决于它们的工作。假如建筑设计师是高明的，设计图纸是完美的，但是施工队资质不够、资金欠缺或是偷工减料的话，就有可能盖出烂尾楼或豆腐渣工程。更有甚者，施工队盖出的房子可能和设计图纸完全不一样。因此，房子能否从图纸变成实物是由施工队而不是由设计师决定的。制度的形成也是一样，它能否从规定变成现实，能否符合规定要求，最终是由制度执行机构而非制度规制机构决定的。与制度规范体系和制度执行规范体系相对应，制度执行机构和人员也有四种基本类型。除此之外，由于制度执行过程的特殊要求和特殊性，出现了司法机关及某些特殊的执行机构，它们是国家层面的制度执行机构的重要组成部分。

1. 国家和地方执行机关

国家和地方执行机关指处于国家层面的最重要的制度执行机构，负责执行国家和地方立法机关制定的宪法及各种法律规定。需要说明的是，国家和地方执行机关与国家和地方行政机关是同一个机构两块牌子，统称为中央政府和地方政府。我国宪法规定："中华人民共和国国务院，即中央人民政府，是最高国家权力机关的执行机关，是最高国家行政机关"；"地方各级人民政府是地方各级国家权力机关的执行机关，是地方各级国家行政机关"。作为国家和地方权力机关的执行机关，政府的职能主要是执行宪法和法律，因此是重要的制度执行机构；作为国家和地方行政机关，政府具有规定行政措施、制定行政法规、发布决定和决议、进行公共事务管理的职能，因此是重要的制度规制机构。这是政府具有执行和行政二重性的典型特征。与此相联系，政府在制度角色、制度对象、法律关系、行政隶属关系、权责关系、依赖性、自主权、管理视角、利益关系、权力来源、机构设置、职能取向等方面都具有执行和行政的二重性。世界各国的政府普遍具有执行和行政二重性的特点。如美国宪法规定，总统必须宣誓："尽我

第五章

制度执行

最大的能力，维持、保护和捍卫合众国宪法"，同时规定："行政权力赋予美利坚合众国总统"。法国宪法（1958）规定："共和国总统监督遵守宪法"；"政府掌管行政部门和武装力量"。日本国宪法规定："内阁行使行政权，对国会负连带责任"；"诚实执行法律，总理国务"。政府的二重性确定了国家制度规制者与国家制度执行者的关系，确定了宪法和法律在国家制度体系中的核心地位，同时也确定了国家制度执行者的权力来源和职权范围，最终确定了国家制度体系、国家制度规制者与国家制度执行者相互作用以及制度构成三要素在国家制度场内相互作用的整体性及和谐性。

2. 国家和地方行政机关的执行机构

国家和地方行政机关的执行机构指国家和地方各级行政机关中，除制度规制机构之外的各级机构和人员。与政府的二重性相联系，在国家和地方行政机关内部基本可以划分为制度规制机构和制度执行机构两大类。国家和地方行政机关中的制度规制机构的主要职能是，负责根据宪法和法律制定行政措施、行政法规、决定、命令等制度规定。它在制定这些规定的过程中，是以国家立法机关的授权和执行宪法、法律等制度规定的职责为前提的。在国家和地方行政机关中，除了制度规制机构以外的其他机构都属于制度执行机构，它们是以执行宪法、法律和行政法规等制度规定为基本要求和基本职能的。它们的执行内容包括两部分，一是国家和地方立法机关制定的宪法和法律，二是国家和地方行政机关内的制度规制机构制定的行政法规、决定、命令等制度规定。根据宪法中关于国家制度规制者和国家制度执行者的关系规定，后一制度执行内容要服从于前一制度执行内容，不能出现抵触和违背前者的情况。

3. 政党和执政党内的执行机关和人员

政党和执政党内的执行机关和人员指党内的各种组织、机构和地方支部、委员会等各级地方党组织。政党和执政党的领导机关所做出的制度规定有两类内容，其执行也有两种不同的情况和渠道。①党外事务规定内容及执行。主要指有关国家法律制度建设、行政事务管理的路线、方针、政策、施政纲领等，根据党在国家和地方立法机关、行政机关中的地位和影响，以党的政策法律化、法规化的形式转变为具体的法律和法规，由中央政府和地方政府具体执行。②党内事务规定内容及执行。主要指有关党的政策方针、制度建设、组织结构、党员资格、党内活动的章程、决议、决定等，以党内的执行机关具体执行。对于执政党来说，由于其党员分布在国家和地方各级行政机关以及其他各种组织实体的执行机构中，其党内的各级执行机关在党的路线、方针、政策及各种组织规定的执行过程中，通过各级党组织和党员的执行行为，在国家宪法、法律、法规及各种组织实体制度规定的执行活动中，对国家和地方各级行政机关以及其他各种组织实体的执行机构具有十分重要的影响。

4. 司法机关及特殊的执行机构

司法机关指行使司法权的国家机关，狭义上仅指法院，广义上还包括检察机关、公安机关。为了保证宪法与法律的执行，监督制度规制者、制度执行者、制度互动者的履职行为和角色行为，许多国家除立法机关、行政机关外，专门成立了法院、检察院等司法机关，它们是一种特殊的制度执行机构。我国宪法规定："人民法院是国家的审判机关"；"人民检察院是国家的法律监督机关"；（国家）"设立最高人民法院（检察院）、地方各级人民法院（检察院）和军事法院（检察院）等专门人民法院（检察院）"；"人民法院、人民检察院和公安机关办理刑事案件，应当分工负责，互相配合，互相制约，以保证准确有效地执行法律"。美国宪法规定："合众国的司法权属于一个最高法院以及由国会随时下令设立的低级法院"；"司法权适用的范围，应包括在本宪法、合众国法律和合众国已订的及将订的条约之下发生的一切涉及普通法及衡平法的案件，……"。立法机关、行政机关、司法机关三者之间的关系是最重要的制度关系，各个国家采取的制度形式有所不同。我国宪法规定："最高人民法院（检察院）对全国人民代表大会和全国人民代表大会常务委员会负责，地方各级人民法院（检察院）对产生它的国家权力机关负责"。美国等国家实行的是立法机关、行政机关、司法机关"三权分立"的原则。法国宪法则规定："共和国总统是司法机关独立的保障者"；"最高司法委员会由共和国总统任主席，司法部长任副主席"。无论采用哪种制度形式，保证司法审判的独立性是各国普遍遵守的原则。我国宪法规定："人民法院（检察院）依照法律规定独立行使审判权（检查权),不受行政机关、社会团体和个人的干涉"。我国民事诉讼法和刑事诉讼法也都专门做了相应规定。保证审判机关、检察机关依法独立公正地行使审判权、检察权,维护社会的公平正义是保证社会稳定、制度和谐的基本条件。除司法机关外,某些国家还设立了一些特殊的执行机构。如美国在立法机关、行政机关、司法机关之外,还设立了一种被称为"独立机构"的专门机构。它们有的独立于中央政府各部之外,但是仍受最高行政首脑控制,如中央情报局、关税委员会、退伍军人管理署、人事管理局、田纳西河流域管理局等;有的独立于政府之外,直接受国会的管辖,如消费者安全委员会、民用航空委员会、联邦通讯委员会、联邦储蓄系统等。它们具有较大的职权范围,甚至具有准立法、准行政、准司法的职能,它们在制度规定和制度执行过程中也有重要的作用和影响。

5. 其他组织实体内的执行机构

其他组织实体内的执行机构指公司、学校、社会团体等组织实体内除制度规制机构以外的办事机构和人员。公司、学校、社会团体等组织实体无论规模大小、人员多少都是内部结构完整的制度化组织。其内部机构的设置、分工与国家和地方行政机关以及政党和执政党的内部机构一样,都可以分为制度规制机构和制度执行机构两种类型。为了保证组织目标的实现和组织活动的正常进行,所有的组织实体都在设置专门的制度规制机构的同时设置专门的制度执行机构,如人力资源部、会计部、生产部、销售部以及车间、工段、班组等。所有组织实体能否顺利运行发展,除了不断完善制度规定外,必须不断加强执行机构的建设,不断增强制度执行的力度,才能在此基础上不断增强制度效率和制度场作用力。

❖ 三、制度执行的作用

制度执行就是制度规定的执行,其目的和作用是通过执行确定相应的制度关系和角色关系,引导和制约人们的角色意识和角色行为,更好地实现制度目标和制度效力。一项制度规定经过反复讨论最终以文字形式正式颁布后,是否能够得到制度互动者的认同和执行,存在着制度互动者自愿执行、被动执行、强制执行三种情况。①自愿执行。自愿执行指的是制度互动者从内心深处接受、认同制度规定，在现实生活和工作场所中自觉遵守、落实该项规定并形成相应的制度关系和制度形式。自愿执行是任何一项社会制度或组织制度确立或形成的基石和基础，例如，广大农民自愿执行的意愿和行为是新中国成立后互助组、初级社以及改革开放后的家庭联产承包责任制等制度形式形成和发展的坚实基础。自愿执行的多寡强弱，一方面取决于制度规定的合法性、合理性、公开性和代表性的强弱程度，另一方面取决于强制执行力量的强弱程度。②被动执行。被动执行又称勉强执行，指的是制度互动者在质疑或不接受、不认同制度规定的情况下，屈服于外界压力，遵守并执行该项规定。由于制度互动者在一定的社会关系中的角色、地位、利益、观念等方面存在着差异甚至对立，某些人不接受、不认同某种制度规定、制度形式的情况是必然存在的，他们在认知和行为倾向上对制度规定是抵触的，但在强大的制度压力下，在行为上会表现出遵守和服从。③强制执行。强制执行指的是用强制性的力量迫使不接受、不认同制度规定并表现出不合规行为的人遵守规定并纠正其违反、违抗或破坏制度规定的行为。某些人在某种时刻、某种情境下表现出违反甚至对抗制度规定的行为也是一种常见的社会现象。因此需要设立专门的制度执行机构和制度执行人员，运用制度执行的强制措施和压力，纠正、制止、打击少数人的违规行为或对抗行为，保证制度的稳定性和社会经济的发展。

制度执行的目的和作用就是能更好地执行各项制度规定，通过执行确定相应的制度关系和角色关系，引导和制约人们的角色意识和角色行为，更好地实现制度目标和制度效力。要做到这一点，需要成立专门的制度执行机构，充分利用各种执行方法和手段，促使组织中的所有成员，能够认真遵守和执行制度规定，保持、增强自愿执行者的数量和比例，促使被动执行者服从和遵守制度规定，抑制、打击少数人的违规行为，努力减少违规者的数量和比例。制度执行机构和人员的设立和存在是必不可少的，制度执行是以强制力为特征的，在阶级社会中，甚至是以专政为特征的，警察和军队是强制执行和专政的基本力量。有些人不太喜欢强制和专政的字眼，但这是一种客观现实，所有的国家都是如此。如果人人都能自愿执行的话，制度规定出台后，只需设立制度宣传机构，使相关规定的内容人人

第五章
制度执行

皆知，就可达到满意的制度效果了。但实际情况并非如此。在没有强制执行力量的情况下，自愿执行的现象几乎是不可能保持，甚至不可能存在的。我们可以设想一下，如果没有公、检、法等治安力量，抢劫、掠夺等犯罪行为肯定会像瘟疫一样迅速席卷整个城市。例如，有许多人在一家商店中购物，他们秩序井然地选择中意的商品，耐心地排队等候交款，表现出良好的自愿行为。当一个小偷在商店中偷窃被抓住并被强制带走时，人们认为这是一种很正常的现象，有些人还会主动协助警察去抓捕小偷。但是假如这个小偷明目张胆地拿了大包小包的东西，没有人管并大摇大摆地走出商店时，会发生什么情况呢？有些人可能会想到去制止这个小偷，但也有的人可能在想，如果自己也拿些东西走，会不会也没人管呢。有一两个人先试着拿些小件东西走出商店，看到没人管时，又转回身再拿些大些的东西出去。于是，紧接着会有三四个人、七八个人、一二十个人加入进来。最终，不仅会形成几十个人的疯抢情况，而且会有更多的人在知道这个消息后，从四面八方赶到这家商店来抢东西，自愿执行商店管理规则的状况已经不存在了。这种情况任其发展下去全城的商店都会被抢光。这种哄抢现象在国内外骚乱事件中屡见不鲜。在强制执行的社会治安力量失效时，必然会发生严重的骚乱、暴乱事件。因此，强制执行是必不可少的，制度执行机构和制度执行人员的设立也是必不可少的。只有当强制执行的力量达到适当的程度时，自愿执行的社会现象才能稳定和持久。

一般来说，任何一种制度规定必然会有坚决拥护、拥护、中立、反对、坚决反对五类制度互动者，前两类属于自愿执行制度规定的个人和群体，后两类属于被动执行或反对制度规定的个人和群体，中立者属于向两边摇摆的群体。当强制执行的力量转强时，反对者的行为受到抑制，中立者向拥护者即自愿执行者转变。反之，当强制执行的力量转弱时，反对者的行为影响扩张，中立者向反对者转变。一些现象表明，在强制执行力量转强的情况下，中立者和反对者转变的数量按算数级数发展，在强制力量转弱的情况下，中立者和拥护者转变的数量将有可能呈几何级数发展，甚至在某一时点上发生突发性的、爆炸式的变化。因此，保持适当的强制执行的力量是构建和谐制度的重心及实现和谐社会的保障。

第二节　制度执行的特点

制度规定只是表述了一个未来制度的大致轮廓，真正的制度是在制度执行的过程中形成和完善的。根据制度的定义，任何制度的形成首先都要解决制度规定和制度执行的关系问题，其要点是解决制度规制机构和制度执行机构的关系问题。对一个国家来说，首先要解决立法机关和行政机关、司法机关的关系问题，这是各国宪法的核心内容，美英等西方国家实行的是立法权、行政权、司法权三权分立的议会制度，我国实行的是"议行合一"的人民代表大会制度。对于一个公司来说，首先要解决股东会、董事会和经理层的关系问题，这是公司章程的核心内容。在现代企业制度中，股东会或股东大会是公司的权力机关，董事会、经理层是其业务执行机关，股东会或股东大会所作的公司重大事项的决定，董事会、经理层必须执行。董事会和经理层的职责界定，如哪些事务属于董事会决策范围、哪些事务属于经理层执行范围，一般也在公司章程中有明确规定。如上所述，执行什么、谁来执行、如何执行这三个问题是确定制度规制机构和制度执行机构相互关系的主要内容，同时也决定了制度执行的基本特点。如何达到良好的执行效果是制度执行的重要目标。综合考察制度执行机构的制度执行过程，可以概括出制度执行的三个主要特点。

❖ 一、行政权力受到双重制约

在西方国家，关于立法机关、行政机关、司法机关三者关系的理论探讨源远流长，最有代表性的理论是"三权分立"学说和"政治行政二分法"。早在古希腊时期，亚里士多德曾经描述过，君主、贵族、共和政体存在着

第五章

制度执行

议事权力、执行权力和审判权力三种权力形式。英国政治思想家洛克关于立法权、执行权和对外权的"分权理论"及法国启蒙思想家孟德斯鸠关于立法权、行政权、司法权的"三权分立"学说最终奠定了当代西方国家议会制度的理论基础,1787年的"美国宪法"将其付诸实现。18世纪以来,随着西方国家资产阶级革命的成功和资本主义制度的建立,无论是实行"三权分立"还是"议行合一"制度的国家,立法权、行政权、司法权的设立已经成为在世界各国推进的普遍现象。在国家层面中,立法权成为制度规制机构的专有权力,行政权和司法权作为制度执行机构的专有权力,分属国家行政机关和国家司法机关所有。从西方学者的早期论述中可以看出,"行政权"的概念实际上是从"执行权"的概念演变过来的。行政权首先是一种执行权,是相对于立法权和司法权而言的。公共行政学的创始人威尔逊在其论文"行政学研究"中认为:"公共行政就是公法的明晰而系统的执行活动。"政治行政二分法的著名学者古德诺表述得更为明确:"政治与政策或国家意志的表达相关,行政则与这些政策的执行相关。"[①] 制度执行机构的权力不是封建王朝时期的至高无上的统治权,而是经过法制化的过程逐步从统治权或国家权力中分离出来的一种有限的、执行性的权力,它被控制在立法机关制定的法律范围内,并且受到司法机关的监督。这种权力的性质决定了国家立法机关、国家行政机关、国家司法机关相互之间的根本关系,明确了国家行政机关的制度执行的法律地位,明确了国家立法机关和国家司法机关对国家行政机关制度执行的约束力。

制度执行机构的权力不是其本身生来具有的,是国家立法机关通过严格的法律规定和程序授予的,而国家立法机关是人民意志的代表,从此意义上说,行政权属于人民,最终来源于人民。国家行政机关的制度执行过程,也要受到人民的监督和约束。在各国宪法中,人民主权的思想表述得非常明确。我国宪法第二条规定:"中华人民共和国的一切权力属于人民。人民行使国家权力的机关是全国人民代表大会和地方各级人民代表大会。人民依照法律规定,通过各种途径和形式,管理国家事务,管理经济和文

---

① 彭和平编著:《公共行政学》(第四版),中国人民大学出版社2012年版,第138—139页。

化事业,管理社会事务。"在各国宪法中,人民主权的思想表述得非常明确,美国弗吉尼亚议会1776年通过的《弗吉尼亚权利法案》规定:"所有的权力都属于人民,因而也来自人民;长官是他们的受托人与仆人,无论何时都应服从他们。"法国宪法(1958年)规定:"国家主权属于人民,由人民通过其代表和通过公民投票的方法行使国家主权。"从理论上说,人民意志的体现是通过国家立法机关的制度规定表现出来的,最终通过制度执行的过程来落实。民众个人或群体不能直接干预制度执行机构和人员的行政执行行为。人民意志主要是通过对国家立法机关和国家司法机关的影响力,借助国家立法机关和国家司法机关的作用对国家行政机关施加影响、监督和约束。在此过程中,政党特别是执政党由于其本身的政治地位和政治作用,是代表某个阶层、阶级还是人民整体的利益是个十分关键的问题。在对国家和地方各级行政机关的制度执行过程进行约束方面,如何确定执政党、国家立法机关、国家行政机关、国家司法机关相互影响相互作用的制度关系,如何确立与之相适应的制度形式,是涉及国家政权性质和国家制度先进性的根本问题。

❖ 二、依法行政照章办事

对于国家行政机关来说,制度执行的过程就是依法行政和照章办事。关于"行政"和"行政权"还有另外一种认识。这种认识首先来源于执行(Executive)和行政(Administrative)在英语词义上的区别,执行偏重于实施,行政则偏重于管理。在制度执行的实际过程中,执行和行政的含义也有类似的区别,执行指的是国家行政机关将国家立法机关通过的法律和议案付诸实施,强调了其对国家立法机关的权责关系或从属关系,行政则指国家行政机关在国家立法机关授权范围内对社会公共事务进行管理,强调了其公共事务管理的政府职能。美国早期公共行政学家伦纳德·怀特认为:"公共行政是在完成国家的各个目标过程中对人与物的管理。"这种观点强调了国家行政机关不仅具有执行权或执法权,而且具有行政立法权和行政权。如上所述,制度执行过程本身是一个行政执行的过程,既有执行的特点又有行政的特点,行政执行的概念是这两个方面的综合体现。行政和执行这两种特性实际上是相互联系、相互促进而不是相互排斥的。执行是行政的前提,行政是执行的保证,二者缺一不可。依法行政和照章办事具体表现在两个方面。一是国家和地方各级行政机关等制度执行机构的所有活动首先是宪法和法律的执行活动,履行的是对国家和地方各级立法机关的执行机关的职能,必须遵守、贯彻执行各级立法机关通过的宪法、法律及决议,必须按照宪法、法律及决议的规定行事,不能与之相悖或做立法机关不批准、不授权的事情。二是国家和地方各级行政机关等制度执行机构的全部活动又是一种行政活动,行使相对独立的国家行政权,有权根据宪法和法律制定行政措施,颁布行政法规,发布决定和命令,统一管理国家事务和社会公共事务。

国家和地方各级行政机关等制度执行机构进行行政执行活动的本质要求是依法行政和照章办事。①制度执行机构及其下属部门不仅是依照宪法和法律设立的,而且其行政职能和职权也是依照宪法和法律规定的,本身受到宪法和法律的限制和约束;②制度执行机构的行政权力的产生是一个国家法治化的结果,没有立法权和司法权的存在,制度执行机构只能是听命于封建统治者或独裁者的统治机器,也就不可能有真正意义上的行政权;③制度执行机构的主要职权是执行宪法、法律、行政法规及各种制度规定,其所采取的各项行政活动和行政行为也是按照依法制定的行政法规、规定、条例等进行的,其目标、手段、程序、方法等必须具有合宪性、合法性,不能违反国家宪法和法律法规;④制度执行机构无论是否是行政主体,都必须受到法律监督并承担相应的法律责任,依法行政除执行宪法和法律等制度规定外,还意味着对具体机构和人员进行依法评议、依法检查、依法裁决和依法奖惩;⑤制度执行机构的各级单位和人员,必须具有明确的宪法意识、法律意识和尊法、执法、护法、守法观念,其角色行为、行政行为必须与宪法和法律要求相一致。

❖ 三、行政执行逐级贯彻实施

如上所述,行政权和行政权力还是一个较为抽象的概念,制度执行机构一般是以职权形式层层设立机构和实行内部分工的。"职权"是一个应用广泛但缺乏严格定义的概念，从一般的理解来看，"职权"是与具体机构和具体职位、职务、职责相联系的正式权力。行政职权是对行政权的具体限定和分解，是行政权的转化和分配形式，是依法设定各级制度规定机构并确定其有具体内容和职能范围的行政权力。

行政职权的设立和划分一般存在以下几种途径。①由立法机关通过宪法和组织法直接设定相关机构和划分行政职权。如我国宪法第三章第八十九条明确规定了国务院的十八项行政职权，我国宪法和地方各级人民代表大会和地方各级人民政府组织法，对县以上的各级人民政府和县一级人民政府的行政职权做了明确的规定。②由各级政府依据相关法律法规和行政规章对下级部门制定和划分行政职权，如我国宪法规定："国务院规定各部和各委员会的任务和职责"；"规定中央和省、自治区、直辖市和国家行政机关的职权的具体划分"。我国地方各级人民代表大会和地方各级人民政府组织法规定："省、自治区、直辖市的人民政府的厅、局、委员会等工作部门的设立、增加、减少或合并由本级人民政府报请国务院批准；自治州、县、自治县、市、市辖区的人民政府的局、科等工作部门的设立、增加、减少或者合并由本级人民政府提请上一级人民政府批准"。③由中央和地方各级政府依据相关法律法规和行政规章，在其职权范围内，设立各种执行机构并在其内部进一步划分行政职权。一方面按照制度执行机构组织内部的等级制度和隶属关系自上而下进行，从而形成行政权力的直线结构形式；另一方面按照组织内部同一层级不同职能的分工在水平方向进行，从而形成行政权力的参谋—职能结构形式。行政职权的设定最终通过机构设置和职位分类的方法分解为机构职权和岗位职权，落实到每一个机构、每一个岗位或职位上，形成一个纵横交错、分工严密的庞大的执行体系。

在任何国家中，政府都是最主要的制度执行机构。在我国，政府的行政执行过程一般可以分为三个层次。①中央政府的行政执行活动。政府是一个规模庞大、结构严密、分支遍布全国各地行动整齐划一的组织有机体，中央政府是整个政府系统的指挥中心。中央政府既是最高国家立法机关的执行机关，同时又是最高国家行政机关，其行政执行活动的内容主要包括利用各种方式积极参与基本国策的制定和执行；结合社会公共事务管理的

第五章
制度执行

实际问题向立法机关提出各种法律议案，采取具体措施严格执行宪法和各种法律规定；在授权范围内制定行政法规，发布决定和命令，有效管理国家事务和社会公共事务；政府各主管部门根据中央政府授权制定和发布部门规章及规范性文件，强化专业管理或行业管理等。②省级地方政府的行政执行活动。中央政府对全国各地公共行政事务的管理是通过各级地方政府执行的。各国通常以行政区划为单位设置省级制度执行机构。省级地方政府指直接隶属于中央政府的一级行政区域单位的国家行政机关，各国的名称有所不同，如我国省级政府指省、直辖市和自治区的政府，美国指州政府，法国指省政府。省级政府既是地方立法机关的执行机关，又是地方国家行政机关，这种特点使它们的行政执行活动分为两类：一方面是执行国家法律、中央政府法规和主管部门规章；另一方面是执行地方立法机关制定的地方性法规。省级政府和中央机关一样，都处在行政执行活动的较高层次上，集人权、财权、物权于一身，管辖范围也较为广泛。省级政府的行政执行活动可以看作是整个政府行政执行活动自上而下运行的一个中间环节。③基层地方政府的行政执行活动。基层地方政府指由省级政府管辖的各级行政区域单位的国家行政机关。各国地方政府体制大多分为两级或三级管理，在我国基本上分为省（自治区、直辖市）、县（市、市辖区）、乡（民族乡、镇）三级。此外，省县之间还设有地区一级事实上的区划与政府。基层地方政府既是地方各级国家权力机关的执行机关，又是地方各级国家行政机关。它们是具体落实各种行政执行活动的重要部分，其行政执行活动与省级政府相比，更带有兼顾国家利益和地方利益的双重性。我国地方政府体制基本上属于中央集权的类型，基层地方政府行政执行活动受到的限制较多，它们必须执行国家法律、中央政府法规、主管部门和地方部门规章，同时还必须执行地方权力机关制定的地方性法规和决定。它们所管辖的行政区域和管理权限虽然随着行政区划的层次逐级缩小，但所管理的行政事务越来越具体，并直接面对当地的企事业单位和居民。基层地方政府负责辖区内的行政管理工作，内容包括地方财政、公共设施、地方教育、清洁卫生、绿化、办理户口、征收地方税、登记居民身份证、地方治安等涉及民生问题的各个方面。基层地方政府在其辖区内有权发布决定和命令，但更多的是传达布置中央和上级政府的有关规定，制定落实各种具体方案，从事日常的行政管理工作。基层政府的行政执行活动涉及全国广大地区和人民的民生问题，直接关系到整个国家的社会安定和制度稳定。

以上论述概括了制度执行的三个基本特点，适用于包括国家和地方行政机关以及所有企事业单位在内的各种制度执行过程和制度执行机构。我们在这里着重分析的是国家和地方行政机关的行政执行活动，它们无疑是最为庞大、最为复杂的制度执行机构。对于企业、学校、科研机关、社会团体等其他任何类型的组织实体来说，其制度执行最基本的要求同样是依法运行和照章办事。①所有企事业单位是在国家和各级立法机关所规定、国家和地方各级行政机关所执行的制度体系内运行的，它们的所有组织活动、生产活动、经营活动等必须遵守宪法、法律、法规及各种制度规定。它们的执行活动无一不受到国家和地方各级行政机关行政执行活动的影响和管控。②所有企事业单位在其内部同样存在着制度规制机构与制度执行机构的设置和相互关系问题。企事业单位内的各种规制机构在制定内部制度规定的时候，必须考虑国家法律法规的有关规定，在遵纪守法的前提下，制定适用于本单位组织、管理、生产和经营活动的具体措施。③所有企事业单位的制度执行机构必须照章办事，认真贯彻执行各种制度规定。与国家和地方各级行政机关的行政执行活动相比，它们的执行活动较为简单，与制度规制机构的关系较为清晰，在执行活动中表现出来的上述特点也较为明显，因此，在这里不再进行过多论述。

第三节　制度执行的执行力

在制度执行过程中，遵守和执行制度规定是对包括制度规制者、制度

第五章 制度执行

执行者在内的所有制度互动者的基本要求。制度执行力涉及制度执行的基础和力度，是一个需要制度化组织高度重视的概念。制度执行力一方面表现为以个人的自愿或自律执行为基础的执行力，另一方面表现为以制度执行机构的强制执行为基础的执行力。如果没有大多数人的自愿或自律执行的执行力，很难实现组织的良性运行和制度稳定。如果没有强制执行的执行力，自愿执行的现象则不可能维系和持续。也就是说，要想取得良好的执行效果，制度执行机构的执行力和以制度互动者为主体的个人执行力、团体执行力都是必不可少的。

❖ 一、执行力的概念

执行力是企业管理中的常用概念。一般教科书将其分为个人执行力和团体执行力两种类型。从制度学研究的角度，可以增加一种执行力，即机构执行力，这是一种与传统意义上的以群体形式为基础的团体执行力有所区别的执行力，而且是一种最重要的、必不可少的执行力。制度始于规定，成于执行。制度规制机构负责制定规定，制度执行机构负责执行规定。机构执行力就是制度执行机构的执行力。在制度构成三要素中，制度执行机构和人员是负责制度执行工作的专门机构和人员，享有推进制度执行工作的各种权力，因此，它们是制度执行力的主要力量。制度互动者是制度构成三要素中人数最多的要素，他们的执行行为主要是遵守制度规定，通过个人执行力和团体执行力的方式表现出来。制度规定最终要由组织中的所有个人和团体具体执行，但在制度执行过程当中，真正起主导作用的是机构执行力。

1. 执行力的定义

在一般企业管理学的教科书中，常把执行力的定义归结为执行上级决策和指令的能力、完成预定目标的操作能力、组织管控能力、工作指标的实现能力、贯彻方针政策和方案计划的实践能力等。实际上，不光是企业，执行力是一个范围无限广泛的概念。从制度学的角度来看，在国家、政府、政党、企业、学校、商业等所有制度化的组织中，都存在着制度规定和制度执行两个过程，也就存在着执行力的问题。个人、团体或机构的执行力与这两个过程密切相关。有规定，就要有执行。有执行和执行者，就需要有执行力。政府需要有执行力，企业需要有执行力，军队需要有执行力，所有的组织成员或机构都需要有执行力。简言之，执行力就是执行制度规定的能力，这种能力是和制度执行的权力结合在一起的。通用公司前任总裁杰克·韦尔奇在关于执行力的著作中，认为团队执行力就是"企业奖惩制度的严格实施"，将执行力和企业制度建设密切联系起来。严格来说，执行力泛指制度规定的执行力，是在制度执行的法定范围或权限范围内，正确理解、准确把握相关的制度规定并及时有效贯彻执行的能力。作为一种执行的力量，执行力有和相关的制度规定相联系的具体职权和要求，并且有被相关的制度规定所限定的和特指的行权范围和内容。因此，在个人、团体和机构的执行力方面，首先，要求能够正确理解、准确把握相关的制度规定，这是保证良好的执行效果的前提条件。任何执行力都局限在一定的组织范围内，受到相关的制度规定的制约。其次，要求能够及时有效地遵守、贯彻执行相关制度规定，只有在严格的执行过程中，才能按照制度规定把所有的组织成员有效地组合在一起，制度规定才能转化为现实的制度形式，发挥出现实的制度效力。最后，要求能够按照制度规定的基本方向和战略意图，创造性地处理制度执行过程中遇到的新问题，更好地实现组织目标，提高组织绩效。从制度学的研究来看，执行力不仅是个人能力的体现，而且是个人权力和组织权力的体现，是将个人能力和组织权力结合在一起的合力。这一点，在机构执行力方面表现得最为明显。在制度执行过程中，机构执行力不仅代表个人的力量，实质上代表的是一种以权力为基础的组织的力量、制度的力量。只有从制度的理念出发，才能更好地理解执行力的内涵。

2. 个人执行力和自愿执行

无论是企业、军队还是国家，在制度化组织中，制度执行的过程一般包括个人执行和机构执行两个方面。制度执行的过程并不仅是由制度执行机构完成的，全体组织成员自愿地、广泛地、积极地、强有力地参与和执行，是制度执行过程的最好状态。个人执行力是包括制度规制者、制度执行者在内的全体制度互动者的执行力。制度规制者不光是自己制定规定，

第五章
制度执行

制度执行者也不光是让别人执行规定，他们本身也必须而且要带头执行规定。制度执行过程不同于制度规定过程，它是一种要求全体组织成员广泛参与并自愿执行的活动。①制度规定本身要求得到广大组织成员的了解和认同。②制度执行机构的目标是要求每一个组织成员遵守、执行相关的制度规定。③广大组织成员的执行活动本身就是一种参与活动。④得不到广大组织成员的参与和执行，意味着制度规定的失效和制度执行机构的失败。我们已经论述过，个人执行可分为自愿或自律执行、被动执行、强制执行三种情况。在制度规定的认同度较高的情况下，大多数组织成员都是自发的或自愿的执行者。组织成员对制度规定的认同度与制度规定的参与程度直接相关。制度规定过程一般有三种参与情况：一是制度规制者单独制定规定，其他组织成员没有任何参与权及参与机会；二是其他组织成员以间接形式参与制度规定过程，如制度规制机构举办公民听证会、专家座谈会、法律咨询会等；三是其他组织成员以直接投票形式参与制度规定过程。这种现象往往出现在国家公民以全民公决形式决定某种重大国家事项的情况下，如 2014 年克里米亚人民举行关于是否加入俄罗斯联邦的全民公决即是最典型的事例。在制度化组织中，以各种形式提高组织成员的参与度和知情权，是提高其对制度规定的认同度和自愿或自律执行程度的重要途径。

3. 机构执行力和强制执行

机构执行力一般指制度执行机构在其权力范围内贯彻执行制度规定的强制力。在某种意义上说，机构执行力与增强组织成员的自愿执行行为和抑制违规行为的良好效果密切相关。因为它们本身具有的权力使其具有一定的强制力。"强制"一词有强力或强行制止、制服、制裁的意思。权力本身表现为权力主体（拥有权力的一方）对权力客体（受到权力影响和制约的一方）的一种影响力、作用力、控制力或支配力。制度执行机构因其拥有的权力使其处于权力主体的强制力的地位上。有一点需要说明的是，制度执行的强制力并不仅仅指通过法律程序获得的权力，它还包括社会性或制度场内的作用力或影响力。当某一个机构或某一类人员虽然没有法律授予的强制性的权力，但当其对某些人的行为有一定的作用力或影响力时，我们也称其具有一定的执行性的强制力。

机构执行力和个人执行力不同，它不是建立在个人自愿、自律执行的基础上，而是以行使权力、强制执行的方式迫使不合规人员遵守、服从制度规定，纠正，打击违规行为。机构执行力是一种强制性的执行力，指利用法律、行政等手段强行约束、制裁、管理、调整个人行为或群体行为。机构执行力一般以法律或法规授权为依据。例如，我国《行政强制执行法》将行政强制分为行政强制措施和行政强制执行两种类型。行政强制措施"是指行政机关在行政管理过程中，为制止违法行为、防止证据损毁、避免危害发生、控制危险扩大等情形，依法对公民的人身自由实施暂时性限制，或者对公民、法人或者其他组织的财物实施暂时性控制的行为"。行政强制措施的种类包括：限制公民人身自由、查封场所、设施或者财物；扣押财物；冻结存款、汇款；其他行政强制措施。行政强制执行"是指行政机关或者行政机关申请人民法院，对不履行行政决定的公民、法人或者其他组织，依法强制履行义务的行为"。行政强制执行的方式包括：加处罚款或者滞纳金；划拨存款、汇款；拍卖或者依法处理查封、扣押的场所、设施或者财务；排除妨碍、恢复现状；代履行；其他强制实行方式。机构执行力的最高等级是国家强制力，是指国家通过军队、法院、警察等暴力手段用专政的方式强制性地平定内乱、防御外敌、维护社会治安、调整制度关系、保证社会经济稳定发展的执行力。个人执行力和机构执行力共同构成整个制度执行过程的基本力量，个人执行力和机构执行力的强弱程度对企业的正常运行、社会经济发展、制度效力和国家秩序都有非常重要的影响。

❖ 二、常规性的执行力

为了便于研究制度执行过程中个人执行力和机构执行力的作用并在此基础上控制制度执行的效果，我们可以将制度执行力划分为两种类型，一种是常规性的执行力，一种是强制性的执行力。这两种执行力在执行主体、执行对象、执行权力、执行手段、执行方式、执行强度、执行作用等方面各有不同的特点。常规性的执行力以个人执行力为基础，以机构执行

第五章
制度执行

力为主导。与此类执行力相联系的机构一般具有一定的行政权,没有或很少有强制执行权,但对人们认识、遵守和执行制度规定有很强的导向性。常规性执行力按其执行主体划分列举如下,它们的执行力的导向性、强制性受到自身权力的影响,可相应划分为五个层次。

1. 个人执行

个人执行以社会成员或组织成员个人的执行行为表现出来,是制度执行过程的基础。制度规定的执行,首先是一种个人的执行行为。制度化组织中的所有成员,分布于组织中的各个领域、各个行业、各个机构和各个岗位上,对一个国家来说,其公民的分布范围更为广泛。他们每一个人都有自己的制度角色和制度要求,都是制度规定的对象,同时也是制度规定的执行者。个人执行依据的不是执行的权力,而是执行的义务和权利。个人执行以自愿或自律执行的行为为特征。例如某机关后勤部门做出了一个建立垃圾回收制度的决定,他们在办公大楼每一层的楼道里摆放了两个垃圾桶,在两个垃圾桶上分别贴了标记"可回收垃圾"和"其他垃圾"。这个制度规定能否生效,基本取决于机关工作人员的认可和自觉自愿的执行行为。组织成员如果认识到垃圾分类的意义,自觉地将垃圾分为两类,倒在指定的垃圾桶内,就会有较好的执行效果。在没有机构强制性的执行力的情况下,个人执行对制度形成起着决定性的作用。

在制度场中,每一个人的执行行为都会对周边的人产生导向性的影响。在公交车站或商店内,当人们都自觉地排队购票或购物时,新到场的人也会自觉地排队。这种导向性影响更多的是一种个人影响力而不是强制力。个人执行一般没有对他人的强制性的执行力,但在某些特殊的情况下,个人执行可以具有某种干预他人的强制执行的特点。例如,在某些公共场所,某些顾客可能会自发地出来维持公共秩序,纠正加塞、喧哗等不适当行为,或者某些市民会在紧急关头表现出见义勇为的行为,以强制手段制止暴徒的行凶破坏。这些行为已超出个人自律的范围,是一种依据制度规定干预或制止他人行动的行为,具有一定的强制性。在这方面,个人执行因为是个人的、零散的行为,其执行力只有初级的强制力。

2. 基层办事机构

这些机构位于地方行政机关和企事业单位的最基层，是执行各种制度规定的最基层的单位，主要是办公室、街道办事处、婚姻登记处、乡镇政府机关和一些基层业务机构等。它们一般以事务性工作为主，执行的主要是事务性的规定，有一定的处罚权，但没有命令权、强制权等权力，因此其强制力处于较弱的等级，社会性的作用力和影响力也较小。如企事业单位中的后勤部门即属于这种机构。该部门负责管理机关的食堂、招待所、车队、卫生、绿化、保安等事务性、服务性工作，没有命令权、强制权等权力，其关于后勤工作的规定，通常是以服务性内容为主的，除了有一定的奖惩权、处罚权外，对组织中的全体成员没有很强的约束力。其下属有一些具体的执行机构，如总务科、会计科、修建科等，它们也会制定常规性的制度规定，但在执行过程中几乎没有什么强制力。基层办事机构属于制度执行机构的最基层的单位，也可以说是处于机构执行力的末梢。它们的分布范围非常广泛，涉及制度化组织的各个领域、各个行业和各个方面。基层办事机构的制度执行活动直接和个人执行相衔接，其执行态度和执行效果对个人执行有很强的导向性，和制度场的作用范围直接相关，在制度执行过程中具有非常重要的作用。

3. 审批和管理机构

这些机构位于各级行政机关和企事业单位的中高层，如人事、财务、计划等职能部门及能源、矿产、环保、水利、电力、土地资源管理等业务主管部门。它们的一部分职能是制度规定的职能，承担这一部分职能的机构仍属于制度规制机构。审批和管理机构更多的职能是制度执行的职能，主要的任务是具体执行法律和行政法规方面的相关规定。它们是非常重要的制度执行机构，执行范围包括政治、经济、文化、卫生、社会保障等关系到社会稳定、经济发展、民生问题的方方面面。审批和管理机构在资格审批、项目审批、资金审批、计划方案、资源配置、生产管理、专业管理或行业管理等方面具有较大的权力，如行政许可权、行政确认权、行政命令权、行政实施权、行政奖惩权、行政合同权、行政救助权等，其中一些权力具有一定程度的强制性。此类机构执行的制度规定内容丰富，范围广泛，直接和广大民众及组织成员的利益密切相关，对人们的制度认同感、个人执行的态度和行为倾向有非常重要的影响。

4. 教育和宣传机构

这是一种非常特殊的制度执行机构，主要指大中小学等教育领域和新闻、广播、电视、网络等理论宣传和新闻传播领域的管理机关和组织实体。教育机构的对象主要是中小学和高等院校的学生，宣传机构的对象更为广泛，可以说是包括各种组织和社会中的所有人员在内。教育和宣传机构既不像行政执法机构那样具有实施、检查、处罚等执法权，又不像警察机构、法院、检察院等司法机关那样具有侦查、拘留、预审、逮捕、审判等司法权，甚至不像审批和管理机构那样具有庞大的资金、项目的审批权和行政权，因此它们直接施加的执行力的强制性并不大，但是它却具有上述机构无法比拟的、巨大的社会作用力和影响力。教育和宣传机构的执行态度和效果尤其对个人执行力和团体执行力具有非常强的导向作用。它们最主要的作用在于，可以加强教育和宣传对象对制度规定的关注和理解；增强制度规定的合理性及社会性；提高教育和宣传对象对制度规定的认同感和认同度；提高教育和宣传对象的宪法意识和法律意识，增强行政执法机构、警察机构和司法机关抑制违规违纪行为的强制力；作为一种正能量，可以强化教育和宣传对象执行制度规定的自愿、自律行为，增强个人执行和民众执行的社会作用力和影响力。我们仍以前述垃圾回收制度为例，后勤部门作出垃圾回收制度的规定并摆放了垃圾桶作为一项执行措施，但最初效果并不好，许多人不以为然或者不知道什么是可回收垃圾。于是宣传部门出面了，他们印发了相关的宣传材料，召开了专门会议和部门领导人座谈会，并且开始报道个人的积极行为和公司内部的奖惩措施。其结果是，许多部门的领导人开始带头，组织成员将自觉回收垃圾作为一项光荣的事情来做，自愿执行的人数和比例大大增加，该项制度规定和制度执行取得了积极的制度效果。由于教育机构的作用主要体现在帮助年青一代树立正确的人生观、世界观和制度观，其和宣传机构的作用将共同构成弘扬社会主流思想、树立社会正气的主导力量，它们没有强制执行权，但是它们的工作和作用却可以增强人们的制度认同感和认同度，增强社会发展和制度稳定的正能量，减少强制性的执行力的压力。宣传机构的强制力等级不高，其执行力主要在于强调它的社会作用力和影响力。

5. 民众执行合力

民众执行合力以社会成员或组织成员集体的、总和的或整体性的执行行为表现出来，是制度执行的最终决定力量。在这里，民众是所有国家公民或所有组织成员的统称。民众执行体现的已不是个人的、零散的执行行为，而是大众化的集体意志和集体行为。本文一共列出十种执行力类型，其中八种是机构执行力，与制度执行机构有关，另外两种不是机构执行力，而与个人执行行为有关，一种是零散的、独立的个人执行力，另一种是集体的、整体性的民众执行合力。有意思的是，个人和民众本是制度执行机构所管辖的、执行制度规定的对象，但是，与此同时，他们又是制度执行的中坚力量或决定力量。显然，当大多数民众认同制度规定并表现出自愿、自律执行的行为时，该项制度规定的执行将是一件十分顺利的事情，制度执行机构的压力和阻力也是少之又少。反之，当大多数民众质疑或反对制度规定并表现出拒绝执行的行为时，该项规定的执行过程将是非常困难的，甚至可能最终是无法执行的。因为，制度执行机构执行的强制力和其所要强制执行的对象数量是有比例限度的。如一个警察可以制服一个歹徒但是很难同时制服五个歹徒。在群体事件中，常会出现某种情况，当拒绝执行的民众数量较多时，常见的现象是出动较多的执法人员，再就是较多的警察甚至出动较多的军队，才能够达到平息事件、强制执行的目的。有一点需要指出的是，当一项制度规定在执行中遇到较大的阻力，在受到较多民众的质疑和反对时，制度规制机构和制度执行机构不能强行执行该项规定，应体察民意，寻求更佳制度方案。古人云："得人心者得天下"，"得道多助，失道寡助"，说的正是民众执行合力的社会影响力和强大力量。民众执行合力有许多表现方式，如社会风气、公众舆论、游行、集会甚至大规模的群众运动、社会革命等。民众执行合力的影响力和作用力与其人数、规模和表现形式成正比。人数越多、比例越大、表现方式越激烈，其影响力和作用力就越大。与民众的力量相比，任何制度执行机构的执行力都是有限的，即使是警察、军队等具有巨大强制力的组织，其执行力也是有限的。一是因为军队的士兵和大多数民众是有共同背景和共同利益的,二是他们有相近的制度关系、价值观、制度观和判断标准,在发生正面冲突的时候,军队中的大多数普通士兵,很容易站在民众一边去。民众是军队和国家政权的来源和支柱,没有民众的支持,任何军队和国家政权都将失去坚强的后盾和稳定的基础。因此,虽然没有强制性的权力,但在它达到一定规模及影响力的时候,却能产生一种巨大的、导向性的、强制性的力量。民众执行合力是制度规制者和制度执行者在制度规定和制度执行过程中必须认真考虑的重要因素。

❖ 三、强制性的执行力

执行力的另一种类型是强制性的执行力。这种类型的机构不仅具有一定的行政权,而且具有限制公民人身自由、查封场所、设施或者财物等强制执行的权力,它们的执行力的强制性普遍高于常规性的执行力。强制性执行力按其执行主体划分列举如下,其导向性和强制性也可相应划分为五个层次。

1. 行政执法机构

行政执法机构指政府部门中具体执行行政法规、规章、条例等具有实施权、检查权、处罚权、自由裁量权的机关,如工商局、税务局、质检局等。一项制度规定的执行,不能完全依靠个人自愿或自律执行。行政执法机构对于实施法律法规、行使行政权力、维护社会秩序、保证公共利益具有十分重要的作用。一般认为,设立行政执法机构是建立有效的行政强制执行制度的基本前提。从广义上说,行政执法的概念涉及各级政府的各个部门,甚至有人把法院、检察院等司法机关也列入行政执法机构的范围内。但是,本文在这里主要是分析制度执行过程中各种不同机构的强制力等级,因此只是从最狭义的角度来规定行政执法机构,即只将具有检查权、处罚权、自由裁量权的机构列为行政执法机构。行政执法机构主要以法律和行政法规为执法依据,拥有强制性的执法权,同时在专业管理或行业管理方面具有强大的作用力和影响力,因此具有较强的强制力。

2. 公安机关

公安机关是指依照法律设立、代表国家行使公安职权、履行公安职责的国家行政机关。包括公安机关、国家安全机关等。公安机关区别于其他国家行政机关的一个主要特征是具有武装性质。公安机关承担着打击危害国家、集体利益和公民合法利益的违法犯罪分子，维护人民群众利益、积极组织参加抢险救灾等重大责任。在我国，公安机关隶属于国务院，一般视其为行政执法机构，被列为国家行政机关的范围。但是，它是一个很特殊的机构。首先，它代表国家行使公安职权和履行公安职责，担负着刑事案件的侦查任务，既有执法权又有司法权。其次，它有刑侦、拘捕、预审等限制人身自由的权力，并且具有武装性质，在保护人身安全、维护社会治安方面有强大的作用力和影响力。警察是公安机关的主要成员。我国《人民警察法》规定："人民警察的任务是维护国家安全，维护社会治安秩序，保护公民的人身安全、人身自由和合法财产，保护公共财产，预防、制止和惩治违法犯罪活动。人民警察包括公安机关、国家安全机关、监狱、劳动教养管理机关的人民警察和人民法院、人民检察院的司法警察"。其主要任务是，按照法律、行政法规的规定履行公安职权和公安职责。公安机关执行力的强制性等级高于一般的行政执法机构。

3. 司法机关

司法机关一般指行使司法权的国家机关。司法机关与国家行政机关不同，行使的不是行政权，而是司法权。司法机关一般具有独立的法律地位，独立行使审判权和检察权。司法机关是宪法和法律的直接实施者和法律制度的重要构建者。我国宪法规定，人民法院依法独立行使审判权，主要审理民事、刑事、行政、选举案件等，掌管牢狱、生杀大权；人民检察院依法独立行使检察权，可依法行使侦查、拘留、预审、逮捕等权力，主要代表国家对刑事案件提起公诉，追究被告人的刑事责任，监督审判活动等。在不同的国家中，法院、检察院的法律地位、隶属关系、独立性等有所不同。有的国家宪法规定，实行立法机关、行政机关、司法机关"三权分立"的原则；有的国家宪法规定，司法机关对最高行政首脑负责；有的国家宪法规定，司法机关对国家立法机关负责。由于其权力的特殊性，法院、检察院虽然以个案方式审理案件，但其判决的警示作用却有行业性、地区性，甚至全国性的影响，具有更大的影响力和强制力。

4. 监察机构

监察机构一般指在立法机关、行政机关、司法机关以及政党内部设立的专门查处所辖机构和人员违法违纪行为的机构。例如，立法机关设立的监察机构有瑞典议会监察专员公署、法国行政法院等；行政机关设立的监察机构有日本行政监察局、新加坡商务调查局、香港廉政专员公署等；我国的监察机构别具特色，专门的监察机构有监察部、反贪局、纪律检查委员会等。监察机构的监察对象主要是包括立法机关、行政机关、司法机关、政党等在内的所有制度规制机构、制度执行机构及其所有工作人员，其主要任务在于防止并纠正各种机构及其人员出现滥用权力、执法不力、贪污腐败、以权谋私等各种各样的违法违纪现象和行为，保证制度规定和行政执行过程的正常进行，引导社会各方面的监督力量构建完整的监察制度。监察机构本身具有检察权、调查权、监察建议权和监察决定权，可以协同行政执法机构、司法机构严厉处理违法违纪行为，由于其对国家机关、政府部门、企事业单位等组织实体的工作人员特别是领导人员具有巨大的威慑作用，因而具有较大的强制力和社会影响力。

5. 国家武装力量

国家武装力量是国家或政治集团正式建立的各种武装组织的统称，我国宪法规定："中华人民共和国的武装力量属于人民。它的任务是巩固国防，抵抗侵略，保卫祖国，保卫人民的和平劳动，参加国家建设事业，努力为人民服务。"我国的武装力量包括中国人民解放军现役部队、中国人民武装警察部队、中国人民解放军预备役部队和民兵。国家武装力量以军队为主体，由军队和其他正规的、非正规的武装组织结合构成。按照《辞海》的解释，军队是执行政治任务的武装集团，是国家政权的主要成分。这是对军队的最简单的概括。一般来说，军队是按照保卫国家主权、维护社会稳定、防御外敌入侵、积极备战作战的特殊要求正式组织起来的纪律严明、装备先进、战斗力极强的武装力量。在世界各国中，除正规的军队之外，还有其他一些正规的或非正规的部队，如宪兵部队、保安部队、内务部队、军事警察、国民警卫队、民防部队、武装警察部队、内卫军、安全卫队、特警部队等。军队是构成任何国家政权和制度体系的基石,是社会稳定运行、国民安居乐业的保障,是所有制度规制机构和制度执行机构赖以存在及发挥执行力的根源。"枪杆子里面出政权"说的就是这个道理。军队是阶级统治的暴力工具,是国家稳定的"定海神针"。在任何国家的制度体系中,军队都是维护制度的底线和最后防线。历史实践表明,新旧朝代和新旧制度的更替最终都是由双方的军队在战场上的胜负来决定的,这样的例子数不胜数。军队的步伐走在哪里,它所代表的制度就定格在哪里。军队的士气、军队的战斗力对于稳定社会、提振民心具有巨大的社会作用力和影响力。因此在所有制度执行机构中,军队的强制力等级排在最高位。

第四节 制度执行的原则和偏差

从国家层面来说,国家和地方各级行政机关或称中央政府和地方各级政府是国家制度的最高执行机构,是国内所有社会组织及其成员生存于其中的制度环境的构建者。其行政执行过程是从中央到地方遍布全国各行各业的政府机构整体活动过程,就像一座大厦的建筑施工一样,每一个班组、每一个环节都可能出现偏差。为了使制度执行的结果——制度形成和制度效力达到制度规定的要求,需要认真分析制度执行过程中的原则要求和容易产生的偏差。本文在此对国家行政机关的行政执行活动做一个重点分析,简要论述其原则要求及容易出现的偏差,包括企事业单位在内的所有制度化组织,都应遵守类似的原则,避免出现类似的问题。为保证国家行政机关行政执行活动的目的性、合法性、整体性和有效性,必须遵循以

第五章 制度执行

下原则，注意防范在制度执行过程中容易出现的偏差。

❖ 一、制度执行的原则

制度执行是整个国家制度体系或组织制度体系的一个重要组成部分，为了保证制度执行过程的顺利进行，实现预定的战略目标和绩效目标，一方面要合理确定制度构成要素之间的关系，另一方面要合理确定制度执行机构之间的关系和制度执行的基本程序。制度执行的原则包括以下几点。

1. 确定合理的制度形式，理顺最重要的制度关系

任何制度执行过程都是在一定的制度形式或制度架构内进行的。要保证制度执行过程的顺利举行，首先要保证制度形式或制度架构的合理性，理顺制度构成要素之间的制度关系。这些最重要的是制度关系包括以下几方面。①制度规制者、制度执行者和制度互动者之间的关系。制度构成三要素之间的关系是任何一个制度化组织首先要理顺的制度关系，它涉及国家政权及企事业单位的组织形式和性质、内部结构、权责关系等组织运行的各个方面。②政党与国家立法机关、国家行政机关、国家行政机关之间的关系。执政党主要是通过制定国家政策、参与立法活动、推荐政府领导人选以及各级党组织的政策制定和决策过程等指导并监督政府的行政执行活动，除保证执政党地位的某些必要的行政职能外，应由中央政府和各级地方政府履行各种行政职责，并确保和支持中央政府的行政领导地位。③国家权力机关或立法机关、国家行政机关和国家司法机关之间的关系。国家权力机关和司法机关应授予或保证国家行政机关必要的权力，明确确定其职权范围，不过多干预其正常的行政执行活动，并通过各种法律和法案有力地支持其行政领导地位。

2. 必须认真学习、领会、宣传、贯彻执行宪法和法律

国家行政机关的行政执行活动的最大特点是执行宪法和法律，亦即依法行政。宪法和法律是国家基本国策和治国方针的具体体现，对于中央政府和各级地方政府来说，忠实执行宪法和法律是其主要职责，也是最主要的原则要求。树立并维护法律的尊严是制度执行机构的基本职责。各级政府一方面必须认真贯彻执行宪法和各项法律规定，另一方面必须以宪法和

法律为依据，在授权范围内制定各种行政法规、规章、条例、决定等，并认真贯彻执行。在法制社会中，制度规制机构的权威性与制度执行机构的权威性是相辅相成的。制度执行机构的权力来自于制度规制机构的授权，制度执行机构只有在维护制度规制机构尊严的基础上，才能够树立和维护自己的尊严。

3. 保证中央政府的行政领导地位

为加强政府执行活动过程的统一指挥，提高整体效率和效果，有利于实现行政执行活动的总体目标和计划，必须理顺中央政府和地方政府的关系，确保中央政府强有力的行政领导地位。①强化中央政府对地方政府的领导地位。各级地方政府必须服从和接受中央政府的指挥，遵守中央政府制定的法规和决定，即使拥有较大自治权的地方政府也必须承认中央政府的行政领导地位。下级服从上级、地方服从中央是保证政府执行活动的协调一致的基本要求。②巩固和加强中央政府的宏观调控能力。国家制度是一个整体，为了加强中央政府在政治制度、经济制度、教育制度、文化制度等制度建设中的主导作用，提高中央政府的制度执行力，中央政府应在关系到国计民生的重大决策问题上，享有较大的行政立法权、行政权和强制执行权，使之能够集中有限的人力、物力和财力重点解决关系社会经济发展的重大问题。③适当分权，加强各级政府的制度执行力。国家制度的执行过程需要各级地方政府的积极努力及其所辖地区民众的积极参与。中央政府应利用分权原则和市场机制，简政放权，有效提升各级地方政府的制度执行力。中央政府在有限授权的情况下，根据地方特点允许地方政府有不同程度的自由裁量权和自治权。按照人权、财权与事权相匹配的原则授予地方政府能够有效管理地方公共行政事务、妥善解决民生问题的相应权力。加强地方立法机关对地方政府的导向和监管作用，也是有效提升地方政府制度执行力的一个重要方面。

❖ 二、与制度规定有关的偏差

政府是一个等级严格、部门林立、机构繁多、规模庞大的组织实体，在其制度执行的过程中，由于政策规定、机构设置、人员素质等各种因素

第五章 制度执行

的影响，常会出现各种各样的问题影响制度执行工作及其效果，产生制度执行过程中的问题和偏差。在制度执行过程中产生偏差的原因，除了制度执行者个人素质的因素外，不外乎两个方面原因，或是基于制度规定方面的原因，或是基于制度执行方面的原因。认真查找这两个方面的原因，将有助于从根本上解决制度执行过程中的偏差问题。在制度执行过程中，与制度规定有关的偏差主要表现在以下几个方面。

1. 规定失调

规定失调一是指制度规定本身存在着不合法、不合理等方面的问题；二是指不同机构的制度规定之间存在着矛盾和冲突，给制度执行造成了问题和困难。此偏差的根源产生在制定规定的过程中，但是在制度执行的过程中表现了出来。作为制度执行机构，政府的基本职能是执行立法机关制定的宪法和各项法律规定，并且在授权范围内制定行政法规和其他各项制度规定逐级执行。如果法律规定和行政规定的合法性、合理性、公开性和代表性出现问题，必然会造成制度执行过程中的问题和偏差。同时，政府作为国家行政机关制定的行政法规、条例、规章、决定等规定，如果与立法机关通过的法律规定不一致甚至相违背，也会产生制度执行过程中的问题和冲突。如果国家立法机关制定的各种法律、地方各级立法机关制定的各种地方性法规、执政党制定的各种政策及中央政府和地方各级政府制定的行政法规、条例、规章等相互之间出现矛盾和冲突，特别容易使行政执行活动出现规定失调的现象。

2. 自定规则

自定规则也叫自定政策，指制度执行机构利用制度规制机构或上级部门授予的权力，借机推行某些自行制定的无合法依据的规则和政策。特别是在政府部门中，地方政府或某些政府部门不是单纯的、机械的执行机构，它们在地区性、行业性的社会公共事务管理方面有相对独立的行政权，可以做出某些决定在其管辖范围内强制执行。在此过程中，往往会出现自定规则或自定政策的现象，即人们一般所说的"土政策"。这种土政策有时以执行制度规制机构和上级制度执行机构决定的合法形式提出，有时完全是以自行决定的形式提出的。自定政策现象违背了依法行政、合规执行的原则要求，其制度规定不仅不具备合法性，而且容易在合理性、公开性、代表性方面产生偏差。地方政府和下级机构，在过多地考虑地方利益或局部利益时容易产生这种现象。

3. 结构紊乱

结构紊乱指在制度执行活动中，由于机构设置不当、权责关系混乱、办事程序烦琐、工作职能重叠或规章制度不明确等产生的各种问题。例如机构臃肿、政出多门、互相推诿、办事拖拉、公文旅行、人浮于事、权责不符等，这些都是在制度执行过程中容易出现的问题。这些问题的产生有个人素质和工作态度方面的原因，但在很多情况下，是因为在制度规定的内容方面存在着问题。如果仅仅追究和处罚个人，不能从根本上解决问题。制度执行活动是一种组织化和程序化的活动，机构和岗位设置是否合理、权责关系、职能分工是否明确，这是保证制度执行机构有效运行的前提条件。制度执行机构中的各类人员是根据其所在机构和岗位职责及规定的工作程序完成制度执行活动的，如果组织结构紊乱、权责关系模糊、分工合作失调必然会影响各个机构和各类人员的工作。在这种情况下，即使每一个制度执行者都忠于职守、精明强干，也很难形成一个井然有序、和谐高效的工作群体。

4. 机制失衡

机制失衡指制度执行机构在制度执行过程中由于缺少制衡机制不能适当地行使权力。机制失衡的现象一般也存在两种极端情况：一种情况是，制度执行机构的权力过大，没有受到应有的制约。从国家层面上说，国家立法机关、司法机关或各种政治组织、社会团体对制度执行机构或政府部门的制度执行活动不能进行有效的监督和制约，不能否决或罢免不称职的政府官员或不能否决或撤销不适当的行政决定和命令，致使行政权力过分集中在个别机构或个别领导者手中；另一种情况是，制度执行机构的权力过小，其制度执行活动受到过多的干预，缺乏应有的权限和财力、物力等必备的条件，不能正常进行制度执行活动。制度执行机构或者政府部门的制度执行活动，受到国家立法机关、司法机关和各种政治组织、社会团体过多的限制和干预，不能有效地行使行政权和履行公共行政职能。在制度执行工作过程中，政府容易出现越位、缺位、错位等执行偏差，其原因有制度执行本身的问题，但首先要考虑的是有没有制度规定方面机制失衡的问题。

❖ 三、与制度执行有关的偏差

在法律、法规、政策等制度规定的内容等方面不存在其他问题的情况下，在制度执行过程中也会出现各种执行偏差问题，有些原因是制度执行者个人素质问题，有些原因是制度执行过程中产生的问题，需要进行认真的分析和研究。与制度执行有关的偏差问题主要包括以下几个方面。

1. 目标偏离

目标偏离指制度规定的主要目标在各级执行机构贯彻执行的过程中，逐渐淡化、偏离和走样。在大型组织特别是政府部门中，制度执行活动是一个逐级决策、逐级实施的过程。下级执行机构在传达贯彻上级制度规定的过程中，往往是根据本部门、本地区的实际情况再制定一个具体的实施方案，由于其具有一定的自主权和灵活性，容易根据其当前的实际情况和实际对象，对上级部门规定的制度目标做某些选择、修正，从而偏离了上级部门制定的制度目标。其原因或是对上级部门制度规定的目标理解有误，或是突出了上级部门制度规定中的某些次要目标而淡化模糊了主要目标，或是增添了地区性、行业性、部门性的一些目标并把它放在主要位置上，甚或是下级制度执行机构自定目标、规则或政策等，都会使执行活动偏离主要目标而走样。如果目标偏离现象发生在较高的制度执行层次上，经过逐级贯彻、层层修订、执行的过程，目标偏离的情况将会变得越来越明显，其后果也将越来越严重。

2. 控制不当

控制不当指在制度执行过程中，上级机构与下级机构之间的行政隶属关系及命令指挥系统缺乏应有控制而产生的问题。控制不当有两种极端情况：一种情况是控制过严。即上级机构或上级政府的权力过分集中，利用主管地位和权限，限制和压抑下级机构或下级政府制度执行的积极性、主动性，设立过多的汇报审批程序，对下级机构或者下级政府的正常执行活动进行不必要的干预和监控。下级机构或下级政府的制度执行活动完全听命于上级机构或上级政府的指挥，没有应有的自主权和自由裁量权。另一种情况是控制过松。即上级机构或上级政府缺乏对下级机构或下级政府应有的控制能力，没有履行应有的管理和监控职责，或没有坚持应有的汇报审批程序，其特点是上级机构或上级政府的监控能力弱化，对下级机构和下级政府的制度执行活动疏于管理和监督，致使下级机构或下级政府自行其是，上级机构或上级政府的制度规定不能得到有效的贯彻执行，自上而下的制度执行活动存在失察、失控状态。

3. 执行不力

执行不力主要指在能够正常行使权力的情况下，具体的制度执行机构软弱无力或具体的制度执行人员办事不力。制度执行活动是一个整体执行过程，是由各级制度执行机构的具体执行工作组成的，并且是由许多各负其责的制度执行人员完成的。执行不力是制度执行活动中非常普遍的现象，其主要表现多种多样，例如对上级决定传达贯彻不及时、不果断；有法不依，有章不循，执法不严；对下级机构的执行活动和执行效果疏于检查；工作布置流于形式；该管的事情不管或管不好；对管辖区域内的公共事务或人民生活问题漠不关心；办事僵化、效率低下等。制度执行机构软弱无力和制度执行人员办事不力是一个问题的两个方面，其主要原因不仅与制度执行机构的领导者和具体的办事人员思想松懈、作风懒散有关，而且与制度化组织内监管、监察、奖惩等制度规定执行不力有关。

4. 角色偏差

角色偏差指各级制度执行机构在制度执行活动中，由于制度执行机构和人员的角色意识、角色定位有误出现的角色越位、错位、缺位现象。越位现象有两种情况，一种情况是制度执行机构和人员超过本人法定的职权范围，自制规定，不适当地扩大自己的或所辖部门的权力或职能范围；另一种情况是制度执行机构和人员在制度执行过程中管了一些不该管或做了一些权力规定之外的事情。有时，这种情况有可能发生在得到上级认可的情况下，但仍属于角色越位现象。错位现象指制度执行机构和人员扮演错了角色，权责关系不当。如政府机构直接干预企业内部管理和内部事务，将政府角色变成了企业角色。缺位现象指制度执行机构或制度执行人员不能依法行使权力，不履行应尽职责，如工商管理部门放任本地区商品生产和商品贸易中的假冒伪劣现象，属于其职责范围内的事情而不去履行职责，该管理的事情不去管理。有时这种现象不仅是缺位而且是渎职问题。这种缺位现象和立法机关或制度规制机构未正式规定或正式授权无关，而是制度执行机构或人员执行不力，或上级机构或上级政府监管不力的问题。

5. 腐败行为

腐败行为指制度执行人员在制度执行过程中以权谋私、违法乱纪的行为。由于制度执行机构具有一定的处罚权、强制权、自由裁量权等行政权力，容易在制度执行过程中出现运用权力谋取个人私利、权钱交换的腐败行为。腐败行为的表现形式多种多样，包括贪污受贿、滥用权力、横行不法、结党营私、监守自盗、挥霍公款、假公济私等。腐败行为是破坏正常的制度执行活动，损害制度执行机构特别是政府形象、损害人民和国家利益的严重问题。腐败行为如果严重泛滥，甚至有可能造成政治危机和政权更迭。腐败行为在各个国家中都是受到政党、国家政权机关和社会舆论普遍关注的焦点问题。腐败行为的产生有非常复杂的社会根源，既有制度执行者的个人素质原因，也有制度规定和制度执行方面的原因。一般来说，腐败现象较为严重的部门和地区，通常都有制度上的漏洞，而不能完全归因于腐败分子的个人问题。从制度问题入手，探寻铲除滋生腐败行为的温床，是从源头上解决腐败行为的基本途径。上述制度执行过程中容易产生的各种偏差，都需要从制度规定和制度执行两个方面采取相应措施予以克服。

第六章
制度角色和"制度人"

- 制度化的群体和组织
- 制度角色的概念
- 制度角色的特点
- 角色关系
- 制度角色的确认
- 经济人、社会人与制度人

第六章

制度角色和制度人

制度是制度规定和制度执行的产物。制度的形成首先使相关人员形成了一个制度化群体和制度化组织。其次，使制度化群体和组织内的所有成员具有了新的、不同的制度角色。再次，这些不同的制度角色各有其特定的角色关系和角色要求。最后，不同的制度角色有不同的角色认知、角色情感和角色行为。一个人的行为是被其角色及其对自身角色和角色关系的认识所确定的。制度角色使"经济人"、"社会人"变成了制度人。

第一节 制度化的群体和组织

"群体"和"组织"是经济学、政治学、管理学、领导学、组织行为学等学科中常见的概念，也是在管理实践中最常见的现象。制度学可以使我们从一个更新的视角对它们有进一步的认识。

❖ 一、制度化群体

群体的常见定义为："由两个或更多的个体所组成的具有共同目标的相互影响、相互作用、相互依赖的人群集合体。"群体有小型群体和大型群体之分。小型群体一般只有几人到几十人，如家庭、班组、科室等。大型群体人员数量可达上千万或数亿人，如企业、政党、军队、国家等。群体又有正式群体和非正式群体之分。正式群体泛指有共同目标、群体规范、固定关系和角色划分的群体，如班级、连队、社团等。按照定义，学校、公司、军队等也可列入正式群体的范畴，但正式群体的定义对它们来说显得过于宽泛，"组织"的概念则更适用于它们。非正式群体泛指在有共同爱好、共同特点、共同利益的基础上自然形成的群体，如朋友圈、英语学习组、读书会等。正式群体更准确的说法应是"制度化群体"。正式群体的形成是制度化的产物，正式群体的构成完全是在制度规定和制度执行的过程中完成的。正式群体中的既定目标、规章制度、固定编制、正式规范以其群体成员的固定岗位和角色无一不是制度化的产物。在此意义上说，所有正式群体都是制度化群体。

　　正式群体的形成一般有两种情况。一种情况是在非正式群体的基础上经过制度化的过程演变为正式群体。中国共产党的成立和发展就是这样的一个例子。先是一些有共同革命理想的人，在不同省市分别成立了非正式群体性质的共产主义小组或学习小组，1922年7月他们在第二次全国代表大会上，正式通过了中国共产党章程（制度规定），成立了组织机构，并开始进行有组织的活动（制度执行），从此中国共产党作为一个正式群体或制度化群体诞生了。另一种情况是在正式的制度框架内，经过制度规定和制度执行过程，有目的地构建正式群体或制度化群体。例如某公司经过董事会讨论，在其内部增设一个子公司，根据批准的机构数、编制数和领导职数按照法定的任免和招聘程序组成了一个五十人的子公司，这是在制度体制内，按照规定程序产生的正式群体或制度化群体。实际上，第二种情况是正式群体或制度化群体产生的最普遍现象，如军队中的新兵连、学校开学后的新班级等都属于这种情况。制度化群体使一些原本互不相关的人员结合在一起，经过必要的培训过程，使他们认同制度规定的目标，自愿遵守并执行制度规定的准则和要求，认真履行制度规定的职责，努力完成制度规定的任务，和其他群体成员一样，成为一个合格的制度执行者。制度化群体的所有成员依靠制度规定和制度执行形成了彼此之间的制度关系，最终使该群体成为一个团结协作的、内聚力很强的群体。

❖ 二、制度化组织

组织的有些定义与正式群体的定义较为接近，如组织是"追求一定目标的人的集合体"。实际上，"组织"的概念与"正式群体"的概念还是有一定区别的。"正式群体"的概念一般只论述群体成员的结合特点和结合方式。"组织"的概念则更广泛一些，一般还包括与群体活动有关的机构设置、岗位设置、分工协作、事务管理等内容。因此，有些关于"组织"的定义比"群体"的定义要复杂一些。如组织是"为了实现共同目标分配工作的任何结构和过程"或"组织是在共同目标指导下协同工作的人群社会实体单位；它建立一定的机构，成为独立的法人；它又是通过分工合作而协调配合人们行为的组织活动过程"；等等。从制度学的概念出发，我们可将组织定义为："组织是为了实现特定目标，将不同人员按照机构和岗位设置或分工协作的具体规定组合在一起的制度化群体"。根据组织的定义，可概括出以下几点说明：①组织是为了实现某种目标有意识地建立起来的；②组织是制度规定和制度执行的产物，有一套严格的章程、细则和执行机构；③组织有一定的编制、结构和活动方式，组织成员之间有固定的岗位设置和行政隶属关系；④组织规模的大小及其结构的复杂程度随其目标和工作任务而变化；⑤组织是经过制度化的程序构建起来的制度化群体。

❖ 三、制度化组织和基因突变

现代社会是一个高度组织化、制度化的社会，所有的社会组织都是制度化群体。如上所述，制度规定是组织的基因，组织是制度规定的形体。现代分子生物学和分子遗传学发现，大千世界中形形色色、千变万化的生物体，都源于基因的复制和突变。作为社会有机体，组织的产生和发展也有类似的情况。基因是指存在于细胞内携带遗传信息 DNA 或 RNA 序列的、有自我繁殖能力的遗传单位，也称遗传基因或遗传因子。基因有三个基本特点。①自我复制。通过复制保持生物体原有的基本特征，决定生物体的生长过程、生命周期及表现出来的性质和形状，比如大小、高矮、颜色等。②突变。由于受到外界环境或外界条件的刺激，使自我复制过程突然发生变化，甚至改变了生物体原有的生长过程、生命周期及表现出来的性质和形状。专家学者将突变分为致病性突变和非致病突变两种类型。前者意味着生物体的死亡和淘汰，后者意味着生物体在新的环境中的重生或新的发展。③新物种的自我复制。基因突变使生物体的遗传信息发生了变化，生物体的生长过程、生命周期及性质和形状都将发生相应的变化，其最终结果是产生出更适应新环境的新物种。基因的自我复制功能使新物种代代相传，繁衍不绝。现代农业中通过杂交技术培育新的优良品种并大面积推广是新物种的自我复制的案例。组织的发展也是如此。

每一个组织都是一种社会有机体，它们以广阔的社会为舞台，按照各自的目标和方式进行活动。制度规定好比是组织的基因，规定着组织的内部结构、发展过程、生命周期及其存在的性质和状况。制度执行机构好比是组织的细胞核和细胞器，作为基因的制度规定，通过它们的活动支配着整个组织的活动发展过程。制度好比是所有细胞核、细胞器、细胞、各种器官以及整个社会有机体的组合方式和运行方式。制度规定也像生物体的基因一样具有自我复制、突变、新物种的自我复制三种功能。在国家层次上，制度规定的自我复制功能使国家政治组织具有非常强大的制度稳定性，即使其领导人和组织成员一代一代地更换，组织内部的权力结构和特性也没有发生明显的变化，我国古代延续几千年的封建王朝制度及现代西方国家持续百年以上的政治制度都是这方面的例证。许多商业组织也表现出制度规定自我复制功能的特性。麦当劳是全球知名的快餐连锁集团，在世界上大约拥有三万家分店，遍布六大洲上百个国家。按照其严格的制度规定，遍布世界各地的分店均有统一的标识、食品配方、价格体系、管理标准、配送系统等，只要需要，它可以在世界上的任何一个地方复制出一家标准的分店。制度化组织的制度规定也有可能发生致病突变和非致病突变的情况。苏联曾经是一个由十五个加盟共和国组成的幅员辽阔的联邦制国家。1990年3月，在苏联第三次非常人代会上，宪法规定的内容发生了根本的变化，会议决定修改宪法，取消苏共的法定领导地位，实行多党制和总统制。1991年"8·19"事件后，包括苏联宪法在内的所有法律出现了基因突变，其结果是苏联解体，分裂为十五个民族国家。实践证明，无论是国家还是商业组织，如果其制度规定的重要条款发生了变化，就像生物体的遗传基因发生突变一样，将引起整个组织系统或好或坏的变化。1978年我国召开了中国共产党十一届三中全会，做出从社会主义计划经济转变为社会主义市场经济的重大决定，在重大的制度规定方面发生了根本的变化，推动了我国国家建设、制度建设、组织建设、经济建设等各个方面的快速发展。制度规定是构建制度化群体和制度化组织的基础和核心内容。

第二节 制度角色的概念

在制度化的社会中，人们必然会结成各种各样的社会关系，所有的社会关系都可以归结为制度关系，所有的制度关系又都可以归结为角色关系。在我们的一生中，每一个人都会有各种各样的角色，制度化群体和制度化组织，使我们每一个人的角色都具有制度角色的特点。

❖ 一、角色和制度角色

"角色"原意指剧本里的人物。无论是戏剧还是话剧，剧中有各种各样的人物，他们的性格、情感、经历、故事和命运都是由剧本或脚本规定的。演员所扮演的人物被称为角色，他需要按照剧本中对该角色的规定，力求真实地表现出该角色所具有的性格、表情、动作、故事情节等。角色概念最早是在社会心理学的研究中提出的。社会心理学家们认为，人们在生活和工作中扮演的各种角色都是社会角色。个体在社会关系系统中所处的地位，即所担任的角色决定着他们的思想认识、行事标准和行为方式。从制度学的角度来看，我们每一个人在社会中更多的是处在制度化群体或制度化组织的制度关系体系中，我们所担任的角色不仅仅是社会角色，更多的是一种制度角色。制度角色一般指一个人在制度化群体或制度化组织中具有隶属关系并具有一定权利、义务、职责、影响和作用的特定身份。每种制度角色都有与其相联系的身份象征、行为标准和期望值。制度角色有狭义和广义之分，狭义的定义仅指具体的个人，广义的定义还包括各种社会组织和企事业单位。本文在此只根据狭义的定义来论述。制度角色决定着我们每一个人的社会定位、组织定位、思想认识、行事标准和行为方式。

❖ 二、制度角色的作用

俗话说，物以类聚，人以群分，制度角色表明了人们在社会中的群体类别或制度类别。一般来说，制度角色作为一种身份特征，具有下列一些作用。①制度角色表明了社会上每一个人的公民身份和国籍。国家无论大小，一般都有一项重要的法律"国籍法"。按照该法律的规定，世界上的任何一个人从刚出生时算起都是制度角色。因为他们或是按照出生国籍（也称原始国籍），或是按照继有国籍，刚一出生，立即具有了自己的国籍和公民身份。国家是最大的制度化组织。每一个国家都有自己的制度和政府治理方式。从我们来到人世的第一刻起，就有了自己的国籍和公民身份。国家公民是我们每一个人最早具有的制度角色之一，国籍是我们每一个人最早的身份特征。制度角色首先使世界上的每一个人有了国家归属，有了不同的制度背景和角色要求。②制度角色表明了社会上每一个人的家庭成员身份。家庭成员也是我们每一个人最早具有的制度角色之一，出生证是我们最早的身份证明，儿子或女儿必然是我们每一个人第一个家庭成员身份，其他连带的身份还有孙子、孙女或外孙、外孙女等。家庭及家庭成员是与人类的血缘关系相联系的概念，《辞海》对家庭的解释是："由婚姻、血缘或收养而产生的亲属间的共同生活组织"。自从有了人类社会之

第六章

制度角色和制度人

后,血缘关系、婚姻关系、家庭关系已经不是单纯的人与人之间的自然关系,而是一种社会关系。显然,现代意义上的婚姻关系、家庭关系都是制度化的产物。尽管形式有所不同,在每一个国家中,其公民结婚、组成家庭都有一定的法律手续和法律规定。因此,每一个家庭都是制度化群体。从某种意义上说,家庭是最小的制度化群体。家庭成员之间,存在着严格的法律关系。如父母对未成年子女的养育义务,子女对父母的赡养扶助义务,家庭成员之间的财产继承权等,都有严格的法律规定。家庭成员的制度角色使我们每一个人的相关行为都受到法律的制约。③制度角色表明了我们每一个人的组织成员身份。组织成员身份虽然不像国家公民身份、家庭成员身份那样是我们每一个人最早的制度角色,但是,它是我们一生中最重要的制度角色之一。如果我们小时候上过幼儿园,那是我们以成员身份最早进入的一个制度化组织。我们虽然年纪尚幼,自己还不能办入园手续,甚至还不能完全自理,但是在这个规模不大的制度化组织内,我们有自己的权利并受到法律和制度的保护。小学、中学、大学应是我们成年前依次正式加入的制度化组织,也是我们人生历程中制度角色发展的重要阶段。需要强调的是,除特殊情况外,我们以前所具有的国家公民和家庭成员的制度角色都是始终存在的,是我们每一个人一生中永远具有的制度角色。在此基础上,我们的成长过程是一个制度角色不断增多的过程。大学毕业工作后,制度角色表明了我们每一个人工作意义上的组织成员身份。我们具有的角色开始进入一个新的渐进发展时期。我们的角色可能会带上"长"字,可能会兼有技术职称,可能会成为某个学术团体的成员,也可能会加入一个政党或政治组织。所有这些与正式工作相关的组织都是制度化组织,加入这些组织,基本上是每一个人自我选择的结果。制度角色可以反映出角色主体的职业特点、技能水平、政治倾向、人生态度以及社会影响等。随着制度角色的增多和升级,我们个人的权利、权力、收益、责任以及在家庭、群体、组织、社会中的影响力等也在随之增加。我们所具有的制度角色可以反映出我们的生活经历、工作经历和职业生涯发展的全过程。

三、自然属性和社会属性

在人类社会中，每一个人都有自然属性和社会属性两个方面。制度角色的一个最重要的作用就是强化我们每一个人的社会属性。①个体的自然属性。顾名思义，人类个体的自然属性一般指个体先天的或自然形成的所有特性，这些特性在个体后天的社会实践活动中本质上是不能改变的，如个人的人种、性别、肤色、血型、面貌、身高等。②个体的社会属性。人类个体的社会属性一般指个体后天的或在社会实践活动中逐渐形成的所有特性，这些特性在人类后天的社会实践活动中产生并且有可能发生变化，如个人的知识、技能、价值观、品性、行为方式等。人类个体的自然属性和社会属性并不完全是截然分开的，在许多情况下是相互交融、相互影响的。在这方面，最典型的特性是情感、性格等。例如，父母与子女之间、兄弟姐妹之间特定的感情本属于自然属性方面的特性，但是在后天的社会环境或特殊的社会情境中可能会发生由爱到恨的本质上的变化。人类个体的社会属性的形成和变化与其制度角色的演变有着十分密切的联系，制度角色的演变对人类个体社会属性的形成和变化有着潜移默化的甚至决定性的影响。在一个人的生长过程中，其自然属性变化较少或者发展缓慢，像人种、性别、肤色等自然属性甚至不会发生任何变化。相比之下，人的社会属性发展和变化较大，人的社会实践活动和制度角色在这方面有很强的催生和强化作用。

第三节 制度角色的特点

制度角色的概念可以使我们对每一个人的情感、意识和行为表现，有

第六章

制度角色和制度人

更具体、更真实和更深刻的认识。作为一个真实的个体,每一个人都生活在一个特定的制度环境中,都具有特定的制度角色,因而有不同的制度要求、角色要求和角色情感。角色的复杂性决定了一个人的情感的复杂性,这种复杂性易使人们陷入角色冲突和情感冲突的窘境中。制度角色具有以下一些特点。

❖ 一、制度角色和制度背景

在前面的论述中,我们已经知道,每一个人一出生就有两个最重要的角色,一个是国家公民的角色,一个是家庭成员的角色。此后,在我们成长的过程中,我们必定还会有另外一个重要的角色,就是组织成员的角色。这三种角色都是由我们生活的制度背景所决定的。每一个角色的后面,都有一个特定的背景。我们的人生历程,都是在特定的制度背景下完成的。不同的制度角色有不同的制度背景。制度背景对我们的角色情感、角色意识、角色行为有非常重要的影响。

1. 国家的制度背景

在当代社会中,对我们每一个人来说,最主要的制度角色是国家公民的角色,最大的、最重要的背景是国家背景。不同国家的公民,有不同的制度背景、不同的权利、义务和不同的角色要求。最根本的是,国家公民与其所属国家之间存在着相互依存、相互信赖的鱼水关系。这种关系是靠宪法等制度规定确定和维系的。每一个国家都是其所有公民根本利益的提供者、维护者和保护者,都是他们的生活支柱、美丽家园和坚强后盾。每一个国家公民都要对自己享有国籍的国家表示忠诚。当我们看到一个不同国籍的人员时,我们首先可以断定,他是忠诚于哪个国家或是为哪个国家服务的。国家公民角色通常可表明一个人的国家立场和政治态度。因此,在许多国家中,在涉及国家主权、国家安全、国家重大经济发展事项等方面的重要岗位的人选方面,对国籍角色的认定、鉴别是非常慎重、非常重视的。

2. 组织的制度背景

以组织为背景的角色也是重要的制度角色。我们每一个人都或多或少归属于一个或多个制度化群体或制度化组织,或者在其中工作或者是其组织成员，因此都有不同的组织背景。例如，大学毕业生各有不同的学校背景；积极参加政治活动的人有其不同的政党背景；作为一名工作人员可能有政府工作或公司工作的背景。不同的组织背景对制度角色有不同的要求，对其思想认识、劳动态度、业务能力、工作技能等有重要的影响。组织角色通常可表明一个人的组织立场、政治倾向、专业特长、业务技能等。

3. 家庭的制度背景

对于所有制度角色来说，家庭背景也是一个重要方面。家庭背景本来是与血缘关系有关的自然属性，但当其与制度角色相联系时，则表现出更多的社会属性。例如你是出生在一个美国家庭，还是一个中国家庭，家庭背景首先决定了你的国籍，其次决定了你的户籍，最终决定了你的生长环境和角色历程。家庭角色是人人都有的最普遍的一种制度角色。家庭背景对人的影响包括政治立场、思想认识、兴趣爱好、职业选择甚至宗教信仰等许多方面。制度角色的背景包括许许多多的方面，例如阶级背景、民族背景、行业背景、专业背景等，在此就不一一赘述了。

◆ 二、制度角色和角色要求

如上所述，每一种制度角色都是和具体的制度化群体或制度化组织相联系的，这些群体或组织各有其不同的制度要求和角色要求。

1. 角色要求的内容

制度化的群体或制度化组织是经过制度规定和制度执行的互动过程构建起来的。我们在第三章曾经论述说，制度规定的内容包括总体目标和基本原则、基本关系和制度形式、机构设置和权力结构、岗位设置和职权划分、人员规定和行为准则、工作标准和办事程序六个方面。这六个方面也是制度要求和角色要求的基本内容。这六项规定像生物体的基因一样控制着制度化群体或组织的内部结构、发展过程或基本特性，决定着对群体成员或组织成员等制度角色的特定要求。例如政党组织要求其成员有坚定的政治立场和明确的政治态度；军队组织要求其成员有一切服从命令的、严格的组织纪律性；保险公司要求其业务员有上门销售百折不挠的精神。当一个人从一个组织转到另一个目标、任务、结构等完全不同的组织时，在

第六章

制度角色和制度人

制度要求和角色要求方面会发生明显的变化。即使在同一个组织内，当一个人从某一个岗位转到另一个岗位或从某一个机构转到另一个机构时，例如，由科长提升为处长或由人事部门转到业务部门工作等，由于人员规定、职权划分、行为准则、工作标准、办事程序等制度规定方面的不同，在制度要求和角色要求方面也会发生相应的变化。对制度角色的制度要求和角色要求，一般都是在国家或相关组织的制度规定中明确提出的。父母、子女本是所有家庭中都存在的最普遍不过的角色，但是很多国家以各种法律形式对他们分别提出了具体要求。我国宪法就明确规定："父母有抚养教育未成年子女的义务，成年子女有赡养扶助父母的义务。"用法律形式对父母、子女的角色提出了不同的要求。

2. 角色要求的差别

在不同的群体和组织中，制度规定六个方面的内容有很大的差别，特别是在角色责任方面的要求是完全不同的。不同的群体和组织有不同的目标和原则、不同的结构形式和制度形式、不同的机构设置和岗位设置、对其内部人员的权限职责等也有不同的要求。如上所述，角色是一种身份的表示。从社会伦理的角度来看，对每一种身份的人都有社会化的伦理要求。无论是哪一个国家，这种要求的基本内容几乎都是一样的。如作为一个国家公民，要求他热爱自己的祖国，作为一个政府官员，要求他秉公办事，不谋私利；对父母来说，要求他爱护孩子，对子女来说，则要求他尊敬孝顺父母。但是，从制度要求或制度规定的角度来看，不同国家对公民、官员、父母、子女等角色规定的具体内容则是不同的。有人曾把中国、美国、日本、英国等不同国家的小学生守则做了一个比较，发觉其内容有很大的不同。明确的社会伦理标准和具体的制度规定要求对制度角色的价值观、制度观以及实际的工作行为和社会表现有巨大的影响。这方面的内容将在此后的章节中进行论述。

❖ 三、制度角色和角色情感

人的情感本来属于人的自然属性。但是在制度化群体和制度化组织中，当一个人成为特定的制度角色时，其情感也有了社会属性的内容。制度角色的多样性和角色关系的复杂性决定了角色情感的复杂性。角色情感主要表现在以下两个方面。

1. 角色主体与所属群体或组织中的所有成员之间的情感

人是有感情的动物,作为制度角色的人也不例外。在一个制度化群体或制度化组织中,无论是工作关系还是人际关系,每一个人都会对其他所有的人产生不同的情感,这种情感与其角色特点有很大关系。人与人之间有好恶、亲疏等多种情感,角色主体在不同的角色对象之间表现出来的情感是不一样的。例如,在家庭角色方面,人们对五服内父母、子女、夫妻等关系较近的角色对象表现出来的情感可能更亲密、更亲切。反之,则表现得较为疏远和冷淡。做父母的对自己的亲生子女和亲生父母总是有一种特别亲近的感觉,但是这两种情感也还是有区别的,这种区别来自于制度角色的定位。当你在亲生子女面前定位于父母的角色时,你对他们表现出的情感是疼爱。当你在亲生父母面前定位于子女的角色时,你对他们表现出的情感是尊敬。一般来说,有多少种角色,就会有多少种情感。随着一个人制度角色的增加,其角色情感也会相应增加。例如当你有了孩子成为父亲或母亲的时候,自然而然地会从内心深处产生对亲生孩子的喜爱之情。当你恋爱、结婚时,你的新的角色使你对恋人、爱人及其家人产生出一种新的情感。又如,由于脾气、兴趣、爱好、认知、志向、性格等方面的差异,角色主体可能对有相似特点的人表现出好感,对其他兴趣有别、志向不同的人则可能会疏远一些。由于关注点不同,有人可能重视对上级的情感,有人可能重视对同事的情感。更重要的是,制度角色的有些情感是发自内心、与生俱来的,如对其父母、子女、兄弟姐妹以及与其有血缘关系的人的情感是和其特殊的角色紧密联系在一起的。

2. 角色主体与所在群体或组织的情感

作为一名组织成员,角色主体对不同的群体或组织会有不同的情感,如角色主体作为公民对所属国家及其制度的情感,与作为子女对其家庭的情感有所不同,等等。有些情感是先天形成的,有些情感则是后天形成的,需要逐步培养的。由于角色主体在幼年时对出生地和所属的国家不能自行选择,作为一个市民对所在城市的感情,或作为一个国家公民对国家的感情，是在特定的制度环境中逐步培养起来的。在一个人的幼年和青少年时期，家庭环境和社会教育环境对其角色情感的形成有着深远的甚至是难以磨灭的影响。因此，许多国家非常重视幼年和青少年时期的家庭教育和社会教育对角色主体情感形成的重要作用。成年后，角色主体对所要参加的群体或组织有独立的选择权，在选择过程中，理智的因素往往大于情感的因素。即便如此，当他加入某一个群体或某一个组织后，仍然有一个如何培养良好的角色情感的问题。总体上说，家庭教育、社会教育不仅对每一个人角色情感的形成有重要影响，而且对其一生的角色选择和角色情感的发展也有非常重要的影响。角色情感的复杂性也表现在主体个人角色情感的多重性方面。因为一个人集多种角色于一身，我们可能会看到在他身上有许多似乎不相容的角色情感。例如，我们常会看到一种现象，某些杀人犯在犯罪时表现出非常凶残的一面，但在其父母或子女面前，却表现出人性的善良的一面，这种情感是由其作为子女或父母的角色所决定的。

❖ 四、制度角色和角色冲突

不同的制度角色有不同的制度背景、角色要求、角色情感，这是非常普遍的现象。在不同的角色、群体、组织甚至国家之间常会发生冲突现象。冲突泛指两个或两个以上的个体或主体由于目标、情感、利益方面的不同所产生的对立态度或对抗行为。这种冲突往往是通过其成员即制度角色之间的争斗表现出来的。从词义上说，角色冲突指的是不同的或相互对立的制度角色之间发生的冲突。冲突双方在态度方面的表现是否定、反对、抗议等；在情感方面的表现是反感、厌恶、鄙视、敌视等；在行为方面的表现是语言攻击，人身侵犯、打架斗殴、破坏活动、发动战争等。两个不同的人，由于分别属于两个相互对立的群体或组织，他们相互之间发生冲突是很平常的事情。但是，当一个人兼具不同的制度角色时也常会产生角色冲突的现象。如果不能在取舍方面果断做出选择，必然会给其带来内心深处的忧虑、痛苦和烦恼。表现在个人本身的角色冲突现象，主要源于以下几种情况。

1. 对立的角色集于一身产生的冲突

对立的角色集于一身产生的冲突指一个人由于同时属于两个对立群体或组织的制度角色而产生的冲突。这是一种最常见的角色冲突现象。角色冲突的原因在于一个人所在的两个群体或组织之间由于目标及利益出现了对立而发生冲突，使其具有的角色成为相互冲突的角色。两个不同群体或组织的对立将个人角色卷入了冲突的旋涡。如果一个人具有双重国籍，而其所属的两个国家为了争夺石油资源发生对抗甚至发动了战争，因为这两个国家拼争的目标是完全不相容的，在这种情况下到底支持哪一方，此问题将使其陷入角色冲突的两难境地。又如，在我国农村有时候会发生A、B两村争地引起械斗的群体性事件，如果一个人从A村嫁到B村，在婆家人和娘家人水火不容的争斗中，同时归属于两个对立家庭或对立村落的她该怎么办，也是这种角色冲突的例子。

2. 对立的角色要求集于一身产生的冲突

对立的角色要求集于一身产生的冲突指对一个人同时提出两个以上互不相容的角色要求所产生的角色冲突。除了所属群体或组织造成的角色冲突外，对同一制度角色的不同要求也会产生角色冲突现象。例如，当一个人高中毕业时，作为一个优秀学生，他的老师希望他能够考取大学继续深造。但是由于家里经济困难，他的父亲要求他不能考学必须早日工作。老师对学生的角色要求和父亲对儿子的角色要求出现了对立，使他陷入了角色冲突之中。这种角色冲突发生时，有时是现实问题，有时是认知问题。前者需要果断做出取舍，后者则可通过沟通、解释、劝说等进行调解。

3. 对立的角色认知和情感集于一身产生的冲突

对立的角色认知和情感集于一身产生的冲突指一个人同时体验到两种对立的角色认知和情感所产生的角色冲突。这是一种和一个人的态度相关联的角色冲突现象。态度是个人对某一客观对象形成特定评价和特定反应的相对稳定的心理和行为倾向。态度一般包括认知、情感、意向或行为倾向三个方面。认知指个人对客观对象的认识与理解，包括某种程度的分析和判断。情感指个人对客观对象的心理体验，包括某种程度的感情和情绪色彩。意向或行为倾向指个人将对客观对象做出某种反应的行为准备状态，通常包括导致某种行为的选择决定或意愿。如上所述，不同的角色会产生不同的认知、不同的情感和不同的行为倾向。当一个人同时体验到的认知、情感和行为倾向出现对立或互不相容的情况时，将会使他陷入角色冲突的状态。例如，当一个人的母亲和他的妻子势不两立时，他可能会产生两种相反的认知。从做儿子的角色方面看，他认为对母亲要尊重，应站在母亲这一边。相应的情感是对母亲的同情和对妻子的反感，想要做出的行为倾向是斥责妻子。而从丈夫的角色方面看，他认为对妻子要维护，应站在爱人这一边。相应的情感是对妻子的同情和对母亲的责备，想要做出的行为倾向是责怪母亲。在这种情况下，作为兼具儿子和丈夫角色的个人，其态度是非常复杂的，处于由两种相互对立的认知、情感和意向因素交织而成的角色冲突状态中。若想改变这种矛盾状态，最好的办法是从协调或改变包括所有家庭成员在内的认知和态度入手。

第四节　角色关系

在制度化群体或组织中，每一个成员都是制度角色，他们相互之间组成了复杂的角色关系。角色关系不是自然形成的，它是人类在对自身关系认识的基础上制度化的结果。每一个制度化群体或制度化组织，都是一个庞大的角色关系群，它们在横向联系中有特定的核心角色，在纵向发展中有特定的轴心关系。制度角色的核心和轴心制约着整个角色关系群的发展。在社会生活和社会生产过程中，角色关系的多样性决定了制度角色的多样性。

❖ 一、角色关系是制度化的产物

我们在第三章曾经论述了社会关系的类型及其发生、发展和制度化的过程。原始人类最早形成的关系是处于自然状态中的血缘关系。他们以群居的形式生活在一起，生产关系和社群关系只有一种朦胧的形态。随着生产力的发展和认识水平的提高，他们开始对群体内的成员有了区分和辨识。这种辨识最初应该是从可直观到的形体特征方面产生的，例如面貌、性别、长幼、强弱等。这种辨识导致了群体内的原始的分工方式，例如，男子出去狩猎，女子负责采植，考古学和历史学研究已经证明了这种分工方式。在对群体成员进行区别和辨识方面，最重要的一个进步是明确辨认群体成员的血缘关系或血亲关系。在此基础上，逐步排除了同母所生的兄弟姐妹相互之间及生身父母和其子女之间的性交关系，逐步演变出血缘家庭、普那路亚家庭、对偶家庭、一夫多妻制家庭及一夫一妻制家庭等家庭形式。与此同时，原始人的生产关系、社群关系也随着生产力的进步、劳动分工的发展出现了较为复杂的形式，特别是劳动分工和社会分工使原始群体内的成员出现了不同的类别，如狩猎者、采植者、武士、祭司、首领等，他们有不同的工作或事务，这是制度角色的雏形。最后，当原始群体在漫长的历史发展过程中以文字形式将以前的共识变成制度规定并严格执行时，原始人群体生活的形式演变为制度，通过制度形式确定的不同身份的人演变成为制度角色，人与人之间的社会关系最终形成制度关系并通过角色关系表现出来。在此意义上说，角色关系是社会关系和制度关系的具体表现形态。角色关系是人们通过制度规定和制度执行的制度化过程所确定的人与人之间的关系。

❖ 二、角色关系的轴心

角色关系是一种制度关系，是所有社会关系中最重要的关系。一个人所有的社会关系是非常复杂和庞大的。仅以家庭关系来说，在我国古代的封建社会中，即有按血统亲疏等级排列的"九族"和"五服"之制，"九族五服图"如图 6-1 所示。如果以长子为中心，上自高祖，下至玄孙，以男系为主线依次排列，一共有九个世代，称为九族。同时按照服丧时的服式划分，包括直系亲属和旁系亲属在内，按照亲疏远近分为五服。九族五服图是一个非常复杂的家族关系图，从

第六章
制度角色和制度人

平面图看，其中每一个方格可以看作是一个角色，一共有 62 个角色，如果以一对一的角色关系来计算，所构成的角色关系总数是非常庞大的。方格中的每一个角色都可以成为一个中心，在其周围形成另一个复杂的九族五服图。在九族五服图所有角色关系中，横向看即每一代有一个中心角色，纵向看即九代人从上至下有一个轴心，这个轴心是由每一代角色关系中的中心角色构成的。所有的角色关系都是按照其中心或轴心位置排列的，九族五服图中的每一个人都可以按照这个轴心找到自己的位置，确定自己的角色关系。当一个人把自己的角色关系及其所处的角色位置确定后，则在他的头脑中，对所有角色关系中的个人，应持什么样的态度或行为，相应产生了一定的认知。

				高祖父母				
			曾族姑	曾祖父母	曾伯叔祖父母			
		堂祖姑	祖姑	祖父母	伯叔祖父母	堂伯叔祖父母		
	族姑	堂姑	姑	父母	伯叔父母	堂伯叔父母	族伯叔父母	
族姐妹	再从姐妹	堂姐妹	姐妹	己身	兄弟	堂兄弟	再从兄弟	族兄弟
	再从侄女	堂侄女	侄女	长子	侄	堂侄	再从侄	
		堂侄孙女	侄孙女	嫡孙	侄孙	堂侄孙		
			曾侄孙女	曾孙	曾侄孙			
				玄孙				

图 6-1 九族五服图

中国人有一个传统，世世代代坚持续家谱、族谱，以血缘关系和血亲关系为纽带，以长子继承制为主线，严格地按照辈分一代一代地以实名记录的形式编制家谱、族谱。据说孔子后裔有文字记载为证，至今已沿袭了七十多代。如果仔细研究一下，列入家谱、族谱轴心线上的人物都是该家族中最重要的、最核心的人物，人们一般称之为家长或族长。这些能编制家谱、族谱并代代相传下来的家族必然是有严格的家规或族规的族群，家谱或族谱轴心中或轴心旁的人物也都是该家族最重要的制度角色。该家族较为次要的人物或者在族谱中排在旁支或旁系中，或者在族谱中榜上无名。该家族历代血亲关系中的核心人物及以他们的角色为中心所确定的角色关系成为整个族谱世世代代延续的轴心。

在现代社会中,所有的社会关系、制度关系都是通过角色关系表现出来的。每一个制度化组织都是一个有核心角色和轴心关系的庞大的角色关系群。就家庭关系来说,构成核心角色的人主要有父亲、母亲、儿子、女儿、丈夫、妻子等,他们都是家庭中最重要的成员,即是人们所说的"核心家庭"的成员。他们之间的关系是家庭关系中最重要的轴心关系。和家族群体一样,在制度化组织所有的角色关系中,横向看有一个中心,纵向看有一个轴心。处于中心或者轴心位置上的人物通常是该组织的领袖、最高领导者或制度规制者,如国家总统、公司董事长或总裁、大学校长等。人们在编写国家发展史、公司发展史或校史时,一般都会编排一个历代领导人及其任职时间的年表,该组织的核心角色及其轴心关系的特点表现得更为明显。就组织成员和国家公民来说,构成核心角色的人员主要是制度规制机构和制度执行机构的最高领导者。在任何组织和任何国家中,都有这样的核心角色及由其所组成的轴心关系。围绕着组织中的中心或轴心,每个人都可以确定自己的角色关系和角色地位,确定自己在组织中的角色意识和角色行为,规划自己在组织中的发展方向和晋升通道。一般来说,在制度化组织中,所有的角色关系都是由低到高、由周边到中心普遍联系的。角色与角色之间的联系即是一个人职业发展的通道,一个人的升迁是在这个角色关系的通道中不断变换角色及角色关系的过程。如从科员晋升到科长、处长、局长乃至部长,即是这样一条角色及角色关系不断变换的职业通道。在所有制度化群体和组织中,其最重要的制度关系、法律关系也体现在成员之间的角色关系方面。家庭作为一个比较小的制度化群体,其制度关系和角色关系相对来说是比较简单的,企业、学校、国家等制度化组织中的制度关系和角色关系则是非常复杂的。在这些组织内部纵横交错着各种各样的制度关系和角色关系,如领导关系、组织关系、管理关系、工作关系、生产关系、监督关系、利益关系、人际关系等,每一种关系都涉及一种庞大的角色关系群,但是,它们都是围绕着同一个核心角色和轴心关系形成和运转的,受其影响并受其调整。处理好核心角色和轴心关系问题,是保证制度化组织平稳运行、持续发展的关键。

三、角色关系的类型

角色关系的类型多种多样。主要包括角色主体与所在群体或组织的关系；角色主体所属群体或组织相互之间的关系；角色主体与所属群体或组织中的所有人员之间的关系等。如果再类推的话，还会有许多方面的关系。我们在这里仅分析一种基本的角色关系类型。从理论上说，一个人只有在成为一个制度化群体或组织的正式成员后，才能具有制度角色的身份。我们加入群体或组织有许多种方式，构成了我们加入其中的群体或组织的角色关系的不同特点。此种角色关系包括以下几种类型。

1. 法令式角色关系

法令式角色关系指根据特定法律规定自动成为制度化群体或组织的正式成员而形成的角色关系。有关法律是构成并维护此种角色关系的最关键、最根本的条件。我国宪法规定："凡具有中华人民共和国国籍的人，都是中华人民共和国公民。"我国《国籍法》第四条、第五条规定："父母双方或一方为中国国民，本人无论出生在中国还是外国都具有中国国籍。"按照这两项法律规定，我们作为中国公民的子女，从出生的那一刻起就自动成为中华人民共和国的公民。我们之间的角色关系就是国家公民的关系，构成、维系、保护我们公民关系的是宪法和国籍法及其所有法律和法规。公民关系是我们全国人民的最重要的社会关系和制度关系，它决定了我们有共同的权利、义务和根本利益。一般来说，在任何国家中，法令式角色关系都是其国民最重要的社会关系和制度关系。这种角色关系的基本特点是，群体或组织内的所有成员在法律地位上是平等的，有共同的权利、义务和利益。一般来说，法令式角色关系是终身的、永久性的角色关系。法令式角色关系还有其他一些形式，如某些地方高校校友会，按照经地方行政机关审批通过的校友会章程规定，凡是在当地工作的同一院校的毕业生都是该校校友会会员。法令式角色关系的法律依据是法律规定，校友会等组织由于法律依据强度和约束性较低，相比之下，它们的角色关系必然较为松散一些。

2. 审批式角色关系

审批式角色关系指经过一定的申报、审批程序成为制度化群体或组织的正式成员而形成的角色关系。审批式角色关系是我们人生历程和职业生涯中最常见的、也是非常重要的角色关系。无论我们是进入一所学校、一家公司或是一个政府机关，一般要经过个人申报、笔试面试、最后批准等几个环节经正式录用后才能成为正式成员。审批式角色关系的基本特点是，组织成员之间有严格的等级和行政隶属关系，不同的成员有不同的机构、岗位、职级、职权、责任等，他们有共同的群体或组织目标和利益。审批式角色关系一般经过审批程序加入，同时也可以经过审批程序离开。因此，它不像法令式角色关系那样有终身的、永久的性质。审批式角色关系的形成是一种双向选择的过程，这是我们一生中可以做出角色选择的一种关系，对我们的一生有十分重要的影响。

3. 合同式角色关系

合同式角色关系也可称为契约式角色关系。指当事人通过签订具有法律效力的合同或契约而形成的角色关系。我国合同法规定："合同是平等主体的自然人、法人、其他组织之间设立、变更、终止民事权利义务关系的协议"。合同内容一般包括当事人的情况、合同事项情况、合同期限、地点和方式、违约责任及解决争议的方法等。合同关系是一种非常严格的法律关系。合同当事人本身就有了法律意义上的称谓，如自然人、法人、公司代表等，所以他们都是负有法律责任、受到法律约束的制度角色。合同式角色关系是一种特殊的角色关系。合同当事人在法律地位上是平等的，他们之间没有等级和行政隶属关系，在角色选择方面有更大的自由度和选择权。合同式角色关系有时和审批式角色关系交叉在一起。在某些单位特别是在民营企业中，用人单位在经过一定的审批程序决定录用某人后，往往还要和其本人签订劳动合同才能最后录用。因为合同一般是有期限限制的，相比之下，在三类角色关系中，合同式角色关系的持续性一般是最短的。在现代制度中，随着网络技术的发展，出现了一种新型的组织形式，有人称为平台式组织或网络式组织，本文在这里专指场式组织。当事人一般在网上签订相关合同后，即可进入平台或场内进行交易或参加相关活动。所有当事人一旦签订合同，即受到合同规定和相关法律的约束，因此，毫无例外，他们都是理论意义上的制度角色。但是，他们相互间的关系更为松散，他们甚至和组织中的管理层或管理人员没有任何直接接触，他们在平台上或场内的活动完全是按照合同规定的内容和程序进行的。我们在下一章还将专门论述此类问题。

4. 习俗式角色关系

习俗式角色关系也可称为宗法式角色关系。指按照习俗或历史传统自然延续形成的角色关系。最典型的是我国以家族或宗族形式为代表的宗族制度，一般是在血缘关系基础上形成的角色关系。我国自夏朝以来，建立了一套以父系血缘关系亲疏远近为准绳的宗法制度，其最典型的特征是父权家长制和嫡长子继承制。如上所述，父母（夫妻）及其子女组成的家庭被称为核心家庭，在同一血亲关系内，以上下几代的长子为轴心所形成的有严格辈分和亲疏排列的血缘集团可称为"家族"。如果辈分更多或规模更大可称之为宗族。几千年来，由于血缘关系、地缘关系、封建王权与父权、夫权结合等原因，家族或宗族是我国很有影响的社会组织形式。按照定义，家族或宗族是有共同目标、群体规范、固定关系、角色划分的制度化群体。家族或宗族的成员身份是以血缘关系认定的，有一定的权利和义务，加入群体不需要经过审批和签订合同，具有永久性和终身性，这一点与法令式关系较为相似，但它没有正式的法律作为依据。其群体成员之间有严格的辈分关系和等级关系，这一点与审批式角色关系较为相似，但是没有行政隶属关系。其群体成员在行动上有较大的自由度和选择权，这一点与合同式角色关系较为相似，但是，所有成员必须按照家规或族规行事，否则将会受到严厉的甚至残酷的处罚。在我国，随着血缘关系和地缘关系的弱化，习俗式角色关系受到其他三种类型的角色关系的冲击，但在广大的农村地区仍有重要的影响。习俗式角色关系可能也有其他一些存在形式，在此就不做进一步的探讨了。

❖ 四、角色关系的多样性

在制度化的社会中，一个人并不可能只担当一种制度角色。我们每一个人都可以设身处地地想一想,我们究竟具有多少种制度角色。细数一下,我们担当的制度角色是非常多的。我们每一个人都处于非常复杂的角色关系中。在实际生活和工作过程中,我们要加入许多不同的群体和组织。一个人可能担当的制度角色是多种多样的。仅以家庭角色为例,一个人的角色就可能非常之多。按"九族五服"来计算,一个人所担当的家庭及家族角色至少可达数十或上百个。虽然这些角色不一定都能列为制度角色,但至少相当一部分包括在内。家庭角色从一个侧面反映出一个人制度角色的多样性。

社会经验告诉我们,人的一生中所担当的角色是一个随其年龄增长和职业生涯发展的过程由少到多、逐渐增加的过程。我们在此简单地以个人的人生经历为例。从"哇"的一声来到人世的那一瞬间,且不说他的国籍、户籍方面的角色,他在什么都不知道的时候已经成为"核心家庭"的成员。他以一己之身同时承担了儿子、孙子、重孙、外甥、侄子、表兄、表弟、堂兄、堂弟等多种角色,可以说他有多少种角色,就相应地具有多少种角色关系。当他背着书包上小学时,开始有了小学生、同学、班长、课代表、班委、少先队员、小队长、中队长等多种角色。随着年龄的增长,他又增加了初中、高中、大学学习期间的种种角色。大学后他结婚了,又增添了新的家庭角色,如丈夫、女婿、小舅子、姑爷、姨父等。若干年后他又将增加父亲以及诸如爷爷、姥爷、大舅爷等被动升级的角色。同时,随其年龄增长和职业生涯发展,他在社会工作和社会活动中的制度角色也在逐步增加。在他的职业生涯发展过程中,随着录用上岗、工作调动、机构变换、职务升迁、职称晋级等方面的变化,他将担负越来越多的制度角色。总之,角色的多样性,构成了角色关系的多样性,同时构成了角色和角色关系的复杂性。这种复杂的角色和角色关系,影响着我们的认知、情感和行为方式。除了制度化群体、组织和制度角色外,我们的一生中还会参加许多非正式的、非制度化的群体或组织,我们还将同时兼具许多非制度化的角色。一个人的社会关系是其制度化的角色关系和非制度化角色关系的总和。

第五节 制度角色的确认

制度角色的确认指从集体和个人两个方面对具体人员的角色身份的认定。在制度化群体或组织中，角色确认是一个非常重要和非常具体的问题。例如，在群体或组织中，究竟有哪些或应设定哪些制度角色；所有成员分别属于或应划归哪些角色；群体成员是否对自己的角色有明确认识；是否了解并愿意履行相关角色的责任和义务；在群体或组织活动中，将会出现什么样的角色行为；等等，这些都是需要从理论上探讨的问题。制度角色的确认包括以下几个方面。

一、角色认知

现代人区别于原始人的一个典型特征是，能够确认自己的角色，并能够将自己的角色和他人的角色相区别。角色认知指在对群体成员的不同特性进行区分和辨别的基础上对具体角色的指定和确认。角色认知包括对制度角色的自我认知和对制度角色的集体认知两种情况。

1. 自我认知

自我认知指群体成员对自己所具有的角色的了解和确认。如 A 认为，B 是自己的儿子，自己是 B 的母亲；B 认为，A 是自己的母亲，自己是 A 的儿子。确认角色只是自我认知的第一步，下一步是对自身角色应有行为的认知。进一步说，当 B 确认自己是 A 的儿子时，他是否认识到儿子的角色对母亲的角色应承担什么样的责任和义务。对 A 来说，也有相应的行为认知。这种问题看起来挺奇怪，实际上在日常生活中却较为普遍。许多人缺少对自身角色的认知，不知道或不清楚自身角色的相关规定。作为一个独立的个体，我们每个人都是从自身的角度出发，确认自己承担的角色，了解自己的身份和所处的角色关系，明确与身份、角色相关事项，如目标、责任、权利、义务、纪律要求等。通过岗前培训提高新员工的角色认知，是制度化群体或组织维持角色关系、开展正常活动的基础工作之一。许多组织在对新员工进行岗前培训的基础上，建立起一种靠自我认知和集体认知维系的角色关系。

2. 集体认知

集体认知指在一个群体或组织内所有成员对某个或某类人的身份和角色的确认。在考察原始人类的发展史时，学者们发现，原始人的家庭形式先后出现了血缘家庭、普那路亚家庭、对偶家庭、一夫多妻制或一夫一妻制等多种形式。新的家庭形式的产生不是原始人本能的自然发生的结果，而是他们对血缘关系、两性关系、家庭关系、婚姻关系等在认知的基础上加以限定的结果。这种结果就是一种角色认知的结果。角色认知在家庭形式的演变过程中发挥了重要作用。在前面的论述中，我们已经知道，制度是在群体成员约定、共识的基础上形成的。光有一个人或某几个人的自我认知，是不能形成制度规定和制度执行过程的。在原始社会中，首先是由母亲来确认谁是她的亲生子女，其结果是在原始群体内确定了母亲、儿子、女儿三种角色。与此同时，群体中的其他成员也确认这种认知。在此基础上，群体成员们进一步确认相互之间的血缘关系及其不同的角色，如母子关系、母女关系、兄弟姐妹关系、男女间的辈分关系及与其相联系的不同角色等。只有在集体认知基础上，才能在群体内排除兄弟姐妹以及父母与其子女之间的特定角色的性交关系，促进了群婚形式的消失和新的家庭形式的产生。

❖ 二、角色定位

角色定位是在角色认知的基础上形成的。一个人只有在特定的角色关系中，才能确定自己的特定角色及特定的角色行为。角色定位指确定一个人在三个以上或较为复杂的角色关系中的具体地位和身份。角色定位是角色认知的进一步深化。制度化群体或组织内部的角色关系是在角色认知和

第六章
制度角色和制度人

角色定位的基础上形成的。角色认知一般是在两个角色之间进行的,而角色定位一般是在三个以上的角色之间进行的。例如,在 A、B、C 三个人的角色关系方面,B 确认:A 是我的母亲,我是 A 的儿子,这是一种角色认知。又如 B 同时确认:我是 C 的父亲,C 是我的女儿,这也是一种角色认知。但是,如果把这两个角色认知加起来,就变成 B 是 A 的儿子同时是 C 的父亲。并且,A 是 C 的奶奶,C 是 A 的孙女。角色定位关系如图 6-2 所示。A、B、C 三者形成了一种以 B 为中心的较为简单的角色定位关系,换句话说,A 和 C 的关系是靠 B 的角色定位来确定的。让我们用九族五服图来作为例子,假设在家族里有一百个人,如果以不同的人为角色定位的中心,与他相关的其他人的角色称谓将随之发生变化。在政府机关,处长见了局长自认下级,而在科长和科员面前则成为了上级。角色定位说明了,在不同的角色关系中,一个人的角色地位是不同的,与其相关的角色认知也是不同的。由于角色定位的变化,在角色认知方面,同一个角色主体的态度、责任、权利、义务等,也相应发生了变化。在上面的例子中,B 本身既是儿子同时又是父亲,具有两种不同的角色。显而易见,他不能用对待母亲 A 的态度来对待女儿 C,因为 B 对母亲和对女儿有不同的身份和责任。同样,处长不能用对待下级的态度来对待上级,也不能用对待上级的态度来对待下级,因为处长对其下级和对其上级也有不同的

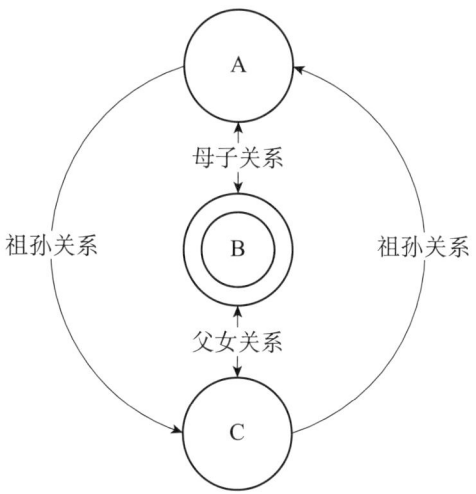

图 6-2 角色关系定位图

身份和责任。在现实生活中，有些人能够随着角色关系和角色地位的变化，在角色认知方面相应发生变化，及时进行调整。有些人则不行。一般来说，前者的工作关系和人际关系总体上比后者处理的要好一些。在与他人的角色关系中确定自己的身份、地位及应有的态度，在角色定位的基础上加强角色认知，是在日常生活和工作中，妥善处理工作关系、人际关系等角色关系的出发点。

❖ 三、角色意识

角色意识是在角色认知和角色定位的基础上形成的。一个人只有对自己的多种角色及在不同角色关系中所处的地位有了明确的认识之后，才能形成整体性的角色意识。角色意识指角色主体对自己所具有的所有角色及角色关系的整体认识。角色认知是角色主体对以自己为一方、一对一的角色关系的认识。角色定位是角色主体在单一的群体或组织中对以自己为中心的角色关系的认识，其中包括许多一对一的角色关系。角色意识是一种综合性、整合性的认识。在实际生活中，我们每一个人并不是只具有一种角色或者只是一个制度化群体或组织的成员。我们同时承担着许许多多的角色，同时是许多群体或组织的成员。至少有三个最重要的群体或组织和每一个人有关，即家庭、工作单位和国家，我们在这三个方面都有自己的角色认知和角色定位。角色意识是我们每一个人对自己的这些角色和角色关系的整体认识。但是，角色意识绝不是做三个方面的角色认知和角色定位的简单相加。它是在这三个方面的认识比较分析的基础上所形成的一种综合性的认识。特别是在这三个方面的认识出现角色冲突现象时，角色意识的特征表现得最为明显。例如，母亲A是中国公民和机关工作人员，当儿子B有违法行为时，母亲A是履行中国公民和国家机关工作人员的角色职责，还是履行母亲对儿子的传统意义上的责任。母亲A深深体验到了三种角色在不同的目标、责任、情感等方面的冲突。在这个例子中有三种角色认知，即母亲A对公民角色的认知、对国家机关工作人员角色的认知和对母亲角色的认知。问题的关键是，在角色定位方面，母亲A会把重点定在哪个角色上，三个角色定位中只有一个选择。定位于前两个角色认知中的任何一个，意味着否定后一个。前两个角色认知在目标、责任、情感方面是相容的，和后一个角色认知则是对立的、不相容的。反之，定位于后一个角色认知意味着否定前两个。在这个例子中，角色意识包括角色认知、角色定位的全部内容和整个过程。它不是所有角色认知和角色定位认识的简单相加，而是一个比较、分析、取舍、权衡的复杂的认识过程。从这个例子中可以看出，就一个人的角色意识来说，在其所有的角色认知和角色定位当中，一般来说，必然有一种角色认知和角色定位起着主导的、决定性的、核心的作用，它可以引导、整合、激发所有与之相容的角色认知和角色定位，同时，它可以抑制、排斥、克服所有与之不相容的角色认知和角色定位。对一个国家来说，其公民的素质高低与否，关键在于其国民的角色意识中哪一种角色认知和角色定位占据核心位置。总体上看，当一个国家中的大部分国民的公民意识是其角色意识的核心内容时，整个国家必然具有较高的国民素质、国民凝聚力和民众执行合力。

第六节　经济人、社会人与制度人

长期以来，关于人的本性问题存在着"经济人"、"社会人"等多种假设。从制度研究的角度出发，制度人的假设有益于我们对人的本性和人的行为有更深入的了解。

❖ 一、制度人的概念

制度人的概念与"社会人"、"经济人"的概念有明显的区别。

1. 经济人假设

"经济人"又称"理性经济人"。一般认为，"经济人假设"源于英国经济学亚当·斯密的《国富论》。亚当·斯密认为，我们每天所需要的食物和饮料，不是出自屠户、酿酒家和面包师的恩惠，而是出于他们自利的打算。许多经济学家在此基础上提出了经济学理论中的"经济人假设"，并从各方面加以论证。该假设认为，经济人是经济活动的行为主体，经济人的本性是利己的，经济人在经济活动中的行为都是理性的，经济人的基本动机都是追求利润和效用最大化。

2. 社会人假设

社会人假设也是一种关于人的本性的较有影响的学说。该假设认为，人不仅是经济人而且更是社会人；人不仅追求经济利益，还追求安全、自尊、情感、社会地位等；人际关系、社会性需求往往比经济报酬更能激励、调动人的积极性；社会文化环境、社会经验对人的行为有非常重要的影响。这两种假设都是从某一个侧面对人的本性及其行为倾向做出的经典论述。我国早在春秋战国时期，即有荀子等思想家关于"人性善"还是"人性恶"的争论。管子曾说过，"仓廪实则知礼节，衣食足则知荣辱"，这是对人的本性及其行为倾向的非常朴素的认识。马克思认为："人的本质是一切社会关系的总和"。从人的社会关系的角度探讨人的本性具有更深刻的理解。从制度学研究的角度来看，人类社会一切重要的社会关系都是制度关系，最终都要通过制度化的角色关系表现出来。因此，我们可以进一步说，人的本质是一切角色关系的总和。人们的经济需求、社会需求等都是由其制度角色决定的。人类社会是一个制度化的社会，每一个人都是一个或多个制度化群体或组织的成员，都有多种多样的制度角色。制度人是所有制度角色的统称。与制度角色相联系，制度人有特定的制度背景、特定的角色要求和特定的角色意识。从人的本性来说，人的善与恶、知与行是由制度人置身于其中的制度背景和制度角色的特性决定的。

二、制度人的本性

人类社会是随着人与人之间的制度关系、角色关系的形成和确立逐步发展起来的。当原始人从动物界脱离出来进入人类社会时，在原有的个体与个体、个体与群体的纯粹自然的关系的基础之上，逐步演化出个人与组织、个人与社会的制度化的关系。人除了原有的自然属性外,随着制度化程度的提高,增加了越来越多的社会属性。制度人的本性是在特定的制度环境和制度关系中人的自然属性与社会属性的统一。人的自然属性与人的社会属性都包含着善与恶的因素。从某种意义上说,"恶"的因素一般是与人的个体性相联系的,如"自私自利"、"损人利己"、"牟取私利"、"以权谋私"、"私心太重"等贬义词都与其有关,在人与人或人与群体的角色关系中,如果一个人为了一己之利,不惜损害他人或群体的利益,其言行或其本性即被称之为"恶"。反之,"善"的因素一般是与人的群体性或社会性相联系的,如"舍己救人"、"舍身取义"、"人人为我,我为人人"等褒义词都与其有关,如果一个人为了他人、群体或社会的利益而舍弃或牺牲了自己的利益,其言行或其本性则被称之为"善"。问题的关键是,一个人在何种情况下表现为"善"或表现为"恶"。一般来说,这取决于一个人对角色关系的认知、定位、意识及现实的制度环境。例如,在只有半个馒头可维持生命的情况下,母亲 A 处在与儿子 B 的角色关系中将会表现出善的一面,而处在与仇人 C 的角色关系中将会表现恶的一面。母亲 A 表现出的人的本性是被其特定的角色及角色意识所决定的。由于人的制度角色不同,善与恶的表现和善与恶的标准也是不同的。例如,母狼捕杀了一只兔子去喂养嗷嗷待哺的小狼,这是其自然属性中善良的一面。但在童话作者的眼中,却把捕杀行为视作母狼凶残的一面,于是演绎出不少凶恶的狼群和善良的小白兔的故事。人类社会也是一样,A 部落的人对 B 部落进行杀戮和掠夺,A 部落的人视此行为为壮举,B 部落的人则视其为恶行。制度是有时空性的,每个人所处的制度环境都是真实存在的,从这个意义上说,所有在人类社会中真实存在的人都是制度人。"经济人假设"和"社会人假设"研究的是一个抽象的人。"制度人假设"把人放在一个真实具体的角色关系和制度环境中去考察,研究的是一个真实具体的人及人的本性的真实表现。

❖ 三、制度人的类型和特点

制度人使人的概念有了更丰富的内涵。在不同的制度背景下,制度人有不同的类型。生活于原始制度环境中的人被称为"原始人",生活于现代制度中的人被称为"现代人",生活于美国制度下的人被称为"美国人",生活于中国的制度环境下的人被称为"中国人",等等。不同的制度背景使人成为特定的制度角色,并因而具有特定的角色意识、角色态度和角色行为。从制度人的不同类型中,我们可以看出几个基本特点。①制度人有时空性。制度人是在特定时间和特定空间内生活着的人,比如说古希腊人、古罗马人、古波斯人以及我国的明朝人、唐朝人等。他们各自有其生存、活动的时间和空间。②制度人有社会属性。我们一提起外国人,如美国人、德国人、英国人、日本人等,首先联想到的是与他们的自然属性有关的特征,如种族、肤色、面目特征等,其次是地理位置、自然环境等,再次是生活习俗、历史事件等,但对他们的角色意识、角色行为和制度背景联想的较少。制度人的概念将使我们对他们的社会属性有更多的认识。③制度人有特定的制度背景和角色关系。不同类型的制度人,有不同的制度背景。显而易见,"原始人"生活于其中的制度背景与现代人的制度背景有明显的不同。由于生产力的发展水平不高,原始人的血缘关系、生产关系、社群关系都较为简单,处于人类社会发展的初级阶段。在此基础上,与其相适应的制度规定、制度执行在内容和形式上也较为简单。在现代社会,人与人之间的血缘关系、生产关系、社群关系发展得非常复杂,与其相关的制度也变得非常复杂。如"美国人"的制度背景是立法机关、行政机关、司法机关"三权分立"的议会制度,"中国人"的制度背景是"议行合一"的人民代表大会制度。当家长们把孩子送到国外去读书的时候,意味着他们在不同的制度背景下学习和生活,在角色意识和角色行为方面将会有很大的变化。生活在不同的制度背景下的人具有不同的角色关系,因而有不同的角色意识和角色行为。

四、制度人的态度和行为

美国心理学家道格拉斯·麦格雷戈 1957 年在"企业的人性面"一文中提出了关于人性的一个著名理论:"x 理论和 y 理论"。x 理论的基本假设可主要概述为:一般人的天性是厌恶工作;必须对大多数人实行强制,

第六章

制度角色和制度人

监控指挥并用惩罚作威胁；一心想逃避责任；等等。在此需要强调的一点是，后人一般只把麦格雷戈的理论停留在 x 理论和 y 理论对人性截然不同的分析上。实际上，麦格雷戈理论的重要之处并不限于此。在他的理论中已经包含了制度背景对人的影响的内容。他认为按照 y 理论，人的本性并非像 x 理论描述的那样，之所以如此："原因出在管理部门的组织方法和控制方法方面"。他认为，"在适当条件下"，人们不会厌恶工作，能够学会主动承担责任，能够发挥相当高的想象力、独创性和创造力。麦格雷戈所说的适当条件，即可理解为本文所说的制度背景。

麦格雷戈的理论可以引申为，在不同的制度背景下，制度角色的态度和行为是不同的。在实际生活中这样的例子是很多的。我国农村体制改革的实践证明，同样的一个人，作为人民公社社员和家庭联产承包责任制的家庭成员，表现出来的生产积极性和利己主义的行为是不同的，两个截然不同的角色使其态度和行为出现了相当大的变化。又如，在出现歹徒行凶的现场，有一个警察和一些普通群众，其中还有一个带着孩子的妇女。在一般情况下，他们会有什么样的行为表现，社会舆论对他们又会有什么样的行为要求和评价，关于这些问题的回答，角色之间的差别是很明显的。警察制止歹徒行凶的责任意识，肯定比一般的群众要高，警察如果不能挺身而出，肯定会受到社会舆论的谴责。制度人的态度和行为取决于现实的制度和制度角色的特性。制度人的特点在于，他对人对事的态度及行为表现，取决于角色认知、角色定位、角色情感和角色意识。角色认知是角色态度的第一个构成要素。角色认知的重要性在于它是角色情感和行为倾向的基础。角色态度的内涵比角色意识要宽泛。角色意识基本上是由角色认知和角色定位构成的，而角色态度的内容还包括角色情感和行为倾向。如果一个人有很强的角色意识。我们就可以预知他对某件事情的态度、动机、认知、情感和行为倾向。在上面的例子中，如果警察认为，我是一个警察，我有责任制止歹徒，保护群众。这种警察的角色意识将使他的态度和行为有明确的指向性并在行为上表现出来。如果他认为，我上有老，下有小，不值得冒险。这种儿子或父亲的角色意识将使他在态度和行为上止步不前。综合性的、多种角色的认知、冲突、定位的取舍、权衡是制度人现实的态度和行为取向的主导因素。如果一个人的某种角色意识很淡漠，那么意味着他对该角色所具有的权利、所应承担的责任和义务同样也很淡漠。培养和强化角色意识是增强国民的社会责任感，提高员工的工作积极性的重要途径。我们从小受到的教育告诉我们，热爱祖国热爱人民，这种教育只有和角色意识联系起来才有明显效果。我们为什么要热爱中国，而不是别的国家，因为我们是中国的公民。我们在这个国家受到保护，有自己的合法权利和权益。我们从刚出生的一瞬间就有两个重要的角色，一个是家庭成员的角色，把我们与"家"联系起来，一个是国家公民的角色，把我们与"国"联系起来。这是贯穿我们整个人生的两个最重要的角色。与之相关的角色意识，如父母的角色意识、子女的角色意识、公民的角色意识等将是每一个人人生态度的核心内容，也是我们每一个人的角色行为的主导因素。树立并强化这两种角色意识，应是每个国家教育体系和宣传体系的重要内容。制度人的概念为我们提供了了解一个人的动机、目标、情感、行为的新的分析方法。

第七章
制度场

- "制度场"的概念
- 制度场的要素
- 制度场内的相互作用关系
- 制度场的作用力
- 作用力的表现形式和范围

第七章 制度场

　　制度是制度规制者、制度执行者等制度主体或行权主体与制度客体或行权相对人相互影响相互作用的结果。制度不是制度规制机构停留在纸面上用文字表达出来的规则,也不是制度执行机构强制执行的行为。制度一旦形成,将对其制度背景下的所有制度角色产生巨大的约束力和影响力。制度以"场"的形式存在,我们称之为制度场。制度场的要素包括特定的制度、特定的制度角色、角色之间特定的相互作用、特定的场地或空间。从制度场的角度分析,制度化组织可以分为实体场组织和虚拟场组织两种类型。制度场内所有的制度角色存在着相互作用相互影响的关系,如管理关系、领导关系、监督关系等。制度场的管理对象不仅包括群体或组织的正式成员,而且包括进入制度场内的外部人员。制度场的作用力分为制度吸引力和制度控制力两种基本类型。权力是制度作用力的表现形式。权力主体或行权主体的控制力决定着制度场的作用范围和制度效力。制度的场际关系分为有隶属关系、无隶属关系、单元的或多元的等多种类型。

第一节 制度场的概念

　　"场"是自然界的一种普遍现象,也是人类社会的一种普遍现象。在社会科学中，曾有专家学者对"场"的现象进行过论述和研究，但是没有引起应有的注意，也没有形成系统的理论。制度场不是自然形成的，而是在有强制力的制度规定和制度执行的基础上形成的。制度场的概念和研究，有助于我们从一种新的视角来探讨政治、经济、文化、科学技术、社会管理等人类社会发展中的各种问题。

一、制度场的定义

我国"辞海"对"场"的字义的解释主要有两种：①平坦的空地，与之相联系的概念有市集、考场等；②物理场，即相互作用场，指的是不同物体或实物间的相互作用场。与之相联系的概念有电磁场、引力场等。这是一个将古老词义与现代词义融为一体的字。按照群体动力学的理论，一个人在群体中的感受与其独处时的感受是不同的，只要有其他人在场，一个人的思想行为就会受到其他人的影响。其创始人美国心理学家库尔特·卢因用群体动力学的概念研究小团体中，人与人相互影响相互作用而形成的社会效应。他认为，人的行为是个人与环境相互作用的产物。用公式表示为 $B=f(P, E)$。其中 B 代表个人行为的方向和向量；f 代表某个函数关系；P 代表个人的内部动力；E 代表环境的刺激。卢因的理论被称为人类行为场理论，或简称为场论。该理论中的"场"意指一种心理场，"场"的概念既包括个体、群体、组织间的相互作用，也包括构成这种相互作用及其关系的客观环境。德国学者马莱茨克1963年在《大众传播心理学》一书中提出了"大众传播场"的概念。他认为，大众传播是一个传播者和受传者复杂的社会互动过程和社会传播系统，是包括社会心理因素在内的、有形的和无形的各种社会作用力交互作用的"场"。这些社会心理因素包括传播者和受传者的自我印象、人格结构、同僚群体、社会环境、所处的组织、媒介内容的公共性及其约束力、信息本身以及媒介性质的压力和约束力等。美国管理学家彼得·圣吉创立了学习型组织的理论，他认为，学习讨论会或者学习型组织，是一种学习的"场"。在这个场中，人们彼此相互影响和相互作用。每一个人的存在，每一个人的交谈，甚至房间里的每样东西都会影响人们的创造精神。因为这个"场"是领导者们创

第七章
制度场

造的，领导者们在场中有特殊的影响，彼得·圣吉也将这个场称为"领导力场"。

库尔特·卢因和马莱茨克都是从社会心理学和传播学的角度来研究人类社会中"场"的概念的。从制度学的角度看，制度场不仅是由社会心理因素构成的环境，还是人们在现实的制度规定和制度执行过程中所结成的制度关系的表现形式。处于特定角色关系中的个体之间的相互作用和相互影响是制度场理论的基础。心理影响是人们之间相互影响相互作用的一种特殊形式，心理影响的氛围可以被称为"心理场"或"心理的影响力场"。心理场是制度场的内容之一，但不是制度场的全部。制度场最重要的内容是制度规定和制度执行、人们结成的制度关系、角色关系以及这些关系使人们发生的相互作用和相互影响，这些内容对心理场的形成有重要作用，社会心理学家把它们作为影响心理活动的环境因素进行论述，制度学的理论研究则把这些内容与心理场的研究内容结合起来，形成一个统一的"场"的认识。如上所述，制度是制度规制者、制度执行者（二者合称为制度主体）和制度互动者（制度客体）等所有制度角色相互影响相互作用的结果，是不同的群体、组织或集团相互博弈的产物。和物理现象一样，制度构成三要素间的这种相互作用同样以一种"场"的形式表现出来，我们将这种"场"称为制度场。顾名思义，制度场指制度关系条件下以制度主体为核心的所有制度角色的相互作用场。制度场本身是一种工作场、活动场、服务场，人们活动于其中才会产生相互作用和作用力。当我们给一块电磁铁通电时，在它的周围就会产生一个电磁场，当我们切断电源时，这个磁场就消失了。制度场也一样，当人们在其中工作或活动时，他们按照制度规定结成一定的制度关系，在履行角色职责时相互作用相互影响，制度本身的作用力将在活动过程中产生并释放能量。每一个组织、每一个国家都是一个制度场，从某种意义上说，整个人类社会是一个由大大小小的组织和国家所组成的多元化的制度场。

❖ 二、制度场的现实存在

在我们周围，"场"是非常普遍的自然现象。我们每一个人都置身于各种各样的"场"中，大的如太阳的引力场、地球的引力场、月亮的引力场等，小的如电场、磁场、电磁场等。研究证明，自然界的各种生命现象，甚至包括我们人类的身体健康、神经系统、新陈代谢功能、心理活动等都受到各种各样的"场"的作用力的影响。从某种意义上说，"场"也是非常普遍的社会现象。美国管理学家彼得·圣吉在其著作中就曾提出过能力场、学习场、领导力场的概念，他论述说："有时你意识到能力场和学习场的存在，激励人们不断前进，在这里，'场'是一种结构形态，虽然看不见，但却可以真实地影响人们的行为。就像重力场、电磁场和量子场一样，我们认识这些'场'，不是因为有直接的体验，而是因为我们看到了其影响的结果"。[①]

在人类社会中，以个体形式存在的人是靠特定的制度关系结合在一起的。我们都知道，在政治学、经济学、管理学、领导学、行政学等所有涉及社会科学和管理科学的领域和著作中，制度都是一个最普遍的概念，也是大家所公认的一种非常普遍、非常重要的现象。但是，面对"制度是什么"这样一个问题，很多人都觉得难以回答。多数人的答案是："制度是一种规则。"在这个答案之后，很自然会提出第二个问题："定了规则就是制度吗？"细想一下，还不能这么说。制度包含着规则，是规则的具体体现，但制度不是规则。有了规则并不一定就有了制度。例如，我国《婚姻法》规定："（我国）实行婚姻自由、一夫一妻、男女平等的婚姻制度"。婚姻法的所有条款均可视为对婚姻制度的具体规定和描述，但婚姻制度的形成，并不完全取决于婚姻法的制度规定，而是取决于婚姻法的制度执行，分布于全国各地的婚姻登记机关、检察院、法院的执行行为，对婚姻制度的形成起了决定性的作用。制度始于规定，成于执行，关于这一点在前面已经做了较多的论述。在有了规定和执行过程之后，制度应该是形成了。但是，我们现在又遇到了一个新的问题：这个已经形成的制度是什么？我们怎么感知和认知它？关于这个问题，"场"的理论给了我们非常

---

① [美]彼得·圣吉等著，中国人民大学工商管理研修中心组织翻译：《第五项修炼·实践篇》，东方出版社2002年版，第67页。

第七章 制度场

重要的启示。在第二章，我们将制度定义为：制度是规定、构成、调整人们的关系、角色及其行为的有明文规定和强制力的社会组织的构成形式。这个构成形式是以所有与之相关的人们相互影响相互作用的场的形式表现出来的。简言之，制度是人们结成某种社会关系的构成形式，制度的可感知的表现形式是制度场。我国的婚姻制度是以一对对夫妻及其独立的家庭关系表现出来的，它们分布在960万平方公里的土地上，共同形成了一个反映我国人民特定婚姻关系的制度场。

制度场即是人类社会中"场"的一种存在形式。在自然界中，引力场、电磁场、重力场、生物场都有一个核心，对场内的物质有强大的作用力。在制度场中，由制度规制机构和制度执行机构构成的制度主体是整个场的核心，对场内的所有人员和组织具有强大的作用力。在制度场作用力的影响下，制度场内所有人员、群体、组织按照制度规定的要求，在制度执行机构和人们之间的相互影响相互作用下，结成各种各样的制度关系和角色关系，形成一定的角色意识和行为样式。制度场的作用力和特定的制度形式相联系，作用力的强弱与制度规定的内容、特性及制度执行机构的强制力程度成正比。制度场内的所有人员都是受到作用力影响的制度角色，他们履行角色责任的行为及彼此间的相互作用构成制度场内的活动过程和活动方式。制度场对所有场内的人员具有可感知的作用力和影响力。这种作用力有制度规定、组织目标的吸引力；有群体活动、组织活动的聚合力、内聚力和整合力；有群体成员个人之间、个人与群体之间的心理影响力；有个人执行力、各种制度执行机构的执行力、民众执行合力及各种各样的控制力。任何一个外界人员一旦进入制度场内都会感受到这种作用力的存在。当我们通过海关进入一个陌生的国家时，我们将明显地感觉到处于一个新的完全不同的制度场内，并受到该场作用力的约束。所有的组织、国家乃至整个社会是一个各种人员、各种机构、各种作用力相互交织、相互作用的制度场。

❖ 三、制度场的基本特征

制度场不是自然形成的，而是在有强制力的制度规定和制度执行的基础上形成的，这是制度场的最基本的特征。让我们仍以婚姻制度为例。婚姻制度是男女之间婚姻关系的构成形式，一夫一妻制是现代社会中以法律形式规定的并受到强制执行的婚姻关系的构成形式。这种婚姻制度不是自然形成的，它的形成，一是有立法机关正式公布的婚姻法，二是有婚姻登记机关、法院、检察院等制度执行机构的严格执法和执行，三是有强大的社会公众及舆论压力，四是有男女双方的自愿遵守和服从。一夫一妻制度是通过到婚姻登记机关登记之后的一对对夫妻的婚姻关系体现出来的。没有现实中的一对对夫妻的婚姻关系就不存在现实的一夫一妻制度。现实中的一对对夫妻的婚姻关系是在一系列的人们之间的相互影响相互作用的过程中实现的，如男女双方之间、男女双方与双方家人之间、男女双方与婚姻登记机关工作人员之间、所有人与法院、检察院、立法机关之间、所有人与社会公众及其舆论之间等，存在着一个非常庞大的相互影响相互作用的场。这个场是在婚姻法的制度规定和制度执行的基础上形成的，是一个典型的制度场。

任何制度是制度构成三要素制度规制者、制度执行者和制度互动者相互作用的结果。这种各类人员的相互作用必然形成一个各种作用力相互交织的制度场。按照物理学的解释，实物间的相互作用是依靠有关的场来实现的。例如，太阳和地球之间的相互作用，地球和月球之间的相互作用，都是通过场来实现的。场不仅仅是一种场地或空间的概念，场还是物质存在的基本形态之一，场本身具有能量、动量和质量。两个实物间存在着作用和反作用力，整个场就是不同实物间作用力的有效范围。用这个理论来观察人类社会，人与人之间的相互作用也是依靠有关的场来实现的，人们之间同样存在着作用与反作用力。库尔特·卢因关注的是非正式群体中群体规范对个体行为的制约和影响。除了个人与个人之间、群体与个人之间的影响力之外，群体规范本身具有一种对个体行为的表现有导向和抑制的力的作用。在制度化群体或组织中，这几种力在制度场的表现更为明显。社会心理学家们实验证明的"社会助长效应"和"社会干扰效应"在这方面具有很强的说服力。有一点需要强调的是，在制度化群体或组织中，有法律效力的制度规定和有强制执行权的制度执行机构具有非常强大的作用力，这是在制度场中起方向性和主导性作用的力量。从这个意义上说，以制度规制者和制度执行者为代表的制度主体是制度场的施力方,数量庞大的制度互动者则是制度场的受力方。当然,在不同的制度体系中,他们可通过各种各样的制度形式对制度规制者和制度执行者施加作用力。但作为制度客体,在制度场中,他们的行为和表现更多地受到制度主体作用力的影响。如上所述,制度规制者、制度执行者和制度互动者的相互作用构成了制度和制度场,同时,他们的活动又完全局限在制度场中。制度场好像是一个气球,他们三方则是气球中的空气,他们的活动膨胀了,气球就变大了,他们的活动减弱了,气球就缩小了。他们的活动及其活跃程度,构成了制度场的作用范围和作用力强度。因为身限其中,他们是看不到气球的形状的,但他们可以从气球的空间感受到气球的存在。同样,制度场是制度的存在形式,我们看不到制度的具体形状,但是我们可以通过制度场及其作用力感受到制度的存在。

第二节 制度场的要素

场地或空间是制度场存在的一个基本条件或构成要素,但是,仅仅有了场地或空间,还不能形成制度场。制度场的形成必须有一定的制度形式,有一定的制度角色,以及制度角色之间的相互作用,它们都是构成制度场的必不可少的要素。从制度场的角度分析,制度化组织可以分为实体场组织和虚拟场组织两种类型。与此相联系,管理模式也可以分为组织管理和场式管理两种类型。

❖ 一、制度场的要素构成

上述制度场的定义包括了制度场形成的四个基本要素:特定的制度形

式；以制度主体为核心的制度角色；制度角色之间的相互作用；特定的场地或空间。我们可以对这几个基本要素做一个简单的分析。

1. 特定的场地或空间

在我们的日常生活和社会领域中，"场"是一个比较常见的字眼，并且常和许多重要的概念联系在一起，出现频率最高的概念是"市场"，其他如农场、操场、广场、运动场、战场、靶场、高尔夫球场等。这些与"场"有关的概念的共同特征是都有一个特定的场地和空间，并且都和人们的某种特定活动相关。如球场是人们进行球类活动的场所，广场是人们举行集会、庆典活动的场所等。制度场一定要存在于一定的场地或空间中，但是只有场地和空间并不能形成制度场。一个现代化的球场，无论设备多么先进，如果没有管理，没有比赛，没有观众，它只是一片空地。闻名世界的古罗马竞技场，早已没有了万众欢腾、人兽拼搏的场景，留下的只是让后人凭吊引起无限联想的废墟。一个足球场在没有人管理没有人进行比赛的时候只是一片空地，当有人在场内进行比赛的时候即成为一个小型的制度场。"场地"的要素只有和其他三个要素结合才能构成现实的制度场。

2. 特定的制度形式

制度场是制度的表现形式，是一种客观存在，它必然和某种制度形式相联系。例如，每一所学校都是一个制度场，它们各有自己的相对独立的组织结构和管理制度。每一个公司都是一个制度场，它们也都有各自的董事会和企业管理制度。特定的制度形式包括严格的规则、标准等制度规定、有一定权力的制度执行机构、制度化的工作流程和组织结构、明确的制度关系、角色关系及其相应的制度架构等。

3. 以制度主体为核心的制度角色

和自然界中的引力场、重力场一样，任何制度场都有一个核心。它是制度场作用力的主要来源。所有的制度场都是由制度主体和制度客体两种最主要的制度角色组成的相互作用场。一般来说，由制度规制机构和制度执行机构组成的制度主体是制度场的核心。我们在下面的章节中将会论述到，制度场作用力的主要来源是制度规定的吸引力和制度执行的控制力，制度主体是这两种力的发源地，因此在制度角色的相互作用中，起着主导的作用。作为制度主体,广大制度互动者是与制度主体相对应的制度角色。他们分布在不同的岗位、机构、部门、层级或地域中,他们的身份、个性等自然属性和社会属性多种多样。制度角色的存在是制度场构成的最重要的因素。在不同的制度形式和制度场中,制度角色的类型和角色关系的构成有很大的不同。

4. 制度角色之间的相互作用

制度场的构成是各种制度角色相互影响相互作用的结果。制度主体和制度客体之间以及它们各自之间存在着错综复杂的相互影响相互作用的关系。在制度化群体和组织的活动中,主要存在着三种最基本的关系,即人与人的关系、人与事的关系和人与物的关系,后两种关系归根到底也和人与人的关系直接相关。所有这三种关系都是在制度角色彼此之间的相互影响相互作用的过程中体现出来的。由于起核心作用的制度主体及其作用力的存在,制度角色间的相互作用,一般有一定的方向性,这是一种很复杂的各种角色、各种作用力相互作用的结果。恩格斯形象地把它比喻为"无数个力的平行四边形",认为这是在个人意志基础上由无数互相交错的力量相互作用形成的合力。从理论上说,制度场内的所有制度角色存在着普遍的相互作用关系,这种关系一方面通过个人与个人、个人与群体、个人与组织之间的相互作用表现出来,另一方面以所有制度角色相互作用形成的合力表现出来。对这种合力的说法较多,如文化、"气场"、"氛围"、"情境"、"环境"等;只要有制度角色存在,就会有制度角色间的相互作用,就会形成一定形式的制度场。

❖ 二、实体场组织和虚拟场组织

制度场是一种很普遍的社会现象,我们在许多组织形式和组织活动中都可以感受到制度场的存在。按照定义,制度场是制度的表现形式,在很多情况下,它是和制度化组织联系在一起的。制度是人们结成组织的构成方式,因此,每一个制度化组织都是一个制度场。制度化组织可以分为实体场组织和虚拟场组织两种类型。实体场组织是制度化组织的最普遍的形式,虚拟场组织则是伴随着网络组织的兴起而发展起来的一种新型的组织形式。

1. 实体场组织

"实体"一词本是哲学名词，泛指有形的物质或物体，或可感知和可触及的、具有真实形态或结构的人物、事物或事件。实体场组织指具有完整的内部结构、整体生产或活动过程、严格的隶属关系和权责关系、实行封闭式管理的制度化组织。学校、公司、政府等都属于这种实体场组织。实体场组织的特点是有严格的制度规定和执行机构，组织成员之间有严格的权力结构和行政隶属关系，每一个组织成员都有自己的机构、岗位、职权和职责，组织的生产或运行从产入到产出实行全过程管理，有固定的场地、厂房、建筑物。德国社会学家马克斯·韦伯论述的官僚制组织是典型的传统的实体场组织。实体场组织很早就成为管理学家们研究的重点对象。对实体场组织的研究主要关注的是组织内部的管理。实体场组织都具备形成制度场的四个基本要素，都有特定的制度形式、以制度主体为核心的制度角色、制度角色之间的相互作用和特定的场地或空间。比如说，无论是文科、理科还是综合性大学，它们都有国家教育制度背景下的一整套办学规定，有学校领导、管理人员、教师、学生等多种制度角色，校部机关在其中起着核心和主导作用，各类人员在学习、工作、管理、服务等各个方面彼此之间相互影响和相互作用，有独立的办学场地和建筑物。因此它们是一个个典型的制度场。在所有的实体场组织中，国家是最大的制度场。首先，国家的制度体系是最庞大也是最复杂的。国家层级上的制度规制机构和制度执行机构处于起核心作用的领导和管理地位。其次，在国家范围内的制度角色数量庞大，甚至可以说，所有的个人、群体、组织都是受国家制度制约的制度角色。再次，在所有的个人、群体与组织之间存在着种种复杂的相互影响相互作用的关系。最后，国家的领土面积是最大的场所和空间。制度场从一个侧面反映出实体场组织的制度构成和活动形式。

2. 虚拟场组织或网络组织

20世纪90年代以来，随着信息技术、网络技术的发展，迅速发展起来一种新型组织，人们称之为网络组织。因其制度场的特征表现得更为明显，在此将之称为虚拟场组织。虚拟场组织或网络组织和实体场组织不同，在管理技术、管理模式、管理方法、管理侧重点等方面与实体场组织有明显的区别。虚拟场组织或网络组织是利用现代信息技术和网络技术，以信息传播、网络互动、虚拟经营为主要形式的新兴组织。其主要特点是，包括制度规制和执行机构在内的管理队伍规模较小，信息技术和网络技术是最重要的技术手段，主要以外包外协、虚拟经营、签订合同的方式进行生产经营活动，战略发展的重点是客户关系和客户管理，拥有庞大的客户群和超强的互动性，具有信息传播的优越性和较大的公众舆论影响力，许多规则、程序方面的制度规定编制在软件系统内，简化了制度执行的程序、要求和工作量，有效突破了生产经营活动和制度角色相互作用的场地限制，等等。虚拟场组织或网络组织虽然具有上述不同的特点，但仍然是制度化组织，仍然具备形成制度场的四个基本要素，而且制度场的特征比实体场组织表现得更为明显。像阿里巴巴、腾讯、百度、京东等知名度很高的网络公司一般都实行董事会制。有公司章程等各种制度规定；有起核心作用的股东会、董事会、高管层等权力机构和执行机构；有数万名管理人员、技术人员和员工；有上千万甚至上亿的客户群；各种制度角色之间存在着很强的相互作用，并且有更广阔的作用范围。基于这些最基本的要素，网络组织各种制度角色之间形成了一个庞大的、非常复杂的制度场。

3. 虚拟场组织或网络组织与实体场组织的区别

作为一种新型组织，虚拟场组织或网络组织与实体场组织最大的区别在于以下几个方面。①经营管理的实体性较小。实体性一般是和组织的经营活动的整体性相联系的。实体场组织不管规模大小，都可以看作是一个"大而全"或"小而全"的经营实体，对其产品实行包括研发、投资、生产、销售、服务等各个环节在内的全过程的经营管理。虚拟场组织或网络组织则不同，它们的经营管理活动一般只集中在销售或提供服务的环节上，自己不研发、生产产品，通常是通过协议方式获得其他企业的产品，满足自己的业务要求。因此，经营管理的实体性较小，但并不是没有实体性。②平台式服务。虚拟场组织或网络组织的技术优势是信息技术和网络技术，他们一般是通过计算机网络或手机网络搭建销售服务、信息服务或金融服务等平台。因此，它们的战略目标是努力扩大客户群和客户规模，提高点击率。它们在公司内部管理上与所有的实体场组织一样是非常严格的，但公司的经营管理特点使社会公众、舆论、媒体等更多地关注它们的点击率和客户管理而不是其内部管理方面。③强大的互动性。由于网络公司普遍具有信息传播与舆论聚焦的特点，在其制度场内，各种制度角色之间具有比实体场组织强得多的互动性，同时制度场的强大的作用力，也使虚拟场组织和网络组织更具有活力和生命力。网络技术和平台服务的优势可以极大地增强各种制度角色之间的互动性。在实体场组织内，制度角色间的互动性往往是一对一、面对面的。例如银行通常也有数量庞大的客户和客户群，但在传统做法上，银行员工和客户之间的互动基本上是一对一、面对面，客户之间以及客户和银行之间几乎没有互动性。但是，虚拟场组织或网络组织却不一样，客户之间可以形成几十、几百甚至几十万人互动，通过网上评价系统也可以形成广大用户与广大生产厂商之间的互动，这种互动性可极大地增强制度场内的作用力和制度场的活力。④无限增大制度场的作用空间。在实体场组织中，由于管理模式和技术条件的限制，制度场的作用范围基本上局限在固定的场地或场所中。例如在我国，无论是学校还是企业，基本上都有一个用围墙围起来的场地。这个场地即是学校或企业的管辖范围，也是其制度场的作用范围。而虚拟场组织或网络组织则不同，它们通过电脑或手机的使用搭建了一个虚拟的、不需要面对面接触的联络平台，因此可以有效突破场地的限制，搭建一个时间和空间无限广阔的服务平台和互动平台。虚拟场组织或网络组织的这些特性比实体组织更容易让人们认识到"场"的特性，在有效利用"场"的特性的同时，可以有效提高场式组织或网络组织的制度效力和组织活力。

❖ 三、组织管理和场式管理

虚拟场组织或网络组织的出现，不仅加深了我们对"组织"和制度的认识，而且加深了对与之相关的"管理"的认识。"组织"、"制度"、"管理"这三个可以在思维中抽象认识、相互区分的概念，反映的是同一个客观对象的不同方面。组织是制度的载体，制度是组织的形式，管理是组织

第七章

制度场

和制度的过程，它们三者之间存在着相互依存相互作用的关系，共同形成了特定的组织实体。组织是人们为了实现共同目标而形成的集合体，制度是人们结成组织的具体形式，这个过程是通过具体的管理活动实现的。

关于虚拟场组织与实体场组织之间在组织和制度方面的区别，我们已经做了简要论述。从制度学的角度出发，我们可以在传统的组织管理理论的基础上，结合虚拟场组织的特点，提出并探讨"场式管理"的概念。①组织管理。传统的管理理论是在组织管理的基础上发展起来的。组织管理注重的是组织的内部管理及其相关问题，如组织的战略发展目标、组织内部的权责关系、结构形式、机构和岗位设置、日常管理和激励机制、工作效率、组织绩效、人的个性、人际关系、管理制度和团队建设等，代表性的理论主要有古典管理或组织理论、新古典组织理论、行为科学或人道主义组织理论、现代组织理论等。组织管理理论的产生、发展与历史悠久的实体场组织的发展密切相关。实体场组织的实体性决定了组织管理理论的研究重点放在组织系统的内部管理上，管理的对象主要是组织内部有行政隶属关系的正式成员，研究范围一般局限在组织活动的固定场地或场所内，与组织发展有关的客户关系及客户管理一般都作为组织的外部环境因素进行探讨。②场式管理。场式管理是在制度场条件下形成的一种管理方式。虚拟场组织或网络组织在组织内部系统的管理问题方面，仍然要遵循传统的组织管理理论，但是由于其自身的特点，也引起了一些管理方面的变化。一方面，它们突破了组织活动场地或场所的限制，扩大了组织管理的空间范围；另一方面，它们把客户关系和客户管理纳入了组织内部的管理问题，特别是当和制度场的概念结合在一起时，引出了"场式管理"的概念。按照制度场的概念，和自然界中的"场"一样，只要有一个作用力的核心或力量源，就会与其周围并受其影响的人员形成一个制度场，也就是说，只要存在一个制度主体和一个制度客体，并当制度主体要求制度客体遵守或者执行其制定的规定时，在他们之间就形成了一个制度场。凡是进入制度场的人，不管其是否是隶属于制度主体所在组织的正式成员，都要接受制度主体的管理，成为制度主体的管理对象，在这个过程中形成的管理，可称之为"场式管理"。传统的组织管理理论的管理对象是组织内的正式成员，场式管理的管理对象是进入制度场内的所有成员，无论其是否是组织的正式成员。这是组织管理与场式管理的一个重要区别。除传统的组织管理所关注的方面外，场式管理比较关注与制度构成有关的因素，如规则和标准等制度规定的制定和执行、制度关系和角色关系的形成、制度互动者的角色意识、角色行为及互动作用、制度作用力的方向、效力等。

在传统的贸易集市或现代化的商场中，一般都有固定的场地或场所，所有的人都可以自由进出，如果没有买卖行为，只是一个匆匆过客，没有和卖方或商场形成正式的交易关系或客户关系。因此在传统的组织管理理论中，通常把顾客作为外界的环境因素加以考虑。网络组织则不同，任何人在上网购物之前，必须签订注册协议，与其形成某种正式的契约关系或契约式合同关系。如个人要想到"京东商城"购物，必须按照公司网上指南一步步完成注册程序。一般要求填写用户名，设置、确认密码，填写手机号码和手机验证码。最后，注册页上还有一句话："我已阅读并同意京东商城用户注册协议"。阅读者在选项框上打钩后，方能正式注册。该协议一共有十二条，主要内容为网站各项电子服务的所有权和运作权问题，用户信息和用户应遵守的言行义务要求，网站服务和商品信息承诺，购物程序和服务事项，商品配售承诺，所有权及知识产权条款，责任限制及不承诺担保，协议更新及用户关注义务，法律管辖和适用等。最后一条也是最重要的一个条款规定："本协议的订立、执行和解释及争议的解决，均应适用于在中华人民共和国大陆地区适用之有效法律（但不包括其冲突法律规则）"。企业注册要求比个人注册要复杂一些，但基本内容和精神是一样的，最后也有一条这种法律条款。该条款使协议内容具有了正式的法律效力，使所有签约者在没购物前已和京东商城形成了正式的契约关系。这是和一般的实体场组织区别最大的地方，说明了网络组织的一个特殊性质。通过注册协议，它们把实体场组织的匆匆过客，变成用法律形式维系的制度关系和角色关系，并且利用聊天社交、音乐视频、短信通话、金融理财、网络浏览、摄影图像、生活工具、地图导航、资讯阅读、顾客点评等网上沟通栏目，使所有顾客不仅成为自己的特定的管理对象，而且成为

第七章

制度场

一个维系其网络平台持续发展的互动群体。和实体场组织不同，网络组织把客户关系和客户管理作为组织发展的内部因素而不是外部因素来考虑。与此同时，他们利用信息技术和网络技术，成功地突破了制度角色互动的场地或场所限制，形成了一个遍布世界各地、时时刻刻均可进行购物、服务、管理、互动的有无限广阔空间和时间范围的制度场。正是从这个意义上说，我们将其称为"虚拟场组织"，将其管理方式称为"场式管理"。

按照传统的组织管理的概念，管理对象通常只是组织的正式成员，整个管理活动仅与组织的正式活动相关。而按照场式管理的概念，管理对象包括所有进入制度场内的人员，整个管理活动与制度场内的所有活动相关。例如，对一所大学来说，按照传统的组织管理的概念，它的管理对象一般包括正式的在编人员和在校生、聘用制或合同制的工作人员和走读生等。按照场式管理的概念，它的管理对象还应包括校区内的家属和居住人员，利用校内设施、场地提供餐饮、快递、邮政、储蓄等服务的人员，参观人员，探亲访友人员甚至穿行校区人员。所有人员一进入学校大门就已在学校摄像头的监控之下。场式管理是一种非常普遍的现象，例如，各大城市对流动人口的管理、公安局或派出所对所辖地区治安的管理等，制度执行机构与场内或区域内的人员没有直接的行政隶属关系，但作为制度场内的管理者和制度执行者，有权对所有进入制度场内的人员进行管理。对于我国所有的大学来说，它们在实际的管理过程中，实行的其实都是场式管理。由于分工及职能不同，学校各个管理机构的管辖范围和作用力范围是不同的，例如，人事部门管理的只是学校系统内的师生员工，实行的是典型的组织管理方式；后勤部门管理的则是整个后勤服务范围内的所有人员，已突破了组织管理的范围；保卫部门因其权责关系，管理的范围最为广泛，包括校区内的所有人员，实行的是典型的场式管理方式。政府部门的分工也存在着类似情况，有的属于专业管理，有的属于行业管理，也有的属于地区管理，后者的管理方式就是一种场式管理的方式。制度场的氛围对所有进入制度场的人都有一定的影响，每个人都可以感受到置身其中的制度场的氛围，如商场的秩序、地区的治安状况等。流动人口从一个城市进入另一个城市，实际上是从一个制度场，进入到另一个制度场。作为管理方应把他们纳入管理的范围。

场式管理也常体现在制度场内的活动管理方面。有一点需要说明的是，我们不能把制度场仅仅理解为制度化群体或制度化组织的存在形式。实际上，从直观上看，有许多组织活动或社会活动，都是以制度场的形式进行的。让我们以一个足球比赛活动为例进一步说明这个问题。足球比赛活动包括制度场的所有要素，符合制度场形成的基本条件，以足球场为场地，形成了一个球队、裁判、观众等制度角色相互作用的制度场。首先，球赛是在一定的制度环境和制度条件下进行的。足球比赛有特定的比赛规则（制度规定），有裁判及赛事监管机构（制度执行），并且在球场管理方面也有严格的管理规定和执行机构。其次，有特定的制度角色。如比赛双方的球队队员、裁判、赛事监管机构、观众及球场管理和服务人员等。再次，制度角色之间存在着特定的、受比赛规则制约的相互影响和相互作用，如甲乙两队的角逐、裁判与球员之间的互动、球迷对球队的支持、观众的关注与鼓噪、球场管理和服务人员的履职行为等。最后，足球场有一定的场地和空间。因此，凡是具备这四种要素的足球比赛活动都是制度场的存在方式，对于这些活动的管理都属于场式管理。操场、运动场、高尔夫球场、靶场、广场等，都是制度场的存在条件，只要在场地上有人组织比赛活动，都属于场式管理的方式。场式管理不仅是传统理论中的组织管理，而且具有更大的作用范围和管理对象。从某种意义上说，市场也是制度场，市场管理也是一种场式管理，我们准备在其后章节专门进行论述。

第三节　制度场内的相互作用关系

一般来说，制度场内的制度角色之间存在着非常复杂的关系。人们

第七章 制度场

的血缘关系、生产关系、社群关系等在不同的群体组织和不同的制度场内有多种多样的表现形式,如工作关系、人际关系、部门关系、等级关系等,因此制度场内的每一个人,都有着多种多样的制度角色,都处在彼此之间相互作用和相互影响的复杂状态中。为了使制度场内的制度角色之间的相互作用和相互影响处于正常状态,必须着重处理好三种最基本的相互作用关系:管理关系、领导关系和监督关系。不同制度角色之间管理与被管理、领导与被领导、监督与被监督的关系形成了一个复杂的相互作用场。

❖ 一、管理关系

在人类社会发展的历史长河中,管理关系伴随着生产关系、社群关系的产生而产生,是最古老的但却富有生命力的一种社会关系。管理关系指制度化群体或组织内管理者与被管理者两种制度角色之间的相互影响相互作用的关系。管理是一种最普遍的社会活动和社会现象,一般来说,凡是有人群和人类活动的地方就有管理。《牛津词典》对"管理"一词的定义是:"通过某个人的行为处理、控制事物的过程,实行监管"。《韦伯斯特词典》的定义是:"即将某种事务作为一种事业进行管理、处理或监督的行为或艺术,特别是在对结果负责的情况下计划、组织、协调、指挥、控制和监督任何工业或企业计划或活动的执行职能"。[①] "管理"本身含有"管辖、处理"之意,泛指通过计划、组织、指挥、协调、控制职能统辖、整合人力、物力、财力、信息等资源,实现特定目标的社会组织活动。管理的范围非常广泛,包括行政管理、社会管理、工商管理、财务管理、生产管理、人力资源管理等。所有管理活动都是制度化的活动,都是在一定的制度条件下由制度化群体或制度化组织进行的。制度执行活动就是最典型的管理活动,制度执行的基本内容也是管理活动的基本内容。任何管理关系都是一种制度关系,任何管理活动都是管理者与被管理者两种制度角色相互影响相互作用的过程,制度场即是在这个过程中形成的。

---

① 彭和平编著:《公共行政学》(第四版),中国人民大学出版社2012年版,第2页。

一般来说，在一个制度化群体或组织中，所有的制度规制者和制度执行者既是管理者也是被管理者，其他所有作为制度互动者的人员都是被管理者，所有制度角色共处于一个制度场内。需要强调的是，在制度场的概念中，管理者与被管理者的管理关系并非仅限于制度化群体或组织的正式成员。凡是进入制度场的人，不管是群体内的还是群体外的成员，只要他进入制度场内，就成为被管理者，必须接受制度场管理机构和管理者的管辖，遵守制度场的管理规定。同时，制度场管理机构及管理者也有权对他进行管理。例如，凡是进入大学校园内的人，无论他是开车还是步行进入的，只要他一进入学校的大门，就已经成为一名被管理者，处于大学制度场的管理关系之中。如果他在校园内与别人发生纠纷，大学的管理部门有权对他采取处理措施。一旦他走出学校大门，意味着他已经离开了大学制度场的管辖范围，他已经不再受大学的直接管理了。他可能进入了学校附近的商场或另一所大学的校园，处于新的制度场的管理关系之中。又如，我们一进入商场的大门就等于进入了商场的制度场。我们进入商场不是为了求职而是为了购物。我们与商场之间形成了管理与被管理、服务与被服务的制度关系，商场的管理人员、保安人员有权对我们的违规行为进行管理，我们对商场管理人员和销售人员的违规行为也有监督的权利。通过这些例子我们可以看到，制度场的概念比群体或组织的概念更宽泛，制度场的管理关系不仅包括群体或组织的正式成员，而且包括群体或组织外的但是进入制度场范围内的所有人员。一般来说，有许多制度化群体或组织的制度场是有准入制的，外部人员必须办理登记或注册手续后方能进入制度场。我们到国外出访或旅游时，除了事先要办理签证手续外，在到达海关时，还要办理入境手续才能入关，以被管理者的身份进入该国的制度场。

二、领导关系

领导活动和管理活动是两种紧密联系的社会活动。在实际过程中，这两种活动的内容有相互重合交叉的一面，但在概念和词义上又有一定的区别。领导关系指制度化群体或组织内，领导者与被领导者两种制度角色之间的相互影响相互作用的关系。"领导"是管理过程中的重要活动，又可

第七章 制度场

称为"管理的管理"。在此意义上可将"领导"定义为:"在制度化群体或组织中以一定方式统领、组织、指挥所有管理活动和管理过程的高层管理活动"。任何规模较大、人数较多、地域较广或分工较严的制度化群体或组织,为了提高管理效率和工作效率,必然要在其内部进行垂直分工和水平分工。前者涉及管理层次问题,决定组织内部划分为多少等级的纵向结构,后者涉及控制幅度问题,决定组织内部一名管理者直接管理多少下级人员的横向结构。从管理层次的概念分析,除了最下面的或最底层的管理层次外,其他所有管理层次都可以说是领导层次。从管理内容和管理职能上看,领导活动更多地体现出计划、组织、指挥、协调、控制的职能,法国学者亨利·法约尔曾将这五项职能归属于"行政的职能",而管理活动更多地体现出执行的职能。从制度学的角度看,相比较而言,制度规制机构更多地体现出领导活动的特点,制度执行机构更多地体现出管理活动的特点。从政府部门或企事业单位的实际情况看,领导层一般仅指领导班子或负责政策制定和决策的部门,其他的部门则属于管理层。"领导"和"管理"的关系类似于"船长"和"轮机长"的关系,其他被管理者则是各个具体岗位上的执行者。在制度化群体或组织中,管理学所研究的管理过程和领导学所研究的领导过程实际上是一个过程,管理学意义上的管理体制和领导学意义上的领导体制实际上也是重合的。可以说,管理学和领导学是从两个不同的视角来研究同一个过程。领导学研究的层次要高一些,侧重于政策制定、制度制定和决策。管理学研究的层次要低一些,侧重于政策执行、制度执行、决策执行和具体事务的处理等。与此相适应,领导关系主要体现为少数领导者与大多数被领导者相互作用相互影响的关系,与之相联系的领导体制主要有个人专权制、个人负责制、集体负责制和分权负责制四种类型。管理关系主要体现为高中低三个层次的管理者与被管理者之间的关系,与之相联系的管理结构主要有直线结构形式、参谋(职能)结构形式、直线参谋(职能)结构形式和矩阵结构形式四种类型。在制度化群体或组织中,其领导关系及管理关系的制度形式由上述各种不同的领导体制类型和管理结构形式组合而成,表现出千变万化的特点。

三、监督关系

在制度化群体或组织内，被管理者以及所有制度角色并非完全被动地接受领导和管理。他们和领导者、管理者之间存在着另外一种相互作用的关系，即监督关系。监督关系泛指制度化群体或组织内，监督者与被监督者两种制度角色之间的相互影响相互作用的关系。和管理关系、领导关系一起可并称为制度场内的三大关系。"监督"一词本身有"监视、监管、督察、督促"之意，在此泛指对与制度规定、制度执行有关的所有领导活动、管理活动及各种工作行为进行的监察、督查活动。监督活动的目的是严格要求各级领导者、管理者、所有工作者、所有制度角色、所有公民甚至包括制度场内的所有人员忠于职守，遵纪守法，防止、禁止、打击一切违纪违法活动和行为。监督活动一般分为外部监督和内部监督以及上行监督、下行监督、平行监督等多种类型。在制度化群体或组织中，制度场内的监督活动形成的相互作用关系即是监督关系。所有监督又可分为权力监督、权利监督、政治监督三种类型。

1. 权力监督

权力监督也可称为依法监督。指制度化群体或组织内正式设立的监督机构进行的监督。一般来说，所有领导部门和管理机构都有在其所辖范围内的监督权力。领导或管理机构一般通过正式的法律途径或法定程序获得监督权力，体现的是权力对权力的监督和制约。例如，根据我国宪法规定，全国人民代表大会常务委员会的职权之一是：监督国务院、中央军事委员会、最高人民法院和最高人民检察院的工作；国务院的职权之一是：领导和管理民政、公安、司法行政和监察等工作。我国宪法同时规定："中华人民共和国人民检察院是国家的法律监督机关"；"中华人民共和国人民法院是国家的审判机关"。除此之外，还有一些职能部门或专业机构专门行使监督的权力，如审计部门、监察部门等。

2. 权利监督

权利监督指制度化群体或组织内，所有成员或制度角色根据公民权利或组织成员的权利对管理者及管理活动所进行的监督。例如，我国宪法对公民的监督权利做了专门的规定:"中华人民共和国公民,对于任何国家机关和国家工作人员,有提出批评和建议的权利;对于任何国家机关和国家工作人员的违法失职行为,有向有关国家机关提出申诉、控告或者检举的权利";"对于公民的申诉、控告或者检举,有关国家机关必须查清事实负责处理,任何人不得压制和打击报复"。根据宪法规定,监督是每一个公民都享有的基本权利,并且不受时间、地点的限制。因此,更准确地说,权利监督指制度场内所有人员所进行的监督,不管这些人员是否是该组织的正式成员。如到商场购物的顾客,对商场的管理活动有权进行监督。人们通常所说的打假活动,指的就是这种权利监督行为。权利监督者依据的不是法律或法定程序的正式授权,而是依照法律或法定程序所享有的监督权利,因此不能直接行使监督权。权利监督者依据国家法律和公民权利可以直接向违法违纪者提出质疑或者直接向权力监督部门举报。

3. 政治监督

政治监督也叫政党监督。一般指政党或政治团体对政府机关及企事业单位的各个层级的管理活动和管理过程进行的监督。政治监督既包括权力监督也包括权利监督形式。在西方大多数国家中,政治监督主要是与政党制度联系在一起的。不同的政党分别代表不同的集团和阶层,有着不同的利益和要求。在实行议会制的国家中,政党监督主要表现为各党派争夺政权的手段,在野党往往利用监督手段向执政党施压。执政党的主要活动是维护政府的权力和自身的执政地位。在野党则对执政党及其政府具有严厉的监督作用。由于大多数西方国家多实行议会制和普选制,政治监督的作用主要体现在议会斗争过程中。我国的情况与其他国家不同。中国共产党作为执政党的领导地位和作用是在宪法中明确规定的,党的各级组织在各级政府机关和企事业单位中处于领导地位。党的监督作用并不仅仅局限于立法机关、司法机关,可以从政府机关和企事业单位的外部进行的监督,同时也可以从国家行政机关和企事业单位的内部实行有效的监督。政治监督直接通过权力监督的形式表现出来。党在从中央到基层的各级党组织内均设有纪律检查委员会,对包括党的高级领导干部在内的所有党员进行检查监督。党的纪律检查委员会是享有监督权和强制权的专门的权力监督机构，是进行政治监督和权力监督的主要形式。由于各级政府机关和企事业单位的主要领导多数是由党员担任的，政治监督在我国各级政府机关和企事业单位内具有相当大的威力和影响力。另外，党的性质决定它代表全国各族人民的根本利益，宪法的各项规定与党的路线方针政策是完全一致的，因此，在我国，政治监督可以和权力监督、权利监督等监督形式等结合成一个完整的监督体系。政治监督与全体党员的权利监督形式有密切联系。根据党章规定，党员的基本权利之一是："向党负责地揭发、检举党的任何组织和任何党员违法乱纪的事实，要求处分违法乱纪的党员，要求罢免或撤换不称职的干部"。充分保障每一个公民和每一个党员的监督权利，积极发挥他们的监督作用，是强化从国家到企事业单位的所有制度场内监督关系的重要途径。

第四节　制度场的作用力

在自然界中，引力场、电磁场都是在某种力的作用下形成的，如引力、磁力等。在人类社会中，制度场也是在某种力的作用下形成的。制度化群体或组织中的各种制度角色，为什么能够形成各种各样较为稳定的关系，主要原因在于制度场内有一种维系这种关系的力量。我们总是说，制度本身有一种力量，这种力量就是制度场的作用力。作用力的产生与制度和制度场的形成是同步发展的。制度始于规定，成于执行。制度是在这个过程中形成的，制度场的作用力也必然是在这一过程中产生的。制度的吸引力和制度的控制力是制度场作用力的两个基本来源。

第七章 制度场

❖ 一、制度吸引力

制度吸引力是形成并存在于制度场内的一种重要的作用力，主要指制度规定及制度形式使所有制度角色凝聚在一起结为群体或组织的作用力。人们想加入某一个群体或组织，一般是因为该群体或组织的目标、活动内容等对其有较大的吸引力。群体目标及群体活动的实际内容和效果是群体吸引力的重要来源。在考察原始社会制度形成的过程中，我们可以发现，当原始人形成某种共识，用一种规定形式将自然存在的关系转变为制度关系时，他们选定的具体的制度形式应是以大多数人的认可为前提的，意味着这种制度形式包含着促使他们做出选择的吸引力。这种情况说明，使人们结成特定群体关系的制度形式本身包含着巨大的吸引力。制度的吸引力源于制度角色对制度形式的良好期望、认同度和制度的实际效果。不同的人有不同的角色认知、角色情感、角色定位和角色意识，对不同的群体及其制度有不同的期望和感受。在社会生活中，我们常会看到一种现象。某个或某几个人组成了一个小群体，该群体的目标或活动内容对周围的人有相当大的吸引力。慢慢地将会有十几个、几十个甚至几百个人以他们为中心形成一个更大的群体。这个群体对周围的人具有更大的吸引力。当这个群体成为一个制度化的群体时，个人的力量变为集体的力量，集体的力量变为制度的力量，其产生的吸引力将会成倍甚至成百倍地增长。这种吸引力作用范围可视为一个引力场。在物质世界中，引力场是一种非常普遍的自然现象。太阳系是个巨大的引力场，在太阳的引力下，九大行星按各自的运行轨道围绕着太阳旋转。地球也是个巨大的引力场，月亮在地球引力的作用下围绕着地球旋转。我们所有的人乃至地球上的动植物都生活在地球的引力场中。现代科学证明，太阳的引力，月亮的引力等对地球的生存环境乃至生命现象都有重要的影响。引力是使地球上的物质聚合在一起并使之永恒运动变化的巨大的自然力。与此相类似，孕育于制度关系中的吸引力是一种巨大的社会力量，它表明了人们结成群体、组织、社会的必然性，任何社会化群体或组织一定具有促使其成员结合在一起的吸引力。美国心理学家马斯洛将人的基本需要分为生理、安全、归属、尊重和自我实现五种不同层次的需要，显然，群体活动和群体形式是满足这五种个体需要的基本条件，群体吸引力是人们结成群体，加入组织的内在激励的基本来源。我们可以从集体聚合力、群体内聚力和制度整合力三个方面对群体吸引力做进一步的分析。

1. 集体聚合力

集体聚合力制度的吸引力首先来源于集体的聚合力，这是一种在人们分工协作、共同努力的基础上所产生的集体的力量。在远古时期，原始人生活的环境是非常恶劣、非常艰苦的。在强大的自然力面前，人们的能力显得非常渺小。个人的力量总是弱小的、有限的，一个人的力量恐怕敌不过一匹狼，更何况还有虎、豹、熊、象等更巨大的难以匹敌的动物。一个人的速度追不上一只兔子，更何况还有跑得更快的羚羊、马、鹿等。当个人独自行动时，不仅捕获不到猎物，还很容易成为动物捕食的对象。但是，当原始人结合在一起时，就能够形成一种巨大的力量。他们通过相互间的合作，可以较轻易地捕杀凶猛的、巨大的或奔跑迅捷的动物。这种力量首先表现为一种合力，十几个人或几个人的力量叠加在一起成为一种集体的力量。例如，他们一起扛抬一根沉重的木料、滚动一块巨大的石头或者一起挖一个巨大的陷阱，或者十几个原始人可以围攻并杀死一头野熊，集体追逐并捕获一头野鹿，这在他们分散行动的时候是不可能做到的。这种合力可以使他们完成个人无法完成的事情。当他们能够运用某种工具或者某种方法进行合作时，这种力量已经远远超出了个人的力量，成为一种简单相加的集体的力量。在合作基础上产生的合力虽然是 $1+1=2$，但却可以实现同样数量的人员单独行动时所不可能实现的目标。在这种情况下，集体合作的力量表现为一种聚合力，这种力量的特点是"集体的力量大于个人分散的力量"。原始人一起生活、一起劳动的合力不仅大于个人原有的力量，而且可以把原本分散的、弱小的力量简单相加，聚合为一种实现最低生活和生存要求的有效力量。集体合作的客观效果使集体的聚合力成为吸引每一个人参加集体合作和集体行动的巨大力量。集体聚合力使人们产生了集体行动、集体配合、集体合作的认知和意识，当个别的、临时性的合作逐渐演变成全面的长期的合作时，在更大的人群之间将会不知不觉地产生出一种新型的社会关系和制度关系。集体聚合力是人们寻求集体合作、集体行动的基本力量。聚合力的大小与人员数量、群体规模、合作程度成正比，反映的是群体成员结合在一起的量的变化。

2. 群体内聚力

群体内聚力也称群体凝聚力，是指人们结成群体后，在群体内部产生的一种向心力、亲和力。集体聚合力使人们愿意参加集体合作和集体行动，群体的内聚力则使人们愿意结成一个有持久合作关系的群体。在人类社会的早期阶段，原始人是在血缘关系基础上以群居形式生活在一起的。他们之间存在着一种吸引力使他们彼此愿意共同生活，相依为命。这种吸引力是和群居形式结为一体的，因为只有群体生活才能使原始人在恶劣的自然条件下生存下来，繁衍生息，这种吸引力即是群体的内聚力或向心力。原始人以群体状态生活，一方面在于外界恶劣的生存环境迫使他们生活在一起。另一方面，在他们的群体内部有一种力量，让每一个原始人从内心深处感受到群体生活的安全性和依赖性。这是一种使每一个个体感到安全的集体的力量。群居的生活方式将原始人的血缘关系、生产关系和社群关系融为一体。外界的恶劣的生存环境、洪水猛兽存在着一种将他们聚集在一起的反作用力。当一个人离开群体在外无法生存时，他更加会感到群体的重要性。首先，他们彼此之间有一种血缘上的亲和性，亲切和信赖是群体内的每一个成员的自然的感觉。其次，人们结成群体可以更多地感受到和更好地发挥集体聚合力的作用。再次，结成群体能使原始人更有效地进行分工合作。在原始人的群体中，有人看管火堆，有人出去狩猎，有人采集植物，分工合作方式本身要求人们结成一定的群体，其结果是能够产生比集体聚合力更强大的力量和效果。最后，更重要的是，结成群体有利于人们实现共同目标，维护共同利益。社会实践证明，人们在群体合作基础上形成的利益关系，将逐渐强过血缘关系的亲和性。在恶劣的自然条件下，个人的生存严重依赖于群体的生活方式。这种生活方式对每一个原始人都有强大的吸引力，群体的共同利益使群体成员紧密地结合在一起。群体内聚力随外界压力的增强而增大，外界的威胁越大，人们对群体的依赖性就越大。群体内聚力与群体成员的认同度成正比，与外界压力成反比。集体聚合力反映的是群体成员结合在一起的量的变化，群体内聚力反映的则是质的变化。

3. 组织整合力

组织整合力泛指将规模更大的人群或更多的群体科学地组合为一个整体时所产生的力量。组织整合力是在有效发挥群体聚合力、群体内聚力的基础上形成的吸引力，反映的是群体或组织成员结合在一起时量和质方面发生的整体变化。在人类社会中，人们的血缘关系、生产关系，社群关系可以有不同的构成方式或制度形式。制度化即是一种整合过程，制度化群体或制度化组织实际上是在制度制定和制度执行过程中形成的整合结果。这种制度化过程可以将集体聚合力和群体内聚力整合为更强大的力量。其结果不仅仅是1加1大于2，而且有可能达到1加1的n次方，用公式表示为：$F=(1+1)^n$。系统论的理论证明，整体大于部分之和。部分不一定最优，但整体却有可能最优。构成金刚石和石墨的原子是同样的，但原子排列的结构不一样，两种不同的结构或组合方式产生了完全不同的物质。金刚石和石墨都属于碳单质，都是由碳原子组成的。它们是由相同元素构成的同素异形体，二者的化学成分都是C，但原子排列顺序不同，结果导致颜色、硬度、导电性等物理性质方面的巨大差别。在自然界中有大量的例证可以证明组合或整合的效果及重要性。

在人们的劳动或社会活动过程中，不同的排列组合也会产生不同的效果。整合是一种排列组合的过程，它将分散的个人或群体按照一定的目标要求，有计划地组成一个统一的整体，以实现最佳的组合，发挥最大的效力。十几个人手持棍棒将猛兽围在当中猎杀，或者"嘿哟，嘿哟"喊着号子迈着整齐的步伐扛抬重物等，都是整合的最简单的例子。个人结成群体，群体结成组织，人们整合的过程就是一个制度化的过程。整合的最佳效果不是靠自发形成的，需要在计划、组织、协调、指挥和控制的基础上完成，需要以一种特定形式将分散的、没有关联的不同的个人或群体组合在一起，构成新的劳动关系或社群关系，这是一种制度化的过程。制度化群体或组织之所以能够成为人们自觉的选择，原因就在于它可以在集体聚合力和群体内聚力的基础上形成更强大的组织整合力。同样是一千名军

第七章 制度场

人，当他们按照班排连营的建制严格地组织起来时，具有强大的战斗力。但是，如果他们失去了指挥和建制，只是一群散兵游勇时，他们将几乎没有什么战斗力。他们在人数方面是相等的，在武器装备方面也是相同的。但在没有指挥、没有组织、自行其是、各自为战的情况下是散兵游勇，在有统一指挥、统一组织、统一建制、纪律严明的情况下是精锐部队，双方的战斗力孰强孰弱一目了然。没有组织的乌合之众的数量即使十倍于军队、百倍于军队，战斗失败的结果也是不能改变的，原因在于军队有强大的组织整合力，而乌合之众却没有。

❖ 二、制度控制力

制度化群体或组织的形成及其制度形式的确立，仅有制度吸引力是不够的，必须依靠制度控制力才能维护群体或组织的正常关系及社会活动的正常秩序和良性运行。制度控制力主要指制度场内所有制度角色自我控制和外在控制的作用力，是制度场内最重要的作用力，同时也是形成制度场吸引力的重要条件。我们在第五章曾经论述过，制度执行有自愿执行和强制执行两种情况。自我控制力是制度角色在自愿或自律执行基础上形成的作用力，外在控制力是在制度执行机构强制执行基础上形成的作用力。

1. 制度控制力的特点

如上所述，与某种群体生活相适应的制度形式如果形不成集体聚合力、群体内聚力和组织整合力，将不会像群体成员所期望的那样产生实际的良好效果，也就不会对他们产生什么吸引力。一般说来，制度吸引力是在制度规定的过程中产生的，包含在制度规定的目标、内容和条款中。制度控制力是在制度执行的过程中产生的，制度控制力的大小取决于制度执行的强制力。制度规制者在讨论某项制度规定时，一般都会考虑制度客体对该项规定的反应，即考虑该项制度规定对制度客体的吸引力问题。制度规定的合法性、合理性、公开性、代表性与制度吸引力是正比关系，它们的程度越高，制度吸引力就越大。但是，制度规定中所包含的目标和内容只是一种潜在的吸引力，制度规定的实际效果，只有通过制度执行活动和制度客体的行为才能表现出来。当某项制度规定尚处在讨论过程中时，它只是引起人们的关注，并没有形成实际的影响力。但是，一旦这项规定颁布实施了，人们必须按照新规定形成一种新的关系，并且按照新规定的要求表现出新的行为样式。经过一定时间的实践过程，人们将会看到新的制度规定的实际效果是好是坏，制度吸引力将会不同程度地表现出来。制度吸引力与制度角色的角色意识和角色态度有关，关键在于提高制度角色对制度规定内容及相关条款的认同度，表现出自愿执行的特点。制度控制力则与制度角色的角色行为有关，无论制度角色对制度规定的认同度如何，均要求其行为合规和有序，表现出强制执行的特点，制度执行者和制度执行机构在这方面担负着主要责任。

2. 两种控制力的关系

在现实生活中，并非所有的人都是由于制度吸引力而自愿加入或自愿构成一个制度化群体或组织的。如上所述，人们成为某个群体或组织的成员，形成特定的角色关系，共有四种基本方式。法令式角色关系和习俗式角色关系都不是个人自愿选择加入组织的结果，而是根据出生国的法律或出生地的习俗确定的。可以说世界上所有的人毫无例外都是以这两种方式成为国家公民和家庭或宗族成员的制度角色的，这是不以个人意愿或个人意志为转移的。特别是在法令式角色关系的情况下，甚至存在违背个人意愿强迫加入的现象。例如某个国家或某个统治集团的征服者常常用颁布法令加暴力执行的形式强迫战败方臣服于己。即使在审批式角色关系和合同式角色关系的情况下，加入者往往出于个人目的和利益而非整体利益成为群体或组织成员，因此在任何制度化群体或组织中，其成员在角色的认知、意识和行为方面常常与制度规定存在冲突是一种非常正常的现象。因此，无论从哪种情况看，制度场的存在除了制度吸引力的作用外，更重要的是还有制度控制力的作用。自我控制力是与制度吸引力相联系的一种内蕴的、无形的力量，是通过制度角色自愿执行的自控行为表现出来的。当群体或组织目标对一个人有足够的吸引力时，自愿加入者会对群体或组织的制度规定有较大的认同感，并在制度执行方面表现出较强的自我控制力。外在控制力是一种外在的、有形的力量，主要通过制度执行机构和制度执行人员的强制执行行为表现出来。对上述角色关系的四种基本方式来说，无论是哪一种方式，都会有某些成员在角色意识和角色行为上，表现出和制度规定不一致、甚至相冲突的方面。完全靠群体成员的自我控制力达不到角色行为的一致，必须靠外在控制力引导、约束和调节，才能达到集体聚合力、群体内聚力和组织整合力的理想效果。当组织成员对组织目标的认同感和自我控制力普遍较高时，外在控制力的压力和强度可以相对减少。但是，无论组织成员的认同感和自我控制力有多高，外在控制力都必须保持在一个适当的状态。外在控制力是自我控制力持续存在的重要条件，外在控制力一旦消失，个别成员的离心力和违规行为得不到抑制，将会迅速瓦解其他成员的自愿执行行为和自我控制力，导致整个组织的分崩离析。自我控制力的作用主要在于用内在力量促进群体或组织成员的角色认知、角色意识、角色态度的一致性，促进和增强其自觉表现出合规和有序行为。而外在控制力的作用主要在于用外在的强制力量确立、保持制度化群体或组织内所有成员行为上的一致性，纠正违规和无序行为。这两种控制力是缺一不可、相辅相成的。制度控制力有法律控制力、政策控制力、程序控制力、行为控制力等多种类型，它们各有不同的作用力来源和作用范围，从而形成各种不同作用力相互作用的制度场。

❖ 三、制度场作用力的作用

制度场作用力的作用主要表现在以下几个方面。

1. 构建和维持制度形式

制度控制力最重要的作用在于构建并维护制度化群体或组织成员之间的角色关系、内部结构及制度形式。一堆木屑靠手捏不能聚拢成一个坚固物体，但可在强大的压力下制成非常坚固的刨花密度板。制度化群体或组织的形成也需要有强大的作用力。任何制度化群体或组织的成立、延续都是制度吸引力和制度控制力相互作用的结果。在一般情况下，每个制度化群体或组织对其成员都具有一定程度的吸引力，其制度规定都会受到不同程度的认同和支持。但是，要使所有成员按照制度规定的要求，形成特定的角色关系，履行特定的角色责任，在行为上表现出和谐性和一致性，只有制度吸引力是不够的,必须借助制度控制力的力量。制度控制力一方面来自于制度角色自愿执行和自我控制的力量,一方面来自于制度执行机构强制执行的力量。

2. 确立和维护制度场

制度场作用力一旦发挥作用,最直接的结果是形成一个制度角色按制度规定和制度目标良性互动的制度场。制度场作用力的影响范围即是制度场的空间,制度场作用力的大小决定着制度场效力的强弱。制度场内的所有人员相互之间存在着多种多样的角色关系,如管理关系、领导关系、监督关系、工作关系、业务关系等,每一个人都是相关制度关系下的制度角色,他们的意识和行为都受到制度作用力的影响。例如有一家占地一百亩的小化肥厂,它的用围墙围起来的厂区就是一个标准的制度场地,是一个典型的实体场组织。凡是厂区内的人员都在工厂的制度规定和制度执行的管辖范围内。厂区内有厂部和机修、造气、合成、碳化四个车间。厂部指挥整个厂区的生产活动和管理活动,严格按照生产化肥的工艺流程完成各个车间的布局、岗位设置和人员配置。生产实行白班、小夜班、大夜班三班倒的轮班制度,机器不歇,生产不停。厂部、科室、车间、工段、班组之间及领导、干部、工人之间存在着各种各样的角色关系和相互作用关系。所有制度角色认真遵守制度规定和岗位职责,形成密切配合、积极互动的工作氛围,这是制度吸引力和制度控制力正常发挥作用的结果。制度作用力对厂区内生产活动、管理活动的正常运行起着十分重要的作用。

3. 引导和维护群体或组织的整体行动和正常秩序

制度场作用力一般容易被理解为仅是一种约束力,实际上其最主要的作用在于引导并维护整个群体成员整体行动的合规性、有序性、和谐性和一致性,保证群体活动处于一种正常有序的状态中,以利于实现群体或组织的总体目标。交响乐队之所以能够演奏美妙的乐章,人们一般总是强调乐队指挥的作用,实际上在乐队指挥的背后,存在着使全体乐队队员听从指挥、保持和谐的制度场的吸引力和控制力。制度吸引力使全体乐队成员为追求演出的最佳效果主动服从乐队指挥,制度控制力则维护和保持全体乐队成员之间和谐的角色关系，以正能量的方式引导和协调全体乐队成员的整体配合。交响乐队和合唱团之间的和谐配合也是这种情况。在音乐会上，制度场作用力最明显的效果表现在由交响乐队、合唱团所组成的演出团体与现场观众之间的互动关系方面。在演出期间，音乐厅成为演出的制度场。观众在演奏期间保持肃静，在每个节目结束后热烈地鼓掌，迟到的观众在演出间歇中进场等，观众所表现出来的一切和谐的、有序的行为都是在音乐厅制度场作用力的影响下形成的。音乐厅内全体观众的和谐有序行为和热烈友好的氛围是保证演出顺利进行、乐队指挥和全体成员精心演奏的基本条件，制度作用力在这方面起着不可替代的作用。

4. 防止和处罚违规违法行为

制度场内所有人员之间的相互作用是非常复杂的，有的作用是正向的、相互促进的，有的作用是反向的、相互冲突的。制度场作用力的作用一方面是正面激发、引导所有人员合规有序的行为，另一方面是防范、约束、抑制、禁止制度场内所有人员违规违法的行为。如上所述，在音乐厅交响乐队的演出过程中，如果某个观众大声喧哗，扰乱会场秩序，乐队指挥是无能为力的，只有靠会场内的保安人员采取强制措施，制止违规行为，必要时将违规者带出演出场。在这种情况下，制度场作用力是通过制度执行机构及其人员的强制力表现出来的。一项制度规定出台后，并非所有人员都认为其合法合理或代表自身的利益，总是有持相反观点和反对意见的人，其行为表现常常是抵触的和反向的。即使是认同制度规定的人员，其行为表现也并非完全是和谐一致的。制度场作用力的明显作用在于，当个别人表现出违规的、无序的行为时，立即及时果断坚决地予以制止。强有力的制度控制力在有效约束并制止个别成员的违纪违规行为时，有利于激发制度场内的正气和正能量。目前，社会上有很多不正常的现象，"老人倒地无人敢扶"，"儿童落水，多人围观"，"歹徒行凶无人敢上"等，不能仅仅指责是人们的素质低或伦理观念差，根本原因是制度场内起正面导向的作用力太弱，不能成为激发社会正气和正能量的坚强后盾。

第五节　作用力的表现形式和范围

无论是哪种制度化群体或组织，由制度规制机构和制度执行机构组成的制度主体是制度场的核心和制度作用力的主要来源。制度主体本身是一种权力主体或行权主体。它的作用力的表现形式是权力。权力主体或行权主体的作用力范围是制度场的作用范围。

❖ 一、作用力和权力

制度场作用力的来源很多，有的来自个人间的相互作用，有的来自群体或组织间的相互作用，更多的则是来自制度主体的权力。在任何制度化群体或组织中，制度场作用力的表现形式可以分为权力性的作用力和非权力性的作用力两种类型。在所有作用力中真正起支撑性、主导性、方向性作用的力量是制度规制机构和制度执行机构行使的权力。权力关系和权力性的作用力决定了制度化群体或组织的制度形式和活动过程。如上所述，关于权力的解释有两种观点：一种是"能力说"，即"认为权力是指一个行为者（个人或机构）影响其他行为者（个人或机构）的态度和行为的能力"。另一种是"关系说"，即"认为权力是一个人或许多人的行为使另一个人或其他许多人的行为发生改变的一种关系"。[①] 在综合这两种观点的基础上，可将权力定义为权力主体影响、控制、支配处于依赖关系中的权力客体的能力。首先，权力表现为权力主体（拥有权力的一方）和权力客

---

① 石永义、刘玉荨、张璋编著：《现代政治学原理》，中国人民大学出版社2000年版，第97—98页。

第七章 制度场

体（受到权力影响和制约的一方）在法律基础上形成的权力关系，这是一种相互作用关系，离开任何一方都构不成权力关系。其次，权力表现为权力主体对权力客体的影响力、控制力、支配力和作用力。引入"权力"的概念后，每一个制度化群体或组织都是一个制度场，其制度规制机构和制度执行机构构成的制度主体是制度场作用力的核心或权力主体，所有群体或组织成员都是制度场的作用对象或是权力客体。前几章的论述普遍涉及一个问题，制度化群体或组织中的制度关系、角色关系是靠什么力量形成的，为什么人们会结成较为稳定的关系，这种力量就是在制度场中起主导作用的权力。制度化群体或组织不是自然生成的，制度规定也不完全是靠群体或组织成员自愿执行的。仅就制度吸引力而言，人们还有选择的权利，但是，制度控制力对所有群体或组织成员具有强制的性质，权力是制度控制力强制执行的合法依据。

❖ 二、制度场内的权力关系

一般来说，权力主体和权力客体的概念是从制度规定或法律规定的层面进行的理论阐述。实际上，"权力"的概念和制度的概念一样，始于规定，成于执行。真正的权力关系是在制度规定和制度执行的过程中形成的。从制度执行或法律执行的层面来说，制度场内的权力关系表现为行权主体和行权相对人的关系。行权主体指制度场内享有并实际行使权力的一方；行权相对人指受到并服从行权主体权力影响和制约的一方。在现代国家制度中，所有权力主体或行权主体拥有的权力都是通过法律形式或者按照法律规定获得的，因此，权力主体或行权主体只是某一个组织或某一个机构。个人不是权力主体或行权主体，个人拥有的权力属于职权的范围，来源于他在某个权力主体或行权主体中的职位和职务。马克斯·韦伯所说的个人的超凡魅力，可以增加个人的影响力但不能形成法律意义上的权力。清朝政府的官员一旦被摘去顶戴花翎，意味着失去了原有的职位和手中的一切权力。在制度化的权力和制度场的作用力面前，个人的能力是非常渺小的。行权相对人不同于行权主体，它既可以是组织，也可以是个人。对于制度场的权力主体或行权主体来说，场内的所有组织和个人，包括高层领导者和管理者，都是行权相对人，都受到权力的影响和制约。例如，每一所大学都是有特定制度规定和制度形式的相对独立的制度场。每个学校都有自己的制度规制机构和制度执行机构，它们是学校的制度主体或行权主体，是制度场的核心，是制度作用力的主要力量来源。学校的各级领导、各级管理人员、所有师生员工以及进入学校的外来人员都是权力客体或行权相对人。学校校区一般用围墙围起来作为制度场的边界，无论任何人，只要他进入学校的大门，就意味着他进入了学校的制度场，处于学校制度作用力和学校权力的影响和约束之中。他必须服从学校的规定，接受学校的管理，当他表现出某种违反学校制度规定的行为时，学校管理人员有权对他进行管治或处罚。行权相对人在制度场的权力关系和权力结构中的态度或行为有拥护、服从、顺从、屈从、反对五种表现，这种表现与其对制度规定的认同程度密切相关。其具体表现形式受到制度规定的特性、制度执行机构的执行力、制度主体或形成主体的权力结构、制度作用力的特点、各种行政相对人的角色意识及其相互作用等多种因素的影响。

❖ 三、制度作用力的范围

制度场和自然界中的引力场、电磁场一样，也有自己的作用力范围。所不同的是，制度场的作用力范围不是由制度吸引力，而是由制度控制力决定的。制度场通常由一个核心和它的对象相互间的作用力范围所组成。家庭是最小的制度场。家庭的规模虽然很小，即使是两口之家，也是一个制度场。首先，关于家庭的制度规定有宪法、婚姻法、财产继承法等，在这些法律背后有一批庞大的执行机构。其次，夫妻两人各是有特定责任与义务的制度角色。再次，他们之间存在着明显的相互影响和相互作用。最后，每个家庭一般都有一定面积的居住场所。家庭的核心或行权主体是享有财产权的父母或长辈，靠其赡养的子女及老人是行权相对人，制度场的作用范围是家庭住宅。国家是最大的制度场。国家的核心或行权主体是包括立法机关、行政机关、司法机关在内的广义的政府。各级政府机构、各种企事业单位和社会团体、所有公民以及境内的外国组织和外国人都是行权相对人，处于国家控制力之下的领土、领空、领海是国家制度场的作用力范围。在家庭形式的小的制度场中,行权主体对行权相对人的作用力是直接的、面对面的。在国家形式的大的制度场中,行权主体对行权相对人的作用力往往是间接的、通过与其有隶属关系的分支机构和控制点完成的。这些分支机构对上一级行权主体来说是行权相对人,对下一级分支机构来说则是次一级的行权主体。行权主体与其分支机构的权力关系有中央行权主体与地方行权主体、上级行权主体与平级行权主体、下级行权主体、授权行权主体与职权行权主体等多种类型。控制点的作用力是制度场的基层或最底层的作用力,控制点往往由一个具有执行权的小组甚至一个个人构成,如边防线上的哨所、在领海中游弋的舰艇、在领空中巡航的飞机等。制度场的范围最终是由控制点的作用力决定的。在现实生活中,实体场组织的制度场一般都有固定的场所明显表明作用力的范围,如大学的校区、农贸市场的场地、派出所的管片、地方政府的管辖区域等,我们可以称之为固定场。由于科学技术的发展出现了一些特殊的情况,有些制度场的作用范围有空间性但并不是传统意义上的场地概念。如现在有不少虚拟场组织或网络组织,它们本身也是一个制度化组织。其运行模式体现的也是一种制度场的形式。在这个制度场中有一个权力主体或行权主体,以网上协议的形式进入网络平台的所有客户都是制度场内的行权相对人。每一个客户所使用的电脑、手机等电子终端实际上是制度场作用力的控制点,所有电子终端的空间分布即是该制度场的作用力范围。由于电子终端的使用具有很大的流动性或移动性,导致这种制度场的空间范围经常发生变动或变化,我们可以称之为移动场。

❖ 四、场际关系

根据制度场的定义,每一个制度化群体或组织在自身的行权范围内都有一个制度场。场际关系指不同的制度场之间的关系,实质上是制度化群体或组织之间制度关系的外在表现形式。场际关系存在以下几种常见类型。

1. *隶属性的场际关系*

隶属性的场际关系也可称为同质性的场际关系。指若干个制度场的制度主体同时隶属于一个更大的制度场的制度主体所产生的场际关系。由于制度主体之间存在隶属关系，使不同的制度场之间也形成了相应的隶属关系。例如，母公司与子公司之间的关系即体现出这种场际关系。在母公司和其子公司之间本身存在着一个制度场，而每一个子公司本身也是一个制度场，这种隶属性的场际关系存在着以下一些特点。①上级对下级占据主导地位。上级制度主体的制度规定和制度执行对下级制度主体具有约束力。下级制度主体的制度规定和制度执行要服从上级制度主体，对上级制度主体负责。②下级对上级负责，有一定自主权。下级制度主体负责传达、宣传、贯彻执行上级制度主体的制度规定，可以结合自己的实际情况，制定一些细化的、从属性的、更为具体的制度规定。③上下级制度场的作用范围相互融合。上级制度场是一个最大的制度场，下级制度场的作用范围都包含在上级制度场的作用范围内。在存在三级或四级子公司的情况时，以此类推。④上级制度场作用力起主导作用。上级制度主体的制度场作用力对下一级制度主体的制度场有主导的、方向性的、支配性的作用力，并且是下级制度主体制度场作用力的主要来源，下级制度主体在其制度场内有一定的作用力。⑤所有制度场共同形成合力。由于制度规定和制度执行的一致性，上级制度主体和下级制度主体有共同的方向、目标、利益和行动，所有制度主体和制度场能够形成一个目标一致、统一行动的整体。典型的场中场关系的现象有点类似于俄罗斯的套娃娃，一个比一个更大的场重合叠加在一起，形成了一个规模无比庞大、结构无比复杂、能量无比强大的制度体系和制度场。国家的制度场本身包含了由无数组织形成的制度场，国家的制度规定构成了大大小小的所有运行于其中的制度场的制度背景，国家制度场的作用力是所有这些制度场作用力的终极来源，国家政权的强制力是保证所有制度场内部稳定整体和谐的基本力量。隶属性的场际关系体现的是有隶属关系的群体或组织之间整体整合、协调一致的关系。下级制度场是借助上级制度主体的制度作用力运行的。制度场的作用力有逐级传输、累积叠加、整体放大的效果。例如，当大学校园内出现了学校管理机构无力解决的治安问题时，它可以请所在地区的公安机关介入，利用一个更大的制度场的作用力解决问题。

第七章 制度场

2. 非隶属性的场际关系

非隶属性的场际关系也可称为非同质性的场际关系。指制度主体之间没有隶属关系的制度场之间的关系。隶属性的场际关系侧重研究的是涉及上下级之间的制度场关系,非隶属性的场际关系侧重研究的是处于同一层次或同一层级的制度场关系。非隶属性的场际关系较为复杂,一般有两种情况。一种情况是,两个制度主体之间没有任何隶属关系,甚至也没有任何业务关系。但是它们可能同时归属于一个更大的制度场,因此有共同的制度目标、制度背景和制度场作用力来源。这种情况也可称为同质性的场际关系。另外一种情况是,两个制度主体之间不仅没有任何隶属关系,而且没有任何地缘关系和共同的制度背景,因此是一种完全不同质的场际关系。国家与国家之间的关系即是这种典型类型。在这种场际关系的情况下,不同的制度场之间有严格的分界线,它们各有自己的制度主体、制度客体,有各自的目标、利益、权力关系、权力结构和行权范围。由于隶属于不同的权力主体或行权主体,它们相互之间往往会存在目标、利益方面的冲突,严重时甚至会在作用力方面产生对抗。如不同制度背景的国家之间常会产生场际关系的冲突,特别是在领土、领空、领海等直接关系到制度场作用范围的问题上产生尖锐矛盾,爆发冲突甚至战争。

3. 单元制度场和多元制度场的场际关系

我们可以将只有一个权力主体或行权主体的制度场称为单元制度场。单元制度场的情况较为普遍,许多实体场组织和虚拟场组织都属于这种类型。单元制度场虽然简单,但是也可以构成非常复杂的场际关系。最普遍的情况是许多个单元制度场同时存在于一个更大的单元制度场中,类似于隶属性的场际关系。在一个以单一的权力主体或行权主体为核心的制度场内,有许许多多的,甚至分为若干层级的单元制度场在运行。多元制度场指有存在两个以上的权力主体或行权主体的制度场。这种情况在地区性的或地域性的制度场中最为常见。多元制度场存在着更为复杂的场际关系。例如在一个地区性的由许多企业组成的制度场中,存在着工商局、税务局、卫生局、公安局、消防局等若干个制度主体。每一个企业都可以看作是一个制度场,每一个制度主体和所有企业之间都存在着一个相互作用的制度场。在地区性的制度场中，存在着一个许多制度主体和许多制度场相互作用的复杂的多元化的场际关系。在这个庞大的制度场内，有许许多多的制度场在同时运行。一般来说，无论是实行"三权分立"制度的国家还是实行"议行合一"制度的国家，都属于多元制度场的场际关系类型。与此相联系，各种地区性的市场也是由许多制度场组成的多元制度场。小型市场如交易所、集市、超市、大型商场等，它们只有一个制度主体，可以归类于单元制度场。大型市场按地区范围划分有农村市场、地区市场、国内市场、国际市场等，它们可以归类于多元制度场。同样属于多元制度场，国内市场和国际市场的情况有些区别。在国内市场中，虽然存在着许多个制度主体，但是它们相互之间具有隶属性或同质性，制度场中的经济关系、利益关系及作用力的方向等容易协调。在国际市场中，各个制度主体之间没有隶属性或同质性，容易产生激烈的矛盾和冲突。

第八章
制度效力

- 制度效力的概念
- 制度效力的比较
- 制度效力的测评
- 影响制度效力的因素

第八章 制度效力

在现实社会中，人们以什么样的制度形式结成群体或组织，才能有利于进行生产活动和社会活动、有利于实现预期的目标和有利于收到更好的结果，这是涉及制度效力的重要问题。制度效力包括效率、效果、作用力三个方面。不同的制度有不同的效率、效果和作用力。制度效力的测评指标是各种群体或组织的绩效测评指标的综合反映。减弱制度效力的因素很多，它们同时也是群体或组织活动中出现问题的原因，但最根本的是制度规定、制度执行、制度作用力层面的原因。以提高良好的治安环境、助人为乐的社会风尚、见义勇为的正义精神、集聚社会的正气和正能量等为目标的各种方案和措施，也需要在这个层面上找到根本的解决办法。

第一节　制度效力的概念

制度既是我们生活于其中的环境，也是我们进行管理活动和社会活动的条件和保证，对我们的思想和行为以及对我们所从事的工作和一切活动都有十分重要的影响。制度效力是一个综合性的概念，它从总体上反映出制度形式给人们的意识、行为及其群体或组织活动所带来的实际影响和结果。制度效力的内容包括效率、效果、作用力三个方面。效率和效果是经济理论和管理理论的两个最常用的、最重要的概念,也是考察所有经济活动和管理活动的最常用的、最重要的衡量指标。提高和改进制度化群体或组织的运行效率和效果,必然是制度规定和制度执行的重要目标或出发点。作用力是在考察社会群体或组织以制度和制度场的形式运行时提出的新的概念,作用力的强弱与群体或组织运行的效率和效果有十分密切的联系。

一、效率、效果和作用力

无论是企业还是政府,都需要考虑其运行状况和绩效问题。效率和效果是两个最常用的概念和标准。提高和改进工作效率和管理效果,是所有制度化群体和制度化组织的出发点,也是判断其绩效好坏的关键。作用力是与群体关系和组织环境相联系的重要概念,对提高工作效率和组织绩效有着不可忽视的重要作用。

1. 效率的概念

效率(Efficiency)是研究经济活动和管理活动时常见的基本概念。其英文含义还有功效、效能的意思。我国辞海对"效率"一词的解释是:"泛指日常工作中所消耗的劳动量与所获得的劳动效果的比率"。国外词典如《牛津百科全书词典》(1994)、《韦伯斯特大词典》(1993)等,多从所耗费的能量与其有效利用的比率来解释。与此相联系产生了机械效率、劳动效率、工作效率、经济效率、社会效率、组织效率、决策效率、管理效率、劳动生产率等各种各样的概念和范畴,它们的特定含义和内容虽然有所不同,但实质上都是指耗费与所得之间的比率。如组织效率是指组织管理工作投入的劳动量与劳动成果之间的比率;劳动生产率是指劳动者在一定时期内创造的劳动成果与其相适应的劳动消耗热量的比率等。

2. 效果的概念

效果(Effect)不仅是研究经济活动、管理活动的重要概念,而且也是研究一切社会生活和社会活动的重要概念。我国《辞海》对效果的解释是:"由行为产生的有效的结果、成果"。效率和效果的区别在于,效率指

第八章
制度效力

的是一种比率关系，其评价标准是"高"和"低"。而效果指的是预定目标实现的结果、已完成的实际成果或所产生的实际影响和作用，其评价标准是"好"和"坏"。效果也可以引申出许多不同的概念或范畴，如劳动效果、工作效果、经济效果、社会效果、决策效果、管理效果、组织效果等。"效率"和"效果"的词义虽有相近之处，但严格说来，还是有比较大的区别。"效率"主要和工作数量、成本、经费开支等量化的概念相联系，可以用量化手段和量化标准来测量。"效果"主要和工作质量、公平公正以及个人和社会的满意度相联系，对效果的评价包含有伦理的价值判断因素，不能完全用量化手段和量化标准来测量。

3. 作用力的概念

作用力（Active Force）是物理学的一个概念，指的是两个相互作用的物体之间的力，既是一种接触力，也是一种"场"力。如上所述，任何一个劳动群体或工作群体都会形成一个制度场，也是制度作用力的范围。和自然界中的物理现象一样，当两个以上的人以某种制度形式结成群体时相互之间也会产生一种作用力。这种作用力来源于人们的社会关系和制度形式，贯穿于整个人类的劳动活动、管理活动、生产活动和一切社会生活活动中。以泰罗的"科学管理"为代表的传统管理理论首先论证了管理制度对劳动效率的直接影响，以梅奥、麦格雷戈、斯金纳等激励理论为代表的行为科学理论则证明了在劳动过程和管理过程中存在着劳动者之间、劳动者与管理者之间的作用力和反作用力，这种作用力同样对劳动效率有直接的影响。如果我们把整个劳动过程放在制度场的背景中深入研究，关于制度作用力对劳动效率、工作效率和管理效果，领导效果直接影响，将会有更深刻的认识。

❖ 二、制度效力的概念和内容

效力（Effectiveness）的英文词义也有效果、效验的意思。"制度效力"在此作为与制度作用力相联系的一个专有名词。由于制度影响的范围十分广泛，制度效力的词义范围也就非常广泛，包括制度影响的所有方面。从理论上说，制度效力是制度效率、制度效果、制度作用力的函数，用公式表示为：E＝f（E_1，E_2，AF）。其中 E 代表制度效力；f 代表某个函数关系；E_1 代表制度效率；E_2 代表制度效果；AF 代表制度作用力。

1. 制度效率

制度效率指在一定的制度形式或制度场内耗费（投入）与所得（产出）之间的比率。"效率"本身是一个与制度化的劳动过程或工作过程密切相关的量化概念，从某种意义上说，任何制度对任何效率都有直接的影响。人们一般认为，"效率"是在技术提高的基础上提高的。技术进步确实是效率提高的重要因素，但不是唯一因素。在技术不变的条件下，通过改变管理方法、提高管理水平、完善管理结构等可以有效地提高效率，所有这些措施都属于制度研究的范围。20 世纪初期，弗雷德里克·泰罗的"科学管理"理论是通过制度具体措施提高劳动效率的典型范例。泰罗用科学方法测量并规定工人的标准动作和工作时间，科学划分工人和管理部门之间的工作角色和工作职责，规定并严格执行各种具体的管理措施，在技术不变的条件下有效地提高了劳动效率。20 世纪 20 至 50 年代期间，先后产生了内容型激励理论、过程型激励理论、强化理论等多种行为科学的代表性理论，其关于人与人之间的相互影响、环境因素对人的心理和行为的影响、内在激励与外在激励的作用等方面的开创性研究，为探讨制度因素对劳动效率和工作效率的直接影响提供了理论依据。对于任何企业或公司来说，采用不同的制度形式有不同的劳动效率、生产效率或制度效率。对于一个国家来说，任何一项经济政策或制度规定及其执行状况，都将引起有关公司、企业、行业的劳动效率、生产效率或制度效率的变化。一个国家的劳动生产率、人均 GDP 水平反映出的是制度形式及制度因素影响下的国家层面的制度效率。

2. 制度效果

制度效果指的是在一定的制度形式或制度场内预定目标实现的结果、已完成的实际成果或实际发生的影响和作用。制度效果与制度效率一样是一个综合性的、整体性的概念。本书已多次论述，不同的制度有不同的效率和不同的效果。就像数量和质量的关系一样，效率和效果是两个并存概念。人类社会与自然界一样，没有无量之质，也没有无质之量，与数量和

第八章
制度效力

质量相关的指标,自然也是同时存在的。美国经济学家赫伯特·西蒙关于此问题有一段很经典的论述:"效率准则要求在费用相同的两个备选方案中,选择目标实现程度较好的一个方案,在目标实现程度相同的两个方案中,选择费用较低的一个方案"。① 实际上,这两个方案一个是在效率确定的情况下效果选择的方案,一个是在效果确定的情况下,效率选择的方案。西蒙认为,在资源、目标和费用都是可变因素时,"组织决策不能单纯建立在效率方面的思考上"。对于制度学的研究来说,制度效果的研究相对于制度效率的研究显得更为重要一些。美国管理学家彼得·德鲁克曾指出:"当然,所有的机构都需要有效率……但是,服务机构的基本问题不是成本高,而是没有效果。他们可能效率很高——有一些也的确效率很高,但它们却不是做该做的事","服务机构所缺少的是效果而不是效率。效果不能通过企业经营式,即提高效率而获得"。② 无论是企事业单位还是政府,制度效率和效果是制度构建后必须认真分析研究的重要问题。一般来说,制度执行、政策执行等涉及制度效率问题较多,而制度规定、政策制定等涉及制度效果问题较多。制度效果问题涉及的范围非常广泛,例如治安、环保、就业、诚信、国民素质、社会风气等。实际上,许多效率问题同时也是效果问题,如工作效率、群体效率、组织效率的高低,都是制度规定和政策规定导向性的结果。制度效果的系统研究可以为制度规定和政策规定提供指导。

3. 制度作用力

在有关制度场的论述中,已经对制度作用力进行了较完整的探讨。制度效率和制度效果的实际状况都和制度作用力有直接联系。所有的劳动活动、生产活动、群体和组织活动都是人的活动,人们的劳动状态、生存状态、群体和组织状态都是相关人员相互影响相互作用的结果。机械效率、劳动生产率不仅仅取决于一台机床或一条生产线的性能,没有工人的操作

---

① [美]赫伯特·西蒙:《管理行为:管理组织决策过程的研究》,北京经济学院出版社 1988 年版,第 118 页。
② [美]彼得·德鲁克:《管理——任务、责任、实践》(上册),中国社会科学出版社 1992 年版,第 180 页。

和相互之间的密切配合，再好的机器也不会生产出任何产品。操作工人良好的工作态度、按照规定要求严格控制产品数量和质量的工作行为不仅仅取决于单个人的素质和品德，班组、工段、车间、工厂的劳动氛围和制度环境是影响其态度和行为的重要因素。这一切都反映出制度场内作用力的存在和重要性。制度效力是一个综合性的、整体性的概念，除了强调制度效率、制度效果的重要性外，更强调制度作用力的重要性。制度作用力的研究可以为各级管理者和领导者提供一种提高制度效率和制度效果的现实可行的途径，从而通过提高制度效力提高群体绩效和组织绩效的整体水平。

第二节　制度效力的比较

制度对人类社会、人类生活、人类活动有十分重要的作用。制度是构成人类社会的纽带，是培育各种社会关系和角色关系的土壤，是导致个人、群体、组织相互作用的空间，是引导各种角色意识和角色行为的动因，是构成人类社会及全部人类活动的基石。制度效力和制度安排的概念为我们提供了制度研究的一种视角。

❖ 一、制度效力的故事

不同的企业、不同的国家有不同的组织结构和制度形式，不同的制度形式有不同的效力。制度效力比较指在考察、测评现有制度形式和制度效力的基础上，与其他类型的制度形式及其制度效力进行比较，为制度改革和创新提供备选方案。今年六月，手机里有一条微信《制度的力量！太经典了，转……》，讲述了五个与制度有关的故事，转发率较高。这五个故

第八章
制度效力

事生动地说明了不同的制度对人们的行为及群体活动、组织活动或社会活动的结果有不同的影响和作用。现将这五个故事转录如下。

第一个故事：合格率的检查制度

第二次世界大战期间，美国空军降落伞的合格率为 99.9%，这就意味着从概率上来说，每一千个跳伞的士兵中会有一个因为降落伞不合格而丧命。军方要求厂家必须让合格率达到 100%。厂方负责人说他们竭尽全力了，99.9% 已是极限，除非出现奇迹，军方就改变了检查制度，每次交货前从降落伞中随机挑出几个，让厂家负责人亲自跳伞检测。从此，奇迹出现了，降落伞的合格率达到了 100%。

第二个故事：付款方式

英国将澳洲变成殖民地之后，因为那儿地广人稀，尚未开发，英政府就鼓励国民移民到澳洲，可是当时澳洲非常落后，没有人愿意去，英国政府就想出一个办法把罪犯送到澳洲去。这样一方面解决了英国本土监狱人满为患的问题，另一方面也解决了澳洲的劳动力问题，还有一条，他们以为把坏家伙们都送走了，英国就会变得更美好了，英国政府雇用私人船只运送犯人，按照装船的人数付费，多运多赚钱。很快政府发现这样做有很大的弊端，就是罪犯的死亡率非常之高，平均超过了 10%，最严重的一艘船死亡率达到了惊人的 37%。政府官员绞尽脑汁想降低罪犯运输过程中的死亡率，包括派官员上船监督，限制装船数量等，却都实施不下去。最后，他们终于找到了一劳永逸的办法，就是将付款方式变换了一下：由根据上船的人数付费改为根据下船的人数付费。船东只有将人活着送达澳洲，才能赚到运送费用。新政策一出炉，罪犯死亡率立竿见影地降到了 1% 左右。后来船主为了提高生存率还在船上配备了医生。

第三个故事：抽水马桶的清洁标准

日本某高级酒店检测客房抽水马桶是否清洁的标准是：由清洁工自己从马桶中舀一杯水喝一口，可以想象这样的马桶会干净到什么程度。

第四个故事：粥的分配制度

七个人住在一起，每天分一大桶粥。要命的是，粥每天都是不够的。一开始，他们抓阄决定谁来分粥，每天轮一个。于是乎，每周下来，他们只有一天是饱的，就是自己分粥的那一天。后来他们开始推选出一个口口声声道德高尚的人出来分粥。大权独揽，没有制约，也就会产生腐败。大家开始挖空心思去讨好他，互相勾结，搞得整个小团体乌烟瘴气。然后大家开始组成三人的分粥委员会及四人的评选委员会，互相攻击扯皮下来，粥吃到嘴里全是凉的。最后想出来一个方法：轮流分粥，但分粥的人要等其他人都挑完后拿剩下的最后一碗。为了不让自己吃到最少的，每个人都尽量分得平均，就算不平均，也只能认了。大家快快乐乐，和和气气，日子越过越好。

第五个故事：互助与共赢的天堂

有一位行善的基督教徒，去世后向上帝提出一个要求，要求上帝领他去参观地狱和天堂，看看究竟有什么区别。到了地狱，他看到一张巨大的餐桌摆满丰盛的佳肴，心想地狱生活不错吗。过了一会儿，用餐的时间到了。只见一群骨瘦如柴、奄奄一息的人围坐在香气四溢的肉锅前。只因手持的汤勺把太长，尽管他们争着抢着往自己嘴里送肉，可就是吃不到，又馋又急又饿。上帝说，这就是地狱。他们走进另一个房间。这里跟地狱一般无二。同样飘溢着肉汤的香气，同样手里拿着的是特别长的汤勺。但是这里的人个个红光满面，精神焕发。原来他们个个手持特长勺，把肉汤喂进对方嘴里。上帝说，这就是天堂。

同样的人，不同的制度，可以产生不同的文化和氛围以及差距巨大的结果。这就是制度的力量。

故事的启示

这五个故事有的涉及质量检查问题，有的涉及分配制度问题，有的涉及行为准则问题，虽然内容不同，但有一个共同特点是，它们都说明了不同的制度形式有不同的制度效力，从制度效力比较和制度选择入手，是从根本上解决问题的最好方法。"分粥的故事"是一个非常经典的事例。这个故事最早的版本是关于寺庙里的和尚如何公平分粥。故事情节简单有趣，富有哲理。故事的主题是如何追求"公平"，这是人类社会中人类理想的永恒主题。故事中直接涉及的制度可归结为轮流坐庄制、首长制、独裁制、民主制、监督制和自律制等几种形式。我们可以先将故事中的前提

第八章

制度效力

条件推测一下：故事中的人物在财产关系方面是公共的或公有的，否则不能有平均分粥的要求和权利；他们在社会地位方面是平等的，没有服从于或听命于某一个或某几个人；他们在议事方面是民主的，大家可以坐在一起自由地讨论分粥方案；他们讨论问题的焦点不是注重于形式和理念，而是注重于内容和实际结果；他们解决问题的办法集中于制度效力的比较和制度形式的选择。

故事的情节很简单，只是发生在老百姓中间的一个生活小插曲，但是内容很深刻，涉及人类社会中最常见的，也是争论最激烈的几种制度形式。①轮流坐庄制。代表性的制度形式是委员会制，系由若干人组成一个委员会，委员会主席由其成员轮流担任。轮流坐庄制来源于很朴素的公平理念。所谓"皇帝轮流做，明年到我家"，即是老百姓这种心理的真实流露。这种制度形式上是公平的，但结果和故事中描述的一样，很难达到真正的公平。②首长制。也可称为首长负责制、一长制或个人负责制。这是一种很普遍的领导体制，指某个人在群体或组织中担任领导角色，具有决策、决定权并有相应的职责。许多国家实行的总统制、内阁制、总理负责制、部长负责制等都属于这种类型。故事中的成员们选出一个道德高尚的人担任的就是这种角色。这种体制能否做到公平取决于个人的素质及权力的制衡和监督。显然，公平不是这种体制的直接结果。③专权制。也可称为个人专权制、独裁制或僭主制。指一个人不受任何制约、独自掌握最高领导权力的一种极端形式。在首长制的条件下，领导者个人的地位和权力不是至高无上的，他受到一定的制约和监督。独裁制则不同，领导者的地位和权力在组织系统中具有至高无上性，奴隶社会或封建社会中盛行的君主制是最典型的独裁制类型。"普天之下，莫非王土，率土之滨，莫非王臣"，所有臣民都要跪拜于皇权之下。在现代社会中，由于个人权力的无限膨胀，首长制也有可能产生出独裁者。独裁制是建立在社会成员关系、地位不平等的基础上的，基础的不公平必然导致结果的不公平，不可能产生公平公正的结果。故事中的德高望重者在大权独揽时有可能演变为贪腐的独裁者，其结果与公平分粥的愿望背道而驰。④民主制。是最古老、同时也是最现代化的制度形式。"民主"一词有"人民主权"、"人民当家做主"之意。民主制主要指一种国家制度形式,把人民作为主体,强调人民是国家权力的主人。民主制分为直接民主制和间接民主制两种类型。西方国家的议会制度和我国的人民代表大会制度都属于民主制的制度形式。民主制与独裁制是对立的两极。民主制度是民主制的广泛应用,强调讨论协商,集体议事,少数服从多数,已经成为许多制度化群体或组织的制度形式。故事中的主人公一起讨论分粥方案,民主推选德高望重的人作为分粥者,成立了三人的分粥委员会和四人的评选委员会,所有的人都参政议政,但正如故事情节所述,这种形式程序烦琐,在民主形式上牵扯的时间精力较多,但却不易取得公平的结果。⑤自律制。也可称为互惠自律制,通俗一点说,可称为利他制。指的是为公共利益或为他人提供服务、进行自我约束的制度形式。上述几种制度属于与领导体制、权力结构、国家政权形式有关的制度形式,此种制度属于规范或约束个人行为的一种制度形式。故事中,最后选定的分粥制度最简单,但是也最有效。前几种分粥制度免不了有很多检查、评选、监督的程序和制度,但都属于一种外力性质的制度形式,都是试图用一种外力作用使分粥人追求公平结果。而最后选定的分粥制度存在一种内力作用,使分粥人从自己的内心深处要求做到分粥公平。可以想象,采用这种分粥制度,不需要附加许多复杂的评选、检查、考核、监督、奖惩等制度形式,任何一个人在担任分粥的角色时,都会尽到公平分粥的责任。用制度学的术语说,分粥人在制度的作用下真正具有了角色意识和责任感。自律制的最大特点在于将分粥人(也可称为制度主体或管理者)的利益与他人或组织的利益直接联系或绑定在一起,要求制度主体(分粥者)为其他人提供公共服务,在满足他人利益的基础上,或在满足他人利益的同时,使自己的需求得到满足。有趣的是,在这五个故事中,最有效力的制度形式都属于自律制的类型。在第一个故事中,厂家负责人亲自跳伞检测,在为他人提供跳伞安全保证的同时,使自己得到安全。在第二个故事中,船东在保证其他登船者安全到达澳洲后,才能实现自己的利益。在第三个故事中,清洁工必须保证其他人所用的马桶水是清洁水,才能避免自己喝脏水。在第四个故事中,分粥人只有在保证其他人都公平的基础上才能使自己得到公平。第五个故事虽然是一个隐喻，描述得就更生动了。地狱和天堂的条件是一样的，每个人只为自己享受时，就进入了地狱，在为他人服务时就进入天堂。自律制的作用力是相互的，在为他人服务的同时，也得到他人为自己的服务。这几个小故事，特别是分粥的故事，虽然它们不一定都是真实发生的事情，但可为我们考察制度形式及其效力提供有益的启示。

❖ 二、效力比较和制度安排

在上述每个小故事中，都存在着至少两种以上可供选择的制度形式，例如，厂家负责人是否亲自参加跳伞测试，船东是按上船还是按下船人数取得报酬，清洁工是否亲自喝一口马桶水，分粥方法是选择轮流坐庄制、首长制、专权制、民主制还是自律制，就餐者是个人独食还是互相喂食等，每一组或每一对制度形式都有不同的制度效力，需要制度主体或管理者在进行比较的基础上做出选择。这种制度选择的过程，借用新制度经济学的最流行的术语，可称为制度安排。

制度安排（System Arrangement）最早由诺贝尔经济学奖获得者道格拉斯·诺斯提出，他认为，"制度是一系列被制定出来的规则、服从程序和道德伦理的行为规范"。顾名思义，制度安排指的是经济管理者或经济单位在合作与竞争等各种制度方式中做出的一种安排。从制度学的概念看，制度安排是在制度效力比较的基础上有意识做出某种制度选择的行动或过程，具有主动性、权衡性、选择性的特点。不同的制度形式有不同的效力，制度安排就是在现有的可供选择的制度形式中选出并确定最有效力的一种付诸实施。

制度安排主要有自律制和他律制两种基本的制度选择。

1. 自律制

自律制指具有促使当事人循规蹈矩内在动力的制度形式。在分粥以及其他的故事中，最有效力的制度形式是自律制。自律制和其他的制度形式相比，最大的不同之处在于，这种制度形式本身有一种促使当事人不能损害他人利益、为保证自身利益必须保证他人利益的自愿执行的内在动因。例如对于亲自参加跳伞测试的厂家负责人、最后一碗粥归己的分粥者来说，在所确定的最有效力的制度形式条件下，他们的制度行为只能有一种选择，这种选择首先要求其对他人利益负责，只有在此基础上才能满足自己的利益需求。在我国，河豚是一种美味大餐。但是河豚毒性很大，肉味虽鲜美，吃后却有生命之虞，因此一直有"拼死吃河豚"之说。饮食行业的传统规矩是，做河豚的厨师在给食客上菜之前，必须先要亲口品尝一下出锅的河豚，这也是一种自律制的形式，其结果不说自明。这种制度形式可以保证做河豚的厨师送给食客品尝的河豚百分之百的无毒，而且不需要额外的增设检查、考核、监督制度。有了这种制度，我们也可以放心大胆地大快朵颐。

如果从人性的角度来考察，自律制是建立在惩恶扬善的内生动因的基础上的，倡导的是首先为他人服务、先人后己的理念和行为。人的个体性和群体性决定了人本身有利己性和利他性的二重性。关于"人性善"还是"人性恶"的问题，古今中外一直存在着理论上的争论。我国古代著名哲人孟子、荀子等各有不同的精彩论证。美国心理学家道格拉斯·麦格雷戈1960年在其所著《企业中的人性面》一书中，用x理论和y理论论证了人性的这两个对立的极端。现有的制度安排许多是从"人性恶"或利己性的角度出发的。如自由市场经济的理论把人看作是经济人，认为人的经济的出发点是利己心，人的一切行为都是为了最大限度地满足自己的利益。亚当·斯密在《国富论》中有一个著名的观点："借由追求他个人的利益往往也使他更为有效地促进了这个社会的利益，而超出他原先的意料之外，我从来没有听说过有多少好事是由那些伪装增进公共利益而干预贸易的人所达成的。"新制度经济学认为，人类行为动机有二重性，一方面人们追求利己主义的财富最大化，另一方面人们又追求利他主义、自愿负担、集体主义行为偏好等的非财富最大化。从理论上说，人类结成群体、组织、社会的前提条件是抑制人的利己性，倡导人的利他性。这是所有现实存在的制度形式的基本特点，能否有效做到这一点决定制度效力的优劣程度。如上所述，自律制在这些方面具有很大的优越性。

2. 他律制

他律制指运用外部强制力促使当事人循规蹈矩的制度形式。利用制度

第八章
制度效力

形式在人性方面惩恶扬善有自律制和他律制两种基本类型。自律制是从行为的内因方面达到惩恶扬善的目的，当事人的角色认知、角色意识和制度要求是一致的，在利己性和利他性的行为方面，当事人所做出的只有先利他后利己的一种选择，当事人的利益和他人的利益是直接相关的。他律制则不同，是从行为的外因方面达到惩恶扬善的目的。当事人的角色认知、角色意识和制度要求并不完全一致，在利己性和利他性的行为方面，当事人有先利己后利他或先利他后利己两种选择，当事人的利益和他人的利益并不是完全一致的，甚至可能是完全相反的、毫不相关的。一般认为，在这两种行为选择方面，人的利己性往往驱使当事人做出损人利己的具有不良后果的选择，为了抑制这种行为，必须采用外部强制力的他律制形式。

按照自由市场经济理论，在市场经济条件下，和自律制的情况不同，卖方可以遵纪守法，也可以不遵纪守法，其同时可以有两种行为选择，其利益可以和买方共赢，也可以和买方不一致，甚至完全是相反的。如果没有外力制约，人的利己性是最大的驱动力。卖方为了追求财富的最大化，进入生产和销售领域，人性恶的一面可能使他不择手段地降低成本，片面追求利润最大化。因此，假冒伪劣、恶意欺诈、行贿受贿、哄抬物价等是不可避免的现象。如在我国，某些人把注射膨大剂等化学药品的水果或注水肉、病猪肉运到市场上卖出，新鲜有机食品留给自家吃，损人利己获取不义之财。与此同时，买方在利己性驱动下，也不可避免地会出现恶意欺诈、欺行霸市、垄断市场等不法行为。为了制止这种弊端和行为，从制度化的市场形成的那一天起，各国政府就不遗余力地通过制度效力比较和制度安排，采用法律、税收、市场监管等多种多样的制度形式对买卖双方的市场行为进行规范。这些制度形式大多以他律制为主，基本上是以制度作用力从外部条件入手，一方面规范、约束买卖双方的市场行为，在实现优质产品互换的基础上达到市场各方互利的理想效果；另一方面严厉打击买卖双方的不法行为，起到抑制人的利己性、倡导人的利他性、保证市场有序进行良性发展的作用。正如亚当·斯密在《国富论》中所说："军队、舰队、防御工事、公共建筑、法官、税务人员必须得到支持，否则，将发生混乱。"在市场管理方面，政府的作用是不能低估的。"如果一个政府，不进行公正、正规的管理，商业和制造业很少能长期繁荣，人们对其拥有的财产也没有安全感，合同也得不到法律的保证。"[1] 自由经济的理论家们认为，利己心是经济的出发点和人类一切经济行为的推动力。但是他们同时又认为，利己心对经济有巨大的破坏力，需要利用政府的力量予以抑制和规范。自由经济理论的基石之一是确认产权制度。其政治目的是在保护私有制的前提下保护私有财产，同时把人的利己性规范在一个法律的范围内。正如亚当·斯密在《国富论》中所说："直到有了产权之后，政府才能实现保护财富并防止穷人掠夺富人的目的。"按照制度学的理论，亚当·斯密所说的军队、法官、税务人员等都是私人财产制度、产权制度等资本主义制度的执行者，他们利用这种具有外力作用的制度形式把人的利己性规范到私有制的范围内。他律制的制度效力是与制度执行机构的强制力密切相关的。需要指出的是，在他律制的条件下，也可以产生自律性的行为，他律制的严厉执行结果可以有效促使当事人自觉约束自己的行为。

◈ 三、制度效力和制度工具箱

在人类征服自然的过程中，工具，特别是生产工具，对人类适应、改造自然界起着决定性的作用。人类社会从初级形态发展到高级形态的过程，同样离不开社会工具的作用。制度形式是人类用来强化自身不断发展的重要的社会工具。

1. 制度工具箱

在分粥的故事中，主人公们分粥先后采用了五种不同的制度形式，这五种形式可以看作是五种方法或五种工具，各有不同的效力或功效。工具是一种可利用其实现既定目的的物品。如一根木棒，当我们用它撬起一件重物时，它就成为了一种工具。工具并不一定完全是有形的。如语言是一种人类交流的无形的工具，信息也是一种无形的技术工具，但它们都有巨大的实用价值。工具拓展了人的自然能力和社会能力，是人类改造世界、征服世界的有力武器。人类劳动是从制造工具开始的，生产工具的进步在

---

[1] 胡鞍钢、王绍光编：《政府与市场》，中国计划出版社 2000 年版，第 57—60 页。

第八章
制 度 效 力

社会生产力和生产关系的发展中起着主导性的作用。从创造、利用有形的工具到创造、利用无形的工具改造和征服世界，标志着人类进步的质的飞跃。制度可被看作是一种构建人际关系、组织社会群体、控制工作程序、引导角色行为等的一种方法或工具。工具有多种多样的选择，制度形式也可以有多种多样的选择，我们可以把它放在一个备用的制度箱中。工具箱是用于存放各种具有不同功能和作用的工具的箱子，如汽车工具箱、医疗工具箱、修理工具箱等。司机们在汽车工具箱中存放着一组工具，一般包括应急小锤、急救包、大容量灭火器、搭电过火线、车用保险丝、打气泵、对讲机、防水胶带、绝缘胶带等，在发生故障或者意外情况时用于处理各种紧急问题。分粥故事中的主人公们就有一个备有五种工具的制度工具箱，各级领导者和管理者也应该像他们一样，有意识地准备一个用于解决各种社会问题、管理问题的制度工具箱。

2. 不同制度形式的效力比较

作为一名领导者或管理者，人们一般习惯于在现有的或已知的制度形式中进行选择。形象地说，他们只有一两种制度工具，而没有备用的制度工具箱。有的领导者或管理者只有一种或者只认定一种制度工具，根本就没有制度比较和制度选择的意识。就像一个木工只有一种型号的锯一样。没有称手的工具，很难做出像样的木工活。实际上，分粥的故事告诉我们，制度形式也是一种工具，这种工具是多种多样的，各有各的用处和功效。人们可以根据管理的需要和每种制度形式的效力进行选择，然后再做出制度安排。例如，从管理学的理论来说，在一个较大的组织内部，为了便于管理，提高管理的效率和效果，从最低的操作层到最高的领导层之间，可以划分出若干个等级，有的组织内部有两个管理层次，也有的有三个、四个或者五个管理层次。这就涉及至少五种具有不同管理层次的制度形式，每一种形式都有不同的制度效率和制度效果，它们可构成一个五种形式的制度工具箱供管理者选择。又如，关于组织结构形式，专家们已经归纳出直线结构形式、职能结构形式、直线—职能结构形式、矩阵结构形式四种类型，每一种都可以演化为一种制度形式，它们也同样各有不同的制度效率和制度效果，可构成一个四种形式的制度工具箱供管理者选择。

我们还可以再举一个略为复杂的例子。一般来说，任何一个组织都有管理层次、控制幅度、正规化、集中化、沟通方式、工作标准化、管理人员数量、管理机构数目、成员及单位相互作用机会、以知识为基础的权力、以职位为基础的权力、各级管理者的自主权、外部环境的稳定性等很多种结构特性。按照这些结构特性的不同组合，可以组成许多种具有不同效率和效果的制度形式，它们可以组成一个很大的制度工具箱，供管理者根据实际情况进行选择。领导者或管理者如果有多种多样的制度工具箱，并且有意识地进行制度选择和制度安排，则可以突破已有的或现有的制度形式的框框限制，可以在其他条件不变的情况下，较好地提高领导力、管理水平和制度效力。

3. 制度工具的比较和选择

不同的工具有不同的功效，并且可以在实践中进行比较和检验。石铲、铁锹、挖土机这三种不同的工具具有不同的功效，而且可以用科学方法精确地测量出来。记得农村插队时期，年轻人们挑灯夜战，用铁锹一锹锹翻地，但是凭简单的人力，再拼命干活，一晚上也翻不出多少地。现在回想起来，大家的精神虽可嘉，但是如果没有农业的机械化和现代化，是不可能大幅提高农业生产力，改变贫困地区的落后面貌的。这不仅是工具的差别，也是制度的差别。和工具的功效可以在实践中进行比较和检验一样，制度效力的优劣也可以在实践中进行比较和检验。让我们以 A、B 两所大学教师职称（或教师职务任职资格）评聘制度为例简要说明制度效力的比较问题。在这两所大学里，每一所学校都有一个教师职务评聘委员会，由学校人事处负责评聘的具体工作。A 校采取的是等额分配制。系主任或学院院长决定本部门助教到教授的各级教师职称的推荐人选，按照规定时间依次向人事处长汇报。人事处长非常认真地听取每一个候选人员情况的汇报，经过分析讨论，当场拍板决定，哪个人符合助教条件或哪个人符合教授条件，可发给一张带名额的教师职称申请表提交教师职务评聘委员会。每个系主任或学院院长都非常明白，自己的系或学院今年有多少个名额，有多少人可以评上助教、讲师、副教授或教授。汇报的过程是相当艰苦的。人事处长从早晨八点开始，一直持续到深夜，汇报过程仍难以结

第八章

制度效力

束。为了减少系或学院内部的矛盾，系主任或学院院长无一例外地多报候选人名单，千方百计据理力争，争取多给自己的系或学院一个名额，多上一个人。在此情况下，人事处长迫不得已地做起了减法。系里报上来五个教授推荐人选，他减掉了四个，只同意一个。系里报上来八个副教授人选，他同意了两个减掉六个，最终的结果可想而知，人事处长成了全体教师的攻击目标，评上职称的人感谢系主任或学院院长，没评上的人全部怨恨都集中到人事处长一个人的身上。人事处长无论是在家里还是办公室，电话不断，来找的人不断，质问声不断，拍桌子叫喊之声不绝于耳，到校长那儿告状的人也络绎不绝。评聘工作结束后，教师与教师、教师与院系领导之间的矛盾，以及教师、院系领导对人事处长的怨恨将会持续相当长的时间。B校采取的是差额投票制。人事处预先从全校教师职称名额中扣除若干个名额作为机动名额，然后以学科点和教师编制数为基数，下达每个系或学院一两个教授名额、若干个副教授、讲师名额的推荐指标。人事处要求各个系或学院成立教师职务评聘领导小组，所有教师根据自己的条件自由申报，由院系领导小组审议并差额投票后按规定的推荐指标将申请人选名单报人事处。在同样的评聘工作期间，B校人事处长和A校人事处长的情况截然不同。B校人事处长不需要花费很多的时间听取汇报，所有的教师来访任务都集中到系或学院的领导方面。B校人事处长对所有来访者都善意接待，并积极把来访材料转交到系或学院。B校人事处长做的是加法而不是减法。如果系或学院的矛盾实在太大了，人事处可以在不同意增加定额指标的情况下，同意给矛盾最大、争议最大的教师在已下达的推荐人选指标外增发一张或若干张申请表，极大地缓解了系或学院内部教师与教师、教师与领导之间的尖锐矛盾。在教师职务评聘委员会下设的各个学科评议组中，也是按照差额投票的方法由各系领导人组成的小组成员按下达名额投票决定晋升人选，在矛盾十分尖锐时由人事处出面增加定额指标予以解决。在差额投票制的情况下，教师职称评聘工作期间及结束后，教师个人及院系领导都认为人事处体谅下情，能够帮助院系解决矛盾，处理事情公平合理。两种不同的教师职务评聘制度产生的是完全不同的制度效果。相比之下，B校人事处长时间精力的投入远远少于A校人事处长，但办事效率高,效果好,教师、院系乃至学校领导的评价也好。A 校人事处长可能比 B 校人事处长还有经验,还有能力,还有工作热情,但是,由于学校采用的制度形式不同,换句话说,由于他们所利用的制度工具不同,所以他们的工作成果是截然相反的。所有这一切,不是由于个人的原因而是由于制度的原因造成的。要彻底改变这种状况,A 校领导和人事处必须认真比较制度形式优劣,用差额投票制取代定额分配制,才能彻底扭转不利局面。这个例证说明,所有领导者和管理者不能局限在已有的或现有的制度形式下考虑问题,而应该从制度工具箱中选择更适合于组织发展的制度形式,只有经过合理的制度选择,才有合理的制度安排,才能从根本上解决组织发展和社会发展中遇到的困难问题。

第三节 制度效力的测评

为了更好地进行制度效力比较,为制度选择和制度安排提供可靠依据,有必要对制度效力进行精确的测量和科学的评估。

❖ 一、制度效力测评的概念

如上所述,制度效力包括效率、效果和作用力三个方面的内容,除了进行相互之间优劣强弱的比较之外,对制度效力本身也应该能够进行测量和评估。制度效力测评主要包括三层含义:一是制度效率测评。主要是定量的、效率方面的测评。二是制度效果测评。主要是定性的、效果方面的测评。三是制度作用力测评。主要是综合性的、作用力方面的测评。制度效力测评包括"测量"和"评估"两个方面。制度效力测评以群体或组织的"绩效测评"为基础并有与制度相关的特定的测评内容。

第八章
制度效力

1. "测评"的概念

"测评"一词包括测量和评估两个方面的含义,这两个概念既有联系又有区别,在此统一称为"测评"。"测量"(Measurement)的英文词义主要是测量尺寸、大小、长度、深度等。我国《辞海》关于测量的解释是:"用量具或仪器来测定零件的尺寸、角度、几何形状或表面相互位置的过程的总称"。总而言之,测量有定量分析、量化比较的含义。"评估"(Evaluation)在英文中的词义主要是估价、评价、定值、求值等。我国《辞海》中对评估一词的解释取的是"评价"的含义,对"评价"的解释是:"而今泛指衡量人物或事物的价值",带有定性分析、定性比较的含义。测量的对象一般都是有形的、有时空性的或者有数量关系的。测量的结果可以用数字或者比例关系表现出来。评估的对象除包括测量的对象,一般还包括无形的、无时空性的或者无数量关系的对象。评估的结果不是用数字或者比例关系而是用一种价值判断的方式表现出来。测量衡量的是某个人物或某种事物的具体形态、物理特性、比率或比例关系等。评估判断的是某个人物或某种事物有没有用、有什么用的问题。

2. 制度效力测评与绩效测评的联系与区别

"绩效"(Performance)是英语中的一个常用词汇,其与管理相关的词义主要有行为、工作,执行、完成,成绩、功绩,等等。"绩效"已经成为社会经济管理领域中的重要概念,泛指工作的完成情况或取得的成效、成绩,既涉及工作数量,又涉及工作质量;既涉及效率问题,又涉及效果问题。因此其常被用于考核和评估工作中,如个人绩效、组织绩效、绩效工资、绩效预算、绩效评估、绩效管理等。"绩效测评"是管理学、行政学中的重要概念,"是对个人或组织的工作完成情况进行定期检查测量,并对其工作质量和效果进行评价以利于提高个人绩效和组织绩效,从而实现预期目标的一种方法和手段"。[①] 绩效测评可以分为个人绩效测评和组织绩效测评两种类型。制度效力测评的概念和绩效测评的概念一样,也涉及绩效测量和绩效评估两方面的内容。在此需要探讨的一个重要问题

[①] 彭和平编著:《公共行政学》(第四版),中国人民大学出版社2012年版,第252页。

是：制度效力是一个新提出来的概念，制度效力测评与绩效测评有什么联系。我们可以从下列两个方面进行探讨。

（1）制度效力测评与绩效测评有密切联系。在人类社会中，无论是个人还是组织，都和一定的制度形式相联系。个人依靠一定的制度形式结成组织，组织依靠一定的制度形式，使个人们结成分工协作、努力实现共同目标的整体。在制度化群体或组织中，每一个人或每一名成员都是组织中的一个制度角色，其个人绩效取决于个人的角色意识和角色行为。因此可以说，个人绩效是制度效力的表现结果，制度效力是个人绩效的动因和条件。制度效力与组织绩效的关系更为紧密。制度和组织是相互依存、密不可分的关系，没有制度，不可能形成组织；没有组织，制度也不能存在。组织是制度化的实体，制度是组织化的形式。任何一种组织都有其赖以存在的制度形式，任何一种制度都有其所构建和维系的组织实体。组织绩效是制度效力的作用结果，制度效力是组织绩效的保障。在此意义上说，制度效力和组织绩效是相通的，制度效力测评和组织绩效测评也是相通的。一方面，个人绩效或组织绩效与制度效力密切相关，个人绩效和组织绩效的取得是制度效力的作用结果。一个人是否努力工作，组织内部的分工是否合理，权责关系是否明确，等等，这些直接影响个人绩效和组织绩效的因素都和制度形式及其效力有关。因此，在没有特定的测评标准之前，绩效测评的标准也可以作为制度效力测评的标准。另一方面，个人绩效或组织绩效的高低与制度效力的强弱成正比，绩效测评的标准也可以作为对制度效力本身进行评价的标准，如个人绩效或组织绩效高时，我们可以评价制度效力强，反之则评价制度效力弱。

（2）制度效力测评与绩效测评的区别。如果我们仔细分析一下个人绩效或组织绩效提高的情况，我们可以发现，它本身是在技术条件、个人努力、制度效力三种因素的作用下实现的。前两种因素的作用是得到普遍承认的，如果引进一种新的技术设备或采用一种新的技术方法，或者增强个人努力或个人之间的分工合作，都可以极大地提高工作效率或生产效率，这是技术进步和个人努力提高绩效的情况。但是，当我们引进制度效力的因素时，我们可以发现，在前两种因素不变的条件下，改

第八章
制度效力

变制度效力的强弱状态，或者增强制度效果和制度作用力，可以引起个人绩效和组织绩效的变化。例如，当公司加强了培训制度建设时，可以有效地提高工人的技术水平，从而可以提高机械设备的利用率，提高产品的数量和质量。又如，当公司完善工资制度和奖励制度时，可以有效地提高工人的生产积极性，也可以达到提高产品数量和质量的目的。表面上看，个人绩效和组织绩效的提高是由于机械设备利用率和个人努力程度的提高，实际上是由于制度效力的增强所致。如果单纯进行个人绩效或组织绩效测评，很难发现制度效力的作用和影响，因此有必要对制度效力测评进行专门的研究。

❖ 二、制度效力测评的内容

　　制度效力测评和绩效测评在方法和内容上也有一定的区别。个人绩效或组织绩效测评考察的是一个人或一个组织在一定时期内所完成的全部工作量或工作成绩。制度效力测评考察的则是个人绩效或组织绩效由于制度原因而产生的增量部分。如果仅考察个人绩效或组织绩效的总量，制度效力测评和绩效测评就趋于一致没有区别了。实行制度效力测评的前提是，我们需要确认，在技术条件和个人条件不变的情况下，通过制度的改进能否有效提高工作效率或生产效率。如果答案是肯定的，实行制度效力测评则是有意义的，否则，则是无意义的。事实证明，答案是肯定的，制度改进是提高工作效率或生产效率的有效方法和重要途径。无论是泰罗所进行的"工时—动作研究"，还是梅奥等人所进行的"霍桑实验"，他们所引起的不仅是观念上的更新，而且是制度方面的改进。其结果无疑都有效地提高了工作效率或生产效率。目前，绩效测评的方法已经越来越受到重视，需要在此基础上进一步探讨专门测评制度效力的方法。

　　1. 制度效率测评

　　在前面的一些章节中，我们已经论述过，当领导者做出一项制度规定并严格执行时，会在制度场内形成一定的吸引力和控制力，对制度场内所有人员的角色行为和相互作用产生有力的影响，从而引起工作效率或生产效率的变化。制度效率测评指在一定时期内对制度改进和制度安排引起的效率变化所进行的测量。制度效率测评的目的性很明确,就是为进一步的制度改进和制度安排提供参考依据。制度效率测评的方法是比较直观的。例如,在采用强刺激性的计件工资方法时,可以准确地计算出工人一个工作日或一个月内劳动产品增加的数量,并计算出相应的劳动效率及其增长率。在此基础上,还可以准确地计算出制度改进前后劳动效率的变化情况。根据工人劳动数量及工厂劳动效率变化的情况,可以客观地对该项工资制度的效力进行定量化的测评。又如,某一个城市治安状况较差,犯罪率呈现出不断上升之势,市政府公布并严格执行一项治安规定后,可以以月为单位准确地计算出犯罪率的变化情况,并在此基础上,对该项治安制度的效力进行定量化的测评和分析。如果犯罪率在一定时期内下降幅度不大,说明该项制度的效力较弱,需要市政府进一步出台新的治安规定予以强化,直到犯罪率下降到满意的指标为止。制度效率测评的内容主要涉及两个方面:一是现有制度形式下个人绩效和组织绩效的现状。所有的绩效测评方法、绩效测评指标都可用于制度效率测评。二是引入一项新的制度安排后,个人绩效和组织绩效发生的变化。制度效率测评的主要目标是,判断这种变化是正面的还是负面的,准确测量变化的增量或减量并计算出相应的比率,为下一步的制度改进和制度安排提供参考依据。

2. 制度效果测评

根据制度效果的定义,制度效果首先与组织目标实现的结果有关,其次与个人绩效或组织绩效即个人和组织的实际的工作成果有关,最后与制度的实际影响或制度场的作用力有关。从前两个方面来看,制度效果测评与制度效率测评有一定的联系。组织目标的实现结果一般都包含投入与产出的比率关系问题,个人绩效和组织绩效的测评也常与效率有关。但是效率只是与组织目标或个人绩效和组织绩效有关的一个方面。相比较而言,效果问题有时显得比效率更为重要。美国行政学家伍德罗·威尔逊在《行政学研究》一文中指出:"行政学研究的目标在于了解:首先,政府能够适当地和成功地进行什么工作。其次,政府怎样才能以尽可能高的效率及

第八章
制度效力

在费用或能源方面用尽可能少的成本完成这些适当的工作。"[①] 威尔逊所说的第一个目标，与制度效果有关，而第二个目标则与制度效率有关。在制定有关政府的具体规定时，必须先确定政府的职能和职责范围，即确定政府应该管理或做些什么事情，制度效果的好坏实际上已经默默地包含在这些规定之中了。如果政府该管的事情没有授权它去管，不该管的事情却得到了授权，将会引起争论和质疑，从源头上就决定了不会有较好的制度效果。政府在执行过程中，也会出现制度效果问题。如果制度规定政府该管的事没管，没有规定或没有授权的事情管得太多，对制度效果也不会有好的结果和评价。在这种情况下，政府工作的效率越高，效果反而越差。威尔逊所说的第二个目标涉及的是在制度执行过程中的效率问题。在制度规定阶段明确解决了制度效果的问题之后，制度执行成为既要解决制度效果也要解决制度效率的重要工作。一般来说，在制度规定中，对制度效率问题也会做一些原则性的要求，但在制度目标确定及具体的执行活动开始之后，投入多少人力、物力、财力才能取得预期的成果或效益，效率始终是一个必须在实践中解决的重要问题。制度效果测评的范围一般要大于制度效率测评。首先，个人绩效、组织绩效、工作效率、生产效率、劳动生产率的高低等本身即是制度效果测评的内容之一。其次，制度效果测评的内容也包括非量化的、定性的事项，超出了制度效率测评的量化的事项范围。如制度规定、政策规定对社会文化和伦理道德方面的影响，即属于制度效果测评而不属于制度效率测评的内容。

制度效果测评的内容主要涉及几个方面。①制度规定方面的测评。制度始于规定，成于执行。制度规定相当于制度和组织的遗传密码，制度设计、制度构建的理念是否客观实际，制度目标的设立是否适当，制度规定的内容是否全面，制度规定能在多大程度上得到认真地贯彻和执行等，都是关系到制度效果大小和制度效率高低的重要问题，需要进行认真的测量

[①] 彭和平、竹立家等编译：《国外公共行政理论精选》，中共中央党校出版社1997年版，第1页。

和评估。制度规定测评的内容主要涉及制度规定的合法性、合理性、公开性、代表性四个方面。②制度执行方面的测评。制度规定出台后，只有在执行的过程中才能形成实际的制度形式。在现有的制度规定条件下，制度执行的过程和结果直接关系到制度效果的好坏。在第5章"制度执行"的论述中，我们曾将制度执行的强制力分为十个方面，并列举了九种制度执行中的偏差，它们是制度执行测评的主要内容。③制度规定和制度执行人员方面的测评。制度规定和制度执行是靠具体的人员进行的。相关人员的素质及其所组成的群体或组织状况，直接关系到制度规定和制度执行的效率和效果，因此也是制度效果测评的主要内容之一。④管理或治理效果方面的测评。制度效果测评最重要的内容是管理或治理效果的测评。一个公司乃至一个国家现有的制度形式或制度体系是优是劣，孰优孰劣，只有通过管理或治理效果的测评才能有客观的判断和评价。首先，一个公司或一个国家的绩效状况是评判其管理或治理效果的最主要的数据。其次，需要测评的是一些重要的管理或治理指标、标准完成的情况。最后，关于管理或治理效果的舆情调查和满意度调查也是非常重要的制度效果测评内容。

3. 制度作用力测评

制度场是制度的存在形式，制度的影响力主要是通过制度场的作用力表现出来的。从某种意义上说，制度效率和制度效果都是制度场作用力的结果。因此，制度作用力测评是制度效力测评的重要内容。制度的作用力测评的内容主要包括以下几个方面。①群体或组织成员相互作用关系测评。制度场是群体或组织成员的相互作用场。这种作用关系是正面的还是负面的，成员之间的管理关系、领导关系、监督关系的状况如何，强度如何，效果如何，对制度效率和制度效果的影响如何等，都需要进行认真的测量和评估。②制度吸引力状况测评。制度吸引力是制度场形成的内在动力，同时是制度控制力发生作用的基础。制度吸引力和制度控制力一样，是使具有独立意志、独立和自由选择意向的个人结成群体或组织的强大力量。制度的集体聚合力的状况如何，群体内聚力的状况如何，组织整合力的状况如何，制度吸引力的作用范围如何等，都是制度吸引力测评的重要内容。③制度控制力状况测评。制度控制力是制度场形成的外在动力,同时对制度吸引力起着强有力的支撑作用。制度控制力与制度执行机构的强制性的执行力有密切关系。制度控制力测评的内容主要包括构建和维持制度形式的作用;确立和维护制度场的作用;构建和维护群体或组织的整体行动和正常秩序的作用;防止和处罚违规违法行为的作用,制度控制力的作用范围等几个方面。④制度场权力测评。在制度场内,制度作用力是通过权力主体与权力客体或行权主体与行权相对人的权力关系发生作用的。制度场内的权力结构状况如何,权力结构的效果如何,权力关系如何,权力关系的效果如何等,都是制度场权力测评的主要内容。

三、制度效力测评的方法

在社会实践活动中,人们经常会遇到制度比较和制度效力测评的问题。例如,对一个公司来说,实行薪酬激励制度还是期权激励制度,实行家长制还是董事会制;对于一个政府来说,实行议会制还是人民代表大会制度,实行计划经济体制还是市场经济体制,它们各有什么特点、有什么优势和劣势,需要结合公司现状和国家现状进行具体的分析比较。每一个领导者都应该清醒地认识到,自己所领导的组织,无论它是一个公司还是一个国家,都是靠一整套制度体系建立和维系的,并不仅仅是靠自己的个人能力领导和维持的。没有这套制度体系,所有的组织成员将会不知所从,变成一盘散沙,组织也将土崩瓦解。实际上,许多领导者对自己所在组织的制度形式、制度体系的运行及效力状况并不清楚,也没有一套有效的方法专门提高此种认识。制度选择和制度安排是涉及公司命运和国家前途的头等大事,认真研究制度效力测评的方法、标准和指标体系,是合理进行制度选择和制度安排的必不可少的基础工作。如上所述,制度效力测评和绩效测评有十分密切的关系,我们可以参照绩效测评的方法,确定制度效力测评的方法、标准和指标体系。

1. 制度效力测评的实施

制度效力测评的目的是准确了解制度效率、制度效果和制度作用力的基本情况,客观评估特定制度条件下群体或组织的运行和绩效状况,提出制度改进、制度安排和制度创新的思路与方案，有意识地加强制度建设，更好地实现群体和组织的目标。制度效力测评不是一项临时性的工作，应该设立专门的机构，配备专门的人员。负责制度效力测评工作的机构和人员在组织中的地位和权威性越高，测评工作对制度安排和制度建设发生的作用和推动力就越大。在许多组织中，绩效测评机构和人员一般设在人事、组织、财务、审计、预算和政策制定等职能部门中，其职权和实际影响都受到一定限制。制度效力测评不仅研究组织绩效及其测评问题，而且研究其背后的制度动因、制度效力和制度问题。因此，制度效力测评工作的规格和层次要高于绩效测评工作，最好和制度研究、制度设计、制度改进、制度安排、制度创新等工作合并在一个机构中，直接为最高领导层提供咨询和服务。

2. 制度效力测评的类型

根据测评对象、内容、时间、特点的不同，制度效力测评可以分为以下几种类型。①内部测评和外部测评。根据测评者的类型进行划分。内部测评指由组织内部的测评者进行的制度效力测评，从某种意义上说，也可称为自我测评。外部测评指由组织外部的测评者进行的制度效力测评。外部测评者一般包括上级部门指定的测评人员或机构，组织外聘的测评人员或机构，社会上独立运作的测评人员或机构等。②单项测评和整体测评。根据测评对象或测评项目进行划分。单项测评指对组织中的专项制度的效率、效果和作用力情况进行的测评，如人事制度、薪酬制度、奖惩制度、休假制度、销售制度、生产制度等。整体测评指对群体、机构、单位、公司、政府、国家等多种多样的组织实体的制度体系进行的效力测评。需要强调的是，整体测评不是单项测评结果的简单相加，它们各有不同的测评标准和指标体系。在组织的制度场内，各项制度之间存在着相互影响相互作用的复杂关系，它们最终产生的合力构成组织制度的整体效力。③年度测评和项目测评。根据测评条件进行划分。年度测评指在固定时间内对组织的制度效力进行测评，其时间跨度一般为半年或一年。年度测评有助于组织掌握制度效力的较稳定的特点和变化规律，适用于所有的制度效力测评类型。项目测评指对组织承担的独立项目或有独立制度体系的管理项目

第八章
制度效力

进行的测评。如美国的田纳西流域管理局或我国的三峡管理办公室,都属于这样的项目管理机构。

3. 制度效力测评的方法

制度效力测评的方法与测评对象、内容、类型、目标、要求等密切相关,形式和方法也多种多样。如制度效率测评一般采用定量分析的方法,而制度效果测评一般采用定性分析的方法。和绩效测评一样,制度效力测评的方法大致可分为以下四种基本类型(也可作为四种工具箱)。①统计分析方法。主要用于制度效率、制度作用力等定量化方面的测评。例如,个人或组织的工作效率、劳动效率、群体效率、组织效率、劳动生产率、GDP等。包括各种统计表、统计图、抽样统计、方差分析、相关回归分析、时间序列分析、指数分析、因素分析、国民经济统计分析等方法。②社会调查方法。主要用于制度效果、政策效果等定性方面的测评。例如,组织目标的设定和完成情况、个人绩效和组织绩效的评价、舆情分析、政府的公信力、公众的满意度调查等。包括问卷调查法、访谈法、实地观察法、民意调查法、文献调查法等。③心理测评方法。主要用于与制度构建、制度安排、制度效果、制度作用力相关的角色意识、角色行为方面的分析。例如,群体或组织成员对制度规定和制度执行的认知、对工作的态度、对角色关系和角色责任的了解及感受、对组织及其制度的认同度、对社会事件和社会现象的看法、可能的行为取向等。心理测评方法包括态度测试、职业适应性测验、工作分析、技术性向测验、群体社会心理测量、领导行为测量、行政伦理和行政行为测量以及角色认知、角色定位、角色意识和角色行为等。④制度分析法。主要用于分析制度规定及政策规定的内容和社会影响、制度执行力和控制力的强度及影响、单项制度效力及制度整体效力等。例如,制度规定的合法性、合理性、公开性、代表性问题,制度执行机构实际的执行力强度及效果问题,制度作用力的影响及范围问题等。主要方法包括回归性分析、决策理论评价、问题构造法、交互影响分析、前后对比法、对象评定法、专业标准对照法、过程测试法、双环分析法等。

四、制度效力测评的标准

制度效力标准和指标体系是进行制度效力测评工作必不可少的依据和基础。设定适当的标准和指标体系是制度效力测评进入实际操作过程的重要工作。制度效力标准是对所要达到的制度目标或效力目标做出的基本要求和具体规定。指标一般是指对组织目标或绩效内容加以分解以便进行测评的要素。制度效力指标体系一般是指为了综合反映及说明包括制度效率、效果、作用力在内的制度效力而整体设计的一套具有内在联系的指标系统。

1. 设定标准和指标体系的重要性

从理论上说，作为一个完整的、科学的制度设计和制度构建过程，在进行制度规定的过程中，就应设立相应的制度标准或指标体系。就像盖房子一样，在农村盖一间土坯房，用不着制定什么标准和指标体系，乡亲们和邻居们齐心合力一起动手，和泥的和泥，砌墙的砌墙，在几个有经验的人带领下很快就可以把房子盖起来。但是，盖一座高层建筑物却不同，事先要求制定很多标准和指标体系，而且要画出若干张图纸反复推敲，精确论证。建筑物越复杂，相应的标准和指标体系也就越复杂。图纸画好了，标准确定了，论证通过了，才能动土开工。制度建设从理论上说也应遵循这个道理，实际上却不是。从历史上看，任何一种制度形式，都是自然界或人类社会原来没有的，都不是自然发生的，而是人类经过制度规定和制度执行过程产生的创造物。任何新的制度形式也不是经过完美的设计之后推行的，而是先有一个雏形，然后在推行的过程中不断完善。美国"三权分立"的制度形式，在二百多年的过程中，增加了许多宪法修正案，才逐步达到目前这个状态。改革开放以来，我国实行从计划经济体制到市场经济体制的历史性转变，也是在"摸着石头过河"的过程中逐步推进的。当然，事先没有完善的规定，不可能意味着以后也不去完善它。事先没有确定的标准，不可能意味着以后也不去确定它。后人在确定并完善一项特定的制度标准和指标体系时，不仅是进行制度效力测评的需要，而且是完善制度，不断提高制度效率、制度效果和制度效力，不断进行制度改进、制度安排和制度创新的需要。

2. 量化的标准和指标体系

制度效力测评的量化标准和指标体系是测量和评估制度效率和作用力的重要工具。首先，组织所要达到的制度目标、所关注的制度重点要通过制度效力测评的标准和指标体系提示和强调。其次，制度效力测评标准和指标体系是对制度效率、效果、作用力的具体描述。在特定的制度条件下，个人和组织的工作状况和绩效情况只有通过它们才能明确地表现出来。最后，制度效力测评标准和指标体系是分析制度效率、效果和作用力的实际状况、进行制度比较和选择、寻找制度差距、制定制度改进和制度安排方案的依据和尺度。由于绩效测评是制度效力测评的基本内容和基础工作，所有用于绩效测评的标准和指标体系都可用于制度效力测评，作为制度效力测评的标准和指标体系。制度效力的量化标准和指标体系可以用文字、数字进行说明，也可以用多种层次或多种等级的图表形式表现出来。

3. 定性的标准和指标体系

除了量化的标准和指标体系外，制度效力测评还将运用大量的定性分析的标准和指标体系。一般来说，量化的标准和指标体系主要运用于制度效力的基本状况和比较分析，属于制度效力测评的基础数据和基础工作。如要对制度本身进行分析，必须运用定性分析的标准和指标体系。制度效力测评首先确定所测评的制度形式，它可以是一个单项制度，如工资制度、考核制度、奖惩制度等，也可以是一个制度整体或制度体系，如公司制度、学校制度、国家制度等。对不同的测评对象、测评内容有不同的评价标准，如对制度效率的评价是高或低，对制度效果的评价是好或坏，对制度作用力的评价是强或弱，对制度效力的评价是优或劣，并且可以根据测评需要划分出若干个等级。需要强调的是，对制度效力的评价不是前三种评价的简单相加。它们各有不同的测评标准和指标体系，制度效力测评的内容和形式是多种多样的，没有一个固定的统一的格式，由不同的组织根据自己的测评目标做出决定和选择。

第四节 影响制度效力的因素

制度效力与领导者所追求的管理效率和管理效果密切相关,通过增强制度效力可以有效地提高管理效率和管理效果。从制度学的角度讲,领导者最重要的领导能力是制度规定、制度执行、制度比较、制度改进、制度安排和制度创新的能力。

❖ 一、问题诊断的双环分析法

如上所述,制度效力包括制度效率、制度效果和制度作用力三个方面。当制度效率高,制度效果好,制度作用力强时,个人绩效和组织绩效都会有较好的表现。反之,当制度效率低,制度效果差,制度作用力弱时,个人绩效和组织绩效都不会有好的结果。这说明,制度效力和绩效之间存在着一个互动的、正比的关系。如果我们换一个方式思考问题,当个人绩效和组织绩效较差时,可以从理论上推论是因为制度效力方面存在着问题。即是说,制度问题是绩效问题产生的根源。但在管理的实际过程中,人们常常从具体的工作方面而不是从制度方面去寻找原因和解决绩效问题的办法。我们可以引用美国管理学家彼得·圣吉的"双环图"说明这一现象。彼得·圣吉认为,组织是一个系统整体,在组织和人类社会中所发生的各种事件是相互关联的,而不是单一存在的。"真实事件是由许多因果环组成的"。如果我们把一个事件看作是"果",那么,引起其产生的"因"是非常多的。"因"与"果"在时间和空间上的距离是不一样的,有的很近,有的则很远。彼得·圣吉认为,人们判断事件因果关系的思考是线段式思考而不是动环式思考。他指出,人们应该学会系统思考,"系统

第八章
制度效力

思考是一种丰富的语言，用于描述各种不同的环状互动关系及其变化形态，它的最终目的，在于帮助我们更清楚地看见复杂事件背后运作的简单结构，而使人类社会不再那么复杂"。① 线段式思考只考虑两个在时间和空间上相距较近的事件的因果关系。但是，实际上，某一个事件的发生，存在着多种多样的原因，有些"因"虽然与"果"在时间和空间上距离很大，但却是产生这一事件的根本原因。找到这个原因就等于找到了一个解决问题的高杠杆解。高杠杆解虽小却很有效，能够"以一个小小的改变，去引起持续而重大的改善"②。

从制度学的角度来说，制度及其效力是发生于组织和人类社会中各种事件及问题的最深层次的原因，找到了制度原因也就找到了解决这些事件及问题的高杠杆解。参照彼得·圣吉"系统思考"的思想和"动环图"的样式，我们可以构思一个"问题诊断双环图"。如图8-1所示，图形很简单，上下两个环相扣，将两个环联系起来的是"问题"，上环是"症状解"（低杠杆解），下环是"根本解"（高杠杆解）。每一个环都是一个寻求"解"以解决"问题"的"动环"。上环是从问题的表面症状入手寻找解决办法，所谓"头痛医头，脚痛医脚"。这些办法可能会临时性地解决问题，但是不能从根本上根除问题。在运用这些表面性的解决办法的过程中，甚至可能会加重问题的严重性，反过来又要求领导者继续强化这些表面性的解决办法，其结果形成的是"恶性循环"。例如，在我国每一个封建王朝的末期，制度腐朽的结果导致民怨沸腾，政府解决民间骚乱的方法是武力镇压，其结果是引起更多的抗争，继而引起更残酷的镇压，再导致更剧烈的抗争，这种恶性循环的结果是，最后都以席卷全国的农民起义推翻腐朽王朝而告终。我们可以用图8-1的症状解图示描述这一过程。又如，若干年前，我看过一篇报道，国外有一家交通运输公司，在一段时间内经常发生交通事故。公司查找原因，结果发现，事故频发是因为司机经常超速驾驶。于是，他们采取若干具体措施以期纠正这种超速驾驶的行为。但是

---

① ［美］彼得·圣吉著，郭进隆译：《第五项修炼》，上海三联书店1999年版，第79页。
② ［美］彼得·圣吉著，郭继龙译：《第五项修炼》，上海三联书店1999年版，第69页。

收效甚微。最后，公司发现，造成这种现象的真正原因在于，公司有一条制度规定，对司机晚点的处罚非常严厉，司机们为了避免受罚不得不超速驾驶。公司在对该条制度规定做了修正后，超速驾驶的行为明显减少了。在这个例子中，公司前期所采取的具体措施都是症状解（低杠杆解），最后修正制度规定的措施是根本解（高杠杆解）。2014年1至2月，我国华北地区有很多人觉得嗓子不舒服，呼吸道发炎，到医院就医的人数增多。最后发现，罪魁祸首是PM2.5含量超标造成的雾霾天气。要想从根本上解决问题，必须从制度层面加大环境治理的力度。到医院就诊的办法是症状解，加大环保治理力度则是从根本上解决问题的制度解。如何提高个人绩效和组织绩效，是各级领导者和管理者经常牵挂的重要问题。如上所述，个人绩效和组织绩效的提高或降低，与制度效力的提高或降低有直接关系。在以下的论述中，我们将从制度规定、制度执行、制度场三个方面探讨寻找高杠杆解的思路。

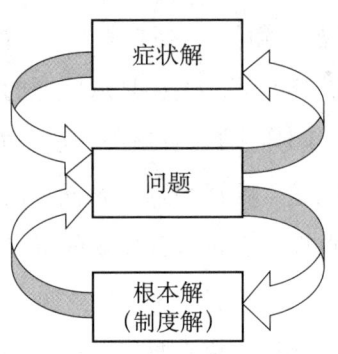

图 8-1 问题诊断双环图

❖ 二、制度规定的因素

制度是我们生活、工作、从事各种社会活动的土壤、场所和环境。人们之间的关系、意识、行为无不受到制度的作用和影响。人们靠制度形成群体，群体靠制度形成组织，组织靠制度形成国家，国家靠制度形成社会，制度的作用力和影响力以场的形式贯穿于人类所有的社会生活和社会活动之中。如果追根溯源的话，人们社会生活和社会活动中的每一个问题

第八章

制度效力

或每一个事件都可以从制度层面找到源泉和动力。制度始于规定。任何制度的形成都是从制度规定开始的，制度规定的合法性、合理性、公开性、代表性直接决定了制度效力的优劣问题。例如，2001年，我国食品药品的监管工作就是从制度规定方面出现严重问题的。据新华社记者报道，首任国家药品监督管理局局长郑筱萸，利用职务便利接受请托，为八家制药企业在药品医疗器械的审批等方面牟取利益。法院认定，其在全国范围统一换发药品生产文号专项工作中犯有玩忽职守罪，数罪并罚判处死刑。"统一换发药品批准文号"是制度规定方面的专项工作，涉及许多种药品，直接影响全体国人用药安全。郑筱萸没有调查研究，没有听取有关部门和地方的意见，没有局部试点，没有上报党中央、国务院，甚至没有经过局党组和局务会议集体讨论，2001年大笔一挥，签发了187号文件，擅自启动该项工作。九个月后又大笔一挥，签发582号文件，擅自同意降低药品审核标准。郑筱萸利用审批权力，使制度规定出现了漏洞。问题的严重性在于，郑筱萸关于制度规定的审批权是谁授予的，他为什么会有这么大的权力。由于滥用审批权，造成了制度规定方面的重大隐患，整个食品药品的监管工作出现问题是不可避免的，其结果造成了社会上官商勾结、买卖资料、造假贩假、倒卖批文严重等不正之风。2006年以来，药监部门开始大力整顿和规范药品市场秩序。2006年9月起，国家食品药品监管局对已换发的药品批准文号开始全面清理。该局先后组织72个工作组，现场核查药品品种，撤销不符合规定的注册申请和摇号。如果仔细探讨的话，这些措施仍然都属于症状解。郑筱萸擅自批准的文件，不合法，不合理，既无社会性，又无代表性，撤掉是应该的。但还没有从制度上根本解决问题。仅把事件归因于个人思想道德水准下降或玩忽职守也是不够的。中纪委负责人在总结该案件的教训时指出了两个重要方面："法律制度不健全、不完善，自由裁量的空间过大；行政审批权力配置不科学、制约不合理、运行不公开、监督不到位。"用双环分析法分析，郑筱萸案件是一个人为制造制度规定，从制度源头上破坏和削弱制度效力的典型案例。在此案件中，从制度层面上彻底解决制度规定方面滥用审批权的问题才是真正的高杠杆解。

制度学概论
An Introduction to System

从制度学的角度看,制度规定是一件非常严肃的工作,它是所要构建起来的制度形式的蓝图,规定了组织系统未来发展的 DNA 双螺旋结构和密码信息,规定了整个制度大厦的基本框架和结构,规定了所有人员的角色关系和工作程序,规定了制度场作用力的力度和范围,规定了制度效力的基本要求和标准。甚至可以说,规定了整个组织系统的发展阶段和生命周期。俗话说:"差之毫厘,谬之千里"。制度规定中的细微差错,可以在纵横交错的组织系统的相互作用中逐级放大,在空间和时间中的延伸中引起由点到面的连锁反应。制度规定中的问题,是一个影响制度效率、效果和作用力的重大问题,它可能会通过某一个组织成员的角色行为或某一个群体事件表现出来。问题出在组织活动的表面,根源却在制度规定的深层。因此,当发生的事件可以归咎于制度效力方面的问题时,一个重要的解决途径是首先检查制度规定方面是否存在问题。制度规定的重要性也有很多正面的例证。人类社会的历史证明,社会生产力的发展,不断推动生产关系的变化,同时不断推动与之相适应的制度形式的变化,而每一种变化都是从制度规定开始的。我国春秋战国时期著名的"商鞅变法"就是一个典型的案例。公元前 356 年至公元前 350 年,当时正处于我国奴隶制崩溃、封建制确立的大变革时期,商鞅在秦国实行了两次变法。他在秦孝公的支持下,先后两次用法令形式颁布了使秦国发生重大变革的制度规定。其主要内容是废除分封制,推行郡县制。"集小都乡邑聚为县","凡三十一县";废除井田制,实行土地私有制。"为田,开阡陌封疆,而赋税平","决裂阡陌,教民耕战";废除"世卿世禄制",建立"军功爵制"。"有军功者,各从率受上爵,为私斗争,各以轻重被刑","战斩一首赐爵一级,欲为官者五十石","宗师非有军功论,不得为属籍";改革户籍制度,实行连坐法。居民以五家为"伍",十家为"什",一家有罪若不告发,十家同罪连坐。其他内容还有重农抑商,奖励耕织;制定"商鞅量",统一度量衡;定秦律,"燔诗书而明法令";由栎阳迁都咸阳;等等。商鞅实行的制度改革是从变法开始的,他颁布的法令,从制度规定的观点来分析,具有很多鲜明的特点。①设立的制度有自律制的特点。如斩敌一人,晋爵一级,无军功者不能晋级,秦军将士杀敌立功的行为选择是唯一的、有内在激励动因的。②变法获得秦孝公支持。以法令形式公布,合法性的等级最高。③变法内容符合历史发展潮流。在春秋战国时期诸国变法中合理性内容最丰富。④立信于民。变法采用"南门徙木"的策略,在当时的条件下取得了最好的公开性的效果。⑤有较广泛的社会基础。变法冲击了少数贵族宗室的利益,给社会上的多数人带来了新的发展机会,具有较广泛的代表性。规定的先进性决定了制度的先进性,制度的先进性决定了国家的先进性。商鞅变法使秦国的社会关系、行为准则、君民意识等发生了巨大的变化,变法取得较好的成效也是必然的。商鞅变法的结果早已为世人熟知。正如后人所评,新法"行之十年,秦民大悦,道不拾遗,山无盗贼,家给人足,民勇于公战,怯于私斗,乡邑大治","兵革大强,诸侯畏惧"。商鞅虽在秦孝公死后车裂而死,但秦法未变,更加之汉袭秦制,一纸规定演变为整个中国封建王朝的统治制度。制度规定的重要性由此可见一般。无论是对于一个公司还是对于一个国家而言,制度规定都是领导者必须关注的首要问题。一般来说,制度规定以共识为基础,以规则为核心。在现代社会中,法律是制度规定的核心,宪法是法律规定的核心。要做到依法治国,必须做到立法在先,有法可依。制度规定的先进性,决定了制度形式的先进性,同时也就决定了民族和国家的先进性。

❖ 三、制度执行的因素

制度始于规定,成于执行。制度规定是保证制度构建及制度效力的第一关,制度规定只是完成了制度大厦的图纸设计,制度大厦的整体形态、内部结构、建筑质量、功能特性等最终取决于施工(即制度执行)工作。施工方(制度执行机构)的工作态度和施工行为对制度大厦的落成有十分重要的影响。据媒体报道,2007年8月13日,湖南省凤凰县正在建设的堤溪沱江大桥发生特别重大坍塌事故,造成64人死亡,直接经济损失3 974.7万元。经调查认定,这是一起责任事故,事故的主要原因是,施工单位擅自变更原主拱圈施工方案,现场管理混乱,违规乱用料石;建设单位项目管理混乱,对发现的施工质量问题未认真督促施工单位整改,未经设计单位同意擅自与施工单位变更施工方案,盲目倒排工期赶进度;工程监理单位未能制止施工单位擅自变更原主拱圈施工方案，对发现的主拱圈施工质量问题督促整改不力等。调查结论没有查出设计方案存在问题，大桥垮塌的根本原因发生在执行过程中。近几年来，全国各地类似的豆腐渣工程多有发现，如重庆綦江彩虹桥、广东信宜市石岗嘴大桥、江苏徐州市济众桥、江苏金华市双龙大桥等，充分说明了制度执行的重要性。

多年来，为了加强桥梁建筑质量和施工安全，各级国家立法机关和行政机关正式颁布了大量的制度规定，如中华人民共和国产品质量法（1993年通过，2000年7月修正）、（国务院）建设工程质量管理条例（2000年）、中华人民共和国安全生产法（2002年）、（交通运输部）公路桥涵施工技术规范（2003年）、（住房和城乡建设部）城市桥梁工程施工与质量验收规范（2008年）、中华人民共和国建筑法（2011）等，此外还有大量的管理条例和细则，如桥梁工程监理细则、监理单位在建项目质量监理检查评分表、工程监理管理制度、安全监理工作手册、施工组织设计大全、建筑标准规范、桥梁施工技术规范等。为了保证桥梁建筑质量和施工安全，省市地县各级政府及设计院、企业公司等施工单位都相继制订了内容更为具体的实施细则和管理办法。但是，在沱江大桥坍塌的案件中，施工单位、建设单位、工程监理单位均出现了违反制度规定的情况，地方政府和公路局等主管部门也没有尽到监督执行的责任。在此案件中，制度规定是比较齐全的，问题出在制度执行方面。制度执行的重要性在于，它决定着制度形式的构建、存在、运行和制度效力。如果没有制度执行，任何制度规定只是一纸空文，不是被束之高阁就是被弃之纸篓，达不到构建制度形式的预期目的。沱江大桥坍塌事故的责任人抓的抓，判的判，撤职的撤职，这些都属于问题的症状解。为什么三个责任方都出现了违反制度规定的行为，除了个人原因外，有没有制度方面的问题，只有从制度层面查找原因才能找到问题的根本解。

制度规定颁布后，要想达到预期的目的，必须采取强有力的执行措施才能见效。商鞅变法为什么能在短短十年内取得显著成效，原因在于，他在制度层面上采取了强有力的执行措施。在我国，"南门徙木"是一个妇

第八章

制度效力

孺皆知的故事。《史记·商君列传》记载：商鞅变法令既具，未布，恐民之不信己，乃立三丈之木于国都市南门，募民有能徙置北者予十金。民怪之，莫敢徙。复曰："能徙者予五十金。"有一人徙之，辄予五十金，以明不欺。卒下令，令行于民。

商鞅变法在法令执行上有两个显著的特点，一是取信于民，"人无信而不立，法无信而不施"，靠徙木立信使民众了解了他的决心；二是言出必践，令出必行。当时太子犯法，商鞅刑其师傅公子虔、公孙贾，一个割掉了鼻子，一个在脸上刺字。后人评论曰："商君治秦，法令至行，公平无私，罚不讳强大，赏不私近亲，法及太子，黥劓其傅"。民众执行合力是制度执行力的最强等级和制度执行的最终决定力量，"取信于民"一方面意味着制度执行得到了民众的了解和支持，另一方面，最重要的是，意味着制度执行得到了民众的参与。"令出必行"虽然是强化制度执行的手段，但它同时也是取信于民的手段，在更广泛的基础上使制度执行得到民众的了解、支持和参与。在第 5 章，我们曾论述了制度执行过程中易产生的九种偏差。这些偏差都会严重影响制度执行的效果和制度效力的优劣。在组织活动和社会实践中，常会出现制度执行偏离制度规定的情况。如在党和国家的各项制度规定中，"任人唯贤"是制度规定的基本准则，但在一些政府机关和事业单位中，"任人唯亲"是潜在的制度形式。在今年中央严厉打击腐败行为的斗争中，许多贪腐官员的罪名是买官卖官，行贿受贿，其在位时的违法违纪行为产生了极其恶劣的社会影响，其所辖地区和单位内的制度执行状况也必然会出现各种偏差。制度执行的基本要求是严格执行制度规定，依法行政，照章办事。制度规制机构和制度执行机构的各级领导人员以身作则是取信于民、令出必行的基本条件，也是提高制度执行效力的重要保证。

❖ 四、制度场的因素

制度始于规定，成于执行，表现为制度场。制度场的形成是制度规定和制度执行相互作用的结果。制度规定勾画出制度形式的基本形态，制度执行使其成为现实，制度场则是制度的现实表现，可以使我们感受到制度的真实存在。制度规定、制度执行和制度场存在着相互影响、相互依存、相互作用的辩证关系。制度规定的内容决定了制度场的发展状况、进程和周期，制度执行机构的执行力决定了制度场作用力，制度场内的各类人员通过调整自己的意识和行为，其所形成的相互作用的合力进一步增强或减弱制度场的作用力。制度规定一般都有一个生效日期。如果在这一天，有某类机构或人员开始正式执行这一规定，该制度形式及其制度场将会同时产生。1949年10月1日，中华人民共和国正式成立。从此宣布一个新制度的诞生，一个新的制度场也同时形成了。中央和地方各级政府机关、中国人民解放军、全国广大人民群众共同构成制度场强大的作用力。国民党统治时期的旧中国，是由旧的制度体系形成的制度场，场内最根本的作用力来自于国民党军队及各级政府机关。中国新旧两种制度的交替是由两种制度作用力之间的决战决定的。战场上的两军对垒实际上是两种制度的决战。共产党的军队打到哪里，新制度的作用力和作用范围就扩大到哪里。国民党的军队撤出哪个地区，旧制度的制度形式及其制度场也就随之消失。制度执行的力量没有了，制度场消失了，制度规定也就成了一纸空文，没有人去理会它了。新制度的规定和执行也是在制度作用力的影响下实现的。制度作用力的一个明显表现是，解放军进入哪个地区后，国民党的支持者就从地上转入地下，从昔日的追捕者变为被追捕者。共产党的支持者从地下转入地上，从昔日的被追捕者变为追捕者。制度场内两种对立的作用力的对比发生了明显的变化，导致了场内制度形式、制度关系、角色关系的根本变化。

  如上所述，制度场内的作用力是有方向性、指向性或导向性的。制度规定的方向，既是制度执行的方向，同时也是制度作用力的方向。随着制度规定内容的逐步加码，制度执行强度的逐步升级，制度场作用力的逐步增大，这种方向性和导向性也会得到逐步强化。在已有的制度场内，可以通过制度规定的修订，增加制度执行的强制力等级，从而强化制度场内的作用力，增强制度的方向性、指向性和导向性，使制度场内的所有制度角色在制度规定要求的角色意识和角色行为方面更加趋于一致。例如，在我国，按照《刑法修正案（八）》和修改后的《道路交通安全法》的规定，

第八章

制度效力

从 2011 年 5 月 1 日起"饮酒后或者醉酒驾驶机动车发生重大交通事故，构成犯罪的，依法追究刑事责任。"从 5 月 1 日零时起，各级法院、检察院、公安机关开始严格执行这一规定，这等于是将酒后驾车者列入法院、检察院的作用范围内。在此之前，只有公安机关对酒后驾车者进行管理和处罚。法院和检察院的介入，使制度执行的强制力等级提升了一级，公安机关、法院、检察院三者的合力所形成的制度作用力不是三者力量的简单相加，而是一种倍增的关系。酒驾入刑的规定对处罚酒后驾车行为的导向性也是非常明确的。根据公安部 123 号令，从 2013 年 1 月 1 日起新修订的《机动车驾驶证申领和使用规定》正式实施。其中对酒驾、醉驾认定标准及其处罚作了明确规定，继续强化管制酒后驾车行为的方向性和作用力。2013 年 12 月 18 日，最高人民法院、最高人民检察院、公安部印发了"关于办理醉酒驾驶机动车刑事案件适用法律若干问题的意见"，强调对八种醉驾情况从重处罚。在 2011 年 5 月 1 日以前，人们对管制酒驾行为的规定是不以为然的。由于酒后驾车事故的严重危害，曾经引起社会上呼吁"酒驾入刑"的强烈要求。随着上述几项制度规定的出台，许多人的态度逐渐发生了明显的变化，开始清醒地认识到醉驾入刑的严重后果，酒后驾车的人数和事故的发生率也随之降低。这是一种通过制度规定和制度执行过程，在原有的制度场内增强作用力的方法，也是一个从制度层面解决酒驾事故发生率问题的根本解。

制度场的一个明显的作用在于，通过制度规定、制度执行和制度作用力的方向性、指向性、导向性，可以将场内所有正向或积极的力量聚合起来，形成制度的正能量。这是每一个制度场内的制度主体或行权主体需要时刻关注的重要问题，无论是对一个公司还是对一个国家来说都是如此。制度场的正能量是在场内各种制度规制机构、制度执行机构及所有其他制度角色代表正方向的作用力的合力基础上形成的。因此，对场内所有制度角色来说，除了做好自己的本职工作、履行自己的角色职责外，还应具有推动制度场正方向、正能量的意识。否则，将会影响制度场的正能量，干扰制度场的正方向，削弱场内的制度效力。

2006 年发生在南京的彭宇案向世人提出了如何维护、激发制度场正能量的发人深省的问题。2006年11月20日早晨，南京市某公交车站一位老太与彭宇发生了争执，老太指认彭宇将自己撞倒，造成骨折，要求赔偿。彭宇否认撞倒老太，声明自己是主动上前搀扶救助老太的。2007年9月4日，南京鼓楼区法院做出了一审判决，法院认为本次事故双方均无过错，但按照公平的原则，判决彭宇按损失的40%对老太适当补偿。一时间舆论大哗。网民普遍认为，彭宇的行为是善意行为，对判决结果表示质疑。这个案例所以成为负面典型，原因是给公众造成了一种"做好事反遭诬陷赔偿"的印象。特别是在审案过程中，法官的某些言辞加深了人们的这种印象。比如，从媒体的报道来看，法官遭到质疑最多的是这样的一些话："如果是见义勇为做好事，更符合实际的做法应是抓住撞倒原告的人，而不是好心相扶"，"如果被告是做好事，根据社会情理，在原告的家人到达后，其完全可以说明事实经过并让原告的家人将她送往医院，然后自行离开"，"彭宇未做此等选择，显然与情理相悖"。彭宇在医院主动为老太付了二百多元医药费并未要求返还一事，也被法官认为不合情理。彭宇和老太的碰撞经过和事实属于法官认定的责任范围，但是法官的这些言辞饱受质疑。法官所说的上述行为都是社会所应提倡的做好事的行为，是符合制度场的正方向、正能量要求的，即使是彭宇撞倒老太，这种行为也是值得鼓励的。法官的上述言辞不仅没有起到正向的、正面的鼓励作用，而且起的是反向的、否定性的作用，以至一位做证人的陈老先生对着记者的摄像机大声说："以后还有谁敢做好事？"事后的结果证明，法院的判决和法官的言辞与整个社会所倡导的正方向、正能量是相悖的。无独有偶，在此后相继发生了多起被舆论认为"扶摔倒老人被讹"的事件，如广州军区某测绘大队战士送倒地老人去医院遭到索赔，四川达州三名儿童与一位老人发生"扶与摔"的纠纷，广东肇庆的阿华在扶起倒地的七十多岁阿婆后却遭诬陷等。2011年8月26日，江苏南通长途汽车司机殷红彬看见一位骑三轮车的老太太倒在立交桥上，随即停车将老人扶了起来，结果被老太太及其家人诬陷为肇事者，幸好被安装在长途车里的车载摄像头证明了清白。事件以老太太的儿子向殷红彬赠送锦旗而告终。这些事件持续发酵的结果是，在全国各地陆续出现了"老人倒地，多人围观，无人敢扶"的

第八章
制度效力

怪现象。

有 20 世纪五六十年代生活经历的人,相信会对当年"学雷锋,做好事"、"助人为乐"的良好的社会风尚留有不可磨灭的印象。这是社会正能量和制度作用力强大的象征和标志。政府机关、宣传部门、司法机关等代表不同强制力量的所有制度执行机构和人员在制度场内产生了巨大的合力,使制度场内的舆论和所有人员的角色意识、角色行为向正方向发展,并在此基础上产生了更强大的、代表正能量的制度作用力。这种现象形成了"做好事光荣"与"正向制度效力"的良性循环。因此,"老人倒地无人敢扶"的怪现象并不能完全归因于社会道德沦丧和个人素质低下,在这种现象的背后潜藏着社会制度深层次的原因。这种情况说明,引导社会正方向的制度作用力不够强大,制度效力不能把社会的正能量有效地激发出来。在第 7 章的论述中,我们曾指出,制度作用力的基本作用之一是,构建和维护群体或组织的整体行动和正常秩序。代表正能量的强大的制度作用力可以有效激发制度场内的人气和正气,有力地抑制和打击制度场内的歪风邪气。2014 年 7 月中下旬,我国新疆和田地区警方在侦破一起暴恐团伙案时起到了强大的中坚力量的作用,当地民众闻讯后纷纷加入追捕,警民团结一致合力围捕暴徒。三万余群众排成人墙成为警方的强大后盾。在田野里,在密林中,在马路旁,到处都有手持棍棒的民众,警惕地坚守四方,形成围捕暴徒的铜墙铁壁。民众的高涨士气是有警方武力支持的强大的制度作用力的结果。事实证明,良好的治安环境、助人为乐的社会风尚、见义勇为的正义精神等有赖于制度主体或行权主体构建有效的制度形式,加大引导正向行为的制度效力,积聚制度场的正能量,这是建立和谐社会的基本保障。

第九章
制度观

- 制度观的概念
- 文化的定义和特点
- 文化对制度观的影响
- 制度对制度观的影响

第九章 制度观

　　制度观是人们对制度的看法和态度。我们生活在由多种多样的制度形式组成的制度体系中,每一个人都会对身处其中的制度形式和制度环境有亲身的感受和认知。制度观的基本内容包括角色观、行为观、法治观和制度发展观。制度观的形成和发展受到文化因素和制度因素的双重影响。人们具有什么样的制度观,对社会稳定和经济发展有十分重要的意义。各级领导者的行为样式对民众制度观的形成起着标杆和示范的作用。有效增强人民大众对国家制度和社会制度的认同,树立科学的制度观,是关系民族和国家命运的重要问题。

第一节　制度观的概念

　　人们习惯于用自己的眼光来看待自己的人生和周围的世界,并在此基础上经过理论的阐述形成较系统的认识和看法,如人生观、世界观、价值观等。人们对身处其中的制度形式和制度环境也有自身的看法和体验,我们可以将其称为制度观。

一、制度观的含义

在我国，人们通常将对我们的思想行为有重要影响的较为系统的认识或观念称为"观"。《辞海》对"观"字的解释是："对事物的看法或态度"，如人生观、世界观、价值观、婚姻观、恋爱观、家庭观等，即对人生、世界、价值、婚姻、恋爱、家庭等的看法和态度。其实还有一个非常重要的观念，但人们却很少提及，这就是"制度观"。从词义上讲，制度观是我们对制度的看法和态度。用理性的阐述来说，制度观是人们对社会制度、组织制度以及人与他人、人与组织、人与国家等制度关系的总的看法和根本观点。我们生活于各种各样的制度之中，从出生的一瞬间开始，我们注定终极一生离不开制度。一个人在年龄幼小的时候，没有选择制度的能力。但当他成为一个有选举权和被选举权的公民的时候，当他走上社会有独立的意志和判断能力的时候，特别是当他身居领导职务可以为其所在组织进行制度选择和制度安排的时候，他应当在形成人生观、世界观的同时形成自己的制度观。

在日常生活中，人们论及人生观、世界观、价值观、婚姻观等观念时，通常是从社会伦理的角度来研究的，人们也是从这个角度来认识和约束自己的思想和行为的。例如，做子女的要孝顺自己的父母，做人要有良心，在单位要努力工作，要尊重长辈、上级等。实际上，在这些观念的形成方面，制度因素至少起了非常重要的作用。在很多情况下，一个人制度观的形成是制度影响或制度强化的结果。制度观的内容一般包括角色观、行为观、法治观和制度发展观四个基本方面。以下从制度因素的视角，简要分析制度观的基本内容。

二、角色观

在第六章，我们曾经论述过一个基本观点。社会上的每一个人都是制度人，不同的制度关系使人们具有不同的制度角色。角色观指个人对制度角色特别是对自身角色的看法和态度。长期以来，人们对"角色"的概念

第九章

制度观

有较明确的认识，但对"制度角色"的概念会感到生疏。第六章所讲的角色情感、角色认知、角色定位、角色意识等都是和制度角色相联系的角色观的基本内容。制度观将人们日常生活中传统的"角色"认识深化为"制度角色"的认识。

在传统的角色认识方面，我国古代很早就开始重视传统的角色方面的伦理道德教育。例如，中国古代私塾有三大传统的启蒙教材：《三字经》、《百家姓》和《千字文》。特别是《三字经》和《千字文》专门讲述为人处事、礼义孝悌、知书达理、求学入仕等方面的礼仪规范，作为古代传统的幼儿教材，浅显易懂、通俗顺口、知识丰富、饱含哲理。其说教内容均与人们的角色认识和角色要求有关，如《三字经》曰："养不教，父之过，教不严，师之惰"、"首孝悌，次见闻"、"为人子，方少时，亲师友，习礼仪"、"三纲者，君臣义，父子亲，夫妇顺"；《千字文》曰："资父事君，曰严与敬。孝当竭力，忠则尽命"、"乐殊贵贱，礼别尊卑"、"上和下睦，夫唱妇随"。古人评论曰："熟读三字经，便可知天下事，通圣人礼。"《三字经》自宋朝以来已有七百多年历史，《千字文》成书于南朝梁武帝在位时期（502~549年），二者皆流传久远。至清朝时，又增添了一本儿童启蒙读物《弟子规》，分为总叙、入则孝、出则悌、谨、信、泛爱众、亲仁和余力学文八部分，光看题目就知其内容是专门讲述伦理道德规范的。这些读物非常明确地灌输和宣传父子之间、兄弟之间、夫妻之间、朋友之间、君臣之间等应该具有的角色意识和应该遵守的角色道德规范。

传统观念教育的是较为朴素的角色认识，它告诉人们在做父亲、儿子、哥哥、弟弟、老师、学生等角色的情况下应该怎么做，主要是从礼仪的角度来讲的。角色观的概念则在此基础上，从制度角色的角度增加了许多新的内容，如不同的制度对不同的角色有不同的组织要求或法律责任。一个人如果要形成较为客观的角色观，需要了解自己身处其中的制度背景、制度环境和角色关系，需要了解不同的群体、组织对不同角色的制度要求和法律要求，需要了解自己所承担的多样性的制度角色及相应的义务和责任，需要有正确的角色认知、角色定位和角色意识。角色观的形成要求人们在"角色"的前面加上制度两个字，将对角色的认识从"知其然"

提高到"知其所以然"的程度。位列日本四大"经营之圣"的稻盛和夫通过"阿米巴经营"的制度化设计，让第一线的每一位员工都能成为"主角"，使他们具有了一种新的制度化的角色，并产生了与之相适应的角色意识和行为。如上所述，我们一生中最重要的也是每个人都必然具有的两个角色是公民角色和家庭角色，这两个角色将我们每一个人与"国"和"家"的概念联结在一起。对这两个角色的看法和态度及其定位是角色观的核心内容。是否具有正确的角色观，关系到一个人、一个民族、一个国家的文化和伦理道德水平的高低。

❖ 三、行为观

在人类社会中，所有的社会关系都表现为制度关系，所有的制度关系都表现为角色关系，当一个人具有了明确的角色意识和角色定位之后，一般来说，将会具有相应的行为倾向和行为表现。行为观指个人对各种社会行为特别是对自身行为的看法和态度。

1. 行为观与角色观的联系

行为观主要涉及的是与角色相联系的行为选择，在特定情况下选择什么样的行为。例如，看见一个老人摔倒了，是不是上去扶他一把；看到一个抱小孩的妇女上车了，是不是主动让个座；这个领导我不喜欢，在他手下工作时积极一点还是消极一点；等等。表面上看，行为选择有时和角色意识直接相关，有时不直接相关。从理论上说，行为选择和角色意识必然有某种联系，这种联系可能是直接的也可能是潜在的。

2. 行为观与角色观的区别

行为观与角色观既有联系又有区别。①实际表现可能有所不同。从道理上说，对角色的看法和态度与对该角色的行为的看法和态度是相互联系的。但是，实际上在很多情况下，一个人对角色的认知和表现出来的行为并不完全是一致的，有时甚至是完全相反的。例如，有的人知道对父母应该孝顺，但在表现出来的行为方面是很冷漠的，平时很少去关心他们。又如，有的政府官员知道选拔干部应该任人唯贤，但是实际的做法却是任人唯亲。②侧重点可能有所不同。角色观侧重的是人们应该如何适当地处理

第九章
制度观

好角色关系,如何看待一个特定角色应该有什么样的行为。行为观侧重的是在处理现实的角色关系时,按照制度规定要求表现出来的是什么样的具体行为。例如,我今天是不是看看父母去,我带点什么礼品去。或者,单位要求上午八点钟准时到岗,我必须打车去单位了。角色观强调的是正确处理角色关系的指导性的行为准则,而不是实际发生的行为。而行为观强调的是实际表现出来的行为样式要符合组织或国家的制度规定的要求。③具体要求可能有所不同。角色观对角色意识和角色行为的要求是从应该具有的崇高的道德水准和标杆式的行为准则出发的。而行为观对角色意识和角色行为的要求是从人们表现出来的实际行为要符合制度规定,遵纪守法,特别是不能低于某种制度规定的行为标准或行为底线出发的。④形成因素可能有所不同。角色观是从幼年时期开始更多地受到文化因素和道德伦理教育的影响形成的,而行为观更多的是在制度强制力的约束下形成的。

人们在处理某件具体的事情时,常会因为角色冲突而产生难以取舍的矛盾心理。例如,今年在某省曾经发生过一件事情。有一辆大货车翻车了,拉运的柑橘滚落一地,少数人在帮助司机捡柑橘,但更多的人是抢着捡柑橘拿回自己家去。或是受传统的道德教育的影响,或是受公民意识的影响,或是受村干部宣传的影响,他们中很多人肯定心里很纠结,琢磨着这样做对不对。但是,无论心中多么矛盾,每一个人最后表现出来的实际行为只有一种,或者帮助司机捡拾柑橘,或者违背道德观念拿回自家。这件事情说明,人们对特定角色及其行为的认识和实际表现出来的行为样式是不完全一致的。人们不仅要树立正确的角色观,而且要树立正确的行为观。在这方面,光靠伦理教育是不够的,必须借助制度的力量。制度规定和制度执行不仅通过责权利形式给人们表现出来的实际行为提出了具体要求,而且画出了一条人们的行为不能突破的底线和红线。人们的行为如果不突破这条底线和红线,无论是什么样的行为都是相对自由的,哪怕是有可能在道德伦理层面引起争议的行为。但是,某个人的行为一旦突破了这个底线或红线,将会受到批评、处罚、处分甚至可能沦为阶下囚。2012年12月4日,习近平总书记主持召开中共中央政治局会议,审议通过了中央政治局关于改进工作作风密切联系群众的八项规定。这八项规定的特点是，其基本内容不是要求领导角色应该怎么做，而是要求领导角色不能怎么做。可以说，八项规定不是一个角色要求，而是一个行为要求，它树立的不是角色观而是行为观。八项规定给从中央到地方的各级领导干部画了一个底线，突破这个底线的人将受到党纪国法的严厉处罚。八项规定篇幅不长，字数不多，但制度的震撼力是相当大的。加上十八大以来中央在"打老虎，拍苍蝇"的反腐斗争使人望而生畏的法律红线，给很多人上了一堂生动的行为观教育课。在关于角色观的准则或标准方面，人们可以有各种各样的争论和观点，但在关于行为观的实际行为表现方面，人们只能记住一条，要按照组织和国家的制度规定去约束自己的行为，组织和国家制度规定特别是党纪国法的底线或红线是不能碰、更不能突破的。如果要形成正确的行为观，一方面需要形成正确的角色观，了解并遵守基本的角色准则和行为标准；另一方面，更重要的是，要了解并遵守组织和国家关于工作行为、组织行为、社会行为的制度规定，特别要了解并不能突破制度规定中的底线和红线，将自己的行为约束在制度规定的合规、合法范围内。

❖ 四、法治观

社会存在决定社会意识。人们的角色观和行为观不是自然形成的，人们所处的社会环境，特别是制度环境和法律环境，对人们的角色观和行为观有着非常重要的影响，这种影响是以人们的法治观为基础的。法治观指个人对宪法和法律制度、建立在法律制度基础上的整个社会制度以及对自身知法尊法守法执法的看法和态度。法治观包括法制观念和法治观念两个方面。这两个方面有一定的区别。一是法制观念强调的是法律制度的建立问题，属于制度规定的过程。法制观念要求尊重法律，确立法律和知法意识，明确了解法律规定、法律关系和法律角色的要求。二是法治观念强调的是法律制度的执行问题，属于制度执行的过程。法治观念要求执行法律，确立守法和执法意识，具有按照法律规定、法律关系和法律角色要求的行为取向和行为表现。三是这两种观念之间存在着相互影响相互作用的辩证关系。知法是守法执法的基础，但知法不一定守法执法。法制是法治

第九章

制度观

的基础，法治是法制的目的。没有法制，就不可能有法治，在无法可依的情况下，不可能做到依法治理或依法治国。而如果没有法治，法制就是一纸空文，在有法不依或知法犯法的情况下，同样不可能做到依法治理或依法治国。因此，正确的法治观，要求法制观念和法治观念的完整结合。

现代社会是一个高度制度化的社会，整个制度体系的核心和主体是宪法和法律制度。宪法是国家的根本大法，以宪法为核心的法律制度是奠定国家政治制度的法律基础，决定了国家的性质和政权形式。一是在制度规定方面。宪法和法律制度规定了整个国家和社会的最重要的、最基本的社会关系、权力结构和指导准则以及所有组织和所有个人所享有的权利、义务及必须遵守的行为准则。二是在制度执行方面。宪法和法律制度规定了国家行政机关、司法机关、审判机关等各级制度执行机构的权限和职责，对危害国家秩序、破坏社会运行的所有违法行为规定了明确的、可量化的行为标准和处罚措施。宪法和法律制度是保证各级政府有效治理国家以及所有制度化群体、组织正常运转的坚实基础和重要条件。

在法治社会中，必然要求每一个国家公民树立正确的法治观。法治观的内容主要包括宪法意识、法律意识、公民意识和守法执法意识。为了树立正确的法治观，要求每一个公民有一定的法律知识，了解宪法和基本法律的内容，了解公民的义务和权利，了解重要的行为准则和刑罚规定，形成自觉的守法执法意识。树立正确的法治观是树立正确的角色观、行为观的基础和条件。法治观的培养和教育是一件长期的、艰苦的、细致的工作。在人类社会的历史发展过程中，将以"法"为中心的制度及制度体系作为治理国家的手段古已有之。春秋战国时期，李悝、商鞅、韩非等法家的代表人物已经有一套法治思想和法治主张。西方诸国在雅典和古罗马时期已经实行了注重法治的民主政体。但是，人类社会进入真正意义上的法治社会也只有二百多年的历史。1787年通过的美国宪法是世界上首部成文宪法，开创了以宪法为制度体系核心的法治社会，标志着这个历史时期的开始。我国从1949年新中国成立至今，宣布实行社会主义法制也才有65年的时间。改革开放以来，随着法制建设的深入，人们已经开始普遍具有法律意识和法制观念。据法制节目报道，2014年8月在浙江海宁县某个村庄发生了一场银圆风波引起的财产继承官司。原告和被告都是农民家庭。双方都请了律师，绞尽脑汁寻找法律证据，力争取得有利于己的法律判决。涉及的主要问题是：①原告的主体资格。原告是一个九十多岁的老太太。官司的焦点是确定原告是不是财产方的女儿，有无资格诉求财产继承权。②女儿有没有财产继承权。按照当地的风俗习惯，"嫁出去的女儿，泼出去的水"，没有资格提出财产继承要求。但按照法律规定，女儿和儿子一样，具有同等的财产继承权。法律大于习俗。③女儿嫁出去后对父母有无负起赡养责任。如果嫁出去之后，很少来往，对父母没有负起赡养责任，则有少继承权或无继承权。这是一个历史的进步，过去在农村，如果发生了财产纠纷或者经济纠纷，一般来说，争斗双方只能是凭拳头说话，械斗是经常的事儿。争斗双方的家人、亲友甚至村民都被卷入械斗之中。现在有了法院，有了找人说理的地方，人们开始逐渐具有遵法守法执法意识。人们的法治观有了形成、发展的基础和条件。法治观的一个现实意义是人们能否具有遵法守法执法的意识。除了普通百姓要有遵法守法执法的自觉意识外，最重要的是各级领导者、管理者要有这种意识。从某种意义上说，各级领导者、管理者都是执法者。执法的前提是自己遵法和守法。各级领导者、管理者只有端正了自己的法治观才有可能端正角色观和行为观。民众的法治观的形成不仅要靠教育和宣传，更重要的是靠各级领导者、管理者的法治行为和法制的效力。

❖ 五、制度发展观

在人们的角色观、行为观、法治观的发展过程中，贯穿着一条起核心作用的主线，这就是制度发展观。制度发展观指对人和制度的本质以及制度发展规律的基本看法和态度。角色观、行为观、法治观虽然是不同方面的看法和态度，但它们都是一个人对制度整体认识的一部分，它们相互之间有着内在的、密切的联系，其中起纽带和中心作用的是制度发展观。制度发展观包括核心价值观念和制度发展观念两个主要内容。

1. 核心价值观念

核心价值观念指对人的本质、人与人之间关系的基本看法和态度。核

第九章
制度观

心价值观念反映了一个人的本性和为人处世的基本态度。我国三国时期的曹操有一句名言:"宁教我负天下人,不教天下人负我"。范仲淹脍炙人口的《岳阳楼记》中有一句名言:"先天下之忧而忧,后天下之乐而乐"。这两句话分别反映出两种极端对立的核心价值观念。不同的核心价值观念对一个人的角色观、行为观、法治观有导向性的作用,决定了一个人在遇到特定的角色关系、行为关系和法律关系问题时可能会有什么样的看法和态度。教育和培养国家公民及组织成员树立良好的核心价值观有助于他们更好地树立良好的角色观、行为观和法治观。稻盛和夫用40年时间创建了两家进入世界五百强的企业,他的基本经验就是把"做人何为正确"这一基准作为公司经营的原理原则。他认为:"公平、公正、正义、勇气、诚实、忍耐、努力、善意、关心、谦虚、博爱等,这是全球通用的普遍价值观。"[①]他的企业哲学思想强调企业经营要使所有员工具有这种价值观。最近看了一本书《德胜世界》,美国联邦德胜(苏州)洋楼有限公司是一家在经营管理方面很有特色的企业,它的企业规定包括这样一些条款:"公司永远不实行打卡制"、"员工可以随心所欲地调休"、"财务报销永远不需要领导签字"等。德胜公司对员工的基本要求是:"首先是做人,其次才是做事"。把树立员工良好的核心价值观作为经营管理的首位。只有树立良好的核心价值观念,才能树立正确的制度观,这是评判一个人素质的基本标准。

2. 制度发展观念

制度发展观念指对制度的本质及其发展规律的基本看法和态度。我们每一个人都在一定的制度环境和制度背景下生活和工作。一般来说,首先,我们会对自己亲身感受到的和自己的利益直接相关的具体的制度形式具有某种看法和态度,如"学校的职称评聘制度不公平,对教师的要求比对党政干部严"、"公司的工资太低,考核条件达不到"等。其次,我们会对自己所在单位的制度体系有一个整体评价,如"整个公司管理制度混乱"、"学校的校风很好,各项制度很健全",等。再次,我们会对所在城市或所属国

---

① 稻盛和夫著,陈忠译:《阿米巴经营》,17页,中国大百科全书出版社2009年版。

家的制度体系有各种各样的看法和评价。这种看法和评价多是和自己的亲身感受及社会传闻有关，如对酒驾入刑制度、劳教制度、教育制度、经济制度、政治制度的看法和评价等。最后，当从普遍联系的、动态的、变化的、发展的眼光来看待制度问题时，则进入制度发展观念的最高的认识层次，形成对国家制度、社会制度的整体看法和态度。例如，三权分立的议会制度好还是人民代表大会制度好，以私有制为基础的经济制度好还是以公有制为基础的经济制度好，资本主义制度好还是社会主义制度好等，这些涉及政治经济制度的重要问题也是树立正确的制度观所要解决的重要问题。

通过纵向观察人类社会制度发展的历史，可以看到，随着社会生产力和生产关系的发展，人类的社会制度呈现出从低级向高级逐步发展的历史过程。制度发展有没有内在的规律，它的历史发展的必然趋势是什么，什么样的社会制度代表着人类社会发展的未来，寻找这些问题的答案是制度发展观的理论研究的历史责任。为了树立正确的制度发展观，不仅要具备基本的宪法知识和法律知识，而且要学习理解基本的政治经济理论，学习理解社会发展、制度建设的基本知识和基础理论，尤为重要的是，要将这些理论知识与我国的历史、文化、国情等实际状况结合起来才能形成正确的认识。综上所述，角色观、行为观、法治观、制度发展观共同构成制度观的主要内容，包括各级领导在内的所有国家公民，树立起正确的制度观是关系到经济发展、社会稳定、国家富强的重要问题。

第二节　文化的定义和特点

制度观的形成和其他思想观念一样，不是人的头脑中固有的，而是在人们的社会实践活动中逐渐形成的。我们可以结合自己的亲身经历回想一下，我们的思想中有没有涉及制度观的认识或内容，如果有，它是怎么形成的。一般人的体验应该是一样的，大体上离不开几个主要的方面，如家长的影响、学校的教育、读书的体会、社会的宣传、对现实的思考等。总而言之，影响制度观的因素主要有两个：文化的因素和制度的因素。下面先分析文化的因素。

❖ 一、文化的定义

我们周围的一切都和文化有关。我们所使用的语言、文字、日常阅读的图书、报纸、杂志以及文学、美术、音乐、戏剧、体育等无疑都涉及文化的范畴，如果再进一步扩大范围，各个民族的习俗、世界各地的建筑、各个城市的人文景观以及人类劳动和活动的所有创造物也都涉及文化的范畴。文化的概念和制度的概念一样，使用非常广泛，但是一直缺乏明确的定义。

1. 国外学者的定义

在《辞海》中，"文"有多种字义，主要有"文字；文章；文华，辞采；古指礼乐制度；法律条文"等。最后两个字义与现代某些学者对文化的解释较为接近。"化"也有多种字义，其中有一个字义与文化概念联系较为紧密，即"表示转变成某种性质或状态，如绿化；电气化；大众化"。文化的英语词汇是"Culture"，源于拉丁语"Cultura"，原指耕耘、劳作、养殖、驯化、教育等，经过漫长的历史过程，演变为内容十分丰富的概念。1871年，英国文化人类学家泰勒在其著作《原始文化》一书中对文化所下的定义被认为是最早的、最经典的定义。泰罗认为："所谓文化或文明乃是包括知识、信仰、艺术、道德、法律、习惯以及其他人类作为社会成员而获得的种种能力、习性在内的一种复合整体。"英国文化人类学家马林诺夫斯基被认为是文化功能学派的创始人，他在《文化论》一书中提出："文化是指那一种传统的器物、货品、技术、思想，习惯价值而言的，这概念包容及调节着一切社会科学"。在他看来，文化的各方面或文化的组成要素可分解为物质设备（物质文化）、精神文化、语言、社会组织几个方面。当代美国人类学家克鲁克洪对161种文化的定义进行了归纳和总结,他认为:"文化是历史上所创造的生存式样的系统,既包括显性式样也包含隐性式样;它具有为整个群体共享的倾向,或是在一定时期中为群体的特定部分所共享。"①

2. 其他代表性的定义

在我国,较权威的、常被引用的、有代表性的定义主要有两个。一是《辞海》对文化的定义:"从广义上来说,指人类社会历史实践过程中所创造的物质财富和精神财富的总和。从狭义上来说,指社会的意识形态,以及与之相适应的制度和组织机构。"二是毛泽东1940年在《新民主主义论》中的阐述:"一定的文化(当作观念形态的文化)是一定社会的政治和经济的反映,又给予伟大影响和作用于一定社会的政治和经济;而经济是基础,政治则是经济的集中表现。这是我们对于文化和政治、经济的关系及政治和经济的关系的基本观点","一定的文化是一定社会的政治和经济在观念形态上的反映"。上述两种解释,实际上代表了对文化一词的三种不同层面的理解。《辞海》中从广义层面对文化所下的定义,可以说是对文化的最广义的理解。它把文化定义为人类"社会财富和精神财富的总和",其内涵和外延比马林诺夫斯基的文化定义还要广泛,可以说是包含了人类社会所有的一切。概念和范畴应有助于人们辨别和区分事物,否则将会显得有些空泛和笼统。毛泽东的定义,仅从观念形态的角度来说明文化,可以说是对文化的最狭义的理解。有一点需要注意的是,关于文化的定义多种多样,无论它们对文化的解释有多少不同和多大出入,无一例外地都有一个共同的部分,即把文化的概念与"观念"、"精神"、"意识形态"等概念联系起来,我们可以把它们理解为文化的核心部分,在所有关于文化的定义中都不会缺少这一内容,缺少这一内容就不能被称为文化的定义了。《辞海》中从狭义层面对文化所下的定义,属于最广义的定义和最狭义的定义之间的一种中间层面,它把社会财富、器物、显性式样等排除在文化的定义之外,但把制度和组织机构包含在文化的定义中。关于这一点,我们在下面将会做进一步的探讨。

---

① 潘一禾著:《观念与政治文化的比较研究》,学林出版社,第5—15页。

第九章 制度观

3. 对文化内涵的探讨

根据上述传统定义和有关文化内容的探讨，我们可以从下列几个方面进行分析，以便对文化下一个较为明确的定义。

(1) 文化和"文化产品"的区别。上述定义中的器物、货品、显性式样乃至社会财富，都可以归结为或统称为"文化产品"。我们可以借助"文化产品"一词探讨文化概念的内涵。从字义上来理解的话，"文化产品"指的是文化的产品而不是文化。文化与其产品之间是有区别的，文化产品不等于文化，就像劳动产品不等于"劳动"一样。按这种理解来对照以上定义，不少文化"定义"的内容及范围就有些宽泛了。"文化产品"可以是一件艺术品、一幅画、一个雕像或一座大桥，所有这些器物都是某个人或者某些人思想的结晶或创造物。当我们观察这些器物的时候，我们可以体会或感受到创作者的意图、观点、思想、爱好、兴趣、信仰、审美观、艺术观甚至他的品德、态度等。创作者的思想观念凝聚在这些器物或"文化产品"当中，或者说是物化在这些器物或"文化产品"当中。因此，这些器物或"文化产品"是创作者的思想观念的载体或物化物。一般来说，人类的思想观念只有两种存在形式：一是存在于人们的头脑中，一是存在于人类的创造物中。前者以观念的形式存在，后者则以物化的形式存在。

(2) 文化与"制度和组织机构"的区别。结合关于文化和"文化产品"的论述，关于这一问题就比较好理解了。社会制度、组织机构也不等同于文化，它们也可以被看作是"文化的产品"，跟器物一样也是人类的创造物。它们明显地体现出创造者的意识和思想观念。比如说，世界各国宪法的创立者或制定者分别有着不同的意识形态和思想观念。因此，他们通过各种法律形式创立出来的宪法和法律制度以及相应的组织机构，都是他们的意识和思想观念的载体和物化物。

(3) 文化与语言、文字的区别。与上述两个问题相联系，在此还有一个问题需要明确一下。在许多关于文化的定义中，常把语言、文字等同于文化，与人们的思想观念并列在一起。按照上述分析来理解，语言、文字、图像等也不等同于文化，它们是一种显性的沟通工具或传媒工具，同样是人类的创造物。不同地区、民族、国家的人们有不同的语言、文字和图像等表现形式，这些沟通工具和传媒工具同样凝聚着创造者的意识和思想观念，也是创造者特有文化的载体和物化物。人类的创造物是人类在社会实践活动中有意识地、有目的地创造出来的产品，它们各有不同的功能和用途。比如说，器物是被创造来适用于人类的生活和劳动需求的，制度和组织机构是被创造来适用于人类的群体和组织活动需求的，而语言、文字、图像等传媒工具是被创造来适用于人类的交流、沟通以及文化传承需求的。人类文化的发展是一个不断创造、创新的过程。

4. 文化的定义

根据以上的分析和论述，我们可以将所有有关文化的定义梳理一下，特别是从制度学的概念看，文化和器物、文化和制度、文化和组织机构还是有一定区别的，当我们把器物、社会财富、显性式样、制度、组织机构等概念从文化定义中排除出去的时候，所留下的内容只有精神、思想、观念、意识形态等内容了。它们是所有关于文化的定义中的最核心的部分，也是文化定义中必不可少的精髓。真正适用于文化定义的只是关于意识形态和思想观念的内容。在此，我们可以从最狭义的层面将文化定义为：文化是指一定的社会群体在社会生活和生产发展过程中，形成的认知、情感、意图、爱好、兴趣、看法、观点、态度、思想、信仰等意识形态和思想观念的总和。

二、文化的特点

按照上述理解，文化属于观念形态或意识形态的范畴。它包括人类在社会实践过程中所形成的各种认识、知识、观念、理论等，它的内容包括艺术、科学、技术、教育、生产、管理、法律等所有与人类的社会活动和认识相关的所有方面。文化有四个基本的特点。

1. 可物化于文化产品之中

文化以观念形式存在于每一个人的头脑中，也可以以物化形式存在于某一个载体、某一种产品以及人类的所有创造物之中。器物或制度都是人类文化的创造物，它们是文化的载体，是文化的外在表现形式，是文化定

第九章 制度观

格在某一个时间点的固定形态。它们不是文化本身和文化有一定的区别。齐白石是我国著名的现代画家,他在长期的绘画生涯中,形成了自己独特的文化和艺术观念。他的每一件画作都是他的文化和艺术观念的载体,都有他完成的具体时间,并有一定的空间表现形式。在茫茫无际、烟波浩渺的南太平洋上,有一个面积117平方公里的神秘小岛,岛屿四周沿海的地方矗立着数百个高大的几十吨重的石头雕像,他们头戴红帽,近千年来一直在寂寞地遥望远方。如图9—1所示。雕刻它们的主人既不知道是从哪里来的,也不知道最终的结局如何。复活节岛的石像成为其雕刻者文化的无言的物质载体和最好的见证。它们定格在一个具体的时空点上,向现代游客展示着古老的、已经失传的文化。从商代青铜器、古波斯地毯、雅典娜神庙到现代风格的建筑群、星罗棋布的现代城市等,可以说都是某种文化的物质载体和表现形式。古今中外的各种制度,包括各种不同的企业制度、政府制度、议会制度等,也都是人类社会实践活动的创造物,也是人类文化的物质载体和表现形式,凝聚和包含着人类构建各种制度的文化观念和思想理念。

图9-1 复活节岛石像

2. 可借助语言、文字和图像等传媒工具代代相传

可借助语言、文字和图像等传媒工具。①语言。语言是人们利用字词

以语音方式表达思想观念、相互之间进行沟通的工具。发声是动物的一种本能。动物可以通过吼、嚎、鸣、叫等多种发声形式向同伴传递联络、捕食、警报、求偶、迁徙等各种各样的信息。人类在生活和劳动过程中使发出的声音演变为语言，使发声的本能演变为用口语交流和沟通的能力。语言是人类最重要的交流工具和文化载体。语言的发展与文化的发展有密切的关系，不同的民族有不同的语言和文化，形成了语言和文化的多样性。目前世界上有200多个国家和地区，2 500多个民族。按一个民族一种语言来计算，至少有2 500多种语言。有的专家估计，全世界最多可能有6 000到7 000多种语言。②文字。文字是人类记录和传达语言及交流思想观念的书写符号。语言是靠人类的喉舌和听觉进行沟通的，而文字是靠人类的眼睛和视觉进行沟通的。作为人类用来进行记录、交流、沟通的以字、词为主的视觉表意符号，也有人将文字称为书面语的视觉形式。文字的历史比语言出现的晚。在没有文字的时候，人们主要以口语方式进行沟通，受时空限制较大，而且不能记录、留存，语言信息只能靠大脑存储，靠结绳、刻划等方式记事。文字的出现增加了文化信息存储的能力，突破了口语受到的时间和空间的限制。尤为重要的是，有了文字之后，文化信息可以从个人的脑海脱离出来，转化为可供许多人共享的书面材料，如图书、报纸、杂志等。在此基础上，人类不仅能够把全部精神财富和文化信息完整地记录下来，而且能够通过教育、宣传等方式讲授和传承，促进人类社会精神文明和科学技术的全面发展。③图像。图像是各种图形和影像的总称，是人对视觉感知到的景物的再现形式，也是人类社会活动中最常用的文化载体。图像和文字一样是人们用眼睛和视觉进行传递信息、交流沟通的传媒工具。原始人最早用刻画形式记录图像，在漫长的发展过程中形成了绘画艺术。在我国的一些佛教寺庙中，有时候会看到宣传伦理道德规范的"二十四孝图"，这是一种最典型的宣传文化观念的图像形式。小人书、连环画等是图像和文字结合的形式。随着科学技术的发展，图像显示有照片、幻灯片、电影、电视、电脑、手机视频等多种形式。从某种意义上说，文字是在图像的基础上发展起来的，但文字的作用远远超过了图像。考古学家在世界各地发现了许多远古的岩画，这是最原始的图像形式和艺术创作。原始人用简单的线条勾画出的最多的画面是动物和人的形象,拉丁文的文化用"Cultura"一词表示,是以原始人的现实生活为来源的。象形文字也可以说是一种图像形式,文字是在象形文字的基础上发展起来的。在现代社会中,随着科学技术的发展,语言、文字、图像三种传媒工具常常结合在一起运用,极大地加强了人类文化传播和文化传承的能力。

3. 可以复制和创新

如上所述,文化有物化存在和观念存在两种形式。这两种存在形式在文化的传承方面表现出不同的特点。①文化的复制。"复制"用通俗的话来说,就是重复制作、反复制作、复原制作等,即按照某件物品的原型或以某件物品为模型制作出和它一模一样的物品。作为文化载体,器物、社会和组织机构、各种传媒工具都是可以复制的。因为文化载体是文化的外在表现形式,包含着特定的文化信息,因此,文化载体的复制,意味着文化的复制。例如,一本著作可以利用印刷技术一版再版;一个古代瓷瓶,可以利用现代制陶技术进行仿制;一个人的演讲,可以用录音设备拷贝磁带、光盘在社会上广泛发行;一家商店或餐饮公司可以运用同样的制度和组织机构形式在全国各地开设连锁店;等等。文化复制可以有效拓展文化传播和文化传承的时间延续和空间范围。②文化的创新。"创新"指在原有基础上增添新的形式、内容和思想观念,突破已有的或现有的条条框框的限制,构思、创造以前所没有的新事物、新思想的行为或活动。创新与复制有明显的、本质的区别。物化形式中的文化只能复制,不能创新。文化创新或其他种种创新都是在人的思维活动中进行的。这也是文化产品和文化的主要区别。文化产品一旦形成,就定型了,定格在某个时空点上,只能复制,不能创新,因为它只是文化载体,不是文化本身。文化存在于人的头脑之中,准确地说,存在于人的思维活动之中。创新活动不是复制原有的文化产品,而是根据生活和生产活动的实际需要和新的目标要求,对原有的产品进行更新改造,或者是创造出一种以前从来没有过的新产品。人们在社会实践活动中可以借助语言、文字、图像等传媒工具进行文化的复制和创新。文化可以在人与人之间传播和互动。在传播中互动,在互动中传播，传播和互动是文化创新的基础。文化产品则只能传播，而且只是以继承、收藏、交换等方式传播而不能互动，不能进行再创造，就不能进行创新。

4. 以群体性的形式存在、拓展和传播

文化的类型很多，如政治文化、经济文化、教育文化、制度文化等。文化的形成和发展是与特定的群体活动相联系的。比较有代表性的是民族文化和组织文化。①民族文化。民族是文化特征最为显著的群体。民族一般指在共同地域中生活、有共同体貌特征、语言文字及各种风俗习惯的人的共同体。我国是一个多民族国家，目前有汉族、藏族、蒙古族、维吾尔族、回族、壮族等56个民族。民族文化指一个民族全体成员整体表现出来的文化观念的统称。民族文化是一个民族在其历史发展过程中创造和发展起来的。每个民族一般都有自己的语言、文字、民族服装、民族音乐、民族食品、民族工艺、建筑风格、宗教信仰、风俗习惯等。不同民族有不同的生产和社会活动，也有不同的节日，如蒙古族的那达慕大会、傣族的泼水节、壮族的三月三歌节、高山族的丰年祭等。民族文化主要是各个民族在长期的社会生活中形成的，主要表现在语言文字、衣食住行、宗教信仰等家庭生活、社会生活和社会活动方面，政治性的、制度性的、经济性的因素对民族文化的形成和发展有一定的作用，但要在一个较长的历史时期内才能表现出来。②组织文化。主要指企业、学校、机关、军队等制度化组织的全体成员整体表现出来的文化观念的统称。制度化组织的形成过程和民族的形成过程不同，使组织文化与民族文化相比有许多不同的特点。民族与民族文化的产生及形成有一个漫长的历史过程，主要集中在某个地域，制度性因素的直接影响较小。而制度化组织与组织文化主要是在制度规定和制度执行的过程中产生和形成的，形成的时间较短，地域分布很广，制度性因素的直接影响较大。组织文化有企业文化、公司文化、校园文化、军队文化等多种类型。一般来说，有多少种组织就有多少种组织文化。组织文化反映出包括组织管理者和各级员工在内的全体成员所具有的制度观念、组织观念、价值观念、管理宗旨、角色意识、团体意识、工作态度、精神面貌、对组织的认同感等方面的文化氛围和整体素质。因为

组织的制度化特点，组织文化的核心是构建组织的、特有的制度观念、组织观念和价值观念。组织文化一般通过组织的制度形式、制度效力、组织形象、组织绩效、组织活动及组织成员的精神面貌、工作表现和行为特点体现出来，通过领导倡导、标杆示范、制度规定、制度执行及开展多种多样组织活动的制度化的过程塑造和推行。许多组织把制度建设和文化建设结合起来取得了很好的效果。如 IBM（国际商用机器公司）在 1914 年创办公司时，制定了"必须尊重个人、为顾客服务、工作优异"三条行为准则作为塑造公司文化的基石；我国华为公司，自 1988 年成立以来，企业文化的创立一直坚持以"爱祖国、爱人民、爱公司"为主导，1996 年起草制定《华为公司基本法》，奠定了公司文化的制度化基础；古井集团是在 1957 年成立的古井酒厂的基础上发展起来的，将古井文化凝练为"抓班子、立柱子、上路子、创牌子"的"四子"立业学说，在公司管理过程中，把制度建设和文化塑造有机地结合起来。在所有成功的企业中，都可以看到文化在企业管理中所起的重要作用。

第三节　文化对制度观的影响

根据定义，制度观是文化的重要组成部分。企业文化、民族文化以及整个国家和社会的文化对一个人的制度观的形成有直接的、重要的影响。同时，个体的制度观通过个人言行、传媒工具的传播以及在社会生活和社会活动中的实际表现，汇聚成大众化或群众性的思想观念、社会舆论，对企业文化、民族文化以及整个国家和社会文化的发展又有强大的反作用力。文化的因素对制度观的影响主要有两个方面，一是传统观念潜移默化的影响。主要来自家人、朋友、同事以及通俗读物、史书、传记、小说、电影、电视剧等社会文化产品的影响。二是当代思想的影响。当代思想指当今社会中比较成熟的、有一定影响力的观点或理论。与传统观念相比，当代思想对当今社会人们的制度观的形成有更直接的影响。当代思想对制度观的影响可以从主流思想、社会思潮、公众舆论等几个方面做简要分析。

一、主流思想的影响

"思"者，"心之田"；"想"者，"心之相"。顾名思义，思想是经过思考之后产生的一系列想法。思想经常以理论的形式出现，如毛泽东思想，指的是一种系统的理论或学说。当我们说一个人有思想时，一是说他有想法，二是说他有理论。思想是在实践基础上对客观存在的反映，是在思维活动过程中对客观事物及其发展规律的理性认识。思想对指导个人行为或集体的实践活动有重要的作用。河流有主流、支流之分，思想的潮流也有主流、支流之分。主流泛指一个特定时期或一个时代的大众化的潮流或主要的发展趋势，如主流媒体、主流文化、主流经济学家等。主流思想指特定时期内一个民族或一个国家中起主导作用或占据核心地位的思想体系。主流思想不是一个人的思想观点，而是整个民族、整个国家甚至包括其他民族和国家在内的思想精华的凝聚和集体智慧的结晶。主流思想对现行制度下人们的制度观的形成和发展起着正面的、主导性的作用。主流思想的影响主要来自小学、中学、大学等的正规教育及报纸、杂志、新闻报道等正式宣传品的影响。主流思想有以下一些特点。

1. 有系统的理论框架、基本观点、原则和思想体系

主流思想不是一朝一夕形成的，是在无数人的社会实践和理论研究的基础上产生和发展起来的。主流思想代表着一个民族或一个国家的整体的思想认识水平和文化水平。主流思想的理论内容包括政治、经济、科学、文化、教育等人类活动的各个领域和人生观、世界观、价值观、制度观、科学观等人类认识的各个方面，是一个观点明确、结构严谨、内容丰富的庞大的思想理论体系。

第九章 制度观

2. 受到执政者（或制度主体）的肯定和支持，甚至本身即是执政者治理国家的思想体系

西汉时期，汉武帝利用行政力量"罢黜百家，独尊儒术"，奠定了儒家思想的主流思想地位。汉以后的历代封建王朝，不仅继续肯定和支持儒家思想，而且许多朝廷重臣成为儒家思想的集大成者，使儒家思想在继承和发展的过程中具有越来越浓厚的官方色彩。在我国宪法中，明确规定马克思列宁主义、毛泽东思想是党和国家的指导思想，也就是当今社会的主流思想。毛泽东思想是将马克思列宁主义和中国革命实践相结合的集体智慧的结晶。改革开放以来，在原有的主流思想的基础上，先后增加了邓小平理论、"三个代表"重要思想、科学发展观等新的内容，丰富了当代主流思想的理论体系。目前，我国主流思想的基本内容主要包括：坚持四项基本原则；维护祖国统一和领土完整；努力发展社会生产，提高人民生活水平；打击一切恐怖势力，实现社会安定；倡导社会主义道德规范；弘扬爱国主义和集体主义精神；等等，建设有中国特色的社会主义理论是主流思想的核心部分。

3. 有鲜明的制度观，明确倡导和维护现实的制度体系

主流思想与现行制度的关系有两个方面：一方面现行制度都是按照主流思想的核心观念构建起来的。西方国家的"三权分立"的议会制度和我国的人民代表大会制度都是以特定理论为指导的，都是特定理论和具体实践相结合的产物。另一方面，构建该制度的理论自然会成为执政者所支持的主流思想，继续为现行制度的巩固和发展提供思想武器和理论支持。支持什么制度，反对什么制度，是主流思想的鲜明特色。政府和媒体应是旗帜鲜明地表达主流思想的最强音。在这一点上，近一个时期，西方国家的政府和媒体表现得特别明显，他们运用各种手段甚至以武力干预的形式，在其他国家推行他们的主流思想和制度体系。

4. 有符合本民族、本国发展需要的普世价值

"普世价值"从词义上来理解，是全世界人民普遍认同并普遍适用的价值观。应该说，到目前为止，只有某个或某些民族、某个或某些国家的"普世价值"，还没有全世界人民共有的或世界上所有民族、所有国家公认的"普世价值",政治、经济发展的不平衡性及历史、文化因素的差异性决定了不同民族、不同国家在普世价值认识上的差异性。一般来说,东方国家有特定内容的"普世价值",西方国家也有特定内容的"普世价值"。"普世价值"是在漫长的历史过程中,与文化传承、宗教信仰、制度体系和主流思想共同形成和发展起来的。因此,每个民族和国家都有自己特定的普世价值及其价值标准。

  在各个民族、各个国家持有的"普世价值"中,必定包含着某种共性的因素,可以成为世界公认的"普世价值"的内容,如生存、统一、和平、稳定、平等、民主、自由、博爱、和谐、发展、平安、幸福等。但目前还没有一种得到公认的关于普世价值的理论,"普世价值"的基本内容是什么并没有在世界范围内形成共识,至少在上述概念重要性的排列方面是不一致的。有的国家,可能把生存放在第一位;有的国家可能把民主放在第一位;也有的国家可能把平等或统一放在第一位;等等,这些都是由各个国家的具体国情决定的。例如,即使是关于"平等"、"民主"这两个最常见的概念也有不同的认识,这是人们公认的两个重要概念。但是,这两个概念哪个更重要或更现实,在不同的群体或国家中存在着不同的认识。有人认为,追求"平等"是目的,"民主"是实现平等的手段。也有人认为,要想实现"平等",就必须实现"民主",因此认为"民主"是第一位的,把"追求民主"作为最主要的或唯一的政治目标。但是,事实证明,实现了"民主",并不一定就能实现"平等"。实际上,在一个国家中,人与人之间的平等关系是由政权的性质而不是由政权的形式决定的。"民主"只是一种政权形式或政体形式,不能从根本上解决人与人之间的平等关系。古罗马的元老院是世界公认的民主形式,但是,古罗马的元老院选不出代表奴隶的执政官。因为,古罗马的贵族、平民、奴隶之间的不平等关系是由其政权性质而不是政权形式决定的。从这个意义上说,就"平等"而言,政权的性质是根本的、本质的。政府的性质、政府的代表性、政党的代表性等是最重要的问题,首先应纳入"普世价值"的标准中。资本主义国家的政权性质是建立在私有制基础之上的,不可能达到人与人之间真正的"平等",至少现在还有很多人认为没有达到真正的"平等"。符合本民族、本国发展需要的"普世价值"的内容应当包括国家的统一和稳定、政权、政党的性质和代表性、爱国主义情操、普世道德规范、崇尚科学、尊重劳动、倡导集体主义精神等。伊拉克、埃及等国家都有悠久的文明发展史,在漫长的历史发展过程中,形成了具有本民族特色的"普世价值",它们在引进西方民主形式的同时,破坏了国家的统一和稳定,其中的教训是值得其他国家认真研究和吸取的。

5. 有广泛的群众基础,得到本民族、本国大多数民众的认同

一个理论体系能够成为现行社会的主流思想,说明它有广泛的群众基础,能够得到社会上大多数人的认同。制度执行力的最强大的基础是民众执行合力,一个新型的或者新兴的国家政权离开了民众的支持是建立不起来的。这种支持来自民众对主流思想倡导的核心价值及核心制度观的认同。纵观各个国家的发展史,提出并构建主流思想理论体系的先驱,无不是当时代表本民族或本国先进文化的精英,他们的理论体系和政治主张客观地顺应了广大民众的愿望和历史发展的趋势。如果政权的性质或主流思想的本质内容不发生根本的变化,其雄厚的社会基础和强有力的民众支持也是不会轻易发生变化的。

6. 有能够融合本民族、本国及其他民族或国家的文化精华的兼容性

社会经济的持续变化,民族和国家的发展需求,客观上要求主流思想不断地增添新的内容。我们可以看到,当一个国家的主流思想,处于封闭状态,停滞不前时,预示着它的发展已经到了尽头,失去了原有的生命力和活力。儒家思想作为中国传统文化的主流思想,在漫长的历史过程中,兼收并蓄、融合吸纳诸子百家、少数民族文化以及佛教文化、道教文化等多种学派、教派的文化精华,形成了富有生命力和活力的、博大精深的中华文化。但是,到了满清王朝后期,实行以大国自居的闭关锁国政策,对国外的先进技术和先进经验视而不见,反映出主流思想的保守和愚钝状态。关于主流思想的兼容性问题,中华文化宝库早有精辟论述,首先是"古为今用,洋为中用",主流思想的产生和发展,并不意味着要割裂历史,抛弃所有的传统观念,也不意味着要隔断与世界的联系,排斥国外的先进思想和先进技术。其次是"取其精华,去其糟粕",主流思想的产生

和发展不是盲目地全盘照搬传统观念和外来思想，而是一个学习、分析、扬弃的过程。最后是"吐故纳新，推陈出新"，这里有两个"新"字，主流思想产生和发展的出发点和基本精神是创新、创新、再创新，强调的是在理论联系实际的基础上思想创新、理论创新、文化创新和制度创新。这是一个民族、一个国家长治久安、长盛不衰的思想精髓。

二、传统观念的影响

如上所述，文化是可以复制和传承的，传统观念的发展和影响是最重要的表现形式。任何一个民族或国家，都有与自己的历史、文化相联系的传统观念。它以思想积淀的方式凝聚着整个民族或国家在其发展过程中各个阶段形成的先进的认识、理论、伦理道德观念和思想精华。传统观念的形成和发展使不同的民族文化呈现出丰富多彩的特色。传统文化对人们制度观的形成有根深蒂固、潜移默化的影响。

1. 传统观念的概念

传统观念是指一个民族或一个国家在长期的历史发展过程中所形成的大众化或群众性的文化观念。我国在封建社会漫长的历史发展过程中，形成了许多中华民族特有的传统观念，对我们每一个人的制度观的形成有非常重要的影响。传统观念的传播渠道主要来自通俗读物、史书、传记、小说、电影、电视剧等社会文化产品以及家人、朋友、同事的影响，有时常会用简单精练、通俗易懂、富有哲理、喜闻乐见的语句表述出来，如"尊师重教"、"勤俭节约"、"和气生财"、"家和万事兴"、"居者有其屋"、"子随父姓"、"父母做主，媒妁之言"、"门当户对"、"嫁鸡随鸡，嫁狗随狗"、"养儿防老"、"百善孝为先"、"不孝有三，无后为大"、"学而优则仕"、"光宗耀祖，荣归故里"、"封妻荫子"、"万般皆下品，唯有读书高"、"修身齐家治国平天下"等。我们每一个人在童年和青少年生活中，都会从父母、亲戚、长辈、朋友等不同角色的人那里，或者从消遣性的读物中，听到、看到这些说法，并会很自然地接受其所包含的观念。

中国传统观念是中华民族几千年文明的结晶，曾在一段相当长的历史时期内构成历朝历代官员及广大民众制度观的重要内容。关于什么是中国

第九章

制度观

传统观念，众说纷纭，无从定论。有人认为："君父一致、家国同构"是中国传统的一大特点。有人总结出中华传统文化四大核心价值观念："阴阳五行思想；天人统一思想；中和中庸思想；修身克己思想"。如上所述，公民角色和家庭角色是一个人一生中最重要的两个角色。我们每个人都兼有这两个角色，很自然地形成与"国"和"家"有关的观念。我们可以从这两个方面，对中国传统观念及其对制度观的影响做一个简单的分析。

2. 与"国"有关的观念

与"国"有关的观念主要涉及对国家治理和国家制度的看法和态度。最重要的观念是"大一统"观念和"王权至上"观念。

（1）"大一统"观念。是中国传统观念中起核心作用的观念。在这里，"大"本身含有重视、尊重之意。"一统"即一统天下，最初指天下诸侯皆臣服于周天子，后人泛指封建王朝统治全国为大一统。"大一统"观念是版图统一、政治清明、平息战乱、社会安定的治国观念。它体现的是自古以来大众化的制度发展观中的核心内容，也是我国传统观念中最重要的内容。我国自夏、商、周开始形成历代王朝统治之下的疆域庞大的国家，其间经过许多次战争割据、外族入侵、国家四分五裂的状况，但最终结果都是一统天下的新的王朝的诞生。大一统观念的制度观在这一历史过程中起着巨大的、导向性的作用。"大一统"观念的形成源远流长。《公羊传·隐公元年》曰："何言乎王正月？大一统也。"荀子《议兵》曰："四海之内若一家。"秦朝宰相李斯明确提出："灭诸侯，成帝业，为天下一统。"《汉书·王吉传》曰："《春秋》所以大一统者，六合同风，九州共贯也。"《汉书·董仲舒传》曰："《春秋》大一统者，天地之常经，古今之通谊也。"在国家观念上，大一统观念坚持的是一个统一的国家，支持统一，反对分裂。即使国家出现战乱、分裂，敌对各方的基本思想都是如何消灭对方，用武力统一天下。"大一统"观念导致的结果是平息纷争，结束战乱，使整个国家处于一个政权的统治之下，客观上有利于社会经济的发展，符合黎民百姓期盼和平、安居乐业的愿望。"大一统"观念是中国传统文化的主流形态，反映出中华民族的思想底线和愿景。从历史作用看，"大一统"观念促进了国家的统一完整、多民族的融合和中华民族的形成，也促进了多民族文化的融合和中华民族文化的形成。

(2)"王权至上"观念。又可称为"皇权至上"观念。在封建社会中,"大一统观念"是与"王权至上"的观念紧密结合在一起的。我国自公元前221年的秦朝开始,正式确立了"王权至上"的强有力的中央集权制度。"王"字的构成是三横一竖,古人的解释是:三横分别代表天、地、人,一竖是指一个贯通于天地人之间的人。"王者,父天母地,为天之子也"。王被认为是天地人的主宰,最高权力的象征。"普天之下,莫非王土;率土之滨,莫非王臣"。孔子《论语季氏》曰:"礼乐征伐自天子出。"夏、商、周时,最高统治者称为"王",至秦始皇时,"采上古帝位号,号曰皇帝",这个称号一直沿袭到辛亥革命满清王朝覆灭为止。"王权至上"观念本质上是强调中央集权的权威性和控制力,它的理论基础是君权神授论,强调中央集权的极端形式,全部权力都集中在皇帝一个人手中。在我国漫长的封建王朝鼎盛时期,"大一统"观念和"王权至上"观念曾经是所有国人制度观中的核心内容,它们存在的制度基础是皇帝代表最高权力的中央集权的封建制度,它们的存在与发展是为中央集权的封建王朝服务的,不可避免地带有历史的局限性。如今,它们存在的制度基础已经消失了,但是,作为一种文化观念,即使在现代社会中,仍然对我们每一个人的思想、特别是每一个人的制度观有着重要的影响。例如,每一个中国人都会把维护国家统一和领土完整看作是关系到个人和国家命运的头等大事,并把它作为衡量一个人是否爱国的重要标准;把历史上平定内乱、统一天下、开疆扩土的帝王看作是有雄才大略、丰功伟绩的明君;把抗击入侵、抵御外侮、奋勇杀敌、宁死不屈的人看作是名垂青史的民族英雄;把精忠报国、体恤百姓、刚直不阿、清正廉明的人看作是千古流芳的忠臣;等等。在所有的古书典籍和现代小说、电影、电视剧等文学作品中,我们可以很清楚地看到这样一条代表正统思想或民族正气的主线。

其实以上所说的几个方面的观念或思想认识,并非是我国传统观念所独有的内容,在世界各国民众的思想中几乎是一样的,这其实是一种重要的普世价值。与"大一统"观念相比,"王权至上"观念毫无疑问有更大

第九章

制度观

的历史局限性,即使如此,它在当代社会中仍有潜移默化的影响。"王权至上"观念的影响在于,很多人接受中央集权的制度形式。公元前221年,秦始皇结束了春秋战国诸侯割据称雄的局面,建立了中国历史上第一个统一的、多民族的、集权制的封建国家。书同文,车同轨,统一度量衡;实行郡县制,废除分封制。在中央政权的行政体制方面,秦汉确立三公九卿制,隋唐时演化为三省六部制。明朝时废除丞相制度改为内阁制,作为皇帝的辅政部门。清朝雍正时演变为内阁与军机处双轨制,清末改设内阁总理大臣,已具有现代行政体制的雏形。几千年来实行的一直是以皇权为中心的中央集权的行政体制。汉武帝时"罢黜百家,独尊儒术",把奉行"大一统"观念和"王权至上"观念的儒家学说作为封建统治的正统思想。中央集权的行政体制和儒家学说的思想观念融为一体,成为漫长的历史过程中关于国家制度的思维定式,人们把强大的中央政权的存在看作是抵御外敌、平息内乱、发展经济、社会安定的基础和保障。这种观念是对历史发展和社会现实的反映。历史经验证明,中央政权削弱的结果,将会造成整个国家四分五裂的局面。"王权至上"观念的影响还在于,我们很多人喜闻乐见的是一个好皇帝,而不是一个好制度。像《康熙微服私访记》描写的那样,一个远离京城的小小县城,县官可以在地方上作威作福,无法无天。最后普遍感到大快人心的结果是,皇帝亲临县城,将贪官污吏一网打尽。自古以来,人们都把美好愿望寄托在皇帝一个人身上。而没有把制度的重要性放在第一位。这种思想影响至今还存在,不仅表现在国家治理方面,还表现在公司治理方面,很多人崇尚或追求的是一个好的董事长或一个好的总裁,而不是一个好的公司管理制度。

3. 与"家"有关的观念

与"家"有关的观念主要涉及对家庭关系、家庭角色及相应的伦理道德规范的看法和态度,可以统称为家庭伦理观念。如上所述,公民角色和家庭角色是我们每一个人最基本的重要角色。早在春秋战国时期,先哲们已对这两种角色及其关系做了经典的论述。孔子最早论述君君、臣臣、父父、子子的关系问题和仁义礼智等伦理道德观念,并主张通过"正名"确认这种角色及其关系。孟子则提出后人称为"五伦"的道德观念:"父子有亲，君臣有义，夫妇有别，长幼有序，朋友有信"（《孟子·滕文公上》）。孟子认为仁义礼智是最基本的道德准则。西汉董仲舒是儒家伦理道德规范的集大成者，他在《春秋繁露》一书中提出了"三纲五常"学说："君为臣纲，父为子纲，夫为妻纲"。"三纲"者，讲的是主从、尊卑、阴阳关系。君、父、夫为主、为尊、为阳，臣、子、妻为从、为卑、为阴。"五常"则指五个常规或准则，即"仁、义、礼、智、信"。和"大一统"观念、"王权至上"观念一样，"三纲五常"观念是儒家思想的重要组成部分，也是中国传统观念中的核心因素，奠定了封建社会的政治制度和制度观念的理论基础。随着封建制度和君臣关系的消亡，"三纲五常"观念已经失去了原有的政治影响力。但是，父子关系、夫妻关系仍是基本的家庭关系，许多人的老观念并没有改变，这种有传承性的传统观念对现代国民的制度观不可避免地存在着潜移默化的影响。另外，三纲五常中的仁、义、礼、智、信等概念经过历史的演变已经深入到语言和文字体系中，成为和人们日常中的伦理道德规范相联系、并有着丰富含义的重要词汇，如仁爱、仁慈、仁义、仁至义尽；义诊、义演、义卖、义务、义不容辞、义无反顾、见义勇为、大义凛然、大义灭亲、深明大义、义正词严；礼节、礼仪、礼貌、礼让、明礼、礼仪之邦；明智、睿智、智慧、智者、智囊；信用、信义、信誉、信仰、信念。我们可以看出，这些词汇都是褒义词。它们表明一个人具有正确的人生观、价值观；良好的修养和涵养；优秀的品德及良好的素质；为人处世、待人接物的良好习惯；对朋友的真诚、对事业的忠诚等。这些词汇本身就代表了中华民族公认的价值标准和基本美德。它们除了原有的传统的含义外，随着社会和历史的发展以及认识的深入，会不断地增添一些新的内容，这些词汇本身已经成为现代社会中人们角色观、行为观的基本标准。有一点需要说明的是，在我国，除了儒家文化外，还有佛教文化、道教文化、伊斯兰教文化等多种多样的传统观念，它们都对当今社会人们的制度观有各种各样潜移默化的影响。在世界上有悠久历史的民族和国家中，传统观念在现代社会中对其成员和国民的潜在影响都是存在的。

三、社会思潮的影响

社会思潮是在一定历史时期内反映特定政治势力、特定阶层或特定群体的利益和要求的一种思想倾向。如果把主流思想看作是某一民族、国家意识长河中的主流，社会思潮则是大大小小的支流。社会思潮是与主流思想同时存在并有不同政见的思想倾向，有的与主流思想几乎是同质的，只是认识上有差距，有的则与主流思想相冲突或者是根本对立的。社会思潮的存在是一种必然的社会现象。俗话说，"物以类聚，人以群分"。在人类社会中，不同的人群可以划分为不同的阶级、阶层或利益集团。他们在现实生活中相互之间存在着利益上的差异和冲突，必然造成思想认识上的差异和冲突。社会思潮就是各种思想认识的有代表性的理论表现。社会思潮的思想根源多种多样，有的来自传统观念，有的来自主流思想，有的来自民族意识，也有的来自国外的思想理论体系。社会思潮对现行社会中人们的制度观的形成和发展有非常重要的影响。关于社会思潮的分类多种多样，一般来说，基本是按政治思想倾向来划分的。我国学者对国内社会思潮的划分最少的是三种类型，如无政府主义思潮、悲观失望思潮、崇洋媚外思潮或干脆按"左、中、右"划分。有人划分为七种类型，如老左派思潮、新左派思潮、自由主义思潮、民主社会主义思潮、民族主义思潮、新儒家思潮和民粹主义思潮，也有的人划分的多些或少些，就不一一赘述了。有的学者将当代国外最有影响的社会思潮归纳为九种类型，即未来主义、新自由主义、后现代主义、后殖民主义、分析的马克思主义、生态社会主义、女权社会主义、市场社会主义和第三条道路。社会思潮具有以下一些特点。

1. 与一定的阶级、阶层、政治势力、思想派别或利益集团相联系

不同的社会思潮有不同的社会背景，分别反映出不同社会群体的利益要求和思想倾向。在目前的国内国际背景下，出现了一种很特殊的社会现象，由于西方国家不断向其他国家输出其主流思想，世界各国较有影响力的社会思潮的根源大多数来自国外的政治势力或思想派别。他们在国内的发展受到国外政治势力和政治思想派别的支持。其结果常会产生与本国的主流思想相互冲突、对抗的现象。

2. 政治性较强，具有左、中、右不同的政治倾向

各种社会思潮关注的主要是社会的政治经济问题、制度问题、政权结构问题、治理模式问题、普世价值问题等，其观点具有较鲜明的政治立场和政治态度。社会思潮的产生不仅仅是由于纯粹的抽象的思想观点的分歧，其背后有更深层次的政治因素、经济因素、利益因素在起作用。

3. 主要以民间形式活动

各种社会思潮不像主流思想那样能够得到执政者的肯定和支持。他们的活动主要以在民间发表言论的形式进行。如利用报纸杂志、思想论坛、学术讲座、专题讨论会等方式陈述、宣传他们的理论和观点。各种社会思潮的代表人物以理论界、新闻界、学术界的人员为主。除了和主流思想进行论争外，各种社会思潮之间也存在着激烈的竞争，相互争夺话语权，力求扩大对政府及民众的影响力。社会思潮在民间的活动有一定的群体性和地域性。

4. 很难成为主流思想

比照上述主流思想的几个特点，各种社会思潮在政府支持、符合国情、民众基础、代表性等方面很难具备形成主流思想的条件。特别是没有本国文化根基的外来思潮，由于缺乏与之共生的制度土壤及传统观念的基因，很难在兼容性较小的国家中发挥引领思想潮流的主导性作用。西方国家利用军事干预的手段，推翻了伊拉克、阿富汗、利比亚原有的国家政权，但是他们所支持的社会思潮一直成为不了这些国家的主流思想。在这些国家中，各种政治派别林立、武装冲突不断、思想观点和政治主张严重对立，出现了一种可称之为"主流思想真空"的困境。这种局面估计要持续一个相当长的时期。各种相互对立的社会思潮的泛滥以及主流思想的缺失，将会造成人们思想和公众舆论的混乱，使一个民族或一个国家长期处于动荡和战乱之中。

5. 具有正反两方面的作用

社会思潮作为一种思想倾向，一般都是针对社会存在的一些问题提出自己的政见和观点的，如某种社会问题、政治问题、经济问题或制度问题等，这些都是一些较为敏感的、容易引起大众关注的问题。在这方面，社

会思潮通常存在着两种不同的作用，需要关注和引导。①正面的作用。一般来说，社会思潮集中论证的问题都是客观存在的实际问题，并且代表了社会上某种阶层或某种群体的利益诉求。这些问题的提出和争论有利于引起制度规制和制度执行者的重视和关注，在制度层面制定适当的解决方案，客观上有利于消除或缓解实际存在的社会矛盾，对社会的稳定和发展具有积极的作用。社会思潮的理论观点一般比较鲜明，比较注重论证的目的性和依据，有利于为主流思想借鉴和吸取。即使是一些带有攻击性或敌意的社会思潮，同样可以促使制度规制和制度执行者认真考虑、反思存在的问题，只要不在行为方面触及法律的红线，其存在也具有警示和警钟的作用。②负面的作用。社会思潮的存在，除了有正面的作用外，也有负面的或反面的作用。社会思潮对主流思想和现行制度有一种挑战性，它们常常以质疑或反对的形式提出问题。特别是有一种情况不能排除，在一些社会思潮的背后，有国外的敌对势力的支持，他们的目的是动摇人们对主流思想和现行制度的信心，颠覆现行的社会制度和国家政权，具有很大的危害性。苏联的解体是社会思潮负面或反面作用的典型例证。最初，一些持不同政见者利用报纸、杂志、小说、影视作品等传媒工具对主流思想和现行制度提出质疑，继而出现了否定斯大林、否定苏联共产党、否定苏联社会主义制度的各种言论，主张议会制和多党制，结果是造成人们思想和制度观的混乱及"主流思想真空"的状态，各种敌对性的社会思潮的兴起对苏联的解体具有极大的破坏作用。面对社会思潮的质疑和挑战，一方面需要在制度建设方面不断完善和创新，另一方面需要发挥主流媒体和主流思想的强大力量，不断强化社会正气和正能量，采取适当措施抑制社会思潮的负面作用，积极引导，发挥社会思潮的正面作用。

❖ 四、公众舆论的影响

公众舆论，又称社会舆论或公共舆论。泛指社会公众对特定事件、人物、社会问题及现行政策、制度的评价和意见的统称。主流思想反映的主要是国内政界、商界、经济界、文化界、教育界等领域起主导作用的思想观念和理论体系。社会思潮反映的主要是在观点和认识上与主流思想不一致的思想观念和理论体系。它们的主体部分都有特定的人群，分布在特定行业和领域中。无论是传统观念还是主流思想、社会思潮，都有它们的表达者或代言人，他们或者是政治家、思想家、理论家，或者是政府官员、专家、教授、学者、作家、新闻记者、报纸杂志编辑等。因为其表达的方式主要是著书立说、理论论证、思想论坛、学术讲座、新闻评论、报刊文章等，所以被人看作是占人口比例较小的领袖人物、社会精英或民意代表参与的活动。公众舆论则是占人口比例大多数的社会公众表达自己意见的方式。用通俗的话来说，社会公众的主体是老百姓，有老有少，有男有女，分布在四面八方、各行各业。公众舆论按照内容、人群或地域可以划分为多种类型，如政治性舆论、经济性舆论、文化性舆论、道德性舆论；民间舆论、团体舆论、官方舆论；地区舆论、国内舆论、国际舆论；等等。公众舆论有以下一些特点。

1. 公众舆论是民众真实思想的流露和表达

作为一个国家公民和一个社会成员，公众个人与本民族和国家有直接的利益关系。每一个民众都是有独立思想和独立判断能力的个体，他们有自己的人生观、世界观和制度观，对各种社会问题、重大事件、政策和制度规定以及一切与自身利益有关的问题均有自己的分析和判断。公众舆论是公众个人表露自己的态度、看法的最主要的形式，它的传播形式主要是聊天、唠家常、街谈巷议、接受访谈、填写调查问卷、计算机网络、手机短信、微信等，有的是和家人朋友彼此相知无所不谈，有的是匿名表达无所顾忌，因此，公众舆论往往是公众个人内心世界和思想观念的真实流露和直接表达。

2. 公众舆论不是理论分析，更多的是一种情绪化的表达

公众舆论往往是公众个人对某一社会人物、社会事件、社会问题有感而发，有什么就说什么，没有经过认真的思想准备。因此不像主流思想或社会思潮的表达那样采用理论形式，而是直截了当地陈述个人的观点和意见，带有鲜明的个人情感和强烈的情绪化特征。这种情感在涉及抗震救灾、反贪反腐、国家利益、援助弱小、匡扶正义等爱憎分明的重大社会问题时表现得特别明显，甚至会以一种井喷式的形式爆发出来，迅速感染更

多的人，形成强大的社会舆论压力。在公众舆论的传播方面，离奇的或负面的消息容易受到社会公众的关注，并且具有迅速传播的成倍放大效应，也是公众舆论情绪化特点的一种表现方式。

3. 公众舆论呈现多元化的特征

社会阶层和社会群体的多元化、个人经历、角色的多元化、群体利益和个人利益的多元化、思想观念的多元化决定了公众舆论的多元化。在对同一事件或同一社会问题的看法上，公众舆论常会发生不同的甚至完全相反的意见。在个人观点或意见的表达方式上，也会出现多种多样的形式。例如，在新浪、搜狐、网易等网站新闻评论方面，有些人会很鲜明地提出肯定或否定的评论意见，有些人会点击"支持"表示自己的观点和倾向，更多的人则属于"沉默的大多数"或"吊粉"，他们只是浏览一下新闻，在点击率上留下一个统计数字。总体来说，在网站新闻评论中，支持率较高的评论代表公众舆论的主导意见。

4. 公众舆论对民众个人的制度观有重大影响

社会公众的制度观不仅受主流思想和社会思潮的影响，而且受公众舆论的影响。公众舆论是建立在民众个人意见基础之上的集合或总和，客观上容易形成一种群体性的社会效应。现代心理学的研究证明，人们在群体活动中或在群体压力下，容易产生从众心理和从众行为。这种心理或行为表现在两个方面，一是在个人对某一社会事件或某一社会问题的评论中，如果没有特别明确的看法，容易出现"随大流"或者"人云亦云"的现象，采纳或表达与大多数人一致的意见；一是在个人有较明确看法的情况下，当看到自己和多数人表达出的意见较为一致时，容易受到情绪化的感染，将原有的肯定或否定的程度提升到若干个等级，反之，当看到自己和多数人的意见不一致时，在表达自己的观点时将会有所收敛。当然，在少数情况下，也会有人表现得更加激烈。从众心理和从众行为是公众舆论影响公众个人制度观的一个重要因素，在"小道消息"、"流言蜚语"的传播中，表现得更为明显。

5. 公众舆论是可测量和可引导的

公众舆论是客观存在的。公众个人可以通过各种各样的形式表达自己对社会现实的观点和意见。换一个角度说，任何一种社会事件、社会人物或社会问题，都有可能进入社会公众关注的视角，成为公众舆论的焦点。因此，对公众舆论不能掉以轻心，视而不见，既不能听之任之，也不能封锁打压，"防民之口胜于防川"。例如，河南某县委书记被坊间传言为"赵中华"、"赵茅台"、"赵三千"，在公众舆论中不仅使个人形象受损，而且使政府形象受损，但是，直到其在反腐斗争中被带走调查时，这种负面的公众舆论也一直没有受到应有的重视。公众舆论是可以测量的。如果能够成立或借助专门机构，采用一种比较科学的调研方法，如民意测验、舆情分析、社会调查等，掌握舆论动态、舆情走势，可以知民心、察民心，有利于制度规制者和制度执行者及时调整政策、完善各种制度、增强制度效力。公众舆论是各种政治势力争夺的对象和发展的基础。公众舆论也是可以适当引导的，完善各种制度、解决民生问题是根本，加强教育宣传力度、增强主流思想的影响力、打击社会上的各种歪风邪气等，都是积极引导公众舆论的有效手段。

第四节　制度对制度观的影响

传统观念及主流思想、社会思潮、公众舆论等当代思想等文化因素对公众个人的制度观有重要的影响，但还不是决定性的影响。一般来说，社会存在决定社会意识，人们的制度观是对现行制度的反映。制度规定和制度执行的现实状况，现行制度或现实存在的制度体系，对一个人的制度观的形成和发展有决定性的影响。即使是传统观念和当代思想，也是通过现实制度的实际作用发生影响的。

第九章 制度观

❖ 一、制度环境的影响

人们的制度观无不受到制度环境的影响。我们每一个人都生活在一定的制度体系或制度场内。小到家庭、公司,大到城市、国家,都是一种制度环境。每一个人的制度观,都是其所处的现实制度的反映,都有具体的对象和内容。不同国家的孩子,在刚一出生的时候,除了自然属性外,没有什么其他的差别。随着他们年龄的增长,他们开始有了不同的语言、不同的习俗、不同的文化和不同的制度观,这些都是由于制度环境的不同而造成的。

1. 现行制度决定制度观的具体内容

生活在美国的人有美国人的制度观,生活在中国的人有中国人的制度观,不同国家的人各有不同的角色观、行为观、法治观和制度发展观,这都是由具体的制度环境决定的。

(1) 制度环境决定公民意识和家庭意识的基本内容。作为一个国家公民,每一个人制度观的核心内容是由该国的法律制度体系决定的。他必须学习和遵守本国的宪法和法律,他和其他人所构成的制度关系、角色关系,包括他的家庭关系和工作关系,也是由该国的法律所确定的。我们到国外旅游,从进入海关跨入另一种制度环境的那一刻起,就开始有了遵守他国制度的意识。

(2) 制度环境对人们的角色意识和行为意识有直接影响。制度环境的变化意味着一个人现实的制度关系和角色关系的变化。这种变化必然引起角色意识的变化,并相应引起行为意识和行为倾向的变化。我国有些喜好抽烟的人,在国内公共场所对禁止抽烟的警示牌不以为然,但是到了新加坡等法律制度执行严厉的国家,当看到违禁吸烟罚款五千新币的警示牌时,立刻就改变了到处抽烟的习惯,这种行为表现都是由制度环境决定的。

2. 制度规定和制度执行变化的影响

制度环境的变化意味着制度规定及其制度执行发生了变化。这种变化必将形成新的制度关系、角色关系。与制度规定和制度执行变化的情况相

联系，制度环境的变化有两种情况，一种是剧变式的，一种是渐变式的。

（1）剧变式的变化。指在根本制度发生变化并相应引起一系列制度变化的情况下，使人们的制度观发生根本的变化。制度一旦形成，具有一定的稳定性，人们容易产生一种错觉，认为制度是永远不会发生变化的。秦始皇曾想创立一整套制度，从自己开始，代代相传，一世、二世直至万世。汉武帝时代的董仲舒在著名的"天人三策"中说："道之大，原出于天，天不变，道亦不变。"如上所述，制度是有时空性的。任何制度都有一个从小到大、盛极而衰的过程。在人类社会的历史中，帝国的兴衰、王朝的更迭、大规模的农民起义、法国大革命、美国《独立宣言》、俄国十月革命、新中国的成立、苏联的解体，制度剧变的例子举不胜举。正如古人所言："皮之不存，毛将焉附"，制度剧变意味着一种新创立的制度取代了原有的制度，与其相呼应、建立于其上的制度观也必将发生根本的变化。在我国，几千年的封建制度已经终结了，君臣关系没有了，夫妻关系也发生了根本的变化，三纲五常的伦理道德规范失去了其存在的制度基础，已经不再是人们制度观中的核心内容了。男女不平等的制度根源消除了，新型的夫妻关系形成了新的角色观和行为观。近日看到一篇报道，安徽长丰再推新政，孩子随母姓可以奖励1 000元，引发舆论热议，制度环境的变化带来了制度观的新变化。

（2）渐变式的变化。指在根本制度没有发生变化的情况下，制度规定或制度执行方面的变化引起制度观的变化。这种变化的特点是缓慢的、细微的、不易觉察的或潜移默化的，但其显露出的结果却有可能是非常巨大的。这种变化过程存在以下两种情况：一是制度规定方面的变化。制度始于规定，新的制度规定的出台、旧的制度规定的撤销，将会使制度构架和制度执行发生变化，并使人们的制度观发生相应的变化。1787年美国宪法颁布实施后，200多年来，美国议会先后通过了26条宪法修正案，涉及立法、司法、选举、人权、审判、处罚等诸多方面，相应会引起制度架构及制度观方面的一些变化。十八大以来，中共中央出台的反腐倡廉八项规定，在制度建设和制度观改造方面具有十分巨大的作用。二是制度执行方面的变化。制度成于执行。制度规定变化了，在制度执行方面必须采取

第九章

制度观

相应的措施适应变化的新要求，否则，制度规定的变化很难引起制度架构和制度观的变化。以我国交通管理"酒驾入刑"为例，在"酒驾入刑"的规定公布之后，很多人在观念上会引起关注并在行为上有所约束，有些人处在观望、观察之中，也有些人怀着侥幸心理仍然酒后驾车。如果公安机关、法院、检察院等执行机构没有严格执行该项规定，那么用不了多少天，人们都会一如既往，好像没有发生什么变化一样。如果上述执行机构严格执法，社会上不断有酒后驾车受到严重刑罚的报道和传闻，人们的思想观念就会在新的交管制度的形成过程中发生实质性的变化。制度执行方面的变化还有另外一种情况。即在制度规定没有发生变化的时候，执行力度的增强或减弱也会引起制度架构和制度观方面的变化。据媒体报道，中纪委在广东茂名市查处了一起行贿买官窝案，涉案人员包括省管干部、县处级干部、科级干部数百人，当地舆论甚至传出"不跑不送，原地不动，又跑又送，提拔调动"的顺口溜。俗话说："冰冻三尺，非一日之寒。"茂名市的主要领导在党政干部任免的规定方面没有任何变化，但在执行方面出现了偏差，日积月累，形成了买官卖官的腐败风气，使许多干部和工作人员的制度观严重扭曲。在当前的反腐斗争中，茂名市在制度规定特别是制度执行方面发生了根本的变化，不仅扭转了当地的风气和舆论，而且从根本上改变了人们被扭曲的观念，重新树立起正确的思想认识和制度观。

3. 制度作用力变化的影响

制度规定和制度执行都是制度环境的因素，制度的形成是制度规定和制度执行相互作用的结果，并以制度场的形式表现出来。制度规定与制度执行对制度观的影响是在制度场内发生作用的。离开了制度场，制度规定和制度执行对人们制度观的影响就微乎其微了。在第七章，我们曾论述过，隶属性的制度场是一种比较普遍的现象。大型制度场的作用力要通过包含在其中的小型制度场的作用力表现出来。如果小型制度场中的制度主体的作用力出现了偏差，其场内的作用力将会随之失去统一的方向，其组织成员的相互作用将会出现混乱。如果说，全国是一个以中央政府为制度主体的庞大的制度场，广东茂名市则和其他所有的城市一样，是一个以地方政府为制度主体的小型的制度场。"麻雀虽小，五脏俱全"，茂名市具有制度场的所有要素和制度作用力的必备条件。人们的制度观具有选择性和适应性，就像生物适应它的生存环境一样。我们现在已经知道，现实的、直接感受到的制度环境对人们的意识和行为具有直接的导向性，这种导向性是通过制度场内制度主体作用力的方向体现出来的，制度场内作用力的实际影响对行权相对人的意识和行为有直接的、重要的影响。茂名市买官卖官窝案的根源出在茂名市委、市政府主要领导的身上，他们是这个小型制度场的制度主体，他们的作用力出现偏差，直接影响到与其有隶属关系的所有人员，对制度场内的作用力方向起的是一种负面的引导作用。买官卖官之风在茂名市的盛行，表明制度场的作用力把人们的意识和行为引向了行贿受贿的方向，已经严重背离了中央政府的规定和制度要求，场内制度的导向性起着负面的、相反的作用。制度场内的作用力来自场内制度主体的执行力与场内各类人员的相互作用力，而场内制度主体的执行力起着主导性的作用。只有彻底解决制度主体的问题才能最终解决茂名市官场腐败、制度场作用力的错误导向及场内各类人员的制度观扭曲问题。在中央政府对茂名市违法违纪官员进行处理之后，制度主体的变化将会使小型制度场内的作用力方向恢复正常，并会彻底改变场内成员曾被扭曲的制度观，重塑场内行政文化和制度正气。

二、制度化的教育和宣传

文化因素和制度因素对制度观的影响是一个社会过程的两个方面。各种各样的文化观念，特别是作为一个社会和国家的主流思想，并不完全是在人们的相互交往和家庭影响中自发形成和传播的，教育和宣传是各国政府有意识地通过制度化的组织形式传授、传播、传承制度文化、培养国民制度观的重要活动。教育和宣传是两种不同的活动，它们虽然有区别，但是，如果深入探讨的话，它们并不是截然分开的。在教育过程中有宣传的内容和性质，在宣传过程中也有教育的内容和性质。制度化的教育和宣传是相辅相成、不可或缺的。

1. 教育对制度观的影响

在我国，"教"有两种读音，"教（jiāo）"指传授知识技能；"教

第九章 制度观

(jiào)"指教导，教诲。"育"有生养、抚养、培养的意思。"教育"是这两个字的组合词，其内容已经被这两个字限定住了。教育是从幼年开始以集中学习的形式系统传授专门知识的活动。学校是专门的教育机构，如小学、中学、大学等，因为其有专门的毕业证书或学位证书，一般被称为学历教育。从广义上说，教育有时也引申为社会上一些有教育作用的活动，如家庭教育、社会教育、革命传统教育、政治思想教育等。教育的作用不仅是传授知识，而且是一个人从小接受制度观教育的最重要的形式。教育承担着非常重要的历史使命。教育从思想观念上把一代一代的人联系起来，把历史和现实联系起来，把文化的传播和民族、国家、整个人类社会发展的使命感联系起来。在一个人的一生中，童年的记忆永远是最珍贵的，也是印象最深刻的。人的幼年和童年时期有五个基本特点：一是社会交往的范围有限。主要是家人、邻居、父辈的朋友、老师及儿时的伙伴、同学等，幼儿和儿童的活动范围一般也局限在家庭、幼儿园、小学的场所内，直接接触到的人员也是非常有限的；二是思想和知识的来源有限。由于文化水平和知识水平尚处于启蒙阶段，各种传媒工具的影响力较弱，主要是受到家人的日常言论、父母讲的故事、识字课本、小人书、动画片及地方风俗、习惯的影响；三是思想非常单纯。每一个刚出生的孩子，除了自然属性的本能之外，凡是属于社会属性的思想和认知完全是一片空白，他的语言、知识是在被动的情况下接受的，一个人出生后最早接触的信息是构成其未来知识、思想和制度观的基础材料；四是对家人和社会的依赖性强。在此时期，一个人没有任何生存能力和独立生活能力，对抚育他、培养他的人具有终生难忘的感恩之情，这种情感也是构成其人生态度和制度观的重要组成部分；五是制度角色的最早确认阶段。我们每个人从一出生时就确定了两种最基本的角色：家庭成员和国家公民。前一种角色认知是在家庭生活中自然而然、潜移默化地形成的，后一种认知只能是在后天教育和人生经验的基础上形成。

上述这些特点说明，在一个人的幼年和童年时期，教育不仅对他（她）的人生经历和制度观的形成具有极其重要的意义，而且对整个社会的人力资源储备、民族素质的提高、国家发展的基本力量和社会基础的培养同样具有非常重要的意义。人的幼年和童年时期，是一个在情感、认知、思想观念中培养、形成、发展其民族基因和社会基因的重要阶段，在这个阶段的教育投资无论多么巨大都是非常值得的，也是非常必要的，它所获得的回报是终身的感恩和对社会制度的认同。当一个人的人生观、世界观、制度观基本定型时，外界的影响很难使它发生根本的变化。我们可以看到，美国、英国、日本等世界上一些技术先进、经济发达的国家都非常重视教育，特别是中小学教育，不仅投资比例大，而且有各种有利于青少年健康成长的优惠政策和制度规定。其结果是，受教育者不仅有丰富的知识，而且有强烈的爱国情感和明确的制度观。在我国，中小学教育存在着城乡差别、经济发达地区与经济落后地区的差别、中小学义务教育与高等教育的投资差别，甚至在个别地区存在着中小学基础设施与政府机关办公设施投资的差别，这些都是关系到民族和国家未来的亟须解决的大问题。制度观的教育和培养要从小开始，逐步推进。幼儿教育是制度观的启蒙阶段，中小学教育是制度观的奠基阶段，高中和大学教育是制度观的形成阶段。每一个阶段都是制度观教育的一个重要环节。在各个阶段的教育活动中，爱国主义、集体主义、良好的伦理道德规范等主流思想的主要内容是和知识的传播一起传授的，教材和课堂讲授内容、老师的言传身教对每一个学生的制度观的形成有实质性的影响。学校的课堂不是一个人自由表达个人思想的场所，而是代表国家传授主流思想的讲台。教师是一个民族、一个国家的代表，他们的神圣使命是为下一代传授主流思想、科学知识及本民族和世界各民族的文化精髓。在我国，中小学教师，特别是贫困地区的中小学教师，他们是非常值得尊敬的人群。他们在全国的各个地区、各个角落，默默地传授着我们伟大民族的文化，传授着热爱祖国、热爱党、热爱人民的主流思想，他们以微薄的收入、平凡的工作支撑着整个民族和国家发展的社会基础。我国现在已经形成了从幼儿教育、小学教育、中学教育到大学教育的庞大的教育体系，成为培养我们每一代人的思想摇篮和精神阵地。具体落实1986年颁布的《义务教育法》，使各级政府切实负起已有明文规定的教育职责，加大教育投资，加强大中小学的师资队伍建设，有效发挥教育体系的巨大社会作用，培养德智体全面发展的优秀人才，是转变政府职能、加强教育改革的基本方向。

2. 宣传对制度观的影响

从字义上说，"宣"有"发布、显示、传播"的意思。"传"有"转送、转达、送达"的意思。作为这两个字的组合词，"宣传"也有较明确的含义。宣传指利用视觉、听觉媒介和传媒工具传播、传递特定人物、事件或观念的相关信息的活动。教育活动通过课堂讲授、集中学习的方式传输主流思想，对人们的制度观施加影响，宣传活动则通过报纸、杂志、广播、电视等传媒工具传播主流思想，引导人们的思想和行为。教育活动的主体、对象、目的、内容、方式是非常明确的，宣传活动则不同，它在各个方面都比教育活动广泛得多。宣传活动具有下列一些特点。①主体的多样性。如果说教育活动的主体主要是政府和各类学校，宣传活动的主体则包括政府、企业、学校、科研机构、社会团体等社会上几乎所有的制度化群体和制度化组织，甚至还包括政治家、思想家、社会活动家、演员、作家、艺术家、医生、网主、"意见领袖"等许多个人和非正式群体。②对象的多样性。主体的多样性决定了对象的多样性。可以说，每一个宣传主体，都有它特定的宣传对象。如政府的宣传对象包括国家公民、社会公众以及各国政府和民众；企业的宣传对象包括所有员工和所有现有的和潜在的客户及消费者；个人的宣传对象包括听众、观众、读者、粉丝等。③目的的多样性。每一个宣传主体在策划具体的宣传活动时都有特定的目的。政府可能是为了取得公众对某项政策规定的支持；企业可能是为了推销产品或树立企业形象；学校可能是为了争取有更多、更好的生源；个人可能是为了提高社会声望或拥有更多的粉丝等。④方式的多样性。与宣传的目的性相关，凡是能够引起人们听觉、视觉及其他感觉器官关注的方式都可以成为宣传的方式，从简报、宣传栏、标语、横幅、招贴画等最简单、最普通的沟通工具到报刊、广播、影视、论坛、演出、个人微博等规模巨大、技术先进的传媒手段，各种宣传方式五花八门、层出不穷。宣传活动的竞争性不断推动宣传方式的发展和创新。

无论宣传主体是谁，宣传目的、内容和方式是什么，都会在某种程度上对宣传对象的思想观念产生一定的影响。一些重要的宣传活动，特别是有目的、有计划、有针对性的宣传活动，对人们的人生观、世界观、价值观、制度观等有着非常重要的影响。主流思想、传统观念以及国内外的各种社会思潮往往成为宣传活动的主题或主要内容。各个国家的政府都会有意识地利用各种宣传机构和传媒工具积极树立政府形象，大力推行主流思想，深入宣传国家政策和制度规定，追踪报道国家领导人的政治活动等，影响和引导公众舆论，培养有利于社会经济发展、社会秩序稳定和谐的国民意识和制度观。宣传本身是易于引起宣传对象关注的活动，在宣传活动中有时会产生超出其宣传目的的社会效果。例如，一些小报记者为了吸引读者眼球，喜欢编发一些消极的或相当负面的新闻报道，结果造成片面夸大社会阴暗面、扭曲读者制度观的不良影响。从国家或社会的角度讲，宣传活动始终要坚持主流思想的主旋律，以激发社会正能量、弘扬社会正气、宣传符合社会发展需要的公民意识和制度观为主要任务。

❖ 三、制度认同的概念和基础

我们每一个人都存在于各种各样的制度环境和制度场中，对自己置身于其中的制度都会有自己的看法，诸如"我们公司的管理制度太严了"、"你们公司实行的是家长制"等。人们习惯于对自己所知道的、关注的制度形式进行比较并做出评论。认同或不认同是两种最基本的、截然不同的看法和态度。制度认同是一个人制度观的表现形式。"制度认同"的概念可以从"制度认同"和"制度存疑"两个方面进行分析。

1. "制度认同"的含义

制度认同指社会公众对现行制度持有一种认可、赞同并伴有一系列相应的角色观念和行为倾向的看法和态度。与制度认同相反的态度是不认可、不赞同，也伴有一系列相应的角色观念和行为倾向。制度认同是制度观的主要内容，以一个人的法治观和制度发展观为基础，对其角色观和行为观有主导作用。"制度认同"可以分为五种不同的程度、层次或环节。一般来说，这五种程度、层次、环节的认同态度与每个人的人生经历有一定的关联性，反映出一个人的制度观由弱到强、由低到高发展的五个不同阶段。①"认可"。这是接受现行制度的最基本的态度。"认可"的态度一

第九章
制度观

般是自然形成的。无论是哪一个民族和国家，一个人出生后，对自己置身于其中的家庭制度、国家制度、教育制度、户籍制度等是自然而然地接受的。一个人从小生活的制度环境是没有或不经个人选择的，家人、亲人、老师、同学对其制度认同的态度有直接的影响。特别是在和外界的制度环境没有接触的情况下，一个人会很自然地接受置身于其中的制度环境所给予自己的一切。②"赞同"。从自身感受和切身利益的体验上，对现行制度有一定的认识并有一定的依赖性和好感。在一个人的早期生活中，特别是在幼儿和儿童时期，衣食住行完全来自家庭或社会提供的支持。在此意义上说，"赞同"的态度带有某种回报的性质。谁对我好，我就"赞同"谁；谁对我好十分，我就十分"赞同"谁。"赞同"的态度带有情感的色彩，对制度的认同有着根深蒂固的影响。在不同的国家中，家庭对个人生活和个人成长的支持几乎是同样的，因此，在各个国家中，一个人对家庭及家庭制度的认同几乎是终生的。但在社会对个人生活、个人成长的支持方面，国家之间的差异却很大。社会安定、人身安全、教育、卫生医疗、社会保障、就业、交通、生活设施等，都是社会提供支持、得到公众"赞同"的重要方面。在制度认同的五个环节中，"赞同"是其他三种认同程度更高的环节的基础，在对国家及国家制度的认同方面是基础性的、非常重要的、不可忽视的一个环节。③"支持"。这种态度是在一定的理论认识和理论分析的基础上形成的。通过高中和大学阶段的学习，一个人对本国和国外的现行制度有了理论上的认识，结合自身的成长经历对不同的制度有一定的比较和选择。在这方面，教育和宣传有着非常重要的影响，它们所起的正向的、正面的引导作用在各个国家都是一样的。"支持"的态度表明，一个人在不同的制度比较中，对本国或本单位的现行制度持有肯定的、明确的观点和意见，能够很自然地接受教育及宣传中的主流思想和主要内容并与之产生互动和共鸣，在行为表现上有一定的积极倾向。④"拥护"。从字义上看，"拥护"有维护、保护、卫护的意思。制度认同的态度比前三种更鲜明、更坚决。"拥护"的认同态度既有理性的因素，也有情感的因素。它不仅表现为一种内心的认识，而且更多地表现在认同观念和意见的陈述、表达方面。持有"拥护"态度者，在主流思想和持不同政见的社会思潮的争论中，在遇到对现行制度的质疑或反对的言行时，能够明确地表明自己的观点和意见，坚决维护现行制度及其相应的思想观念，并且表现出一种积极的参与态度和行为倾向。⑤"捍卫"。这种态度从内心深处将自己的利益和对制度的认同、追求紧密联系在一起，已经进入了"信仰"的境界。具有"捍卫"的认同态度者，不仅"认同"某种制度，而且将其作为自己一生奋斗、追求的理想和目标。每个国家都有这样一批仁人志士，他们为了实现自己的制度理想，具有强烈的拼搏意识和献身精神。他们是一个国家的现行制度的倡导者和忠诚卫士，对整个民族和国家的发展进程有着非常重大的历史作用。

2."制度存疑"的含义

"制度存疑"指社会公众对现行制度持有疑虑、不满、怀疑、反对并伴有一系列相应的角色观念和行为倾向的看法和态度。"制度认同"指的是对现行制度持有肯定的态度，与其相反的态度是"制度存疑"，即对现行制度不认同、存有疑问或持反对意见的态度。与"制度认同"一样，"制度存疑"也有五种不同的程度、层次或环节。我们在此从态度和行为表现方面做一些略为简单的论述。①服从。这种态度和认可程度较为接近。对现行的或置身于其中的制度不认可，但也不反对。对某种制度不认可，并不等于持有反对意见。这种态度的出现，多数是在主体心中已认可某种制度，对与其相区别的制度不加置评，但在思想和行为上的表现是服从。当我们到一个国家旅游时，所表现出来的就是"服从"的态度。②顺从。对现行的或置身于其中的制度存有疑问，但从态度和行为上能够接受制度安排。这种态度的产生，主要是出自情感方面的一些反应。从自身感受和切身利益的体验上，感到个人的生活和工作需求没有得到适当的满足，因而对现行制度产生了一些不满情绪。对现行的教育和宣传，有时会产生逆反心理，但在思想和行为上表现出来的是遵守制度规定的倾向。③屈从。和"支持"的认同态度相对应，这种态度也是在理论认识和理论分析的基础上形成的。持有这种态度的人，在不同的学习阶段，对本国和国外或其他类型的制度形式有了一定的了解和比较。但是，由于个人的经历和认识不同，在某种程度上，受到了国外或其他思想理论的影响，对本国现行制度在理论上存有一定的疑问，倾向于认可和赞同国外的或其他类型的制度形式。在思想和行为表现上，能够勉强接受和遵守现行制度，但有一定的抵触和消极的行为倾向。④反对。这种态度在思想表现和情感表现方面都比前三种态度强烈。持有这种态度的人在行为上可以接受和遵守现行制度，但是在言论上明确地表达出对现行制度的质疑、批评或反对，有时通过报纸、杂志、论坛、讲座等形式陈述自己的观点和意见，当这些言论形成一定的理论体系或与国外的某些思想流派相呼应时，则形成各种各样的、有不同思想观点的社会思潮。⑤反叛。这种态度不仅对现行制度持绝对否定的意见和看法，而且在思想和行动上有严重对立和反抗的表现。持有"反叛"态度的人主张用自己信奉的制度取代现有的制度，不仅在言论上坚决反对现行制度，而且付之于行动，甚至可能会出现和维护现行制度的政府相对抗的军事冲突和武装割据。"反叛"的态度和行为有正义与非正义、革命与反革命两种不同的性质，需要进行具体鉴别和历史分析。

3. 制度认同的作用

"制度认同"者和"制度存疑"者在社会人口中的比例对国家和社会的稳定具有十分重要的影响。一般来说，在一个社会秩序相对稳定的国家中，"制度认同"者在社会人口中占有较大或相当大的比例，其中制度认可者、赞同者、支持者、拥护者、捍卫者也有一个合理的比例。制度认同者及高制度认同者的比例越高，国家和社会的稳定性也越高。反之，如果制度存疑者在社会人口中占有一定的比例，甚至制度存疑者的比例不一定很高，只要达到一定的数量或规模，特别是制度反对者和制度反叛者有相当的能量时，必定使其国家发生社会骚乱、动荡、武装冲突甚至战争，就像当前伊拉克、阿富汗、利比亚等国家发生的情况一样。因此，及时准确地掌握国内"制度认同"者和"制度存疑"者的状况及其人口分布和比例，不断完善和改进现行制度，加强教育和宣传的力度，弘扬主流思想，疏导社会思潮，引导公众舆论，是维护国家稳定、促进经济社会发展的重要课题。以上对"制度认同"和"制度存疑"五个环节或层次的分析，主要是从国家的角度来论述的，在现实生活中，人们对于公司的制度、学校的制度或者政府机关的制度等，都存在着"制度认同"和"制度存疑"的状况，只不过是在表现形式和表现程度方面有所不同。人们可以对面临的实际情况做具体分析，在这里就不再一一赘述了。

4. 制度认同的基础

从以上分析可以看出，制度认同既有情感的因素，也有理性的因素，前者与制度认同的现实基础相联系，后者与制度认同的思想基础相联系。

（1）制度认同的现实基础。弘扬主流思想，加强教育和宣传，主要目的之一是增强人们对现行制度的认同。但是，所有这些方面只具有辅助性的作用。制度认同的真正基础是制度状况。制度给人们的直接感受、制度的特性、制度实际状况的比较等直接影响到人们的制度认同或制度存疑的态度。制度本身的合法性、合理性、公开性、代表性等特性与社会公众的认同程度和人口比例有直接的关系。

一是生存需求和制度认同。人们一般都是通过自身的感受来对现行制度进行评价的。这种感受的标准来自个人需求的满足程度。美国人本主义心理学家马斯洛1943年在《人的激励理论》一文中首次提出的需要层次论，可以帮助我们对人们关于现行制度是认同还是存疑进行心理分析。他认为，人的基本需要可以分为生理的需要、安全的需要、归属的需要、尊重的需要和自我实现的需要五种类型。它们是五种不同层次的需要，按照由低到高的顺序逐级排列，只有低层次的需要基本满足后，才会产生高层次的需要。它们的激励作用也是按照由低到高的顺序排列的，不同层次的需要有不同层次的激励作用，当低一级层次的需要得到基本满足时，高一级层次的需要才能成为新的激励因素或才能对人起激励作用。在这五个需要层次中，生理的需要是最基本的、最低层次的需要，指的是维持个人生存必须满足的需要，我们可以理解为包括食物、水、住处、保暖等衣食住行方面的需要。安全的需要比生理的需要略高一个层次，指的是一种安全的、稳定的、有保证的环境的需要，涉及人身安全、生活稳定、治病、养老等许多方面。这两种低层次的需要能否得到满足，是人们对现行制度是认同还是存疑的底线或最低标准。通过社会保障制度保证每一个人的最低生存需求，是维持国家和社会稳定的最基本的条件。

第九章 制度观

二是制度保障和制度认同。现行制度能否给社会公众提供满足生存和生活需求的基本保障，与社会公众的制度认同感有直接的关系。当人们的衣食住行、人身安全维持在一个能够满足生存最基本需要的水平和条件时，人们一般会对现行制度抱有认可或赞同的态度。当人们的最基本的生存需要不能得到满足时，人们的态度将会从制度认同转变为制度存疑。如果生存条件继续恶化或受到反对现行制度的思想观点的影响，人们的制度存疑态度将很快升级到"反对"或"反叛"的程度。我国历代王朝末期所发生的大规模的农民起义，其根本原因都在于广大农民的最低层次的生存需要得不到满足并持续恶化，致使社会矛盾激化，"制度存疑"的态度迅速发展到极端。结果是一旦有人揭竿而起，振臂一呼，则天下响应，腐朽制度顷刻之间土崩瓦解。使社会上的多数人处于最低生存线之下的制度，是一种得不到多数人认同的制度，也是一种随时有可能爆发社会动乱、面临崩溃的制度。为了保证社会上的大多数人认同现行制度，社会保障制度成为许多国家普遍采用的制度形式。在资本主义国家的发展过程中，特别是在第一次世界大战和第二次世界大战时期，广大民众的恶劣的生活状况造成社会矛盾、阶级矛盾空前尖锐，对现行制度的认同度处于最低程度，无产阶级革命运动风起云涌。为了缓解社会矛盾，提高民众的认同度，美英德法等国政府，开始陆续采用某种形式的社会保险制度和社会福利制度。1935年美国国会通过了《社会保障法》，社会保障制度从而成为一种正式的制度形式，在各国得到普遍推广。一般来说，社会保障制度是国家通过立法形式制定并通过专门机构执行的社会保险、福利、救济、优抚等一系列制度的统称。这些制度的基本特点是，利用政府的力量和必要的制度形式，采用医疗保险、失业保险、养老保险、灾民救济、困难补助、优抚赈恤、社会福利等多种手段，救济、资助处于最低生活保障线之下或遇到特殊困难的阶层和人员，保证他们维持生存的最基本的生活需求，保障全体公民基本生存与生活需求的必要条件。许多国家实行的社会保障制度，一方面可以有效地维持弱势阶层或弱势群体最低层次的生存需要，保持他们最低程度的制度认同，不向制度存疑的相反方向转化。另一方面有利于消除经济发展和收入水平上的城乡差距、地区差距、行业差距、阶层差距造成的不平等，保障和实现公民的权利公平、分配公平和机会公平。例如在贫困地区，由政府按全国统一标准负责当地的中小学教育设施和师资队伍培养，将会使所有公民充分享受到受教育的权利，增强全民的公民意识和社会认同及制度认同感。制度认同具有一种依赖和回报的性质，人们对制度的依赖性越大，认同感就越强；人们从对制度的亲身体验中感到制度的温暖和关怀时，就会从内心深处认同它、感激它并坚决地维护它。

（2）制度认同的思想基础。人们对现行制度是认同还是存疑，除了对现行制度的亲身感受外，还受到对现行制度的理论认识的影响。理论认识或理论分析是制度认同的思想基础。

理论认识是制度认同逐级提高的基础。从上述分析中我们可以看到，"制度认同"有认可、赞同、支持、拥护、捍卫五个环节，"制度存疑"也有服从、顺从、屈从、反对、反叛五个环节，它们也可以看作是和一个人的成长经历有关的思想认识上的五个阶段。无论是"制度认同"还是"制度存疑"，在最初的前两个阶段中，个人感受及情感的因素占有主导的位置，但在后三个阶段的发展中，理论认识具有越来越大的比重，并且最终成为一个人对现行制度认同还是存疑的主要的或主导的因素。例如，在我国的抗日战争和解放战争时期，在共产党的队伍中，有相当一部分人来自富裕家庭或官僚家庭，从他们的个人经历和家庭背景来看，他们最初对旧中国的制度应是持认同态度的，至少停留在认可或赞同的阶段。但是通过社会宣传、革命教育、理论学习等，他们对旧中国的制度和中国社会的未来，开始有了一定的理论认识，这种认识使他们突破了个人感受的局限性，开始从整个民族和国家的命运方面思考未来的制度选择和制度发展，最终走上革命道路，成为旧制度的反叛者和新制度的捍卫者。又如，在社会主义建设阶段，也有一些原来信奉社会主义理论的人，在接触并受到西方理论思想的影响之后，开始从"认同"社会主义制度转变为"质疑"甚至"反对"。理论影响和理论认识使他们的制度观发生了根本的变化，社会认同和社会存疑的态度也相应发生了根本的变化。"制度认同"方面从"认可"到"捍卫"的五个环节的发展变化以及"制度认同"和"制度存疑"之间的相互转化，都是与一定的理论认识相联系的，从低层阶段向高

第九章
制度观

级阶段的发展及"认同"与"存疑"的转换也都是在理论认识的基础上完成的。

理论认识是形成科学制度观的基础。在现实社会中，国家有不同的制度形式，企业也有不同的制度形式，任何类型的制度化群体或组织，都必然会有一种现行的制度形式，并且会有多种多样的制度形式可供比较和选择。究竟哪一种制度好，哪一种制度的效率高或哪一种制度的效果好，哪一种制度应该认同或反对，在这方面，只有在科学理论基础上形成的科学制度观才能做出正确的判断和选择。关于各种制度的性质、特点、效率、效果和好坏优劣，古往今来，许许多多的政治家、思想家、理论家、专家、学者著书立说，各持己见，争论不休。他们对不同制度进行比较的理论研究，对人们的制度观和制度认同有直接的、重要的影响。在现实社会中，人们常常将不满情绪指向或发泄到某个人、某项政策或某种制度规定方面，而不会直接触及制度本身。中国历史上发生过多次大规模的农民起义，人们所向往和追求的是一个好皇帝，而不是一个好制度。因此，历次农民起义的结果，只是在基本制度形式不变的基础上建立起一个新的王朝，也不会直接影响到制度观的基本内容。

创立一种制度需要理论的指导，认同、维护、坚信一种制度，同样需要理论的指导。正是在理论的指导下，美国创立了"三权分立"的新型国家。现代西方国家所创立的资本主义制度，其理论渊源一直可以追溯到古希腊和古罗马的政治家、思想家的理论著述。我国辛亥革命的先驱们受西方"共和思想"的影响，彻底终结了统治中国社会几千年的封建帝制。在马克思主义理论的指导下。十月革命一声炮响，苏联共产党创立了世界上第一个社会主义国家。在马列主义、毛泽东思想理论的指导下，1949 年成立了社会主义新中国。实践证明，理论的力量是巨大的，理论指导下的制度变革是根本性的社会变革。它在创立新制度的过程中，改变了人们的传统观念，树立了新的制度观。改革开放以来。建设有中国特色的社会主义国家，同样需要理论指导。如上所述，文化的一个基本特点是可以复制和创新。理论是文化的核心，理论的生命力不在于复制，而在于创新。与此相联系，理论认识是人们的制度观的核心内容，无论是"制度认同"还是"制度存疑",其较高层次或较高阶段的认识,都是在理论学习和理论分析的基础上形成的。在历史发展的过程中,人类社会活动的实践过程不断推动理论认识的创新,同时也不断推动着人类社会制度和制度观的创新。这个过程是人类的物质财富和精神财富一代一代不断积累、发展、更新和创造的过程。理论是有时空性的,世界上的一切事物都将随着时空的变化而变化。人类的实践活动是一个在现实的时空中探求真理的过程。理论的创新、制度的创新、制度观的创新要求我们后人要站在前人、特别是巨人的肩膀上观察世界、展望未来,而不是蜷缩在他们的影子里引经据典,争斗不休。和任何社会变革一样,建设有中国特色的社会主义制度同样需要有科学理论的指导。经过几十年的创立、建设社会主义新中国的实践活动,特别是改革开放以来的实践探索,马列主义、毛泽东思想、邓小平理论、"三个代表"重要思想和科学发展观的基本思想已经极大地丰富了建设有中国特色的社会主义制度的理论内容,在此基础上如何构建系统的中国特色社会主义理论体系、树立科学的制度观是一个重要的历史使命和影响中国命运的研究课题。

第十章
制度构建、运行与创新

- 制度发展的规律
- 制度构建
- 制度运行和制度调控
- 制度创新
- 制度和制度创新的作用

第十章 制度构建、运行与创新

制度虽然是人类社会实践活动的创造物，但它有自身的、不以人的意志为转移的客观发展规律。研究制度和文化的基本关系，有助于我们深刻理解制度发展的客观规律。制度构型和文化理念的辩证关系由推动人类社会发展的基本矛盾所决定。制度的形成和发展一般包括制度构建、制度运行和调控及制度创新三个基本过程。制度驾驭和制度创新是领导人的责任，同时也是领导人必须具备的最重要的能力。制度和制度创新具有非常重要的作用，是增强个人实力、增强组织活力、增强国家实力的重要途径。

第一节 制度发展的规律

人类在漫长的发展过程中，先后经历了原始社会、奴隶社会、封建社会、资本主义社会和社会主义社会五种社会形态，出现了政府、军队、企业、学校等各种各样的组织。我们可以看到，每一种社会形态、每一种组织实体都有独具特色的制度形式，因而具有不同的结构、性质和特点。任何制度形式的产生和发展，都必定和一定的组织实体相联系，在制度发展的过程中有一种客观的必然性在发生作用，了解制度发展的规律，有助于做出正确的制度选择和制度安排，增强制度效力，实现既定目标。

❖ 一、制度构型和文化理念的概念

人类在认识自然、征服自然的社会实践过程中，必然会形成各种各样的社会关系。这些社会关系在人类社会发展的不同阶段有不同的构成形式或制度形式，对这些社会关系、制度关系的认知属于文化的范畴，这些社会关系、制度关系的实际构成属于制度的范畴。文化是制度的先导，制度是文化的基础。制度和文化的辩证关系通过制度构型和文化理念的关系表现出来。

1. 制度构型和文化理念的含义

为了更好地理解制度和文化的关系，有必要先对制度构型和文化理念进行较深入的探讨。

（1）制度构型的含义。"构型"一词在《辞海》中又称为："分子空间结构"，指"共价键化合物分子中各原子在空间的相对排列关系"。与"构型"相近的词是"架构"，有"框架结构"的意思，如"组织架构"是一个比较常用的概念。"构型"的词义比"架构"宽泛、丰富，除了"框架"、"结构"等意思外，还有"关系"、"类型"等含义。制度构型最直接的表述是制度的构成类型，也可称为制度构成、制度定型或制度架构，通过社会保障制度保证每一个人的最低生存需求，是维持国家和社会稳定的最基本的条件。具体来说，制度构型指经过有意识地设计、比较和选择，最终确立的或实际运行的制度形式和制度体系的总称。制度构型指的是现实的、已被采用的制度形式。对于某种特定的社会关系来说，一般都有若干种制度形式可供选择，比如家庭婚姻的制度形式可以有群婚制、一夫多妻制、一夫一妻制等多种形式，在现实社会中，最终被人们用特定形式确定的那种制度形式即是制度构型，其他未采用的制度形式只是一种可能的或可供选择的形式而不是制度构型。

（2）文化理念的含义。"理念"和"观念"两个词在英文的翻译中经常是通用的。但是，如果仔细推敲，它们两者之间应有一定的区别。"观念"泛指看法、思想，包括人们的感性认识和理性认识。"理念"在康德

《纯粹理性批判》一书中特指"纯粹理性的概念",不同于感性认识的概念和观念。本书在此将"理念"引申为理性认识的看法和思想或以理论形式表达出来的观念。在此意义上说,"文化观念"和文化理念这两个概念也是有区别的。文化观念指包括生活、生产、文体、娱乐等的看法、观点在内的人类所有感性认识和理性认识的总和,而文化理念不包括人类的感性认识,只是人类包括政治、经济、法律、宗教、艺术、哲学等观点在内的所有理性认识的总和。理性认识是在感性认识的基础上形成的,是对客观事物和客观现象的本质的认识,因而是文化观念的主体和核心部分。

2. 关于上层建筑的思考

马克思在《政治经济学批判》中指出:一定的生产方式以及与它相适应的生产关系,简言之"社会的经济结构",是有法律的和政治的上层建筑竖立其上并有一定的社会意识形态与之相适应的现实基础。从马克思的经典论述来看,法律的和政治的上层建筑与一定的社会意识形态是有区别的,社会意识形态似乎是不包括上层建筑在内的。在我国关于马克思主义哲学原理的教科书中,一般把上层建筑定义为:"社会的上层建筑就是建立在一定的社会经济基础之上的社会的政治、法律、宗教、艺术、哲学等观点,以及同这些观点相应的政治、法律等制度和设施的复杂系统。"根据这一定义,上层建筑分为两个部分,一是社会的政治、法律、宗教、艺术、哲学等观点,被称为思想上层建筑;二是政治和法律等制度和设施,被称为政治上层建筑。在这里,设施指的是军队、警察、法庭、监狱、政府部门等。需要指出的是,马克思关于上层建筑的论述中,没有提到"设施"的概念。如果按照马克思的论述,上层建筑指的是政治法律等制度,相当于本文所提出的制度构型的概念,即有军队、警察、法庭、监狱、政府部门等维护的现行制度。而社会意识形态相当于本文所提出的文化理念的概念。按照这种理解,经济基础与上层建筑的矛盾,可以细分为经济基础与制度构型的矛盾、经济基础与文化理念的矛盾、制度构型与文化理念的矛盾。这三个概念有一个共同的特点,即其内涵和外延都受到一定的限定。一般认为,经济基础是由一定发展阶段的生产力所决定的占统治地位的生产关系的总和,即在经济基础与上层建筑的基本矛盾中,对生产关系附加了占统治地位的限定。制度构型是正式确立的、现实运行的制度形式或制度体系的总和。文化理念是包括政治、经济、宗教、艺术、哲学等观点在内的人类所有理性认识的总和。从制度学研究的需要出发，本文在此着重分析制度构型与生产关系、制度构型与文化理念的辩证关系。马克思主义关于生产力与生产关系、经济基础与上层建筑的科学论断是本文分析的理论依据。关于经济基础与制度构型、经济基础与文化理念的辩证关系的分析已包含在这两类矛盾运动的分析之中，就不再另行论述了。

二、制度构型与生产关系的辩证关系

马克思主义的理论认为，生产力与生产关系的矛盾是推动整个人类社会发展的最基本的矛盾。其次是经济基础与上层建筑的矛盾，它也是推动人类社会发展的最基本的矛盾，但是受到生产力与生产关系矛盾的影响和制约。在这两对矛盾中，生产关系是一个非常重要的因素，它是同时存在于这两对基本矛盾之中并将它们贯穿起来的中间环节。在第三章，我们曾将社会关系分为血缘关系、生产关系和社群关系三种类型，其中生产关系的产生和发展对血缘关系和社群关系的发展起着主导的、决定性的作用。制度构型作为人们结成某种关系的构成形式，与这三大关系都存在着相互影响相互作用的辩证关系，但在其中起着主导的、决定性作用的是制度构型与生产关系的矛盾运动。当本文从整体上考察制度构型与生产关系的矛盾运动及制度产生与发展的规律时，所遵循的原理仍是马克思主义关于社会两大基本矛盾的科学论断。作为上层建筑的基本组成部分，制度构型与生产关系的辩证关系直接体现了经济基础与上层建筑的辩证关系。

1. 生产关系决定制度构型的产生和发展

制度构型作为一种具体的制度形式，要和一定的生产关系结合才能存在。特定的生产关系是特定的制度构型产生的基础，特定的制度构型是适应特定的生产关系的发展需要而产生的，并随着生产关系的发展变化而变化。生产关系一定要适合生产力状况的规律说明，原始的、奴隶的、封建的、资本主义的生产关系不是从来就有的，是随着生产力发展水平的不断提高逐步出现的。在此基础上，与其相适应的制度构型是随着新的生产关系的发展需求而出现的。一般来说，生产关系是制度构型的源头，特定的生产关系产生在特定的与之相适应的制度构型之前，这是一个在生产力发展基础上形成的"自然历史过程"。我们可以看到，随着生产力的发展，在原始共产主义的社会中，孕育并逐步发展出了以生产资料私人占有形式为特征的新的生产关系，与这种新的生产关系的发展需求相适应，形成并确定了奴隶制的制度构型；在奴隶社会中，孕育并逐步发展出了以农耕时代为特征的地主和农民的新的生产关系，与这种新的生产关系的发展需求相适应，形成并确定了封建制的制度构型；在封建社会中，孕育并逐步发展出了以机器生产为基础的资产阶级和无产阶级的新的生产关系，与这种新的生产关系的发展需求相适应，形成并确定了资本主义制度的制度构型。每一种新的生产关系的出现，要求产生一种新的制度形式与其相适应，新的生产关系的代表者们可能会在自己的实践活动中，尝试实行一些新的制度形式，这是一种自然发生的历史过程。在生产力水平及新的生产关系发展到一定程度时，将会出现社会变革和制度变迁，最终以政治斗争和经济斗争的方式，从多种形式的选择中确立了一种制度形式，使之成为现实社会中正式的占统治地位的制度构型。显然，没有新的生产关系的产生和发展需求，新的与之相适应的制度构型则成为无源之水、无本之木，没有成为现实存在的可能性。

2. 生产关系决定制度构型的特定形式

制度构型是人们结成某种群体或组织的制度形式，不同人群的关系类型有不同的结合形式，制度构型的具体形式是由生产关系的具体类型决定的。世界上的各种事物都是由某些要素构成的，这些要素的内在联系构成各种事物的内容，它们的相互作用形成了各种事物的内在矛盾，它们结合为一体的形式成为各种事物的外在表现。事物的内容决定形式，形式依赖于内容。例如构成水分子的要素是两个氢原子和一个氧原子，水在一百度时变成气，在零度以下时变成冰，它的表现形式是由其构成要素决定的。事物的构成要素不同，表现形式也不同。具体到生产关系而言，不同的关系类型有不同的制度构型。例如，家庭关系的构成要素是彼此之间有血缘关系的各类人员，其制度构型只能是与血缘关系有关的制度形式，如群婚制或一夫一妻制等。生产关系的构成要素是在生产过程中有直接关系的各类人员，其制度构型只能是与生产资料占有形式、人与人之间的关系及分配关系有关的制度形式，如生产资料私有制或公有制等，而不可能是群婚制或一夫一妻制的制度形式。制度构型不是孤立存在的，它必须和一定的生产关系、社会关系相联系，其具体表现形式取决于生产关系和社会关系的构成要素的特点。

3. 生产关系决定制度构型的性质

社会实践活动表明，同一种生产关系可以有不同的制度形式。生产关系不仅决定着与其相适应的制度形式的选择，而且决定着它的性质和特点。在原始社会，曾经出现过母系氏族社会和父系氏族社会两种不同的制度形式。这两种制度形式的性质是由生产关系的构成要素在不同历史阶段的实际状况所决定的。与生产力水平发展的不同阶段相联系，男子和女子在社会生活和社会生产中所发挥的作用与所处地位决定了制度形式的性质和特点。在现实社会中，所确立的制度构型是与占统治地位的生产关系直接相关的，制度构型即该生产关系的表现形式，其性质是由与其相适应的生产关系的性质决定的。在17～18世纪，工业生产的发展使新的生产关系的代表者成为了数量越来越多、影响越来越大的新的阶级和新的利益集团，他们要求从城市平民成为社会的统治者。经过激烈的社会革命，他们夺取了政权，确立了资本主义制度，资本主义生产关系成为占据统治地位的经济基础，决定了与其相适应的、竖立其上的政治法律等制度的性质和特点。在资本主义国家中，占统治地位的生产关系是资本主义的生产资料私人占有形式，作为这种形式具体表现的制度构型是资本主义制度。在不同的资本主义国家中，资本主义的制度构型在形式上是不同的，但本质上是一样的。社会主义国家的制度构型是建立在公有制基础上的，是由占统治地位的社会主义生产关系所决定的。

4. 制度构型对生产关系的反作用

与经济基础和上层建筑的关系一样，制度构型和生产关系之间同样存在着作用与反作用的辩证关系。特定的制度构型是为与其相联系的、特定的生产关系服务的。制度构型并不是消极地、被动地适应特定的生产关系，形式对内容的反作用在社会构型与生产关系的方面表现得特别明显。金刚石与石墨的分子结构是一样的，它们的构成要素相同，但结构形式不同，因而有完全不同的物理特性。同一个人群，用不同的形式结成组织，所形成的制度效力是不同的。制度构型对与其结合为一体的生产关系既可以起到积极促进的作用，也可以起到消极阻碍的作用。制度构型确立后，如果制度场内的作用力方向与生产关系的发展需求相一致，则具有积极的促进作用，否则将会起到相反的作用。同时，制度效力的强弱程度也对生产力和生产关系的发展有直接的影响。更为重要的是，制度构型有一个非常重要的特点，制度构型在被确定为正式的、现实的、能够实际运行的制度形式时，与其相联系的生产关系则会上升为主导的、占统治地位的社会关系，从而有更广阔的发展空间和制度环境。所有国家政权和制度执行机构都为它的发展提供有力的支持，使它能够在社会中的各个领域和各个组织中迅速推行发展。在历史发展的不同阶段，我们可以清楚地看到奴隶制度、封建制度、资本主义制度和社会主义制度的确立如何使与其结为一体的生产关系迅速发展的大量例证。

三、制度构型与文化理念的辩证关系

通过考察人类社会制度的起源与发展过程，我们可以了解到，制度的本质是人的社会关系的构成形式，制度源于人类关系的发展及其对现有关系的认知。根据定义，制度是规定、调整人们的社会关系及其行为的有明文规定和强制力的特定群体、组织或社会的构成形式，制度的具体表现形式是制度构型。文化理念在制度构型的形成和发展过程中起着非常重要的作用。制度构型和文化理念的关系表现在以下几个方面。

1. 制度构型的产生和发展有其自身的不以人的意志为转移的客观规律

制度构型是人们以某种关系结成特定群体、组织或社会的具体的构成形式。当两个以上的人相互接触时，必然会形成某种关系，如血缘关系、生产关系、社群关系等。这些关系是在人类的社会生活和社会生产过程中自然生成的。在由原始人向现代人转化、演变的过程中，人类的社会关系及其以制度构型表现出来的特定形式，经历了一个由低到高、由少到多、由简到繁的漫长发展过程。在这个发展过程中，我们可以发现有一种历史发展的必然性在起作用。当原始人把石器作为主要的生产工具时，他们相互之间很自然地形成了一种劳动关系或生产关系。当人类把铁器作为主要的生产工具时，剩余产品的出现使他们形成了奴隶与奴隶主，地主与农民的新型关系。当人类把机器作为主要的生产工具时，生产形式的变化使人类出现了资产阶级与无产阶级的新型关系。与这些新型的关系相联系，在人类社会发展的不同阶段出现了奴隶制度、封建制度、资本主义制度等不同类型的制度构型。在家庭、企业、国家制度的产生和发展过程中，我们也可以看到与之相联系的制度构型产生和发展的必然性。在多种多样可供选择的制度形式中，最终被确定为制度构型的制度形式必然有某些客观因素在起作用。马克思主义关于生产力决定生产关系、经济基础决定上层建筑的科学论断奠定了生产关系决定制度构型及其现实发展必然性的理论基础。

2. 一定的制度构型是以一定的文化理念为指导建立起来的

第三章我们曾指出，在人类的原始关系与原始形式的历史发展过程中，存在着自然生成和人为限定两个阶段。原始人对相互之间的关系有了越来越深入的认识，并在这种认识的基础上对现实关系的具体表现形式进行有意识地限定和选择。在血缘家庭、普那路亚家庭、对偶家庭、一夫一妻制家庭形式的演变过程中，可以清楚地看到，人类对血缘关系的认知在具体的家庭形式选择方面具有重要的主导作用。当人类对自身关系的认识越来越具有理性成分并最终用理论形式明确地表达出来时，文化理念对制度构型的指导作用则越来越明显。这种指导作用表现在，人们可以用一种理论形式对于所要构建的制度进行设计、论证并做出具体的制度规定。即人们可以先设计一张制度构型的图纸，然后再按照这张图纸去构建整个制度大厦。从这个意义上说，制度构型可以看作是人类实践活动的创造物和文化理念的产品。当人们把某种理念转变为制度规定或法律条文时，这种理念就成为人人都要遵守的制度准则，并对每一个人的行为有制约作用。

第十章
制度构建、运行与创新

3. 确立制度构型的文化理念是对制度发展的必然性的认识

一定的文化理念是社会存在的反映,文化理念对制度构型的影响并不是随心所欲的。每一种制度构型都是具体的、现实的,并不是所有人为规定或人为设计的制度形式都能够付诸实现。一定的制度构型是与一定的生产力发展水平和一定的生产关系需求相联系的,存在着现实发展的历史必然性。显然,在以铁锹、锄头、镰刀为主要的生产工具的农耕社会中,与机械化大生产相联系的资本主义制度是不可能构建起来的,不符合实际的、超越社会现实的制度设想没有存在的基础,也就没有成为制度构型的可能。19世纪初期,法国的圣西门、傅立叶和英国的欧文在理论分析的基础上曾经提出了一种理想的社会制度。但在当时,这种制度的创立还缺乏现实的社会基础,他们的理论也没有反映出资本主义社会发展的本质和规律,他们设想的社会制度并不能成为现实的制度构型。因此,他们被称为空想社会主义的代表人物。就某种具体的社会关系而言,可能会有多种多样的制度设想或设计,只有适应特定生产关系需求、反映社会发展必然性的文化理念,才能为构建具体的制度构型提供正确的、可行的指导。具体到一家企业或一个公司,文化理念指导下的制度设计,也要符合企业生产和公司业务的实际状况,钢铁公司、汽车公司和保险公司由于其生产技术和业务活动的不同所确立的制度构型也是不一样的。

4. 一定的制度构型确立后,反过来成为与其相应的文化理念进一步发展的基础

文化理念的产生和发展与制度构型的产生和发展是一个相互影响相互作用的过程。首先,制度构型是文化理念的产品。制度构型在自然界是不存在的,它的产生有赖于人类理性思维的创造活动。在人类的社会实践活动中,随着人类认识的深入,越来越多的人用理论形式探讨未来可能采用的制度形式。当某种制度形式没有被采用时,与之相联系的文化理念只存在于个别人或少数人的头脑中或论述中,它的实际影响一般只局限于思想认识的领域内。然而,一旦该制度形式被确立为现实的制度构型后,与之相联系的文化理念,将在众多文化理念中脱颖而出,成为主流的或起主导作用的思想,并迅速在制度场或制度范围内的人群中传播,被他们接受和

认同。制度构型为与之相联系的文化理念提供了一个迅速发展的制度基础和制度环境。议会制民主思想在欧美等西方国家的流行及马克思主义理论在社会主义国家中的传播都属于这种情况。

第二节 制度构建

从制度形式到制度构型的确立是一个复杂的过程，我们将这个过程称为制度构建过程。制度构建指根据社会发展和组织发展的需要，构想、设计、创建一种新的制度形式并使之制度化的过程。它是人类社会实践活动的重要组成部分，是所有制度化群体或制度化组织赖以成立的基础工作，是所有领导工作和管理工作的重要内容。制度构建的过程包括制度选择、制度设计、制度规定和制度执行四个方面。

一、制度选择

制度选择是制度构建的第一步的带有方向性的工作。指在准备创立新的组织或试图提高组织绩效的过程中，通过比较分析，从制度工具箱中众多的制度形式中比较、挑选、确定符合要求的制度构型的活动。制度选择关系到拟建制度的定向定位问题，对其后进行的制度设计、制度规定、制度执行等工作有着重要的指引作用。在制度选择方面，最重要的问题是制度战略的选择。组织发展不仅要考虑到战略目标问题，而且要考虑到用什么样的制度体系，支持这个战略目标的实现，即用什么样的制度手段把人力、物力、财力等有限资源统一配置，集中用于国家战略和组织战略目标的实现。因此制度战略应是国家战略和组织战略的最重要的内容。对于制度选择可以从以下几个方面进行分析。

第十章

制度构建、运行与创新

1. 制度选择是创建新的组织的首要工作

现代社会是一个组织化的社会,每天都会有各种各样的新的组织应运而生。这个组织可以是一个国家,也可以是一个公司或一个学校。组织的创立和制度构型的确定是同一个过程的两个方面。一个组织由各种各样的人员构成,他们是构成组织的主体和基本要素。制度是组织中的各类人员形成群体、结成组织的具体方式。制度和组织是不可分开的统一体。组织是制度的内容,制度是组织的形式。没有制度就不能形成组织,各类人员就是一盘散沙,没有结成组织的内在力量和基本框架。因此,要创建一个新的组织,首先要考虑的问题是创建它所应具有的制度形式。制度创建是在创立组织的过程中创建和构成与其相适应的制度形式的活动。制度选择是制度创建的第一步工作。制度选择涉及两个关键性的问题:一个是方向、道路或路线问题,成立一个组织的基本目的是什么,它的发展方向是什么,它应该沿着什么样的路线或道路去发展等;另一个是方法或手段问题,用什么样的制度形式去构建组织,组织成员之间是什么样的关系和地位,用什么样的方式确定他们之间的关系和地位等。制度选择的具体要求很多,政府、军队、企业、学校等不同的组织有不同的制度形式需求,必须综合考虑组织的性质、特点、目标、任务等才能做出正确的制度选择。制度选择的实质是确定人们用什么样的关系结成群体或组织,即确定人们结成组织的关系类型。一定的制度形式是和一定的关系类型相联系的。如果选择了社会主义的制度形式,意味着在国家中将确立和发展社会主义的生产关系,并在此基础上建立起整个国家的制度体系。如果选择了资本主义的制度形式,则将在资本主义的生产关系基础上建立起整个国家的制度体系。对于一个国家来说,制度选择涉及国家政权的性质、权力结构、组织形式以及整个国家发展的方向和道路。在当代社会中,有的国家实行的是资本主义制度,有的是社会主义制度;有的是总统制,有的是内阁制;有的是议会制度,有的是人民代表大会制度。这些都是国家的创建者们进行制度选择的结果。对于一个企业来说,制度选择涉及企业的战略目标、生产技术、盈利模式、组织结构以及整个企业发展的方向和规模。例如,劳资关系是企业中的重要关系,与其相适应的制度形式有剥削型(马克思)、合作型(巴纳德)、商品交换型(科斯)以及服务型、持股型等多种形式。选择和确定哪种制度形式直接关系到企业中劳资关系的性质及与其相应的结构形式和管理方式。

2. 制度选择是提高制度效力和组织绩效的重要手段

提高制度效率或制度效果也是进行制度选择的主要原因。除了成立新的组织外,为了实现某种战略目标,为了完成某个综合性项目,为了提高制度效率、制度效果或增强某一方面的制度作用力、强制力等,凡是需要组织人力或者需要提供一定的制度支持体系的活动,都需要进行制度分析和制度选择。制度选择是一种非常普遍的活动,各种组织和各类管理人员经常会遇到制度选择的问题。在当前的国际货币体系中,由于没有世界范围内统一的汇率安排,各个国家可以根据本国经济的结构特征、政策目的、经济发展状况及国际经济条件的制约对所采用的汇率制度进行多种选择,其中包括美元化和货币联盟制度、货币局制度、传统的固定汇率制度、水平盯住汇率带制度、爬行盯住汇率制度、爬行汇率带制度、未事先安排的有管理的浮动汇率制度、完全自由浮动汇率制度等多种形式,每一种形式都有汇率管理的不同效率和效果,各个国家可以结合本国的实际情况进行相应的选择。在社会实践活动过程中,领导活动离不开制度,管理活动离不开制度,可以说所有一切组织的活动都离不开制度。无论是对于一个国家或任何一个企事业单位来说,如何使所有成员安心、舒畅、积极、创造性地工作,如何有效地提高管理水平和组织绩效是一个永恒的目标。根据问题诊断双环图,我们已经了解到,组织或社会中发生的各种问题,都有其产生的制度原因,一方面可能是因为现行制度有缺陷,另一方面可能是因为组织内外条件发生了变化使现行制度出现了不相适应的现象。无论是哪一种情况都需要探讨一种新的制度形式以取代现有的制度构型,从根本上消除产生问题的原因,这就需要进行制度分析和制度选择的工作。制度选择有时是根本制度的变化,以社会革命或社会改革的形式表现出来。更多的情况是根本制度或主要制度不变,只是工资、人事、劳动制度等个别的制度形式发生变化,以改进管理方法或激励方式的形式表现出来。许多管理学家、专家学者,提出了各种各样提高管理水平和组织绩效的理论和方法，政府和企事业单位的管理者每天都在亲身实践着这方面的活动，这些理论、方法以及各种各样的改进措施，实际上都是从不同侧面体现制度形式的改进，制度选择和制度构建的理念可以使我们深化对领导活动和管理活动的认识，有效地提高管理水平和管理能力。

3. 制度选择是领导者的责任和能力体现

制度选择属于领导者或制度规制者的权限范围，选择什么样的制度形式依赖于他们对制度的基本看法和观点，他们的制度观决定了制度选择的目的性和方向性。制度选择体现出领导者或管理层的战略目标或总体设想，是所有领导活动和管理活动首先要考虑的问题。一个领导者的能力是有限的，一是受到身体条件的限制：一个人再怎么练功，也不可能练出超过一个普通人数倍或数十倍的力量；二是受到历史条件的限制，一个人的认识水平和技术水平，不能超过同时代的科学技术和认识水平。另外，一个领导者的直接的影响力也是有限的。他也许能直接影响几十人或几百人，但却无法直接影响几万人、几十万人或者几百万人。然而，借助制度的力量，却可以使一个领导者的能力和影响力无限地扩大。制度形式选错了，既直接影响组织的活力和绩效，也直接影响领导者个人能力的发挥。反之，制度形式选对了，将会出现完全相反的结果。因此，一个英明的领导人必定是一个正确的制度选择者和一个有效的制度构建者。制度选择、制度构建、制度驾驭和制度创新的能力，是一个领导者最重要的能力。这既是领导者的责任，也是领导者的能力体现。在实际生活中，我们常会发现，某些领导人庸庸碌碌，忙于应付各种问题和事务，每天很忙很累，但管理效果却很差。某些领导人工作轻松愉快，挥洒自如，但是各方面的工作井然有序，人人各负其责。究其原因，一定有制度的因素在起作用，制度选择工作做好了，可以起到事半功倍的作用。

❖ 二、制度设计

制度设计是制度构建的第二步的、基础性的工作。制度设计指对已选定的制度形式进行论证并制定出制度构建的基本方案和整体框架。组织发展面临许多的问题，如目标选择问题、人才问题、薪酬问题、高管稳定性问题、员工积极性问题等，许多组织习惯于把这些问题看作是单项的、孤立的问题，分别加以考虑。实际上，这些问题是相互联系、相互影响的，制定单一的问题解决方案，不一定能够取得很好的效果。通过制度设计，构建一个完整的制度体系，可以把所有这些问题整合为一个整体统一解决，会有效提高制度效力和制度场作用力。制度设计需要注意以下几个方面的问题。

1. 按照制度选择的目的和方向进行制度设计

即将要采用的制度形式确定后，下一步的工作就是设计具体的方案和实施步骤。制度设计的内容和形式要求和制度选择的内容和形式相一致。制度设计的具体方案涉及两个关键性的问题。①在创立组织的过程中，如何按照制度选择的要求构建制度的问题。制度规定和制度执行是构成制度整体的两个重要组成部分，制度设计方案不仅要确定制度规定和制度执行的基本要求，而且要确定制度规制机构和制度执行机构的组成方式、基本职能及其相互之间的结构关系。②在前一项工作的基础上，如何按照制度选择的要求确定制度效力的问题。制度设计方案不仅要包括组织内部关系、结构形式、部门和岗位设置等制度构建的基础性工作，而且要考虑制度形成后的整体效率、效果和制度场作用力等问题。

按照管理学和组织学的理论，不同的组织具有不同的结构形式，需要通过组织设计的方法确定组织的管理层次、控制幅度、部门设置、岗位设置、人员配置以及部门、岗位、人员之间的权责关系和权力结构。制度设计的工作可以和组织设计的工作结合起来进行。制度是组织的构成方式，制度设计本身就是一项确定组织结构形式的工作，但是它更注意人们结成组织的关系、制度的性质、制度的特点以及制度形成后的效率、效果和制度场的作用力问题。与组织设计不同的是，制度设计不仅仅关注组织的结构形式，它首先要确定组织中的所有成员结成什么样的制度关系和角色关系，其次才是按照既定的关系类型来确定相应的结构形式。以私有制为基础的生产关系和以公有制为基础的生产关系各有与其相适应的组织结构形式和制度构成形式。对于公司来说，家族式企业和股份制企业的结构形式、制度形式也必定有所不同。经济体制改革、行政体制改革、政治制度改革、国企改革等方面的制度设计方案需要符合中国特色社会主义制度发展的基本方向。有时,某些局部的设计方案可能会解决面临的一些问题,但是它在未来的发展方向上,可能会背离制度选择的目的和方向,必然会引起一些新的矛盾和冲突,不仅会产生更多的问题,而且会造成人们认识上的模糊和混乱,影响甚至干扰制度构建活动的正常进行。制度本身有其自身的发展规律和导向作用,制度设计的目的性和方向性如果把握不好,将会出现许多事与愿违的、甚至出现背离制度选择原定方向的情况,著名的电视主持人白岩松曾就中国资本市场的发展现状提出过一些质疑,其中不少问题源自制度设计阶段的设计思路和基本策略。制度设计是关系到制度构建能否按照制度选择的意向逐步发展的重要阶段和中间环节。

2. 制度设计要考虑制度及制度效力的整体性

制度设计的内容首先包括拟构建制度的目的、方向、部门和岗位设置、人员构成、权责系统等,这些都属于组织设计的基本内容。其次包括组织成员的基本关系及其性质、角色要求和行为要求、制度效率、效果及制度作用力的实际要求等。这些要求是和制度设计的特点密切相关的。制度设计的目的不仅要求把人们结合成一个组织,而且要求人们结成的组织在制度效率的高低、制度效果的好坏、制度作用力的强弱等方面具有较理想的制度效力。如果达不到这个结果,制度设计就是不成功的,其原因或者是制度选择的理念不成熟,或者是形成的制度形式本身不完善,其中一个重要原因是制度设计方案缺乏整体性。

在关于制度场的分析中,我们可以看到,制度形式所要达到的理想结果是整体大于部分之和。制度构建的目的并不仅仅是简单地把松散的个人组成一个集体,而是要让这个集体发挥巨大的效力去实现既定的目标。制度设计的整体性关系到组织的整体性和制度效力的整体性。制度设计的整体性与制度的时空性密切相关,制度设计的视野需要扩展到广阔的空间范围和较长的时间周期才能产生应有的整体效果。20世纪80年代初期,国家号召大学毕业生到基层去、到边疆去、到祖国最需要的地方去。各个高校做了充分的动员,一些充满激情的学生踊跃报名,他们成为许多同学心中的偶像。当时许多学校举行了隆重的仪式欢送他们。但是30年过去了。

当年支援边疆的同学，许多人都回到了内地。返回的主要原因是地方政府对他们并不重视，甚至有些地区还存在着严重的排外现象。相比之下，当年留在大城市的同学或在政府机关走上了领导岗位，或在大型企业和金融机构中担任高管职务。而当年支边的同学很多人仍然在边疆地区的基层单位孤独地、默默地奉献着。这种结果的导向性是非常明显的。它不可能形成一个年年都会有大批的毕业生踊跃报名支援边疆的制度效果。这是缺乏制度设计整体性的一个例子。这样的例子在现实生活中是非常多的。如果领导者或制度规制者注意到制度设计的整体性问题，将会使制度体系始终保持新鲜的活力和旺盛的生命力。

3. 制度设计要有专门的机构和人员

制度设计属于一个国家或一个组织的顶层设计。重要的制度选择和制度设计方案最终都是由国家或组织的最高领导层决定的。制度设计应有直属最高领导层的专门的机构和人员才能适应全局性、整体性的要求。许多组织没有专门的制度设计机构，也没有专门的制度设计方案。组织所施行的制度改革计划往往是某一个部门在其主管领域或权限范围内提出的具体方案。这种设计的结果一方面容易在相关部门都涉及的事务管理方面出现任务交叉的情况，另一方面是在相关部门都不太重视的事务管理方面出现任务盲点或死角，从而产生不同部门争权夺利、互相推诿或无人问津的现象。以各个部门为基础进行的制度设计是一种局部的、有限的、分散的、碎片式的设计，即使由某个机构对各个部门所做的制度设计方案进行汇总和协调，也很难把它们整合为一个有机的整体。这种协调工作不仅需要耗费很多的时间和精力，而且由于各个部门的实际利益不同，考虑问题的角度不同，最后形成的基本上是一种妥协性的结果。

任何组织都是一个制度化的整体，组织在其行权范围或管辖空间内形成了一个所有部门及成员之间相互作用的制度场，只有通过从全局出发的整体设计才能有效发挥制度场的整体效力。如果在最高领导层的下面，成立一个专门的制度设计机构并配备学有专长的制度设计人员，有助于排除部门利益的干扰和部门设计的局限性，制定出符合组织的制度选择理念和发展战略需要的、具有全局性、整体性和长期性的制度设计方案。在此基

第十章
制度构建、运行与创新

础上,要求各个部门按照制定出的整体设计方案,制定本领域、本范围或本行业内的制度设计方案,通过任务分解的方式,层层充实制度设计的内容。有了整体性的制度设计方案的指导,可以有效消除任务交叉或任务盲点、死角的情况,减少推诿扯皮、争权夺利、内耗冲突的现象,有助于提高制度的效率、效果、作用力和控制力,使制度产生正面的、强大的、持久的整体效应,更好地实现组织的既定目标,提高组织的工作效率和组织绩效。

三、制度规定

制度选择和制度设计属于制度构建的准备阶段,制度规定和制度执行则是制度构建的实施阶段。制度选择确定了制度构建的目的和方向,制度设计确定了制度构建的基本轮廓和总体设想,制度构建的实质性工作从制度规定开始,由制度执行落实。关于制度规定和制度执行,此前已有较多论述。制度规定阶段的工作主要有两项内容。一是按照制度设计方案正式成立制度规制机构;二是由制度规制机构按照法定程序审议、颁布法律、法规、公共政策、组织规范等各项制度规定。制度规定是将最高领导层确定的制度设计方案经过法定程序转化为具体的政策性、法律性、法规性、实体性等正式规定的过程。有了制度设计的整体方案,制度规定的工作实际上是由各个层级的各个部门、机构通过逐步分拆、分解完成的。制度设计方案是一个涉及国家或组织发展的战略性的、总览全局的蓝图,它需要经过制度规定的过程才能转化为具体的制度规定。这种转化过程一般包括四个方面。

1. *法律化过程*

法律化过程指制度规定取得法律形式、具有法律效力的过程,主要是在国家立法机关的权力和活动范围内进行的。各个国家的法律形式多种多样。在我国,制度规定的法律形式主要有宪法、法律、地方性法规、自治条例和单行条例等。法律形式是强制力最强的制度形式,人们通过法律形式结成的法律关系是维系社会和谐、国家稳定的最基本的制度关系。

2. 法规化过程

法规化过程指制度规定取得法规形式、具有某种法律效力的过程，主要是在政府或国家行政机关而不是在立法机关的活动范围内进行的。世界各国的法规形式也是多种多样的，在我国，制度规定的法规形式又称为行政法规，主要有国务院及各级政府部门发布的条例、规定、决议、决定、通知、办法、章程、细则、方案、通告、布告等。在我国，中央政府和地方政府具有二重性，既是国家和地方各级国家权力机关的执行机关，又是国家和地方各级国家行政机关。制度规定的法规形式服从于法律形式，同时拥有一定的法律效力和强制力，和法律形式共同构成国家制度体系的核心部分。

3. 社会化过程

社会化过程指制度规定取得政策规范形式、具有社会约束力的过程，主要是在执政党的政策制定和活动范围内进行的。在一个国家中，各种政治团体、特别是执政党的执政理念和政策规定对制度构建及社会经济的发展有着巨大的影响力。执政党的执政理念和政策规定除了可以通过国家立法机关和国家行政机关的活动过程取得法律形式和法规形式外，还可以以基本国策、方针路线、政治准则等形式成为人们普遍遵循的社会规范。这一过程不是通过法律、法规而是通过宣传教育的社会化的形式进行的。政策规范对整个国家的所有成员都有普遍的约束力和影响力。

4. 实体化过程

实体化过程指制度规定取得组织规范形式、具有特定约束力的过程，主要是在政府机关和公司、学校、社会团体等企事业单位内部的活动过程中进行的。任何政府部门和企事业单位都是一个制度化的组织实体，它们各有与其组织活动相适应的内部关系和制度形式。各种制度规定体现为特定的组织规范形式，主要有章程、规范、决定、通知、细则、办法、方案、措施等。组织规范形式服从于法律形式、法规形式和政策规范形式，其具体内容既包含和体现这三种制度规定的内容和精神，也包含着与自身的组织活动相联系的规定内容。组织规范只对组织内的所有成员具有普遍的约束力和影响力。

第十章

制度构建、运行与创新

❖ 四、制度执行

制度执行是制度构建的第四步,也是最关键的一步。制度执行阶段的工作主要有两项内容。一是按照制度设计方案正式成立制度执行机构;二是由制度执行机构在制度规制机构限定的职权范围内按照法定程序严格执行法律、法规、公共政策、组织规范等各项制度规定。我们不能简单地把制度简单地理解为只是规则或规范,制度规定阶段只是对制度做了文字性的规定,光有规定不能形成制度。有规定必须要执行,在制度规定和制度执行相互作用的基础上才能形成制度,这一过程是真正意义上的构建制度的过程。管理制度是由管理规定和管理执行构成的。财务制度是由财务规定和财务部门的工作构成的。制度规定阶段用了大量的时间和精力制定了制度的建筑图,制度执行阶段是将图纸和文字规定变为现实制度的过程。无论是在政府还是企事业单位中,机构和人员能不能认真地、不折不扣地按制度规定办事都是一个令人十分关注的问题。

1. 管理重在执行

管理是社会生产和社会活动过程中最普遍的活动,任何管理工作的实质都是制度执行过程,没有执行就没有管理。准确地说,管理就是照章办事,就是严格执行制度规定。在管理过程中,无论是管理者还是被管理者,都是制度规定的执行者。管理的重点是执行。车间工人是在执行操作规定,工厂厂长和车间主任在执行管理规定的同时也对车间工人执行操作规定负有责任。公司的制度规定在管理过程中形成现实的制度关系。如果严格地按照制度规定执行,现实的制度关系和制度形式与制度规定的关系、形式是完全一致的。如果建筑商严格按照设计图纸修建,竣工后的建筑物和设计的模型是一模一样的,如果施工过程中出现偏差,建成的建筑物则会走样,制度规定和执行过程也是同样道理。但在现实生活中,制度执行偏离制度规定的现象比施工队偏离建筑图纸的现象普遍得多。1948年美国管理学家巴纳德在其经典著作《组织与管理》一书中有一段很有趣的论述:三位德高望重的作家——孟德斯鸠、瑞士人德洛尔默和鼎鼎大名的威廉·布莱克斯通爵士——都曾经写道英国政府只是在文字上遵循了相关法令，在实际上却背道而驰，这是一个执政理念与实际做法完全相反的政府。不仅如此，那个时代的英国民众都认为这三位作家的著作正确反映了英国政府的理念和做法。[①] 这段文字说明，制度规定和制度执行脱节是一种由来已久的普遍的现象。2014年8月新华网有一篇关于城市高尔夫球场的报道，早在2004年国务院办公厅曾下发《关于暂停新建高尔夫球场的通知》，指出一些地方高尔夫球场建设过多过滥占用大量土地，《通知》提到暂停新的高尔夫球场建设，清理在建的高尔夫球场项目，规范已建高尔夫球场的运营，加强督促检查和指导工作四条。要求地方各级人民政府、国务院各部门一律不得批准建设新高尔夫球场项目。但从报道的情况来看，这条规定并没有得到很好的贯彻执行。地产开发商修建高尔夫球场可以提高楼盘价格，地方政府将其作为形象工程，诸多利益追求使一些地方政府在制度执行方面打了折扣。执行和管理存在着相互影响相互作用的辩证关系。管理重在执行，执行也需要管理，没有管理也就没有执行。管理对执行的作用在于监督和追责。这涉及更大范围内的制度规定和制度执行的关系。

2. 执行的重心在基层

制度能否构建起来，关键在各项制度规定能否通过制度执行落在实处。只有将制度执行的重心放在基层才能使制度执行落到实处。在某种意义上说，制度执行落实到哪里，制度就构建到哪里或者就在哪里形成。解放战争时期，中国人民解放军不仅仅是一支武装力量，而且是新制度的非常重要的构建者，人民军队走到哪里，就在哪里组建新的政权，从而推进新制度的执行和新制度的形成。一般来说，小到公司大到国家，任何制度化组织都是一个下大上小的金字塔形的组织实体。在组织中的上中下三个层次的分布中，制度规制者和制度执行者一般集中在中上层，组织中的大多数成员或制度互动者普遍集中在下层或基层，同时，组织中的大多数生产活动和业务活动也是在下层或基层进行的。

---

① 切斯特·巴纳德著，曾琳、赵菁译：《组织与管理》，中国人民大学出版社2009年版，第74、75页。

第十章

制度构建、运行与创新

制度是人们结成一定群体或组织的构成形式，从这个意义上说，只有当基层人员和基层活动纳入制度执行的范围时，适用于整体组织的制度构型才能真正确立和构建起来。因此，我们可以说，制度规定的重心、重点在上层，制度执行的重心、重点在基层。按照这种认识，制度规定的权力要上移，主要集中在上层，而制度执行的权力要下移，主要集中在基层。基层的制度执行工作落实了，意味着组织中的全体成员都处在组织制度场的作用力范围内，他们之间的关系及所从事的各项工作和活动都是按照制度规定的内容和要求进行的。在这个时候，制度构建的工作可以认为是初见成效了。

制度执行的重心、重点落实到基层，对于任何一个公司或任何一个国家的制度构建和持续发展都具有非常重要的意义。军队的基层是连队，红军时期"支部建在连上"是建党建军的成功经验，军事和政治方面的制度执行工作落实到连队，才能使整个军队构成制度严明、军令如山、团结如一的有高度凝聚力和战斗力的武装力量。政府的基层是县、乡一级政府，它们是政府制度执行的重心和重点，它们的管辖范围涉及全国大多数人口和大多数民生问题。如果县乡一级政府的制度执行落到实处，也就意味着全国的制度构建工作落到了实处，整个国家和社会才能有一个稳定和谐的基础。有人认为美国等西方国家社会稳定的基础是"三权分立"的议会制度，实际上真正起到稳定作用的应是"地方政府自治"的制度构型。许多美国公民对总统大选和议会选举并不很感兴趣，但对地方选举和地方事务很关注，原因在于这与他们的切身利益密切相关。制度执行的重点落实到基层，并不是仅指将制度执行的权力落实到县乡一级政府，而是要使基层的所有人员参与到制度执行的活动中。如上所述，我国的每一个公民都是制度互动者，都有参政、议政、检查、监督的权利，特别是在与他们切身利益直接相关的事务方面，他们有法定的知情权和话语权。一般来说，在经济发展、教育、卫生、治安、环保、交通等民生问题方面，大多数人所关心的事务也是政府所关心的事务，大多数人的看法和要求也不会与政府的看法和要求有太多的矛盾，这是由党和国家的性质以及制度规定的代表性所决定的。在基层政府的制度执行方面，加强地方各级人民代表大会的作用，加强依法治国和依法行政的力度，让基层人民有更多的监督权和话语权，应是我国县级政府行政体制改革的一个基本方向。对于政府机关以及公司、学校等企事业单位来说，下层或基层也是人数最多，活动最集中，工作效率、组织绩效高度体现的地方，如何将制度执行工作落实到基层，同样是关系到本单位制度构建和持续发展的重要问题。

3. 影响执行的因素

制度执行是在特定的环境条件下、特定的组织系统内、特定的人员参与的特定活动过程。制度执行活动直接受到这三种因素的影响。

（1）环境因素的影响。环境因素指处于组织之外对制度执行有影响的各种客观因素，主要包括国家的政治制度、政党制度、法律制度及社会阶级状况、各种政治团体和社会集团等政治环境因素；社会经济条件、生产力与科技发展水平、教育水平、文化艺术状况、人口规模等社会环境因素；自然资源、自然条件、气候、地理位置等自然环境因素；人们的制度观念、道德观念、政治态度、心理承受能力等心理环境因素等。

（2）组织因素的影响。组织因素指组织系统内部对制度执行有影响的各种客观因素，主要包括组织系统内机构、人员等构成要素的关系因素；机构、人员的职责、职能分工等功能因素；组织内部的权力结构和权责关系等结构因素；以及聘用制度、工资制度、奖惩制度、会计制度、劳动制度、采购制度、监督制度、日常管理和办公制度等各种制度规定的制度因素。

（3）个人因素的影响。指制度执行过程中，制度执行相关人员及其群体所具有的品德、能力、素质等各种客观因素，主要包括制度执行人员及制度互动者的政治素质、专业素质、文化素质、管理素质、心理素质、生理素质等个人素质因素；制度执行人员及制度互动者结成群体的平均素质、整体素质及反映群体构成方式的政治结构、专业结构、文化结构、管理结构、心理结构、生理结构等群体素质因素。其中领导者和制度执行者的个人素质因素及领导班子的群体素质因素对制度执行过程有导向性的影响。

第十章
制度构建、运行与创新

第三节 制度运行和制度调控

制度构建是创立一个公司或是一个国家的基础工作。制度是人们结成组织的构成形式,任何制度化组织的创立,都必然要经过制度构建的过程。制度构建工作完成后,随之而来的是制度运行和制度调控过程。一个公司或一个国家能否持续发展壮大的重要因素之一,是其构成形式能否保证稳定运行,能否根据实际需要不断改进和完善,这是制度运行和制度调控过程中的重要问题。

❖ 一、制度运行的稳定性

制度构建过程经过了四个阶段的步骤之后,随之而来的是制度运行过程。制度运行过程的基本内容是贯彻执行制度规定,规范制度关系和角色关系,保证组织活动有序进行,实现组织的既定目标。制度运行过程与制度构建过程相比,发生了两个方面的变化。

1. 从制度规定到制度执行的重点转变

从制度构建过程所包括的四个阶段来看,整个过程的重点放在制度规定方面,制度选择确定了制度规定的基本要求、性质、目的和方向,制度设计确定了制度规定的基本内容和整体结构,制度执行将制度规定从文字形式转变为现实的制度构型。制度运行过程的重点从制度规定转到了制度执行方面。一般来说,制度规定的核心内容是相对稳定的,它用法律法规等合法形式决定着制度构型的根本性质和整体结构。当制度规定成为法律、法规、公共政策、组织规范等固定形态时,最高领导层和公众舆论的关注点必然会从制度规定的制定方面转到制度规定的执行方面。制度选择、制度设计和制度规定的过程是一种理性思考的过程，主要考虑的是制度构建的目的性、方向性、原则性、整体性的问题。相对来说，对制度执行过程中可能会出现的阻力和问题则考虑得较少。按照人的认识的客观规律，人的认识也不可能先于实践过程预见到所有可能出现的问题和现象。制度构建和制度运行过程不仅仅是一个在制度规定方面进行理论探讨的问题，更重要的是一个在制度执行方面实践发展的问题。因此，当制度构建过程基本完成转入制度运行过程时，人们关注的重点不能依然停留在制度规定方面，而应更多地关注制度执行和制度运行方面的问题。实践证明，在制度执行和制度运行的过程中所遇到的阻力和问题比在制度规定过程中所要想到的多得多，同时也更困难得多。正是在这个意义上，有过总统经历的美国行政管理学的开创者伍德罗·威尔逊深有感触地说道："执行一部宪法变得比制定一部宪法更要困难得多。"[①]

2. 从制度构建到制度运行的重点转变

制度构建只是制度发展的初始阶段，制度运行和制度调控是制度发展的最重要的也是时间最长的阶段。与制度化的组织相联系，制度的时空性是制度的基本特点之一。任何制度都有一个随其共生的组织产生、发展、消亡的过程。在制度构建过程中，制度选择、制度设计、制度规定的三个阶段都要重点考虑制度构建以后能否稳定发展的问题，制度执行阶段将制度构建的设想付诸实施，成为从制度构建过程向制度运行过程转变的中间环节。在制度运行过程中，能否保证制度发展的方向性和稳定性，仍是一个需要重点考虑的问题，而且需要采取各种制度调控的措施解决出现的问题，保证制度的稳定运行，不断增强制度效力，以利于实现构建制度时设定的各种战略目标。制度运行的稳定性直接关系到组织发展的稳定性。影响制度稳定运行的因素很多，主要包括以下几个方面。

（1）在制度规定方面。制度规定的合法性、合理性、公开性、代表性直接影响到制度运行的稳定性。如制度规定是否符合社会发展的客观要求

[①] 彭和平、竹立家等编译：《国外公共行政理论精选》，中共中央党校出版社1997年版，第4页。

和历史趋势；是否符合制度选择和制度设计的基本要求和整体思路；是否与组织的发展目标相一致；是否符合现代科学技术和社会化生产的要求；是否经过合法的表决和程序；是否能产生较强的凝聚力或激励效果；是否代表多数人的利益；是否能够得到多数人的认同；等等。制度规定包含着组织及其制度未来发展的基因，制度规定中的缺陷将会在制度执行和制度运行的过程中逐渐显现出来，产生较多的困难和阻力，严重时会干扰和破坏制度运行的稳定性。因此，在制度执行和制度运行过程中，需要根据发现的问题，及时对制度规定的内容进行补充和完善，或者出台一些新的制度规定，以利于保证制度执行和制度运行的稳定进行及组织的各项活动持续发展。

（2）制度执行方面。制度规定一般都是公开的、透明的，甚至是经过一定的讨论、辩论程序或在考虑公众舆论的基础上形成的，所以，制度规定的合法性、合理性、公开性、代表性总体上能够达到制度稳定运行的理论要求，制度规定的文件、内容、条款等至少可以为社会和民众所接受。但是，制度规定毕竟只是文字上的规定，它能否成为现实，取决于制度执行的结果。准确地说，即使制度规定合理、合法、合乎要求，在制度执行方面也有可能出现问题。制度执行的程度和力度直接影响到制度运行的稳定性。如制度执行机构和人员是否严格执行制度规定；制度执行能否激发正气和正能量；制度执行对人们的制度观是否有积极的引导作用；在分级管理和逐级执行的过程中是否保证制度规定不走样；制度执行人员是否具备一定的履职能力和良好的个人素质；制度执行过程是否得到有效的检查和监督；各级领导者和管理者是否将工作重心从制度规定转到制度执行过程当中；制度执行的强制力是否起到应有的约束作用；制度执行是否成为组织中多数人的自律行为；制度执行过程中的违纪行为是否压制到最小的限度；等等。在制度执行和制度运行过程中，最常见的问题是有法不依，执法不严，甚至会出现知法犯法、违法违纪的腐败行为。我们在第五章曾经论述过制度执行中容易出现的九种偏差，如何在制度执行和制度运行过程中防止和纠正这些偏差，是保证制度运行稳定性的重要问题。

❖ 二、制度调控的相关问题

如上所述，在制度运行的过程中，或是由于制度规定方面的因素，或者由于制度执行方面的因素，经常会发生各种各样的问题，影响或干扰制度运行的稳定性。为了保证制度运行的稳定性和各项工作的稳定性，组织必须在努力推进制度规定和制度执行工作的同时，进行相应的调整，防止或消除影响制度运行稳定性的因素和问题，以保证组织的良性发展和组织目标的实现。这一过程就是制度调控的过程。制度调控是制度运行过程中的普遍现象，其主要内容一是保证制度规定和制度执行过程稳定进行；二是有意识地修改、补充、完善各种制度规定；三是采用各种措施纠正制度运行过程中的偏差。制度调控是维持制度正常运行的重要手段。制度调控主要涉及是否需要调控、由谁进行调控、如何进行调控三方面的问题。

1. 是否需要调控

在制度构建过程中，制度规制者们不可能预见到制度运行过程中的所有可能出现的问题，即使是考虑很周到很全面的制度规定，也会因为出现新的发展变化而出现一些新的问题，同时，人们的认识水平也有一个不断提高的过程。因此，对制度规定中的某些条款、条文甚至整个规定的修改是一种常见的现象。这是制度调控过程中的一个基本内容。另外，在制度执行过程中也会出现各种各样的问题，影响或干扰制度运行的稳定性，需要对制度执行机构的职能、制度执行机构人员的行为、制度执行的力度进行相应的调整。从宏观的、大的方面看，一定的生产关系适应一定的生产力水平，一定的制度形式适应一定的生产关系，这是制度发展的不以人的意志为转移的客观规律。随着人类社会实践活动的发展，生产力水平是由低向高不断发展变化的，原来与其相适应的生产关系将随之发生相应的变化和调整，从而引起伴随其形成的制度形式的变化和调整。从微观的、小的方面看，环境因素的变化、技术因素的变化、人员结构的变化、执行人员的素质和执行力度的变化等，常会引起组织内部结构关系、权责关系、角色关系等方面的变化，需要相应做出制度方面的调整。

2. 由谁进行调控

和制度的产生一样，制度的运行也不是一个自发的或自然形成的过程，为了保证制度运行的方向性、目的性和稳定性，需要明确谁是制度调控的主体，谁负有制度调控的责任。关于制度调控的主体和责任问题，在理论上似乎不应存在争议。在任何制度化的组织中，我们都可以划分出制度规制者、制度执行者和制度互动者三种类型的机构和人员。和自然界中的引力场、电子场、生物场都有一个核心一样，制度化组织及其制度场也有一个核心，这就是由制度规制者和制度执行者共同构成的制度主体或行权主体。他们是制度构建的主体，同时也是制度运行和制度调控的主体。制度调控的主体一般要求具备以下两个条件。①是否具有制度调控的责任。与制度构建过程和制度运行过程以及影响制度运行稳定性的因素相联系，制度调控主要是通过制度规定和制度执行两个方面的工作进行的，制度规制者和制度执行者负责制度规定和制度执行的具体工作，制度调控的责任很自然地要求由它们来承担。制度构建过程离不开制度规制者和制度执行者的作用，制度运行和制度调控过程也是如此。②是否具有制度调控的权力。制度规定的合法性要求其制定者具有法定的权力，制度执行的执行力和强制力也要求其执行者具有法定的权力。在此意义上说，负责制度运行和制度调控的主体必然是具有某种权力的机构和人员。这种权力主要表现为制度规定和制度执行过程中的决定权和话语权，如有没有提出并决定修改制度规定某些条款或内容的权力。在许多组织中，人们常常把圆桌会议或参与制看作是一种民主、平等的形式，实际上制度优势往往在掌握决定权或话语权的一方。谁有决定权和话语权，谁就在制度规定和制度执行过程中占据主导地位。另外，制度构建工作进行到一定阶段时，不仅意味着制度选择和制度设计阶段拟定的制度形式已经初步形成，而且意味着制度的作用力已经开始发生作用，形成了制度角色相互作用的、具有一定制度效力的制度场。场内的所有人员，包括制度规制者、制度执行者和制度互动者在内，在制度作用下形成了各种各样的制度关系和角色关系。其最主要的关系是制度主体或行权主体与制度客体或行权相对人之间的关系。制度规制者、制度执行者作为制度场中的制度主体或行权主体，是制度场作用力的主要来源，对制度场中制度运行和制度调控过程无疑具有主导性的作用。不同的制度化组织及其制度场有不同的制度主体或行权主体。在一个公司中，其由董事会和高管层所构成。在一个国家中，其由立法机关、行政机关和司法机关所组成。它们不仅负有构建制度化组织及其制度场的责任，而且负有按照一定方向和要求保证其稳定运行的责任。制度调控是制度主体或行权主体履行其职责的必要手段。它们必须根据情况的变化和出现的问题，在制度规定和制度执行方面进行必要的调整，以保证制度场内的作用方向不偏离既定目标，所有人员的活动、工作和行为合规有序，具有较好的制度活力和制度效力。制度调控的工作贯穿于整个制度运行的过程之中。

3. 如何进行调控

制度调控的目的是在上述两个转变过程中，保持制度执行与制度规定的一致性，制度运行与制度构建的一致性，使这两个方面形成目标一致、方向一致、内容一致、互动和谐的整体。制度构建和制度运行有复杂的社会关系和制度关系，有与之相适应的多种多样的制度形式和具体目标，有与之相联系的各种各样的制度规定、执行措施及相关的机构和人员，制度调控可以说是从小到大、从上至下，涉及组织活动和制度运行的各个方面。①制度规定方面的调控。制度调控对制度规定中的某些条款、条文甚至整个规定的修改或制定一项新的制度规定是一种常见的现象。这是制度调控过程中的一个基本内容。无论是从微观的还是从宏观的方面看，环境因素的变化、技术因素的变化、人员结构的变化、执行人员的素质和执行力度的变化等，常会引起组织内部结构关系、权责关系、角色关系等方面的变化，需要做出相应的制度规定方面的调整。我们在第五章曾经指出，有四种执行中的偏差是由于制度规定方面的原因造成的，如规定失调、自定规则、结构紊乱、机制失灵等，纠正这种偏差需要做制度规定方面的努力。另外，如果制度规定的内容不符合制度选择和制度设计的基本要求和整体思路、制度规定的具体目标偏离了组织的战略目标、现行制度规定的激励效果不高或惩罚措施力度不够、先进方法的采用或先进技术的引进需要设置新的机构和新的岗位或需要调整内部结构和职责关系等，制度规定包含着组织及其制度未来发展的基因，制度规定中的缺陷将会在制度执行和制度运行的过程中逐渐显现出来，为了解决这些问题，需要调整和完善制度规定的内容，才能达到制度调控的要求。②制度执行方面的调控。采用各种措施纠正制度运行过程中出现的各种偏差，是制度执行和制度运行过程中最常见的现象。上述有五种执行中的偏差是由于制度执行方面的原因造成的，如目标偏离、控制不当、执行不力、角色偏差或腐败行为等。纠正这种偏差需要在制度执行方面采取一些必要的调控手段。这些偏差的存在，特别是有法不依、执法不严现象以及知法犯法、违法违纪的腐败行为，将会对制度运行形成较多的困难和阻力，严重干扰和破坏制度运行的稳定性。如何在制度执行和制度运行过程中防止和纠正这些偏差，促使制度执行机构和人员严格执行制度规定，通过制度执行有效激发组织中的正气和正能量，在制度执行和制度运行过程中积极引导人们树立正确的制度观，在分级管理和逐级执行的各个阶段保证制度规定不走样，努力提高领导者和各级制度执行人员的履职能力及个人素质，对制度执行过程实行有效的检查和监督，有力打击制度执行过程中的违法违纪行为，将其压制到最小的限度，不断增强制度执行的强度和力度，等等，这些都是直接影响到加强制度调控，保证制度运行稳定性的重要问题。

三、制度调控的基本内容

在制度化的组织中，所有组织成员的分工合作构成组织活动的基本过程，制度执行、制度运行和制度调控体现的是这一过程的三个不同的方面。制度执行是贯彻执行制度规定的活动，根据制度规定的要求使所有组织成员形成一定的制度关系、角色关系和权责关系并在此基础上进行各项组织活动。制度运行是组织活动所表现出来的整体状态和实际过程。制度调控是制度执行的一种特殊形式，它的作用是采取各种具体措施纠正制度执行中的偏差和组织成员出现的各种违规违纪行为，保证制度运行的方向性和稳定性，提高制度效力和组织绩效，更好地实现组织的既定目标。概括起来说，制度调控主要是从以下三个方面进行的。

1. 制度三要素互动关系的调控

制度规制者、制度执行者和制度互动者是组织构成和制度构成的基本要素。它们三者的关系构成了制度运行和制度调控过程中的互动关系，对其他各种各样的关系起着主导的、制约性的作用。从一般的程序来说，制度规制者确定了组织的目标并通过法定程序制定了法律、法规等各种形式的制度规定，制度执行者负责各项规定的落实，制度互动者则是制度规定最终的执行者。制度目标的实现程度和组织绩效最终通过制度互动者的个体行为和个体绩效表现出来。在这一过程中，制度规制者和制度执行者既有领导和执行的关系，又有相互制衡、相互监督的关系。制度执行者与制度互动者之间的关系是管理与被管理的关系，制度执行者对制度互动者的行为和绩效有直接的组织、指挥、管理、监督和控制作用，负有维护制度运行和制度调控的主要职责。制动互动者并非只是受制度约束的、被动的执行者，他们对制度规制者、制度执行者有检查监督的权利，对他们的决策和行政行为有巨大的影响力。它们三者的关系实际上涉及制度主体与制度客体、行权主体与行权相对人之间的关系。显然，如果它们三者之间发生了矛盾和冲突，将会直接影响到制度运行的稳定性及和谐性。因此，如何维持三者之间的和谐关系，是制度调控的一个主要内容。强化制度规制者的作用可以增强制度规定的目的性和合法性，强化制度执行者的作用可以增强制度规定的执行力和制度效力，强化制度互动者的作用可以增强制度规定的合理性、公开性和代表性，三者关系的强弱变化将会引起制度运行的相应变化，适当调控三者关系是制度调控的重要方面。

从总体上看，在制度运行和制度调控的过程中，调整三者关系的历史趋势是向着民主、和谐的基本方向发展的，其中最基本的内容是制度互动者在三者关系中的地位和作用。在奴隶制国家和封建制国家中，奴隶和农民是数量巨大的互动者群体，他们在制度运行和调控过程中基本没有任何话语权。在资本主义国家中，作为制度客体或行权相对人的广大制度互动者，以投票权的形式具有一定的话语权，在制度运行和制度调控过程中有一定的影响力，与制度主体相互之间有某种程度的互动作用。在社会主义国家中，没有实行普选制，如何通过参政议政的形式增强广大制度互动者的话语权，是制度运行和制度创新的重要课题。

2. 人员和机构方面的调控

组织是为了实现某种目标将若干人员结合在一起的制度化群体。组织内部有分工，分工的基本单位是机构。制度效率和制度效果是组织发展和制度运行的基本目标之一。随着组织目标、任务量、技术条件、个人素质、竞争环境等各方面的变化，常会在人员数量和机构设置方面出现新的需求。为了追求较高的组织效率与较好的制度效果，组织需要在制度运行过程中，对人员和机构状况进行适当的调控。人员和机构调控的内容主要包括以下几个方面。①人员数量的调控。人员是构成组织的最基本的要素，在目标一定的情况下，使用的人员越少，意味着实现该目标的人工成本越低，效率越高。在保证实现组织目标的前提下，根据各种相关因素的变化，通过核定编制和岗位设置适当地控制组织人员的数量，尽量减少人工成本，提高制度效率，是制度运行和制度调控的一个基本内容。②机构数量的调控。人员的配置或人员编制是与机构设置相联系的，机构也是构成组织的最基本的要素。机构设置是根据组织目标、职能范围在组织内部按单位进行分工的结果。在一个组织实体中，人员的数量与机构设置有直接关系，如果减少机构数量，则可以相应地减少该组织的员工数量，反之，将会增加员工的数量。③管理层次和控制幅度的调控。管理层次指一个组织系统内从最低层到最高层所划分的等级或层级。控制幅度指一名上级或上级机构直接领导和管理的下级人员或下级机构的数目。如果管理层次多，控制幅度大，则会增加人员和机构数量，反之，将会减少员工和机构数量。④结构形式的调控。结构形式涉及组织内部的机构设置及其分工协作关系、职能划分和权责关系问题，主要是直线部门与参谋（职能）部门的关系或"条条"和"块块"的关系问题。结构形式的调控主要涉及组织内部直线机构、参谋（职能）机构的增减、合并及职能调整问题。这类调整除对员工和机构的数量有直接影响外，对制度效率和制度效果的变化也有直接的影响。

3. 制度形式和职能、标准方面的调控

人员和机构方面的调控主要和组织设计的内容密切相关，强调的主要是制度效率问题。制度形式和职能、标准方面的调控则主要和制度设计的内容密切相关，强调的主要是制度效果和制度场的作用力问题。为了追求较好的制度效果和较强的制度场作用力，制度形式和职能、标准调控的内容主要包括以下几个方面。①制度形式的选择和调控。如上所述，不同的制度形式有不同的效果，为了更好地实现组织的目标，增强制度效果和制度作用力，可以有意识地在制度比较的基础上，进行制度选择和制度安排。例如，为了保证产品数量，可以采用计件工资制，为了保证产品质量，可以采用计时工资制；为了加强农民的集体意识，我国历史上曾经采用过人民公社制，为了增强农民的劳动生产积极性，改革开放后普遍实行了家庭联产承包责任制；从大的形势讲，我国实行从计划经济体制向市场经济体制的转变也属于制度形式的选择和调控过程。这一过程常常和各种各样的制度改革相联系。②职能转变和职能定位的调控。职能泛指某个机构或组织所承担的工作任务、职责及其所起的作用。职能是决定授予某个机构或组织何种权力，如何设置机构，如何进行管理的主要因素和依据，如何确定职能、改变和转变职能，往往是组织改革、机构改革及制度改革的重要问题。职能方面的调控往往和机构方面的调控结合起来进行。人员和机构方面的制度调控有时是在职能不变的情况下进行的，而职能方面的调控是在原有职能发生变化的情况下进行人员调整和机构改革的，后者不仅比前者复杂，而且改革的力度更大更深入。另外一个不同点是，人员和机构方面的调控主要解决的是如何管理的问题，主要的目的是保证组织内部协调运转，有利于提高组织效率和制度效率。职能方面的制度调控，主要解决的是管理什么的问题，主要的目的是保证组织运行和制度运行的目的性和整体性，有利于提高组织效果和制度效果。以政府为例，在政府缺位、错位、越位等情况下，如果政府该管的事没管，不该管的或管不了的事去管，则不会有很好的制度效果。职能方面的调控常常和机构改革、组织改革和制度改革相联系。③标准、程序和行为方面的调控。标准、程序和行为方面的要求不仅是制度规定的基本内容，而且是制度执行过程中必须贯彻落实的具体任务。标准、程序和行为方面的调控主要体现在制度规定相关条文的修改、增删及制度执行的范围、力度相应变化等方面。"酒驾入刑"即是一个典型事例。首先,关于酒驾的处罚规定及其标准发生了变化;其次,在公检法介入的程序方面进行了规定;最后,对驾车者的行为有了新的约束和限定,提高了约束酒后驾车行为的调控力度和效果。标准、程序和行为方面的调控是组织中最常见的、普遍运用的制度调控方法。

❖ 四、政府对市场的调控作用

为了进一步说明制度调控的作用机制,下面以政府与市场的关系为例,做一个简要分析。政府和市场的关系问题是与政府职能和经济发展密切相关的热门话题,许多专家学者从各个不同的角度进行了深入的研究,制度学的概念可以为这方面的研究提供一个新的视角。

1. 政府和市场的概念

为了正确理解政府和市场的关系问题,首先要明确政府和市场的概念是什么。一般来说,关于政府的概念较为明确。政府是履行国家管理职能,负有社会公共事务管理职责的公共行政组织。政府的概念有广义和狭义之分。广义的政府是包括立法机关、行政机关和司法机关在内的所有的政权组织的统称。狭义的政府则仅指拥有行政权的公共行政组织。关于市场的定义则众说纷纭,不很明确,一些相关的说法有:市场是商品经济运行的载体或现实表现;是买卖双方进行商品交换的场所和领域;是商品生产者和商品消费者之间各种经济关系的汇合和总和;是商品流通领域一切商品交换活动的总和;是以商品交换为基本内容的经济联系方式;等等。西方经济学家普遍集中于经济活动方面的论述,对市场的经典论述较少。

在第七章关于制度场的论述中,我们已经提到,从最狭义的概念上说,市场是人们进行商品交换的场所。从制度学的概念上说,市场本身是一种制度场。市场是政府和无数个以货币为等价物进行交易活动和经济活动的买方卖方相互作用的制度场。政府和市场的关系实际上是行权主体和制度场的关系。任何制度场都是由行权主体和行权相对人构成的。行权主体是制度场的核心,负责制度场内制度规定的制定和执行,对制度场的运行和作用力方向起主导作用。在现实社会中，特别是对国内市场而言，市场内的行权主体是政府，行权相对人是买方和卖方，市场的运行是政府、买方、卖方三者之间相互作用的过程。政府负责市场规则的制定和执行，买方和卖方按照一定的市场规则进行商品生产和商品交易。他们之间的关系就像足球场中裁判和球队的关系一样。足球场也是一种制度场。场内的行权主体是监管机构和裁判，行权相对人是甲队和乙队两支进行比赛的球队。裁判负责控制甲乙双方队员的入场和比赛时间，维护场内比赛的正常秩序，规范、监督甲乙双方队员的比赛行为，对双方队员的违规行为进行处罚，监管机构负责全场监管和终审判决等。在市场经济条件下，市场是一种制度场，政府类似于监管机构和裁判，有全面监管的机构和具体监管的机构，买方和卖方类似于甲乙两支球队，只不过在制度场内有无数个球队在角逐，他们的经济活动和经济行为统一处于政府的监管之下。政府和市场的关系可引申为政府和制度场的关系。市场内的制度关系具体体现为政府和买卖双方的关系。政府是制度场内的制度主体或行权主体，数量庞大的买方卖方构成制度场内的制度客体和行权相对人。他们彼此之间存在着不同的制度关系和角色关系，并且形成了相互影响相互作用的强大的制度场作用力。

2. 市场是否需要调控

市场表面上看是商品交易的场所，实际上是某个国家或某个地区包括生产、交换、分配、消费等各个环节在内的所有经济活动的最集中的表现。市场的良性运行和健康发展是否需要调控，涉及以下三个最主要的问题。

(1) 买卖双方能否自己进行公平交易。许多经济学家已经对此做了充分论证，认为在市场经济条件下，光靠买卖双方不能做到公平交易。自由市场经济是以私有制为基础的，私人劳动和私人生产的利己性决定了买卖双方的任何一方都将会不择手段争取实现自己的最大利益，甚至不惜损害对方利益以实现自己的最大利润。没有维持公平交易秩序的第三方的存在不可能做到公平交易。

(2) 市场能否有效配置社会资源。从制度学的概念看，市场只是一个

第十章 制度构建、运行与创新

空间概念,不是一个主体,更准确地说,社会资源能否有效配置的问题应与制度场中制度主体和制度客体的市场行为或制度作用力有关,市场自身不可能有效进行社会资源的配置。资源从狭义上说,指石油、煤炭、森林、草原等自然资源;从广义上说,指包括自然资源和社会资源在内的所有社会经济活动中人力、物力和财力的总和。资源是社会经济和市场经济发展的基本物质条件。许多专家学者指出,在市场经济条件下,由于每一个生产者的目的是获得更多的资源,实现个人利益的最大化,他们盲目竞争和盲目生产,必然造成生产过剩的经济危机,这是以社会资源的巨大浪费为代价的。即使是在现代科学技术高度发达的情况下,某些大型企业可以全面了解市场中的供求关系,减少生产的盲目性,但是他们可能为取得竞争优势,仍然会大量增加产能以压垮竞争对手,这是一种竞争性的耗费资源现象。在以私有制为基础的市场经济条件下,生产者考虑的只是自己所能掌握的社会资源而不是整个社会所有的社会资源的有效配置。因此,在私有制基础上发展起来的市场经济不可能自发地实现自然资源和社会资源的合理利用和最佳配置。资源的稀缺性、有限性决定了任何一个国家都必须通过一定的调控方式,争取实现自然资源和社会资源的有效利用和最佳配置。

(3)市场能否自发进行合理调节。资本主义市场经济的发展证明,维持供求关系的平衡是市场经济良性运行的基本条件,如果社会的总供给和总需求严重失衡,将造成社会经济和市场经济发展的剧烈动荡。以利润最大化为目标的私营企业激烈竞争、盲目扩大生产的必然结果是造成产能过剩的经济危机。没有一种外在力量的调节,市场经济不可能自发地达到供求关系的平衡和良性运行。企业之间盲目竞争的结果使它们不可能按照市场的"实际"需要优化生产要素组合,实现社会生产和社会需求的衔接。

自由市场经济理论的创立者亚当·斯密认为,社会分工有利于提高劳动效率和生产效率,有利于确立市场竞争中的绝对优势。私人劳动者或私人生产者以个人利益最大化为目标,通过推动自由市场的发展有利于整个社会的发展。因此亚当·斯密主张,政府不要对市场经济发展进行过多的干预，甚至不要去干预。在自由市场经济中，企业一般是把市场价格的涨落作为了解市场供求关系变化的市场调节的信号。当某种商品的价格上涨时，原有的生产商会加大生产规模，其他领域的生产商也会向该商品的生产投资。反之，将会出现减少生产规模和转移投资的情况。问题在于，从资本的投入到产出要有一个过程，在这个过程中，生产方彼此之间不知道未来将会有多少新的投资商和多大的新追加的生产规模，由于资源和市场需求的有限性，生产过剩和经济危机的出现是必然的。在这个时候，生产商所做出的调节是以资源的巨大浪费、个人投资的惨重损失和经济发展的剧烈震荡为代价的。如果把市场比喻为一个有一定容量的蓄水池，自由市场经济的发展只适用于刚往蓄水池注水及容量空间较大的阶段，当蓄水池中的水量达到一定的限度时，如果追求私人利益最大化的生产商们继续盲目地注水，带来的不是社会利益最大化的结果，而是破坏社会经济和市场经济发展的灾难。这样就需要有一个第三方来调节进水和出水的流量，控制蓄水池内的水位，保持进水和出水的平衡。因此，目前的问题不是市场是否需要调控，而是由谁进行调控和如何进行调控。

3. 市场由谁进行调控

根据以上论述，市场只是一种在买方和卖方相互作用的基础上形成的制度场。政府与市场的关系不是两个行为主体之间的关系，严格地说，政府与市场的关系实际上是政府与制度场的关系。任何制度场都是由行权主体和行政相对人构成的。在市场这个制度场中，政府作为行权主体是从广义的概念来理解的，它包括以立法机关为主的制度规制机构和以行政机关、司法机关为主的制度执行机构，行权相对人则由无数个买方和卖方所构成。市场中最基本的关系是买方和卖方的交易关系，政府以法律、法规等制度规定的形式通过制度执行的强制力构建并维持着市场关系的制度构型。因此，没有政府就没有市场，市场不可能脱离政府的作用而独立存在。政府制定了市场中买卖双方公平交易的规则，并用国家机器的强制力量引导和约束买卖双方的交易行为，维持市场制度运行和交易秩序。毫无疑问，政府是市场的调控者。

西方经济学家关于市场经济的一个基本理论是，买卖双方进行交易的前提是确认彼此之间进行交换的商品的私人产权,只有在这个基础上才能确认买方和卖方是否具有商品的转让权。在计划经济体制的条件下,由于不存在私人产权,所以只有产品交换而没有商品交换,市场只局限在个人消费品的很小的范围内。那么在市场经济条件下,由谁来确认私人产权或商品的转让权,或者在买卖双方关于商品的产权存在争议时由谁来进行裁决,解决不了这个问题,就不可能形成正常的市场运行机制。显然,这个责任既不能由买方也不能由卖方来承担,只能由既不代表买方也不代表卖方的中立的并有巨大强制力的第三方来承担。这个第三方就是政府。按照西方经济学的阿尔钦定义,"产权是一种通过社会强制而实现的对某种经济物品的多种用途进行选择的权利"。这是一种属于个人的私有产权,它可以与他人进行转让,彼此换取所需要的原属于他人物品的同样的权利。私人产权的有效性首先取决于政府的强制性的力量,其次才归结为伦理道德规范的作用。美国经济学家巴泽尔创立的国家理论同样论述了这一观点。他认为,国家起源于第三方介入,即起源于人们产权交易过程中实施协议的需要,国家是使用暴力实施交易合约的终极第三方。西方国家的制度经济学理论在将制度的概念引入经济学领域时不可避免地会涉及政府对市场的作用问题。

4. 市场调控的理论

关于政府对市场的调控问题,西方经济学一直存在着两种截然相反的理论。一种是以古典经济学和新古典经济学为代表的放任自流的经济自由主义理论,认为在自由竞争的条件下,"一只看不见的手"通过价格机制使经济自发地达到均衡,"资本主义制度可以通过市场力量的自动调节达到充分就业的均衡"。该理论认为政府的干预会破坏市场的自动调节机制,主张"自由市场、自由经营、自由竞争、自动调节、自动均衡"。一种是以凯恩斯主义为代表的政府干预理论,认为经济不能自动调节达到均衡,国家可以利用财政政策和金融政策通过增加需求应付经济危机,维持经济的稳定和增长。凯恩斯主义主张政府在萧条时期实行扩张性财政政策,在通货膨胀时期实行紧缩性财政政策。这一理论在20世纪被认为是应对经济危机的灵丹妙药。但自2009年发生欧债危机后却受到了普遍质疑。总体上说，西方经济学家并不否认政府在经济活动中的作用，如亚当·斯密认为政府是守夜人，弗里德曼认为政府是规章制度的制定者和仲裁人，阿尔钦和巴泽尔认为政府是产权制度的确立者和保护者。关于政府对市场的作用，可能存在着一个表述问题，经济自由主义理论反对政府干预但并不否认政府对市场的作用。例如，没有一个经济学家会反对政府具有运用财政政策、货币政策或税收政策的职能，亚当·斯密认为，在国防所必需的特定产业和给外国产业征税以奖励国内产业方面，政府是有适当作用的。按照这种理解，具有上述职能的政府对市场的作用是无时不有、无处不在的。

5. 政府的调控作用

从历史的发展过程来看，应该是先有交易，后有市场。在原始人偶然地进行物与物的交换时，产生了交易行为和交易关系，但是还没有形成市场，这个时候进行的交易是真正的放任自流的。市场是在交易过程中伴随着第三方的出现而出现的。只有在第三方划定了一个场地作为交易场所，并制定了一定的规则对买卖双方进行管理时，才形成了真正意义上的制度化的市场，这时候进行的交易已经是制度约束下的交易而非放任自流了。这个第三方就是政府，对市场进行调控是政府的一个重要职能。对自由市场理论来说，放任自流的或自由的交易和与之有关的经济活动，应是指买卖自由、经营自由和投资自由。用亚当·斯密的话来说，在这些经济活动中，"每一个身临其境的人都能做出比政治家或立法家更好的判断"。[①] 因此，亚当·斯密认为，政府不要对这些经济活动进行管制，也就是自由市场理论所反对的政府干预。政府作为制度场的行权主体，在市场中的作用表现在以下几个方面：①制定和执行市场的制度规定，构建市场的制度体系；②适当调整政府、买方、卖方之间的制度关系，奠定市场良好运行的基础；③确定和保护买卖双方商品的所有权或产权；④确保买卖双方商品交换的公平性；⑤监督买卖双方的交易行为和经济行为，纠正和处罚各种违规行为；⑥运用财政、货币、税收等政策，适当调整市场中的供需关

---

① [英] 亚当·斯密著，唐日松等译：《国富论》，华夏出版社，2008年版，第213页。

系，防止经济发展失调和动荡；⑦在市场发展和资源配置方面发挥积极的引导作用；⑧引导和调控国内经济发展的方向和速度，适当调整不同行业、不同领域发展的比例关系；⑨维护国内市场的稳定和秩序；⑩调节、处理国际贸易和国际经济纠纷问题，等等。政府对市场进行调控是一种正常现象，是政府的一项重要职能。问题的关键不在于政府该不该对市场进行调控，而是如何通过调控保持市场正常运行才是适当的和合乎需要的。政府调控市场有行政的、法律的、经济的、政策的等各种手段，可在不同的情况下进行适当的选择。

对于一个发展中国家来说，政府对市场的调控作用具有非常重要的意义。特别是在国际市场中，任何国家的企业发展，都离不开政府的政策支持和制度支持。如果我们把每一个国际贸易市场或每一个跨国经济组织看作是一个制度场的话，其中必然存在着一个制定并执行市场规则的制度主体，在整个市场运行中处于主导地位。在这方面，各国政府有不可替代的作用。例如世界银行是一个规模巨大的国际性金融机构。其股东是世界银行的成员国，由各成员国的财政部长或计划部长组成的理事会是最高决策机构。理事会每年开一次会，大部分权力下放给执行董事会。美、法、德、日、英等拥有股份最多的国家，各任命一名执行董事，其他所有成员国按分组或选区另外选举出19名执行董事。董事会一般每周开两次会讨论决定世界银行业务。美国在世界银行中拥有的股份最多，世界银行行长按照传统由美国公民担任。美国在世界银行中还有特别提款权和一票否决权两项特别权力。我们可以看到，按照上述制度安排，世界银行的决定权和话语权实际上逐步集中到少数国家政府或其代表手中。这些国家的企业和经济发展可以诉求于本国政府或董事会及高管层的本国代表，而中小国家只能诉求于本国政府。如果将政府的经济调控职能排除出去，中小国家的企业和经济发展在国际性的贸易组织中实际上失去了决定权和话语权。因此，对于发展中国家和中小国家来说，无论是在国内市场上还是在国际市场上，政府的经济调控作用只能加强不能削弱。

第四节 制度创新

保证制度的稳定运行和适当调控并不是组织的唯一目的，对于一个公司或一个国家来说，要想取得新的发展，必须不断地从制度上进行创新。制度创新是组织结构和制度构型的更替，是组织发展获得新的生命力和持久活力的动力来源。"制度创新"一方面指制度本身的创新，使制度本身保持先进性，具有新的生命力和持久活力；另一方面指用制度的力量推动创新，抢占在各个领域具有核心竞争力的制高点。制度创新的目的是使一个组织具有强大的竞争力，使一个民族或一个国家位于世界发展的最前列。制度创新不仅仅是构建一种新的制度构型，而且是创立一个完整的制度体系，需要在各个方面不断地补充和完善。因此，制度创新不是一朝一夕、一时一事的事情，它是一个和制度运行、制度调控交织在一起的持续进行的过程。

一、制度创新是发展的基本动力

从某种意义上说，人类社会是一个在不断创新的基础上不断发展起来的社会，不仅在生产活动、科技活动、文化活动等社会活动的方方面面是如此，在制度构建和制度运行方面也是如此。制度运行和制度调控是在现有的制度体系和制度构型的框架中进行的，制度创新则不同，它不是对原有的或现有的制度形式或制度构型进行复制或模仿，而是创立一种新的、以前所没有的制度形式或制度构型。制度创新主要表现在以下几个方面。

1. 生产关系和制度形式的更替

一定的制度形式是与一定的生产关系相联系的，有什么样的生产关系

第十章
制度构建、运行与创新

就会有什么样的制度形式与其相适应。生产关系的变化是推动制度创新的主要原因,生产关系的变化引起的制度形式的变更是制度创新的主要内容。人类社会的历史表明,社会生产力的发展必然推动生产关系变革的要求,从而必然推动与现有的生产关系相联系的制度形式及制度体系的变革要求。最早感悟到这种变化并在制度层面做出相应改革的组织或国家是制度创新的先行者。它们必然可以率先形成一种新的生产关系、制度关系去推动先进技术、先进工具、先进方法、先进手段等的运用,必然会增强自身的核心竞争力和社会经济实力,解放并推动社会生产力的发展,从而比其他组织和国家具有更大的竞争优势和发展优势。在历史发展的长河中,奴隶制的国家取代原始公社制的部落后,被封建制的国家所取代,很多封建制的国家在经过几千年鼎盛时期后,又被新兴的资本主义制度的国家所征服,沦落为殖民地或半封建半殖民地的国家。第二次世界大战后,又产生了以公有制为基础的社会主义国家。生产关系的变化所引起的制度创新,标志着人类社会从低级阶段向高级阶段的发展。

2. 组织构成形式的创新

一定的制度形式是与一定的组织实体相联系的,当由于引进了某种新的技术或为了增强制度效力而采用某种新的制度形式时,也是一种制度创新。无论是在农业、工业、商业等生产领域还是在教育、科技等文化领域,我们都可以清晰地看到,在新的科学技术和新的要求的推动下,存在着与组织构成形式相联系的制度创新的主要线条或发展脉络。例如,一家原先以劳动密集型生产为主的企业引进了一条自动化的生产线后,将会相应进行制度创新,改变原有的组织构成形式。这种现象在企业界是非常普遍的。

3. 领导、组织或管理方法的创新

从制度学的角度看,制度是领导、组织、管理的第一要素,也是领导、组织、管理的基本方法和重要手段。不同的制度形式有不同的效率、效果和制度场作用力。为了提高工作效率和组织绩效,许多组织常常把制度创新作为提高领导、组织、管理水平的基本途径。这方面的制度创新不像前两种创新一样,对现有的制度构型和具体的组织构成形式进行根本的

或较大幅度的改革或变更，而只是在制度规定或制度执行的某些方面进行局部的调整或创新。在企业或公司内部的人事制度、工资制度、招聘制度、考核制度等方面的改革中常会看到这种情况。领导、组织、管理方法的创新虽然变动幅度不大，如果运用得当，也会取得较为明显的效果。足球阵型是足球队员按踢球位置排列的组合方式，不同的阵型具有不同的攻守效果。在19世纪60到70年代，常见的足球阵形是1+1+9和1+2+2+6阵形，以后逐步演变出1+3+2+2+3阵形、1+4+2+4阵形、1+4+3+3阵形等，在漫长的时间里先后出现了许多不同的阵形，每一种新阵形的采用都曾带来令对手生畏的攻守效果。

二、制度创新是一种渐进过程

有些领导者和管理者认为，制度就是政策、规定或规则，完成了法律、法规或政策规定、出台公布这一套工作就构建成了制度。他们对制度创新同样也持此种态度，制度创新的努力仅仅局限在制度规定的修改、补充、完善方面。我们说，制度始于规定，成于执行，制度创新也是一样。制度创新意味着出台新的制度规定，相应有一套新的制度执行要求和具体措施。有时，制度创新本身即是一种新的制度的构建工作，有时，制度创新是在原有的制度体系内在某些方面进行局部的改革和创新。无论是哪一种情况，制度创新都是一种渐进的、持续发展的过程。制度创新过程的渐进性表现在以下几个方面。

1. 新制度的构建

制度构建本身有两种类型，一种是复制或模仿旧有的制度形式构建一种组织实体，如某一家大型连锁店在全国各地按某种固定模式创立分店，它不需要制度方面的创新，只要按照已有的制度规定、组织结构、操作程序等就可以很快地成立起来并投入运行。一种是采用新的制度形式，而不是复制或模仿某种旧有的制度形式构建一种新型的组织实体，这种类型属于制度创新的过程。在这种情况下，制度创新的过程完全遵循着制度构建的步骤逐步展开。也就是说，制度创新的过程要经历制度选择、制度设计、制度规定、制度执行四个发展阶段，每一个阶段都要花费相当多的时

第十章
制度构建、运行与创新

间和精力,甚至还需要做某种试点或试验工作,因此是一个循序渐进的过程。

2. 制度体系的完善

在创建一个新的组织制度或一个新的国家制度时,制度创新的目标不仅仅是构建一种单一的制度形式,而且是构建一种由多种制度形式构成的复杂的制度体系。如构建公司或学校等组织实体时,不仅所要构建的关系复杂多样,如领导关系、管理关系、工作关系、权责关系、分配关系、监督关系等,而且所要构建的制度形式也是复杂多样的,如领导制度、生产制度、激励制度、工资制度、考核制度、招聘制度等。这些关系及其相应的制度形式的构建,要经过一个循序渐进的,不断充实、完善的过程。

对于构建一个规模庞大的制度体系来说,每一个制度分支都可能是一个复杂的制度体系,制度创新的问题则更为复杂。更为重要的是,要使新构建的制度体系发挥更好的制度效力和良好运行,是以制度体系的整体性或完整性为前提的。对于一个公司来说,在激励制度、工资制度、考核制度等诸多制度形式中,如果缺少某种制度形式或某种制度形式有缺陷,都会影响整个制度体系的整体效力。对于市场经济体制来说,缺少某种制度形式或某种制度形式有缺陷,如信用制度、商品质量检查制度等,都会影响整个市场的管理和运行。

制度创新还有一个在各个方面不断深化的问题。因为是创立一种新的制度关系和制度形式,在制度设计和制度规定阶段不可能充分考虑到制度创新过程中的所有问题,因此需要结合制度执行过程中出现的情况,在各个方面不断地进行改革和完善。同时,某项新的制度确立后,如何将各项制度规定具体落实到基层,如何在文化理念、制度认同方面引起相应的变化,如何加强人们的制度意识、法律意识、角色意识等,也是一个不断深化的、循序渐进的过程。

3. 局部制度的创新

如上所述,制度创新除了构建新的制度形式及新的制度体系外,还有一种在原有的制度体系内局部创新的情况,如采用新的组织构成形式或在制度层面采用新的领导、组织、管理方法等。有些局部制度的创新,虽然只是制度体系的一部分或只是一个分支，但实际上也是一个相对独立的制度体系或制度场，改革的力度、规模、牵扯面都很大，这种局部的制度创新本身也是一个新的制度体系的构建过程。例如政府和企业的信用制度是整个市场经济体制的重要组成部分，它的构建过程虽然属于局部制度创新，但本身即是一种非常复杂的制度体系的创新。我国自 2014 年 10 月 1 日起开始执行《企业信息公示暂行条例》（以下简称《条例》），《条例》要求企业真实、及时公示信息，构建"一处违法、处处受限"的信用约束机制促进企业诚信自律。《条例》建立了企业年度报告公示和即时公示制度，明确企业年度报告的报送时间、公示程序、公示载体和公示内容；建立了政府部门的企业信息公示制度，要求工商行政管理部门和其他政府部门，公示其在履行职责过程中产生的企业注册登记、备案、动产抵押登记、股权出质登记等信息；建立了经营异常名录制度和严重违法企业名单制度，被列入经营异常名录或者严重违法企业名单的企业，在政府采购、工程招投标、国有土地出让、授予荣誉称号等工作中将被予以限制或者禁入。此外，为鼓励企业重塑信用，还建立了信用修复制度等。

由于制度体系是一个由许多制度形式构成的相互作用相互联系的制度场，某些局部的制度创新常会在制度体系内引起连锁性的或连环性的反应。某种局部制度的创新将会引起一个或多个相关制度的创新要求，形成整个制度体系的创新。需要特别注意的是，在这种情况下，如果处理得不好或控制失当，也有可能引起整个制度体系的失灵和动荡。戈尔巴乔夫在苏联推行的政治体制改革即是一个明显的例子，其最初在政治体制方面进行的改革，最终结果导致了苏联制度体系的崩溃。局部制度的创新过程是和制度运行、制度调控的过程交织在一起进行的。在局部的制度创新过程中，始终要注意通过适当的制度调控保持整个制度运行和制度体系的稳定性。

◆ 三、制度创新是抢占制高点

在现代社会中，企业发展要抢占技术、人才的制高点，才能具有强大的核心竞争力；军队打仗要抢占尖端武器的制高点，才能具有压倒性的军

第十章
制度构建、运行与创新

事实力;组织和国家的发展要抢占制度的制高点,才能具有旺盛的、持续发展的生命力。制度创新的目的是抢占制度的制高点,并在此基础上依靠制度的力量去抢占各个领域及各行各业的制高点。

1. 制度领先和制度创新意识

制度构建和制度创新应有一个明确的目标,即是抢占制度的制高点。为了做到这一点,制度创新应成为一种文化或自觉意识,制度领先和制度创新意识是一切制度创新和社会变革的先导。一个具有制度领先和制度创新意识的民族和国家,可以使民族和国家的发展建立在制度的制高点上,因而具有旺盛的生命力和无限的发展潜能。历史的发展证明,谁抢占了制度制高点,谁就能引领整个世界。失去了制度的制高点,则将处于停滞、落后甚至被动挨打的不利地位。200年前,中国是一个强大的国家。自认为自己的制度是最好的,没有制度发展、制度领先和制度创新的意识和动力,甚至实行了长期的闭关锁国政策。当时,西方国家正处在制度选择的发展阶段,它们可以选择效仿东方国家的制度,也可以按自己的理念选择制度领先和制度创新之路。历史证明他们的选择是正确的,他们创立了一种世界上从来没有过的制度,并经过不断的完善把它推向极致。现在情况发生了变化,西方国家自认为自己的制度是最好的,缺乏制度发展和制度创新的意识和动力。虽然有一点不同的是,它们执行的不是闭关锁国的政策而是到处推行其制度的政策,但是其实质和当时的中国是一样的。它们没有意识到它们的制度并不一定永远是领先的、并不一定是永远代表或唯一代表历史发展的必然趋势的,当他们觉得自己的制度是最好的制度时,其实是在封闭自己未来的制度创新之路。

不仅民族和国家的发展需要具有制度领先和制度创新意识,企业、学校、社会团体等各种制度化组织也是如此。现今世界上的五百强企业,都有自己处于领先地位的特定的制度文化和制度体系,它们的发展过程是一个不断进行制度创新的过程。在制度创新过程中,制度领先和制度创新意识表现在以下几个方面。①制度选择方面。在进行制度选择时,应具有制度的领先意识和创新意识,明确所选择的制度形式是否是一种先进的、在同行业中领先的或代表历史发展趋势的制度形式,如果在现有的制度工具箱中，没有适当的制度形式可供选择，应该具有根据实际情况创建新的制度形式的意识；②制度设计方面。在进行制度设计时，应根据选定的制度形式的目标要求，进行制度创新的整体设计，在组织结构设计和制度效力设计方面也要有制度领先和制度创新意识；③在制度规定和制度执行方面。在制度规定和制度执行阶段，一方面要按照制度选择和制度设计的目的和方向，制定制度规定的详细内容并通过制度执行过程贯彻落实。最重要的是，制度执行过程本身是制度创新渐进性的过程，需要按照既定的目标和方向持续不断地努力，在遇到新的问题时，不是左右摇摆或向后倒退，而是在制度领先和制度创新意识的引导下，继续寻求新的制度创新方案，不断攀登制度的制高点。

2. 制度创新的关键是方向选择

要具备制度领先和制度创新意识，最重要的是，要明确什么样的制度具有制度优势，即明确什么样的制度是先进的，是有发展前景和竞争优势的。当某一个国家或某一个民族在遇到这样的问题并需要做出制度选择的时候，必然是处于一个目标和方向选择的历史发展的关键时刻。

（1）方向选择的例证。制度选择正确与否，关系到一个民族或一个国家未来发展的历史命运。一是美国的例证。1787年美国正处在制度选择的十字路口上。他们既可以效仿中国等东方国家的中央集权制度，也可以效仿欧洲等许多国家所实行的君主立宪制度。但是他们最终的结果是从具体的国情出发，开创性地确立了资本主义国家的"三权分立"的议会制度。他们的经验说明了一点，学习别人的经验，不是为了照搬，而是为了创新。没有创新，就没有美国宪法和现在的美国。二是我国的例证。一百多年前，曾经强大的中国变成了一个弱小的、备受欺凌的国家，处在制度选择的历史关头。当时有三种制度选择的方向：一种是坚持封建帝制，一种是效仿西方资本主义国家的议会制度，另一种是走社会主义制度的创新之路。历史证明，中国的制度创新之路是可行的，也是正确的。成立社会主义新中国是中国历史上的一个伟大的创举。在这种新型制度下，社会的巨大进步和经济发展的巨大变化是世界瞩目的。仅仅在一百多年前，我们的国家还是一个实行封建帝制的半封建、半殖民地国家。中华民族从一个

第十章 制度构建、运行与创新

强盛的民族迅速衰落为一个丧权辱国、经济落后、民不聊生、任人宰割的民族，是社会主义新中国使中国人民站了起来，而且迅速发展为在世界上受到重视的、有巨大政治影响和较强经济实力的国家。新中国成立以来的快速发展和取得的巨大成就，包括那些敌视中国的政治势力也并不否认。

（2）历史的机遇。上述例证还说明了一个问题。由于制度发展的客观必然性，制度选择和制度创新要具备一定的历史条件，一般发生在生产关系强烈要求产生新的制度形式的时期。抓住了这个历史机遇，确定并坚持了正确的制度选择和制度创新之路，就能使一个民族或国家获得迅速发展，否则，将错过这个历史机遇，走上一条坎坷不平的发展道路。今天，我们的国家又处在制度选择的历史关头，和过去一样，现在也有三种制度选择的方向：一种是恢复"文革"前的制度，一种是彻底效仿西方国家制度，另一种是继续走建设有中国特色的社会主义的制度创新之路。"文革"前的制度，既有成功的经验也有失败的教训，但是回头路是不能走的。效仿西方国家制度，在一百年前没走通，一百年后的今天继续走这条路同样走不通，伊拉克、利比亚、埃及、阿富汗所发生的事情，每一个中国人都是不愿意经历的。苏联效仿西方国家制度的结果，是一个国家的解体，也是我们每一个人所不愿意看到的。最重要的是，西方国家当时选择的是代表历史发展趋势的国家制度，这种新的制度形式使资本主义国家获得推动社会经济发展的动力。新中国的开创者所选择的制度是在新的历史时期代表历史发展趋势的制度形式，制度的先进性、优越性是有目共睹的。

（3）制度创新精神是根本。西方国家的制度是应该学习的，但学习的目的不是照抄照搬，而是洋为中用，推陈出新。现在遇到的一个重要问题是，社会主义是一种新型的社会制度，社会主义国家的发展没有一种现成的答案。从目前的情况来看，社会主义国家的发展有成功的经验，也有失败的教训。但是，人们在思想上容易产生一种偏差，即用失败的教训来否定成功的经验，并进而否定社会主义道路的制度选择。实际上，如果进行认真的分析，在资本主义国家发展的历史过程中，也充满了成功的经验和失败的教训。但是作为当时条件下先进生产力和生产关系的代表，创立资本主义国家的先驱们不是去当时还处于鼎盛时期的强大的封建制国家学习、取经或效仿，而是根据自己国家的国情，按照自身发展的方向不断地进行创新。

我们向西方国家学习的，不仅仅是他们现有的制度规定和制度内容，还是他们开创一个国家的制度创新的意识和精神。当一个国家比较落后时，其国民常会有两种完全不同的表现：一种是崇洋媚外，"国外的月亮比国内圆"；一种是洋为中用，"师夷长技以制夷"。这两种不同的制度观决定了两种不同的民族命运和国家命运。只有后一种人可以为国家带来发展昌盛的希望。有一点需要说明的是，"师夷长技以制夷"中的"长技"，我们应有新的理解，不能把它仅仅理解为新的科学技术。从制度学的观点看，光靠科学技术是不能强国、救国、治国的。从中国发展的道路来看，满清王朝后期，从西方国家引进了一定的科学技术和军事技术，但是仍然避免不了丧权辱国的屈辱命运，制度落后是一个致命的原因。西方国家真正的、根本的"长技"在于"制度创新"。他们在当时的世界中，创立了一种前所未有的国家制度。事实证明，这是一种在当时条件下代表历史发展趋势的、具有强大生命力的制度，它可以有效整合国内的各种因素，推动科学技术以及工业、农业、教育、国防各方面的发展。我们不仅要学习西方国家的先进技术，还要学习他们的制度创新精神。历史是不断前进的，制度是有时空性的。历史发展到今天，西方国家的制度创新精神已经逐渐走向反面了。当一个人说自己的东西是最好的东西时，意味着他已经走到顶峰了，没有发展了，不想发展了。西方国家也是这样，它们现在认为自己实行的制度是最好的，其制度框架是不会有根本的变化了，"天不变道亦不变"了，并且在世界各地强制推行它们的制度。但是，它们在非洲、亚洲等国推行其制度的结果证明，给当地人民带来的是灾难而不是福音。它们所推行的制度是值得推敲的，它们历史上的制度创新精神是值得学习的。

3. 制度创新以理论创新为先导

制度创新的方向性选择以理论创新为依据。

（1）理论创新的指导性。制度创新不是盲目选择的过程，必须以理论创新为先导。理论的指导性在于，它指出了一个方向，但具体的道路要靠

第十章

制度构建、运行与创新

实践一步一步来走，在制度创新过程中，实践中的每一步都是一个创新的结果。西方国家在制度创新的过程中是有一整套理论为指导的，理论的源头甚至可以追溯到古希腊和古罗马时期。西方国家的政治理论、制度理论有一个特点，每到一个历史发展的重要时期，都会产生一些新的思想流派和代表人物，可以说是有一种独立思考、敢于创新的传统。即使在今天，虽然其制度理论已经局限在一个大的政治制度的框架中，但在政治、经济、文化、科技等各个领域，一个一个学术派别的产生仍有推动社会经济发展的作用。在我国的政治思想理论领域，有一种传统是把先哲的理论奉为圣典或至理名言，后人很少质疑也就很难超越。特别是在几千年的漫长的历史发展时期，政治理论、制度理论基本局限在封建制度的大的框架中，因此在制度创新和理论创新方面一直没有突破性的进展。现在发生了一个很有意思的历史现象，过去我国的制度理论长期禁锢在一个大的政治制度的框架中，现在不仅突破了原有的政治制度框架，而且突破了较高一级的资本主义制度的政治制度框架，开始探讨更高层级的社会主义制度的制度框架问题。而西方国家的制度理论现在禁锢在资本主义制度的制度框架内难以起到理论先导的作用了。在制度创新和理论创新方面，建设有中国特色的社会主义理论体系应是一个重要的研究课题。

（2）"盲人摸象"的故事。在理论研究领域有一个现象，理论的产生是有时空性的，理论的应用或适用性也是有时空性的。凡是固守于、局限于某种空洞理论或僵化结论的人都将偏离或远离人类的社会实践过程。真正先进的、推动历史发展的理论都是在已有理论的基础上吸取精华、推陈出新、博采众家之长的结果。在这方面，盲人摸象的成语故事是最形象的比喻。每一个盲人都认为自己摸到的是象的最真实的存在，都声称自己的描述是最客观的，都坚信自己的理论是最全面的。但是，他们所摸到的、描述的、确认的都是一个真实客体的局部。可能有一个盲人，他没有亲自触摸到大象，但是他在聆听、学习、借鉴、整合所有摸象盲人的描述的基础上归纳、概括出象的整体形象。这样的盲人才是推陈出新、理论创新的大家。理论创新和制度创新也是一样，一个国家如果能够把许多国家包括自己国家的制度方面的优缺点客观地进行总结，吸取精华，推陈出新，设计出一个符合本国文化和制度因素的新的制度方案付诸实施，并在实践过程中不断加以改进，必将会成为一个制度先进、生机勃勃、实力强大的国家。同时需要强调的是，理论创新和制度创新的基础是非常重要的。在贫瘠的土地上和在肥沃的土地上耕耘，收获必然是不一样的。私有制和公有制就是两种不同的制度土壤，种庄稼的技术是可以学习的，先进的生产工具是可以引进的，但是原有的土壤是不能随便破坏的，一旦破坏了就很难恢复，伊拉克、埃及等国家就是个例子。另外，土壤不同，引进的技术和方法的效果也不同，也需要进行认真的考虑和选择。我国现在正处在一个如何发展的十字路口，是沿着建设有中国特色的社会主义道路继续前进，还是全盘西化、完全仿照西方国家的制度，这是一个决定民族和国家命运的方向性问题，也是理论创新和制度创新面临的一个新的课题。

第五节　制度和制度创新的作用

本书的写作从论述制度的作用开始，现在再以论述制度的作用作为结束。本书的研究在于引起读者对制度问题的兴趣和关注，我们生活在制度之中，制度不仅影响我们的思想和行为，而且影响我们的家庭、组织和国家。我们的生活和工作离不开制度，我们必然受制于某种制度。但是，我们在制度面前并不完全是被动的，我们已经认识到，制度是可以选择的，也是可以创新的。我们研究制度和制度创新的目的，是因为它对实现组织的目标，推动社会经济的发展有十分重要的作用。

❖ 一、实现目的的手段

在我们强调制度和制度创新的重要性时，有一点必须指出，制度和制

第十章

制度构建、运行与创新

度创新并非是目的，它们只是我们用来实现某种目的的手段。当我们确定了一个目标，并且需要发动一些人员来实现这个目标时，就需要借助制度或制度创新的手段了。我们一是需要通过一定的制度形式把这些人组织起来，二是需要选择一种更有效的制度形式，使这一群人组织在一起更好地发挥出整体效力。

1. 目的和手段的关系

我们所确定的目的是多种多样的，可供选择的制度形式也是多种多样的。在很多情况下，当没有现成的、可供选择的制度形式时，成功的人属于那种能够创建一种新的制度形式的人。当人们没有制度意识的时候，一般不会主动去关注制度构建和制度创新问题，但是当意识到制度的重要性时，可能会走向另一个极端，把制度构建和制度创新作为自己所追求的目的。在实际生活中，把手段当作目的的事例是很多的。例如，"民主"只是一种制度形式，而"平等"则是制度的内容，自古以来"平等"是人类实现美好理想的目的之一，"民主"可以作为追求"平等"的一种手段，当人们认识到"民主"的重要性时，容易出现一种倾向，即把"民主"作为追求的唯一目的。但是，"平等"的含义比"民主"的含义深刻得多。"平等"指的是人们在自然资源、生产资料、社会资产的占有和分配方面以及在与之相适应的政治地位、社会地位、经济地位方面处于同一水平。以民主为特征的制度形式，并不能从根本上解决平等问题，正如古罗马的元老院选不出代表奴隶的执政官一样。当人们把"平等"作为追求的目的时，"民主"只是可供选择的制度形式之一，但不是唯一的制度形式，更不是制度构建和制度创新的目的。为了实现"平等"，在生产资料所有制方面，在社会资产的分配方面，在男女之间社会地位与经济地位方面等，都有许多需要人们在社会实践活动中构建和创新的制度形式。在人们的社会生活和社会活动中，还有许多与普世价值相关的目的，如"国家统一"、"社会稳定"、"经济繁荣"、"生活幸福"、"世界和平"甚至包括最基本的"生存要求"等，为了实现这些目的，需要构建和创新多种多样的形形色色的制度形式。在不同的国家、不同的历史时期，实现这些目的的制度形式是不一样的。

2. 制度创新是有效手段

不同的制度形式有不同的效果，因此，无论是在国家治理还是企事业单位的日常管理过程中，制度安排、制度构建和制度创新常被作为提高制度效力的手段。当我们考虑如何提高劳动效率、工作效率、组织绩效或者如何提高人们的积极性、自觉性、凝聚力、认同感时，生产制度、劳动制度、用工制度、薪酬制度、激励制度等制度方面的改进常常是首选的方案。在这方面，对一个具体的个人及其行为进行批评、处罚、表扬、嘉奖的作用远不如构建或改进适用于组织全体成员的奖惩制度和激励制度所起的作用。在制度构建和制度创新方面，需要强调的一点是，当组织确立了未来发展的战略目标时，一定要注意设计和创建与之相应的制度形式作为实现该战略目标的支撑体系，并在具体的实践过程中不断根据实际情况的变化进行调整和改进，按照预定的目标和规划，渐进性地推动理论创新和制度创新，达到目的和手段、目标和制度的高度统一。

❖ 二、解决问题的方法

这是从另一个角度考虑制度构建和制度创新的作用问题。在这方面，诊断、解决治理和管理问题的双环图可以提供一种有效的方法。

1. 从制度入手是有效方法

为了实现某种目的所进行的制度构建和制度创新，往往和组织的长远目标、战略规划、制度设计相联系，是一种全局性、整体性的制度创新。而为了解决某种具体问题而进行的制度方面的改进和创新，往往是在组织的制度体系不变的情况下所进行的局部的制度创新。总体上说，在国家治理或组织管理的过程中，如果出现某些较为重大的或较为普遍的问题时，在其背后一般都潜存着制度方面的原因，或者是在制度规定方面，或者是在制度执行方面存在着某些问题，需要从制度层面探求解决问题的方案。"药价虚高，回扣泛滥"一直被认为是我国医药领域存在的一个严重问题，虽然处理过一些涉案的医院和医护人员，但一直无法根绝此类现象。究其原因，问题出在医院方面，根子却在国家医药价格主管部门推行的审批制度方面。当我们在分析某个问题并制定相应的解决方案时，树立制度和制度创新意识,将有助于更深刻地认识产生问题的原因,同时有助于制定在制度层面从根本上解决问题的方法。在日常管理中,许多组织用于提高组织绩效、激励作用和管理水平的方法都属于制度改进和制度创新的方法,只不过没有用这种正式的表述。

2. 解决制度问题要对症下药

在制定制度改进和制度创新的解决方案时,重要的一点是,注意找准产生问题的制度原因和症结所在。在国家治理和组织管理过程中,经常会发生各种各样的问题,如业绩下滑、效率不高、士气低落、违纪事情多、社会治安不好等。在遇到这些问题时,一般是以紧急处理方式做出最直接的反应,如对于违纪情况直接处理当事人、对于业绩下滑问题直接采取刺激政策、对于社会治安问题直接搞一次严打活动等,这些方案往往是"头痛医头,脚痛医脚"的方法。这些方法有时可以起到一些临时性的作用,但过了一段时期后,问题又会重新冒头。有的时候可能不仅没有直接效果,而且可能有负面影响。就好比一个感到胃不舒服的人,不断吃治胃病的药,但最后诊断的结果是胆有问题,如果不能对症下药就不能取得很好的疗效。显然,要想从根本上解决问题,能否做到"对症下药"是最基本的条件。在制度化的组织中,无论是人的行为问题还是工作程序问题,许多问题的出现都是和一定的制度形式相关的。因此,当我们认为某个问题有必要采取组织措施予以解决时,应该注意以下几点。

(1) 应该有意识地从制度层面去寻找其产生的原因。认真分析出现的问题,确定它是不是由某种制度原因产生的。如果确实是制度原因,还需进一步确定它是由制度规定还是制度执行造成的问题。确定了制度产生的原因,有助于确定相应的解决办法。

(2) 从制度层面确定具体的问题解决方案。针对产生问题的原因,或是修改相关的制度规定内容,或是加强相关的制度执行措施。在许多情况下,二者有时兼而有之。在对症下药的基础上,则会取得较好的解决效果。

(3) 注意问题解决方案与其他制度形式的关联性。某种制度形式的改进或创新可能会引起与其相关的制度形式的连锁反应,需要预见到可能会出现的新的问题并制定相应的解决方案。

（4）注意解决方案和组织目标的一致性。在局部的制度改进和制度过程中，具体的问题解决方案虽有一定的效果，但可能会背离整个制度创新的目的和方向，这也是一种比较常见的现象。例如，我国政治体制和经济体制改革的主要方向是建设有中国特色的社会主义制度，但在向市场经济体制转型的过程中，某些主张私有化的改革方案将会背离社会主义的改革方向。如何使市场经济体制的构建和社会主义制度的方向结合起来，是一个非常重要的制度创新问题。

三、增强实力的途径

制度的第三个作用在于，在其他条件不变的情况下，制度改进和制度创新可以有效地提高个人的能力和实力，增强组织或国家的竞争实力。

1. 如何增强个人实力

作为一种组织的构成方式，制度可以有效提高集体聚合力、群体内聚力和组织整合力。依靠制度的力量，可以将先进人物的思想或领导者的意愿转化为多数人的行动。个人能力和个人实力的概念有一定区别。个人能力一般仅指个人自身具有的能力，而个人实力则指将个人能力与其所能运用的权力等制度力量结合在一起形成的作用力。

（1）个人能力不是第一位的。任何组织和任何领导人，都非常强调个人能力及其对提高组织的工作效率和领导效果的作用。在管理学、领导学等现有的教科书中，关于领导能力的论述很多，如决策能力、组织能力、创新能力、规划能力、判断能力等，这些能力对一个领导者或管理者来说确实很重要。但是我们看到，同样是一支球队，摆出不同的阵形会使其有不同的攻守效果。同样是一支军队，不同的指挥机制和军纪制度会使其表现出不同的战斗力。同样是一群人，不同的激励制度和奖惩制度会使其形成不同的工作态度和工作表现。这些事例说明，使球队、军队、工作群体发生巨大变化的最直接的原因或最重要的作用，不是其领导者个人的能力而是其所做出的制度选择和制度安排。因此，对于一个领导者和管理者来说，最重要的能力是制度选择、制度设计、制度创新和制度驾驭的能力。

(2) 制度的力量是最强大的力量。要具备运用制度的能力，最重要的是具有制度和制度创新意识。最有效的领导者所考虑的不是"我具有多大能力去命令所有的人"，而是"我选择和运用什么制度形式去影响所有的人"。一个人的能力是有限的，一个人的能力再大，也大不过全体员工能力的总和。制度的力量是无限的。制度不仅可以放大个人的能力，而且可以放大全体员工的合力。在制度化的组织中，一个人的实力不完全体现在个人能力的强弱方面，而是体现在其能力和权力结合的程度方面。如果一个领导者具有制度和制度创新意识，则可以自觉地利用制度的力量去行使手中的权力并放大个人的能力，从而取得更好的领导效果和组织绩效。

2. 如何增强组织实力

无论是企业、学校，还是国家，任何组织都是制度化的组织。制度化组织的特点在于：它是通过一定的制度形式构建起来的；它是依靠一定的制度体系运行的；它的工作效率和组织绩效取决于制度的效力；它是通过制度改进和制度创新持续向前发展的。制度是领导、管理、组织的第一要素，要增强组织的实力，必须从制度方面入手。

如上所述，制度最大的作用是可以根据组织的发展目标将组织中的人力、物力、财力有效地整合起来，从而使组织在市场和社会中具有强大的竞争实力和发展潜力。制度学的理论所关心的是，如何找到一种最有效的组织形式，将原本分散的、互不联系的人们组成一个有效的、密切合作的、富有活力的整体，从而更好地实现把他们聚合在一起的组织目标。理想的组织形式一般是自律性的制度形式，即使是在采用他律制的条件下，也可以使多数人形成自律的行为。任何一个组织所关心的重要问题，如加强团队建设、提高工作效率和生产效率、引进新技术新产品、提高员工的积极性和创造性等，都和组织的制度构建、制度改进、制度创新密切相关。制度改进和制度创新的各种举措可以成为实现组织目标、解决管理问题的有效手段和方法，我们可以统一称之为"制度分析和制度改进方法"。实际上，这种方法在社会活动和组织活动中已经得到非常广泛的应用，只不过没有经过系统地整理和分类。制度分析和制度改进方法可以归结为下列几种类型。

(1) 执行性方法。这是一种制度形式和其他制度因素不变，只在制度执行的具体措施方面单纯进行改进的方法。如工作量的增加或减少、奖金发放的增加或减少、任务要求的增加或减少等，主要体现为工作标准、奖惩标准、任务标准等方面的变化。

(2) 结构性方法。这是一种主要的制度形式不变，但其他制度因素发生较大变化的改进方法。这种方法主要和组织设计的内容相联系。如组织中的机构设置及其职能、岗位设置及其权责关系、人员编制、工作流程、办事程序等方面的变化。

(3) 创新性方法。这是一种主要的制度形式及其相关联的各种制度因素均发生变化的改进方法。这种方法主要和制度设计的内容相联系。如新型的制度选择、制度构建、制度创新等。

在此需要强调的一点是，无论是这三种方法中的哪一种，都需要有制度改进和制度创新的意识。人们一般有一种惰性，习惯于在已知的或已有的制度方法或制度形式中做出选择，特别是习惯于把别的组织中的成功经验简单地运用到自己的组织之中。实际上，制度创新的意识在于打破仅在已知的或已有的制度方法或制度形式中进行选择的局限性，要求的是根据组织的发展目标和实际需要构建或创建出一种未知的或此前没有的制度方法和制度形式。制度改进和制度创新的特点是推陈出新，是抢占制度的制高点，这是增强组织实力的最重要的途径。

3. 如何增强国家实力

从古至今，作为一个国家的领导者及以天下为己任的爱国志士，无不努力探寻富国强兵的方法和途径；作为一个国家的百姓或公民，无不希望自己的国家实力强大，繁荣富强。增强国家实力的方法和途径很多，如社会的、政治的、法律的、经济的、行政的、科技的、文化的、教育的方法和途径等。对于一个国家的发展来说，所有这些方面都是必不可少的。但是这些方法和途径不能孤立地、分散地进行，能够将所有这些方面统一起来形成整体的才是最有效的方法和途径。这就是制度与制度创新的方法和途径。从制度层面增强国家实力需要注意下列几点。

(1) 理顺"国"与"民"的和谐关系。如上所述，在任何一个国家中，制度关系都是最重要的社会关系。其中最重要的方面是协调、改善、密切并强化政府和民众之间的互动关系。从制度学的角度来看，国家是一个制度主体与制度客体或行权主体与行权相对人相互影响相互作用的规模巨大的制度场。在国家的制度场中，由立法机关、行政机关和司法机关所构成的政府组织是制度主体或行权主体，作为整个制度体系的制度规定的制定者和执行者，政府的执行力和作用力对整个制度场的性质、运行、秩序起着主导的、方向性的作用。在国家的制度场中，包括政府各级人员在内，所有国家公民共同组成制度客体或行权相对人。他们是国家制度的最终的执行者和维护者。如何构建使所有国家公民参政议政、充分行使政治和监督权利、建立一种有效表达公众意愿的民主、高效的制度，是行政体制和政治制度改革的重要课题，是政府和公众互动关系协调发展的重要方面，是在社会实践活动中不断进行制度改进和制度创新的渐进过程。需要强调的是，政府各级人员和其他民众并不是对立的或截然分开的。作为国家公民，国家利益是他们的共同利益。政府各级工作人员可以被看作是国家公民的代表，在各级政府部门中行使全体公民授予的权力。在一个制度场中，所有人员特别是构成行权主体和行权相对人的两类人员，如果处在一种和谐关系的状态中，将会产生巨大的聚合力、内聚力和整合力，这是一个组织或一个国家的实力最为强大的标志。能够使这两类人员和谐相处、良性互动的制度体系是最先进的并具有最大优势的制度形式。探索并构建这种制度形式是增强国家或任何组织实力的最重要的途径。

（2）有效发挥政府的核心作用力。在国家的制度场中，存在着无数个由各种组织构成的大大小小的制度场。所有这些制度场的运行及制度场内的所有活动都受到政府活动的影响。由于政府处于制度场的主导地位和起着主导作用，增强政府的作用力也是增强国家实力的重要途径。关于政府作用力的问题，存在着许许多多的争论。如有的人主张强化政府的作用力，有的人则主张减弱政府的作用力，也有的人否认政府的作用力等。从制度学的角度来看，政府在制度场中的作用是客观存在的。任何一个制度场都有其自我运行的制度规则，自然就必然要求有制度规制机构和制度执行机构在其中发挥作用。如何评判政府在制度场中的作用力是一个非常复杂的、也是一个非常具体的问题。由于每个国家的国情不同，制度场的运行状况不同，政府作用力的强弱也有所不同。一般来说，政府的作用力应与一个国家的制度场的成熟度有关。在一个国家或一个组织初创时期或制度转型时期，一个制度体系刚刚形成，与其相关的各种制度形式尚在新的制度规则的制定和推行过程中，很多人的文化理念也还不适应新的制度体系的要求，在制度场内还没有形成代表正能量的强大的作用力等，在这种情况下，在制度场还不成熟的时候，必须要有一个强有力的政府。目前，世界上的大多数发展中国家，包括我们国家在内，都处于这种状况。当一个国家或一个组织进入稳定运行和发展时期，现有的制度体系及其相关的各种制度形式已经确立并巩固发展，大多数人的文化理念已经认同并支持现有的制度体系，在制度场内已经形成了一种强大的起主导方向的作用力，这是制度场相对成熟的标志。在这种情况下，可以相对减弱政府的作用力，同时也不需要强化政府的作用力。美国、英国等西方发达国家目前正处于这种状况。

（3）有效发挥政府的市场调控作用。关于政府在市场中的作用问题也属于这种情况。当我们把市场看作是一种制度场的时候，政府在其中的作用是毋庸置疑的。关键是政府究竟应该起什么样的作用，这一问题也和一个国家及其市场的成熟度有关，需要具体问题具体分析。市场可以分为国内市场和国际市场两部分，这可以看作是两个不同的制度场。每个国家的政府在其国内市场方面的作用都是主导性的，由于市场的成熟度不同，政府的作用力强弱有所区别。如果说国内市场都是以其政府为唯一行权主体的单元制度场，国际市场的情况则较为复杂。一个初创的或刚刚形成的国际市场可能是一个有多种行权主体的多元制度场，需要各个国家的政府代表坐在一起，共同协商制定制度内的运行规则。而一个较为成熟的国际市场，如世界银行、世贸组织等，可能会形成一个以某种组织形式出现的行权主体，负责制定并执行该制度场内的各种制度规则。无论是哪种情况，政府的作用都是非常明显的。特别是在国际市场中，努力维护本国的经济利益和国家利益，更是各国政府的基本职责。即使是经济自由主义的代表人物亚当·斯密，也不否认政府在进出口政策方面的这种市场作用。一个

第十章
制度构建、运行与创新

人们不太注意的现象是,西方国家的大的经济财团,一般有两个代理人,一是本国的政府,二是国际市场中其占据主导地位、拥有话语权的国际性的行业组织。当该行业组织在国际市场中起主导作用、处于竞争优势地位时,它们可以不需要本国政府参与,同时也排斥其他国家的政府的市场作用。在它们不能起到市场主导作用时,则由本国的政府出面进行干预,如由政府出面实行反倾销政策、或由政府干预、制止向国外企业转让高新技术、矿产资源等。而发展中国家的企业,只有一个代理人,即本国的政府。它们在国际市场中本来就处于弱势,进行正常的国际贸易离不开,也不能离开本国政府的支持。西方国家的经济自由主义经济学家一边倒地否认政府在市场经济中的作用,可能有其特定的理论含义和逻辑体系,对其经济理论应从理论和实践两个方面进行全面的分析。实际上,在西方国家的经济活动和市场运行中,政府一直起着非常重要的作用。对于发展中国家来说,政府在市场经济中增强国家实力的作用更有着特别重要的意义。建立社会主义市场经济本身就是一种创新,不能够完全按照构建资本主义市场经济的理论照套照搬。政府制定经济理论和经济政策,一定要结合国际市场、国内市场、地区市场的实际情况,充分考虑多方面的利益,适当强化而不是削弱政府在市场中的作用和调控能力。

(4) 结合国情发挥制度优势。政府在通过制度改进和制度创新增强国家实力方面,还有一个非常重要的作用,即结合国情发挥制度优势,可以取得事半功倍的效果。在世界各国中,由于采用的制度形式不同,每个国家的政府都有不同的制度优势。只有结合本国国情,尽量发挥本国的制度优势,才能取得更好的制度效力,加快国家政治经济发展速度和增强国家实力。有些国家政府和所谓社会精英,盲目效仿西方国家制度,削足适履,而不是取长补短,结果是丧失了本国的制度优势,使国家政治经济发展处于长期动荡甚至战乱之中,这种教训是很多的。我国政府采用的是集权制的政权形式,中央政府具有很高的权威和权力,这种制度形式本身有一种制度优势,即政府可以通过制度的力量,把国家的人力、物力、财力集中起来,"集中力量办大事",在有效利用自然资源和社会资源的条件下,努力攻克各种技术难关,抢占政治、经济、军事、科技、教育、文化等各个领域的制高点。只有在这些方面走在世界各国的前列，才真正具有强大的国家实力。我国"两弹一星"事业的发展，是一个运用制度力量、发挥制度优势的典型事例。目前，在工业、农业、军事、能源、航天、网络安全、机械动力等关系到国家真正实力的许多领域和科研课题方面，应像新中国成立初期那样，具有一种攻关意识和拼搏精神，有计划、有重点地利用制度力量有效地组织人力、物力、财力寻找突破口，抢占制高点。我国现行制度具有这方面的优势，这是其他国家的制度体系所不具备的特点，这种特点在制度改进和制度创新过程中应予以加强而不是削弱。增强国家实力的目的，是在发展经济的同时，有利于提高人民的生活水平，有利于改善人民的生活环境，有利于提高人民的幸福指数。在发展国民经济、增强国家实力的同时，如何运用制度的力量使人民安居乐业、造福全民是政府的重要责任，也是每一个国民关心、重视、担负责任、积极参与的重大事项。为了跟上社会发展的步伐，制度要创新，要靠自己创新，要结合自己的实情创新，对一个组织如此，对一个国家来说更是如此。

参考文献

1. 苏东斌：《人与制度》，中国经济出版社 2006 年版。
2. 陈朝宗：《制度学理论与我国制度创新实践》，中共中央党校出版社 2008 年版。
3. 傅恒德：《政治文化与政治参与》，韦伯出版社、文化国际出版有限公司 2003 年版。
4. 吴亚峰、周晔：《司法制度学》，中信出版社 2004 年版。
5. 袁庆明：《新制度经济学教程》，中国发展出版社 2011 年版。
6. 汪洪涛：《制度经济学：制度及制度变迁性质解释》，复旦大学出版社 2009 年版。
7. 张卫东：《新制度经济学》，东北财经大学出版社 2010 年版。
8. 黄少安：《制度经济学》，高等教育出版社 2008 年版。
9. 张静：《基层政权：乡村制度诸问题》，世纪出版集团、上海人民出版社 2007 年版。
10. 彭和平：《公共行政学（第 4 版）》，中国人民大学出版社 2012 年版。
11. 彭和平、侯书森：《城市管理学》，高等教育出版社 2009 年版。
12. 黄文平：《深化行政体制改革的探索（上、下）》，国家行政学院出版社 2014 年版。
13. 陈昌盛、蔡跃洲：《中国政府公共服务：体制变迁与地区综合评估》，中国社会科学出版社 2007 年版。
14. 逄锦聚等：《马克思主义基本原理概论》，高等教育出版社 2007 年版。
15. 王惠岩：《政治学原理》，高等教育出版社 1999 年版。

16. 郭湛：《社会公共性研究》，人民出版社 2009 年版。

17. 陈纯仁：《社会主义制度文明建设论》，中国社会出版社 2006 年版。

18. 周志友：《德胜世界》，长江文艺出版社 2008 年版。

19. 金建方：《社会生态通论（第 2 版）》，南开大学出版社 2012 年版。

20. 刘伟章：《中国县级政府——制度供给行为研究》，山西出版集团、山西经济出版社 2008 年版。

21. 何逢阳：《扩权改革中县级政府财政收支策略研究——以 G 县为例》，上海人民出版社 2011 年版。

22. 汪玉凯、马庆钰等：《中国与韩国行政体制改革比较研究》，国家行政学院出版社 2002 年版。

23. 徐明：《危机中的经济之道浦江金融论坛（2008）》，南京大学出版社 2010 年版。

24. 徐明：《危机中的经济之道浦江金融论坛（2009）》，南京大学出版社 2010 年版。

25. 许海山：《欧洲历史》，线装书局 2006 年版。

26. 郭济：《政府应急管理实务》，中共中央党校出版社 2004 年版。

27. 王佃利、张莉萍、任德成：《现代市政学》，中国人民大学出版社 2004 年版。

28. 陈荣、李丹、李昊：《浙江人文大讲堂（第 4 辑）》，浙江科学技术出版社 2009 年版。

29. 计雷等：《突发事件应急管理》，高等教育出版社 2006 年版。

30. 清华大学公共管理学院：《中国公共管理案例（第 2 辑）》，清华大学出版社 2006 年版。

31. 刘向文、宋雅芳：《俄罗斯联邦宪政制度》，中国人民大学出版社 2000 年版。

32. 孔寒冰：《当代各国政治体制——俄罗斯》，兰州大学出版社 1998 年版。

33. 袁登明：《发达国家赔偿制度》，时事出版社 2001 年版。

34. 管仁林、程虎：《发达国家立法制度》，时事出版社 2001 年版。

35. 吴忠泽等：《发达国家非政府组织管理制度》，时事出版社 2001 年版。

36. 陶学荣、陶睿著：《中国行政体制改革研究》，人民出版社 2005 年版。

37. 潘小娟：《法国行政体制》，中国法制出版社 1997 年版。

38. 彭森、陈立等：《经济体制改革重大事件（上、下）》，中国人民大学出版社 2008 年版。

39. 李文良等：《中国政府职能转变问题报告》，中国发展出版社 2003 年版。

40. 李孟刚：《产业安全理论研究》，经济科学出版社 2006 年版。

41. 靳会永：《三分制度，七分执行》，企业管理出版社 2009 年版。

42. 吴思：《血酬定律与潜规则》，中国工人出版社 2007 年版。

43. 刘大椿：《从辩护到审度——马克思科学观与当代科学论》，首都师范大学出版社 2009 年版。

44. 李泽厚：《中国古代近代现代思想史论》，商务印书馆 2009 年版。

45. 余仰涛、余永跃：《领导学导论》，武汉大学出版社 2008 年版。

46. 熊先觉、刘运宏：《中国司法制度学》，法律出版社 2007 年版。

47. 汪小涓：《制度变革与产业发展：进程和案例研究》，北京师范大学出版集团 2010 年版。

48. 《马克思恩格斯选集·2 版·第 3 卷》，人民出版社 1995 年版。

49. 《邓小平文选·第 3 卷》，人民出版社 1995 年版。

50. 张文芳：《中国历代官吏制度》，劳动人事出版社 1987 年版。

51. 张志坚、刘俊林：《中华人民共和国政府机构 50 年》，党建读物出版社、国家行政学院出版社 2000 年版。

52. 刘静华等：《政府创新》，中国社会科学出版社 2002 年版。

53. 萧榕：《世界著名法典选编宪法卷》，中国民主法制出版社 1997 年版。

54. 丛日云：《西方政治文化传统》，黑龙江人民出版社 2002 年版。

55. 胡鞍钢、王绍光：《政府与市场》，中国计划出版社 2000 年版。

56. 王强：《政府管理创新读本》，中国人民大学出版社 2006 年版。

57. 张国庆：《公共行政学（第 3 版）》，北京大学出版社 2007 年版。

58. 熊月之：《西制东渐——近代制度的嬗变》，长春出版社 2005 年版。

59. 高和荣：《现代西方经济社会学理论述评》，社会科学文献出版社 2006 年版。

60. 秦颂：《世界上下五千年》，北京出版社出版集团 2006 年版。

61. 张雷声：《马克思主义政治经济学原理（第 2 版）》，中国人民大学出版社 2009 年版。

62. 张雷声：《马克思主义理论学科研究与创新》，中国人民大学出版社 2010 年版。

63. 萧前、杨耕等：《唯物主义的现代形态——实践唯物主义研究》，中国人民大学出版社 2012 年版。

64. 厉以宁：《中国道路与新城镇化》，商务印书馆 2012 年版。

65. 厉以宁：《中国经济双重转型之路》，中国人民大学出版社 2013 年版。

66. 李刚：《组织的进化——让创新与模仿各就各位》，电子工业出版社 2011 年版。

67. ［德］恩格斯：《家庭、私有制和国家的起源》，人民出版社 1956 年版。

68. ［英］洛克：《政府论（上、下篇）》，商务印书馆 1964 年版。

69. ［法］孟德斯鸠：《论法的精神（上、下册）》，商务印书馆 1978 年版。

70. ［法］卢梭：《社会契约论》，商务印书馆 1982 年版。

71. ［美］加里·约翰斯：《组织行为学》，求实出版社 1989 年版。

72. ［英］D. S. 皮尤：《组织理论精粹》，中国人民大学出版社 1990 年版。

73. ［美］彼得·圣吉：《第五项修炼——学习型组织的艺术与实务》，上海三联书店 1995 年版。

74. [美]彼得·圣吉：《变革之舞——学习型组织持续发展面临的挑战》，东方出版社 2001 年版。

75. [美]彼得·圣吉：《第五项修炼实践篇——创建学习型组织的战略和方法》，东方出版社 2002 年版。

76. [澳]欧文·休斯：《公共管理导论》，中国人民大学出版社 2001 年版。

77. [美]杰伊·M. 沙夫利兹等：《国外公共行政理论精选》，中共中央党校出版社 1997 年版。

78. [美]刘易斯·芒福德：《城市发展史——起源、演变和前景》，中国建筑工业出版社 2005 年版。

79. [美]塞缪尔·亨廷顿：《文明的冲突与世界秩序的重建（修订版）》，新华出版社 2010 年版。

80. [古希腊]柏拉图：《理想国》，商务印书馆 2007 年版。

81. [英]亚当·斯密：《国富论》，华夏出版社 2008 年版。

82. [美]巴纳德：《组织与管理》，中国人民大学出版社 2009 年版。

83. [美]T. J. 彭佩尔：《体制转型：日本政治经济学的比较动态研究》，中国人民大学出版社 2011 年版。

84. [美]曼昆：《经济学原理（第 3 版）》，机械工业出版社 2005 年版。

85. [美]吉利斯、波金斯等：《发展经济学（第 4 版）》，中国人民大学出版社 1998 年版。

86. [美]塔尔科特·帕森斯：《社会行动的结构》，译林出版社 2008 年版。

87. [美]威廉·N. 戈兹曼等：《价值起源》，北方联合出版传媒（集团）股份有限公司、万卷出版公司 2010 年版。

88. [美]斯蒂文·G. 米德玛：《科斯经济学：法与经济学和新制度经济学》，格致出版社、上海三联书店、上海人民出版社 2010 年版。

89. [美]凡勃伦：《有闲阶级论：关于制度的经济研究》，中央编译出版社 2012 年版。

90. ［德］尤尔根·哈贝马斯：《交往行为理论》，世纪出版集团、上海人民出版社 2004 年版。

91. ［美］道格拉斯·G. 诺思：《制度、制度变迁与经济绩效》，格致出版社、上海三联书店、上海人民出版社 2014 年版。

92. ［德］马克斯·韦伯：《经济与社会》，北京出版集团公司、北京出版社 2012 年版。